Glaube, Gier und Gold • Cornelia Fontane

AF570840

*Die Handlungen und alle handelnden Personen sind frei erfunden. Jegliche Ähnlichkeit mit lebenden oder realen Personen wären rein zufällig.*

**Bibliografische Information der Deutschen Nationalbibliothek**
Die Deutsche Nationalbibliothek verzeichnet diese Publikation in der Deutschen Nationalbibliografie; detaillierte bibliografische Daten sind im Internet über http://dnb.d-nb.de abrufbar.
© Frieling-Verlag Berlin • Eine Marke der Frieling & Huffmann GmbH & Co. KG
Rheinstraße 46, 12161 Berlin
Telefon: 0 30 / 76 69 99-0
www.frieling.de
ISBN (Print): 978-3-8280-3681-9
ISBN (E-Book): 978-3-8280-3682-6
1. Auflage 2022
Bildquellen: Germanisches Nationalmuseum, Nürnberg (Cover)
Heinz Wohner, Fotograf, Dortmund (Rückcover)
Archiv der Autorin (Autorenfoto)
Sämtliche Rechte vorbehalten
Printed in Germany

Cornelia Fontane

# GLAUBE, GIER UND GOLD

FRIELING

*Manchmal, im Leben*
*Du hast nur Jetzt*
*Du hast nur Worte*
*Vielleicht der Unterschied*
*Vielleicht Sinn*

*Sometimes, in Life*
*You only have now*
*You only have words*
*Maybe a difference*
*Maybe sence*

*To Mom & Dad*
*Thanks to Granny & Ant*
*To my husband & children*
*Für AllerEiflerSeelen*
*Für Cornelia Goethe*

# Inhalt

## Kapitel 1
## Maiglockengift

Eine junge Frau ging am Ufer eines Flusses in die Hocke, und es schien so, als wollte sie schreien, tat es aber aus Scham nicht.

Sie beugte sich, sie schaukelte vor, zurück. Zwischen den hohen Gräsern und verschiedenen Moosgewächsen, die in allen Grüntönen von Jade bis Türkis schimmerten, ließ sie sich fallen und berührte das Wasser. Die dadurch ausgelösten Wellen zogen ihre Kreise. Mit der Hand umgriff sie einen Zweig, so sehr, dass sich weiße Knochenkuppen auf einem ihrer Handrücken bildeten. Sie schrie. Sie schloss ihre Augen, stöhnte stumm. Gelegentlich rollte das Becken. Dann streckte sie sich vor, ihre Sehnen am Hals traten hervor. Flehend schaute sie zum Himmel. Dort oben im Mondlicht breitete sich ein gigantisches Wolkengebilde aus, das sich später mit der aufgehenden Sonne fast wie eine Freskenmalerei vor hellblauem Hintergrund darbot. Die Frau hechelte mal laut, mal leise, dann stieß sie einen heftigen Schrei aus.

Zeitgleich erhob sich ein außergewöhnliches Morgenlicht über das Tal, über das Vallée de la Sûre, über zarte grüne Knospen, die wie Ikonengold glänzten. Der Fluss plätscherte friedlich vor sich hin, wie feinperliger Wein, und es duftete angenehm nach Walnuss und Birne. Umringt von Felsen und Bäumen wirkte dieses Tal malerisch, wie ein von der Natur komponiertes Bild, eingerahmt in Eichen mit Spuren von Patina. Beinahe zu friedlich für das, was dann passierte.

In diesem „Still-Leben“ regte sich etwas. Man hörte Schreie. Die Frau presste ihre Lippen zusammen. Einige wild wachsende Sträucher schirmten sie ab gegen die Blicke der ersten Pilger, die mit Kreuz und Bibel auf der anderen Uferseite ahnungslos vorbeimarschierten. Ihre Augen quollen hervor. Blutstropfen rannen. Im Wasserspiegel blickte sie in ein verzerrtes Gesicht.

Jenseits lag die Benediktinerabtei. Mit Garten, Residenz und der vorgelagerten Ortschaft wirkte sie wie ein architektonisches Gesamtkunstwerk. In Sichtachse befand sich ein Pavillon und hinter dem Wald lag das dazugehörige „Lustschloss“ Weiler, wie es genannt wurde. Wobei Letzteres zu dem angrenzenden Gutland gehörte, weil dieser Fluss durch zahlreiche Kriegs- und Friedensabkommen zur Staatsgrenze geworden war. Dennoch, diese Klosteranlage mit ihren symmetrisch beschnittenen Baumhecken, üppigen Blumenbeeten und großflächigen, ornamentalen Rasenflächen wirkte erhaben, wie ein Prestigeprojekt. Und diese Aura umgibt sie noch heute.

Trotz – oder gerade wegen – des Zeit- und Leistungsdrucks der modernen Zeit fanden nicht wenige Menschen Hinwendung und Trost im Glauben. Andere hingegen machten hinter den Wäldern Karriere, hinter den ausgedehnten Auenlandschaften, wo im fernen Horizont die Türme von Lux-City glitzerten.

Das Kind kam zur Welt. Nach dem Saugen an ihrer Brust wusch sie ihrem Wonneproppen über die Stirn. Goldene warme Sonnenstrahlen wärmten sie und es schien, als stimme die Natur sie versöhnlich. Sie summte ein Wiegenlied. Sie küsste die winzigen Babyfinger, jeden einzeln, die freudig nach ihr griffen. Die junge Frau wickelte das Kind, richtete sich auf und ging über die Grenze. Es war Pfingsten. Der Tag war noch jung und um diese Zeit war – abgesehen von einigen Pilgern – wenig los. So konnte sie fast unbemerkt vom Gutland aus die alte Steinbogenbrücke passieren. Linker Hand lagen die Güter des Klosters. Vor ihr breitete sich Park-De-Lux aus, ein unscheinbares Land, das sanft und edel wie eine barocke Perle im Herzen Europas lag.

Sie erreichte ein kleines Städtchen mit dem Namen Echterville, das in seinen besten mittelalterlichen Tagen eine kleine Metropole gewesen war und zu einem Reich gehört hatte, das bis nach Rom reichte.

Damals wie heute bereiteten sich die Menschen auf ein alljährliches „Spektakel“ vor. So bauten Arbeiter Tribünen auf und errichteten Absperrgitter. Einheimische rollten den roten Teppich aus. Die Hochwürden kamen. In purpurfarbenen Gewändern, mit goldverzierter Mütze und Bischofsstab schritten sie auf eine Empore. Sie standen da mit ernsten Gesichtern und großen Erwartungen. Sakrale Doktrin, wie dazumal.

Zwischen alledem schlich sich die Frau mit dem Kind durch enge Gassen. Unbemerkt stolperte sie über das Kopfsteinpflaster. Sie stieg eine schmale Mauertreppe hinauf. Oben angekommen, stand sie auf einem von bogenförmigen Arkaden umringten Vorplatz. Über ein pompöses Treppenportal gelangte sie in das Kirchenschiff. Ungeachtet der Stille stöckelte sie an erhabenen Säulen vorbei, ging eine Seitentreppe hinunter in die unterirdische Krypta. Ein mystischer Raum mit vielen steinernen Sarkophagen. Hier zündete sie, wie alle Gläubigen, eine Kerze an, nur dass sie nicht katholisch war. Kurz darauf vergewisserte sie sich, dass niemand in der Nähe war. Sie nahm von der heiligen Wasserquelle und legte gleich neben dem weißen Marmorschrein ihr Neugeborenes ab. Dann stand sie auf und ging.

Plötzlich erschallten tiefe, vollgriffige Orgeltöne, gefolgt von leichteren Klängen, sanft wie Regentropfen. Das jagte der Frau einen ordentlichen Schreck ein, die daraufhin mit schmerzverzerrtem Gesicht, sich die Ohren zuhaltend, durch den Mittelgang eilte, vorbei an noch leeren Kirchenbänken. Dann kehrte Stille ein.

Weitere Musiker saßen auf Stühlen und bildeten ein kleines Ensemble vor dem Hauptaltar, der ein einziges Blockgestein darstellte, aber mit dem päpstlichen Wappen – Glöcklein mit Schirm – versehen war. Eine Dame im Abendkleid zupfte die Harfe und zartweiche Töne breiteten sich aus und verklangen. Ein Quartett führte die Bögen seiner Violinen und von der Orgel begleitet traten nun fein säuberlich gekämmte Knaben mit zeitversetzten ineinanderfließenden Gesängen in den Vordergrund. Das Ganze hatte etwas von den Gärten des Barock. Die Feierlichkeit wuchs noch über sich hinaus, als eine Solo-Sopranstimme mit „Gloria in excelsis Deo“ einsetzte, und es war schon eigenartig, in welch rascher Geschwindigkeit sich die eintretenden Bürger in verzückt fromme Bittsteller verwandelten. Hingegen nahm niemand von der Frau Notiz, die sich in Richtung Ausgang bewegte. Unverhofft stieß sie mit jemandem zusammen, und einen kurzen Moment sah es so aus, als würden sie einander zunicken. Die Frau wollte nur weg.

Der Mann mit kantigem Gesicht und goldener Armbanduhr stand lässig da, auf einem Zahnstocher kauend, mit angewinkeltem Bein auf einer Stufe. Er trug eine hellbeige Buntfaltenhose und über seinem Kragenhemd spannten sich ein Paar lederner Hosenträger. Offen darüber trug er eine dunkle Lederjacke, die sich deutlich von den knautschigen Wind- und Softshelljacken der Massen abhob. Und während mehr und mehr Leute eintrafen, die in sich gekehrt mit geneigten Gesichtern auf das Grab des heiligen Willibrord zusteuerten – dem Schutzpatron der gläubigen Christen hierzulande –, blickte der Fremde die junge Frau mit seltsam ölig wirkenden, dunkelbraunen Augen eindringlich an und meinte: „Hoppla, senhorita! Kennen wir uns?"

Und wo draußen auf dem Vorhof die Besucher sich in Viererketten aufstellten und wo vorneweg der Musikkapellenmeister die ersten Polkatakte vorgab, wedelte er mit einem speziell für diesen Anlass angefertigten weißen Dreiecktuch. Schmunzelnd meinte er, dies sei alles Unfug und er sei nur hier, um so eine reizende Dame wie sie zu treffen.

Die Frau wurde nervös. Er hielt eine Hand vor seinen Mund, gab vor zu husten, doch dann grinste er sie unvermittelt an: „Seltsam, wo doch jeder seinen Gott im Internet bestellen kann!"

„Lassen Sie mich!", konterte sie barsch.

Der Mann zeigte grinsend seine Goldzahnfüllung und wirkte so, als ob er nach einer geschickten Formulierung suche. Dann ergriff er ihren Arm, kam ihr charmant, fast schon indiskret nahe, um unmissverständlich zu betonen: „Aber Madam, hören Sie etwa nicht das Klirren der vielen Klingelbeutel? Ganze Bataillone reisen jedes Jahr an, um ihr Seelenheil zu finden, dabei liegen die wahren Schätze im Inneren!"

Dabei lachte er laut auf und zeigte auf das Tafelbild hinter dem Altar. Dort bekreuzigten sich weitere ankommende Pilger. Anschließend warfen sie ein paar Münzen in den Opferstock. Lebhaft erläuterte er: „Schauen Sie nur, wie die Farben und Formen zu einer grandiosen Harmonie verschmelzen, ähnlich wie bei Bachs Musikkompositionen, die darauf abzielten, das Interesse – und natürlich das Geld – der Bittsteller zu locken."

Er räusperte sich und fuhr mit gesenkter Stimme fort: „Schauen Sie, meine Liebe, hinter der Holzvertäfelung und den mahagonigedrechselten Sitzbänken dort drüben, die wie eine übergroße japanische Puzzlebox aussehen, dort liegen weitere goldene Schätze."

Während die Augen der jungen Frau weiter nach einer Fluchtmöglichkeit Ausschau hielten, drängten immer mehr Menschen in die Kirche.

Er sah sie spöttisch an: „Gott hat sich bislang um jedes ‚Findelkind' gekümmert. Sie müssen nur, nun, Sie wissen schon …"

In seiner Aussage lag etwas Doppeldeutiges, und das war beabsichtigt.

„Diese Kirchenkapitäne steuern ihre Kirchenschiffe immer noch Richtung Rom. Wussten Sie das?"

Er lachte irritierend.

Scheinbar in der Annahme, er sei ein Reiseführer, fragte eine Pilgerin mit weitem Ausschnitt nach dem Baujahr dieser Basilika. Sie wunderte sich, dass sie so gar keinen Barockstil aufwies. Als der Mann sich ihr zuwandte, nutzte die junge Mutter ihre Chance und floh hinaus.

Draußen auf dem Vorplatz schnappte sie nach Luft. Noch immer hörte sie, wie ihr Kind schrie. Und während Pilger aufhorchten, sich wunderten, da setzte sie ihre Sonnenbrille auf, zog den Kragen ihres Trenchcoats höher, sodass er einen Teil ihres Gesichts bedeckte, und schlängelte sich an ihnen vorbei. Sie beschleunigte ihre Schritte und überquerte die Brücke, ohne sich noch einmal umzudrehen, und eilte zum Parkplatz zurück.

Im Auto sitzend, starrte sie vor sich hin. Unter ihrer Sonnenbrille kullerte eine dicke Träne ihre Wange hinab. Draußen schoben sich Quellwolken vor die Sonne. Es begann zu regnen.

Irgendwann nahm sie einen tiefen Atemzug, legte Puder auf, richtete ihre Frisur und zündete sich, während sie den Motor startete, eine Zigarette an. Doch bevor sie den Gang einschaltete und losfuhr, sendete sie – wie vereinbart – eine Textnachricht.

## Kapitel 2

## Bernsteinfrühling

*Zwölf Jahre später …*

„Du Schuft, eines Tages erwische ich dich!“, brüllte Herr Relléu in Richtung des Fahrers, der mit seinem Lanz-Bulldog-Trecker mit überbordendem Weinfass im Schlepptau viel zu dicht an seinem Grundstückszaun vorbeiknatterte.

Mit gerümpfter Nase und krakeelender Stimme wütete er, als der Lanz von den terrassenartig angelegten Weinbergen am Fluss Mosel heruntergerattert kam. Der Fahrer zeigte ihm daraufhin lediglich seinen Stinkefinger und fuhr weiter.

Er stand auf einer von Glas umzäunten Balkonterrasse seiner architektonisch modernen Immobilie, die sich unweit der vielen mittelalterlichen Burgen und Schlösser entlang des Mosel-Flusses befand, die an den zum Teil sehr steilen Hängen – oft in Alleinlage und etwa auf halber Höhe – herausragten. Zwischen den Reben im schieferschwarzen bis goldgelben Lehmboden und den von der Sonne angestrahlten Sandsteinfelsen wirkten diese Villen aufgrund ihrer Glasfronten wie ein übergroßes Türkisvorkommen.

Finster schnauzte der Hausherr seinen Gärtner an: „Du sollst was schaffen!“

Der südländisch Aussehende duckte sich, als wäre er geschlagen worden. Im Hintergrund, in Wandgröße, liefen Börsendaten auf seinem Flachbildschirm, da klingelte das Telefon. Er ging hinein und blickte sich suchend in seiner Zebrahaut-Wohnlandschaft um. Nicht auf dem Mahagonischreibtisch fand er sein Handy, sondern auf einem Glastisch, der von einer bronzenen Staute mit weiblichem und nacktem Korpus getragen wurde. Zwischen Sportbootmagazinen und Prospekten über Jagdzubehör fischte er es hervor. Lachend nahm er das Gespräch an, grüßte den Bischof am anderen Ende der Leitung und fragte lachend: „Wie laufen die Kirchendienste? Brauchst du mehr Wein oder mehr Munition?“

Er zündete sich eine Zigarre an. Zum Rauchen ging er wieder nach draußen.

„Kommst du zur Jagd?"

Er faselte etwas von Investmentstrategien in Sportklubs und Lithium. Es fielen Worte wie „Marktchancen breit streuen" und „Aufbau eines zweiten Standbeins in diesen wirren Zeiten".

Er lachte laut auf und betonte: „Und du weißt, was ich meine" – er sagte es so laut, dass es die vorbeischlendernde Klosterschwester deutlich mithören konnte. Die Frau, welche die Breite eines Weinfasses besaß, lächelte ihn freimütig an.

Er bemerkte abwertend: „Was willst du, olle Schwarzbrot-Schachtel?"

Die schwarz gekleidete Nonne schnaufte vor Anstrengung und schien ihn zu ignorieren.

Sie murmelte vor sich hin: „Nur keine Bange, Kurt. Ich will zu meinen Bienenstöcken, die auf der anderen Flussseite stehen."

Sie wusste, dass es ihn nicht die Bohne interessierte, lächelte jedoch mit ihrem breiten, aber wohlgeformten, makellosen Gesicht so, dass es fast wie ein freches Grinsen hätte gewertet werden können.

Übertrieben freundlich sagte sie: „Grüß dich! Dieser Panoramablick! Einfach herrlich an diesem Morgen! Findest du nicht auch?"

Demonstrativ wandte er sich von ihr ab. Einige Pilger kreuzten ihren Weg.Die Frau, sie besaß ein Paar unwirkliche Augen, wandte sich zu den Menschen, öffnete ihren Mantel und klappte eine Holzlatte auf. Sie nahm ein Weizenmischbrot und hielt es vor sich in die Höhe, sodass sich auf ihrem Gesicht ein Schatten bildete. Sie schloss ihre Augen und sprach ein Gebet. Doch bevor sie eine Scheibe abschnitt, nahm sie das große Messer und vollzog auf dem Brotlaib das Kreuzzeichen: „Im Namen des Vaters, des Sohnes und des Heiligen Geistes. Amen!"

Sie nahm von dem Schmalztöpfchen und beträufelte eine Scheibe mit Zucker. Wie ein Marktschreier bot sie es nun den vorbeikommenden Scharen an: „Ein natürlicher Energieriegel! Fünfzig Cent."

Das Angebot wurde dankend angenommen. Sie teilte mit dem Messer einen Apfel in zwei Hälften, beugte sich vor und lächelte den Kindern zu: „Den gibt es gratis dazu!"

Da raunte er lachend zu der Schwester, wobei in seinem Lachen etwas Gemessenes mitschwang: „Geh mir fort, Schwester Hildegard! Du und dein Krämerladen! Oder du zahlst mir Standgebühren!"
Sie blieb ruhig und gelassen, dann gab sie ihm mit einem einzigen Blick zu verstehen: „Gib acht!"

Dabei hielt sie direkten Blickkontakt zu ihm, und es wirkte wie eine unsichtbare Lanze zwischen ihr und dem Kaufmann.

Mit leiser, aber fester Stimme sagte sie: „Vielleicht sorge ich dafür, dass jemand anderes den Messwein an das Traversier Bistum liefert!"

Er konterte gelassen in einer tiefen Baritonstimme: „Vielleicht kümmere ich mich um deine Versetzung."
Falten bildeten sich auf ihrer Stirn, die von inneren Abwägungen stammten, und nach einer Weile beließ sie es dabei und ging ihrer Wege. Sein Teleskopblick folgte ihr mit einer Spur Genugtuung und sogleich schnappte er sich sein Handy.

Bereits in den frühen Morgenstunden war die Klosterfrau aufgestanden; nun ging sie zu Fuß über die Höhen von Gutland. Ebenfalls hoch oben brausten einige junge Burschen auf ihren Motorrädern. Und während sich am Himmel einige graue Wolken bildeten, wirkten jene in schwarze Lederjacken gekleideten Burschen wie eine Gang, wohl auch deshalb, weil jeder ein weißes T-Shirt mit einem aufgedruckten Adler trug. Ein Wappentier? Auffallend war auch, dass jeder eine Kette mit einem Christuskreuz als Anhänger um den Hals trug.

Einer von ihnen ragte heraus. Dieser näherte sich jetzt der korpulenten Dame. Er fuhr im Schritttempo neben ihr her und fragte sie: „Sind Sie vom Kloster Echterville? Wo müssen wir langfahren?"

Sie schreckte auf. Ihn mit der Hand abweisend und mit bangem Gesicht erwiderte sie schroff: „Bleibt mir vom Leib! Ich besitze keinen Pass, kein Handy und kein Geld!"

Der junge Mann blieb stehen und hob seine Hand. Die Sonne war nun komplett hinter den Wolken verschwunden und es begann zu regnen. Er nahm seinen Helm ab und stellte in ruhigem Ton richtig: „Keine Angst, Schwester, wir wollen nur nach dem Weg fragen!"

Die Klosterschwester blickte in blasse Gesichter, die vom Regen ganz nass geworden waren. Alle Jungs waren auf ihren Motorrädern wie im Entenmarsch hintereinander stehen geblieben. Beeindruckt von dieser Geste, deutete sie in südwestliche Richtung.

„Ja, dort drüben befindet sich Park-De-Lux mit dem Städtchen Echterville und dem Kloster! Falls ihr zur Springprozession wollt, meine Herren, müsst ihr da entlang."

Sie zeigte mit der Hand über ein weit ausgedehntes, welliges Land voller Wald, Wiesen und purpurfarbener Pfingstrosen. Und als der Bursche sie weiterhin mit bittenden Augen ansah, mäßigte sich die Klosterfrau. Stolz und schrill führte sie aus: „Der Glaube setzt sich immer durch, meine Herren. Religionen wuchsen schon immer über staatliche Grenzen hinweg, aber auch über soziale Hindernisse, und die Kirche eint die Suchenden zu einer Familie, die stets da ist, falls ihr Beistand sucht."

„Soso", erwiderte der Anführer mit einem selbstgefälligen Blick in Richtung Hildegard. Die schwarz gekleidete Kurvendiva schaute ihn von der Seite an und stemmte eine Hand in die Hüfte. Ein eiserner Blick genügte und alle Burschen verstummten ehrfürchtig.

Sie fuhr sich mit dem Zeigefinger über die Lippen und sagte: „Wartet es nur ab … Gleich zur vollen Stunde, wenn die Sonne oben steht, dann werdet ihr es hören … Wir hier im Abendland halten zusammen, so haben wir schon einmal im 14. Jahrhundert die osmanische Bedrohung zurückgedrängt. Papst Calixt III. hat es damals eingeführt. Seitdem gibt es dieses Mittagsläuten der Kirchenglocken, das auch Türkengeläut, Angelusläuten oder Siegesläuten genannt wird."

„Also, ich höre nichts", ließ einer schulterzuckend verlauten.

„Junger Mann!", schrie sie energisch. „Man hört nur mit dem Herzen gut! Und um zu hören, bedarf es der Stille, was eure junge, konsumsüchtige Generation vermutlich verlernt hat."

Stille kehrte ein. Sie hielt eine ganze Weile an. Doch dann ertönte ein zartes Glockengeläut aus dem Tal. Der Westwind trug warme Töne in die Höhen. Auch aus dem Osten kam ein edler Schall zu ihnen herüber, zunächst leise, dann kraftvoll. Eine Fülle von Klängen aus sämtlichen

Richtungen durchzog die grünen, fruchtbaren Ebenen von Gutland. Eine vertonte Göttlichkeit? Oder ein göttlicher Odem? Wer wusste das schon? Derjenige, der glaubte, der wusste es.
Wie in einem Kanon stimmten immer weitere Glocken mit ein. Mal dumpf, mal hell, mal kraftvoll – je nach Windstärke und nach Seilzug, erzeugt von Menschenhand. Ein Klanggebet? Der Geist des Schöpfers? Oder waren es die Menschen, die er erschaffen hatte und die dieses Land in diese religiöse Verzücktheit zu versetzen vermochten? Aus allen Richtungen erklangen die Glocken nun, sodass der Klang zu einem starken Geläut heranwuchs. Aus jedem Dorf, aus jeder noch so kleinen Kapelle erschallte Glockengeläut, fast wie ein Ensemble. Ein Wind kam auf und trug den Klang über Dörfer, übers Land und über die Köpfe der Menschen.

„Da! Hört ihr es?", fragte die Klosterschwester mit erhobenem Zeigefinger. Es war ein bewegender Moment, selbst für die toughen Motoradfahrer. Doch es dauerte nicht lange, da stellte sich der Anführer wieder aufrecht hin.

Stolz setzte er seinen Helm auf und sagte: „Ja, das ist beeindruckend! Doch wir haben noch etwas vor, gnädige Frau!" Und in einem betont aufgesetzten Hochdeutsch fuhr er fort: „Wenn Sie uns freundlicherweise sagen könnten, wo wir etwas zu essen bekommen, dann lassen wir Sie mit Ihrem ‚Herrn' umgehend wieder allein, okay?"

Er zwinkerte ihr zu. Die kräftige Frau rollte genervt mit den Augen, schnaubte und sagte schließlich in einem tiefen Ton: „Auf dem Kogge-Mühlenhof, dort drüben im Loch. Da soll es heute ein Fest geben."

Daraufhin tippten die Jungs der Reihe nach als Zeichen des Grußes mit dem Finger an ihren Helm und die Moped-Motorrad-Gang brauste weiter über die Hügel in den Wald.

Nach vielen wendigen Kurven steil talabwärts stießen sie unten am Fluss auf eine Mühle. Im Schatten einiger Felsen, von Efeu überwuchert, standen Stallungen im Winkel zueinander. Das in die Jahre gekommene und etwas ramponiert wirkende Anwesen war von einer Mauer umgeben, die teilweise zerbröckelt und in Teilen fast zwei Meter hoch war. Einzig ein imposant gemauertes Eingangsportal zeugte davon, dass das Anwesen womöglich einst eine staatliche Institution beherbergt hatte. Unweit davon befanden sich Bahngleise, die heute als Fahrradweg dienten. In massiven Steinkübeln, die früher für die Schweinemast verwendet worden waren, blühten jetzt rote Geranien. Tonnenschwere Mühlensteine aus rotem Eifelsandstein, auf eine Wiese hingerollt und aufgestellt, dienten als Tische.

Die knatternde Motorrad-Gang erregte Aufsehen. Ein hagerer Mann in einem feinen Anzug und mit sehr kurzem Haarschnitt blickte staunend und fragte: „Wollt ihr bei uns mitmachen? Es gibt auch Freikarten fürs Fußballspiel. Oder wollt ihr lieber auf den Nürburgring? Wir können solche Kerle wie euch gebrauchen. Wir sorgen für Land und Leute, die hier wohnen. Und wie ihr seht, wurden hier früher ‚Wunderwerke' vollbracht. Vor rund hundert Jahren wurden Mühlen gebaut, um das Korn für die vielen Handwerker, Straßen- und Bahnbauer zu mahlen, aber auch für die Soldaten, die aus dem fernen Berlin kamen, um unser Kaiserland zu verteidigen."

Der Gang-Leader unterbrach ihn genervt: „Komm, Alter, lass den Quatsch! Da stehen wir nicht drauf! Wir haben gehört, hier soll es was zu essen geben?"

Die beiden wechselten eisige Blicke. Doch der Mann verstand sofort und änderte seine Taktik: „Aber natürlich…" Er lachte und bot den Jungs in betont lässiger Manier Zigaretten an.

Der Leader nahm eine. Dann wechselte der hagere Mann in einen geschäftlichen Ton und sagte: „Wir sind in der IT-Branche tätig. Unsere Firma hat eine eigene Marketingabteilung mit Social-Media-Providern, dort könnten wir noch Leute wie euch gebrauchen! Lust auf das große Geld? Auf Mädchen? Auf Autos?" Und dabei deutete er auf seinen grünen Jaguar: „Wollt ihr mal so was fahren? Oder lieber doch einen Ferrari? – Alles kein Problem!"

Der Mann lachte und zuckte mit den Schultern. Die Skepsis der jungen Männer wich.

„Relléu, mein Name."

Er reichte dem großen jungen Mann die Hand und überreichte ihm seine Visitenkarte.

„Kommt am Samstag in den Wald bei Bollenpiont, an der Grenze zu Park-De-Lux. Dort steigt 'ne Party für ‚große Jungs', wenn ihr versteht, was ich meine. Lust auf Schießen? Wir werden auf die Jagd gehen."

Er lachte souverän, strich sich mit der rechten Hand durchs Haar und fuhr sich flüchtig mit einem Finger über die Nase.

Der schwarz gekleidete Gang-Leader blieb skeptisch, überlegte einen Augenblick, blickte den Mann mit ernsten Augen an, nahm die Visitenkarte, steckte sie ein und erwiderte: „Mal sehen! Erst wollen wir was essen!"

Er gab den anderen ein Handzeichen und ohne weitere Verzögerungen fuhren sie durch das Tor und gelangten daraufhin in einen Innenhof.

„Welch ein Lichtblick!", bemerkte der Gang-Leader staunend. Im Hof spielten Kinder. Auf einem Stück Wiese, nicht weit entfernt vom Wald, baumelte eine Schiffsschaukel und es gab ein paar Schießbuden, um die herum Lichter blinkten und von denen ein Tingeltangel ausging, wie auf einem Jahrmarkt. Die Mittagssonne durchbrach die Wolkendecke und durchdrang das grüne Blätterdach eines Walnussbaumes, sodass diese kleine Hauskirmes schon beinahe wie eine italienische Finca-Fete anmutete.

„Der Kogge-Mühlenhof ist kein hölzernes, bauchiges, altes Handelssegelschiff, sondern eine Mühle nahe einem Dorf, das an einen Fluss ‚angedockt' ist, und wir Kinder ‚schipperten' auf dieser ‚Arche-Noah', um auf ein besseres Leben vorbereitet zu werden", schilderte die zwölfjährige Lynn, dabei tänzelten lustige Sommersprossen auf ihrer Nase.

Ihre Haselnussaugen strahlten, sie wirkte wie die Heidi aus den Bergen oder wie die schwedische Koboldgöre Pippi Langstrumpf. Mit ihren abstehenden Ohren glich sie gleichzeitig der Comicfigur Micky Maus. Da musste jeder gleich lachen, der sie ansah. Ihre Haare waren blondrot, mehr Rot als Gold, halb offen, halb zu einem Kordelzopf geflochten und hinten zusammengebunden. Gleichwohl klang in ihrem frechen Unterton etwas Zurückhaltendes, etwas Blockierendes, als wäre sie in ihrer Neugierde zu oft ausgebremst, zurückgewiesen oder gar ignoriert worden.

Das Mädchen stand in dem buckeligen Innenhof, der zum Teil betoniert, zum Teil geteert und an anderen Stellen noch mit erkennbarem Kopfsteinpflaster von früher versehen war, und strahlte diese sichtbare Armut mit einer unerschütterlichen Freundlichkeit aus, was vielleicht ihrer Jungend geschuldet und dennoch bemerkenswert war. Sie trug es mit einer kindlichen Würde, so wie sie das Kleid trug, das in seiner Mischung aus Jeans und Dirndlstoffen wie selbst genäht aussah.

Rhythmisches Klavierspiel erklang im Hintergrund. Schellen setzten ein und mit dem Klang von Kastagnetten wehte ein Hauch portugiesisch-spanischer Flamenco aus dem oberen Fenster.

Wegen der geladenen Gäste hatte das Mädchen sich herausgeputzt, und da die meisten Menschen im Gutland im Alltag eine Dialektsprache sprachen, bemühte sie sich um ein gepflegtes Hochdeutsch. Sie gab sich auch deshalb Mühe, weil weit und breit weder Heimvater noch Heimmutter zu sehen waren.

Auf die Frage eines Zeitungsreporters, wo sich denn die Verantwortlichen oder die Heimeltern befänden, zuckte sie mit den Schultern und meinte in ihrer kindlichen Stimme: „Wir Kinder gehören zu einer Clan-Community. Manche von uns kommen als Baby hierher. Der Storch hat sie im Körbchen vors Tor gelegt. – Aber die Clanchefs?“ Lynn hob die Hände und machte ein unwissendes Gesicht. „Die ‚Mama‘ und der ‚Papa‘ sind nicht von hier.“

Und hinter vorgehaltener Hand flüsterte sie: „Die beiden sprechen untereinander eine andere Sprache. Es klingt spanisch oder albanisch oder kauderwelschisch oder was weiß ich. Ihr Deutsch klingt jedenfalls zum Davonlaufen.“

Alle lachten. Aber sie blieb ernst: „Mit uns Kindern sprechen sie gar nicht. Uns schreien sie nur an oder sie schlagen uns. Drum will ich eine neue Mom. Es kann auch ein Dad sein, ganz egal. Kennen Sie jemanden, der ein nettes Mädchen wie mich aufnehmen würde? Ich bin nicht immer artig. Auch nicht besonders ordentlich, aber mit mir wird es nie langweilig. Und ich lerne fix!“ Plötzlich hielt sie inne.

Anscheinend spürte sie, dass sie beobachtet wurde. In der Tat, am Fenster rutschten Gardinen hin und her. Das Mädchen zuckte zusammen und sagte plötzlich laut und brav: „Sie haben noch zu arbeiten und überlassen deshalb mir das Begrüßen der Gäste."
Und wie die hohe Frühlingssonne so ihre Strahlen versendete und die Rosen neben dem Misthaufen um die Wette blühten, wirkte der Hof auf eigenartige Weise geradezu wild-idyllisch.

Die jungen Burschen stürmten mit einem Mordskaracho und zirkulierendem Motorengeheul das Gelände, dass es nur so knatterte und krachte. Einer nach dem anderen drehte sich um die eigene Achse, sodass die Räder Unmengen an Staub aufwirbelten. Einer raste mit seinem Gefährt auf einen Mauersims zu und vollführte ein paar Stunts. Dann nahm er seinen Helm ab.

Der junge Mann mit den markanten Gesichtszügen und dem feschen Stufenhaarschnitt wirkte groß gegenüber den Heimkindern, geradezu athletisch. Er zeigte ein blendend weißes Zahnlächeln, und als er sich die Strähnen aus dem Gesicht strich, kamen Grübchen zum Vorschein. Nicht nur Lynn war mächtig beeindruckt. Und als dieser auch noch auf sie zukam und sich mit seinem Waschbrettbauch unter dem Shirt lässig zu ihr hinabbeugte, weiteten sich ihre Augen und sie erstarrte.

Er hingegen strotzte geradezu vor Selbstvertrauen, als er, bereits im Stimmbruch, meinte: „Wenn ich alt genug und schon erwachsen wäre, würde ich dich sofort nehmen!" Er lächelte sie verschmitzt an und fügte mit einem kühlen Blick hinzu: „Doch zuerst wollten wir was essen, okay?"

Sie suchte nach Worten und meinte schließlich stotternd: „J-ja, ja, dort drüben könnt ihr euch am Büfett bedienen."

Zeitgleich waren jüngere Heimbuben keuchend und schnaufend damit beschäftigt, einen Klapptisch aufzubauen. Der Anführer gab sich umsichtig, pfiff laut und rief seinen Leuten zu: „He Jungs, packt mal mit an!"

Gehorsam nahmen die ihre Helme ab, stellten ihre Motorräder beiseite und hievten gleich mehrere Tische sowie weitere Sitzbänke aus der

Scheune hinaus auf den Hof. Ganz uneigennützig taten sie das nicht, denn sobald alles aufgestellt war, nahmen die Burschen Platz und beanspruchten die ganzen Tische für sich.

Ein anderes Mädchen kam im schulterfreien Dirndl daher und verbreitete eine heimatliche Oktoberfest-Atmosphäre. Sie entfaltete blau-rotweiß karierte Tischdecken, und während sie Wildblumen in Vasen steckte, um diese auf die Tische zu verteilen, reckte sie sich weit zu den Burschen hinüber; ob mit Absicht oder nicht, war schwer zu sagen. Jedenfalls bekamen alle so Einblick in ihr Dekolleté. So mancher Teenager pfiff beeindruckt: „Große Titten! Sind die im Angebot?"

Das Teenagermädchen zog seine mit Spitzen besetzten Büstenhalter zurecht, legte einen Finger auf die Lippen und rollte mit den Augen. Ihr Lachen klang aufgesetzt und beim Gehen wackelte sie mit ihren Hüften. Der Anführer blickte ihr hinterher und lächelte amüsiert. Er pfiff, schnalzte mit der Zunge und rief amüsiert: „Also Jungs! Die Vorspeise wäre schon mal serviert!"

Ein Lachen ging durch die Reihen und man zwinkerte sich schelmisch zu. Und während die Schwenkbratwürste über dem Feuergrill schmorten, duftete es an anderer Stelle nach gerösteten Mandeln und Zuckerwatte.

Lynn begrüßte weitere Gäste. Alsbald flatterten nicht nur Flaschenlaternen im Gezweig des Walnussbaumes, sondern es versammelten sich noch weitere Kinder um Lynn herum, und während eine Dreijährige sie am Rock zupfend fragte, warum sie zwei verschiedene Socken anhabe, war so mancher Heimbursche bemüht, sich durch ausgiebiges Hüpfen, Fußballdribbeln oder auf andere Art und Weise auf sich aufmerksam zu machen. Manche kletterten sogar auf das laufende Rad der Wassermühle und liefen mit dem Strom. Die Gäste waren beeindruckt. Sie klatschten, pfiffen und bedankten sich, weil sie glaubten, dies sei ein einstudiertes Unterhaltungsprogramm, ähnlich einem Varieté mit akrobatischen Vorführungen unter freiem Himmel.

Unweit des Zauns, kurz vor dem kaputten, angewinkelten, schmiedeeisernen Tor, stand eine Frau. In ihrem Trenchcoat und mit der Sonnenbrille sah sie aus, als käme sie von einer anderen Welt. Sie schaute durch die Gitterstäbe. Während so mancher Bursche sich an einem am Baum befestigten Seil von Ast zu Ast hangelte, streckte einer seine Zunge heraus und pöbelte Lynn mit Zwischenrufen an.

„Lynn, guck mal!"

„Lynn, pummelige Pippi Langstrumpf!"

Lynn tat so, als würde sie nicht hinhören, und spielte weiter die freundliche Gastgeberin, doch in dem Moment, als die Besucher damit abgelenkt waren, den alten, hofeigenen Steinofen zu besichtigen, wandte sie sich um und rief: „Passt bloß auf, ihr Lausbuben!" Und noch während sie diese Drohung aussprach, stieß sie lachend einen der Rabauken ins Wasser, das die Mühle umgab.

Der dreizehnjährige Benny, enthusiastisch wie immer, ließ sich nicht davon einschüchtern. Unverzüglich tauchte er wieder an der Wasseroberfläche auf und rief vergnügt: „My Lady, Madam Daisy! My Lady, Pippi Langstrumpf!" Amüsiert lachte er und spritzte mit Wasser.

Neben seinen blendend weißen Zähnen zeigten sich kleine kesse Grübchen. Lynn lachte ebenfalls. Er schien sich wirklich nicht unterkriegen zu lassen, auch, weil er anscheinend genau die Aufmerksamkeit bekam, die er wollte. Zahlreiche Paare klatschten und er rief begeistert: „Guckt mal, wie ich balanciere!"

Über das Holzmühlenrad hüpfend rief er immer wieder: „My Lady, pummelige Daisy!" Plötzlich verlor er das Gleichgewicht und fiel ins Wasserbecken. Sich mit beiden Armen an einer Trittleiter völlig durchnässt hochhievend, rannen schmutzig-schwarze Rinnsale über sein Gesicht. Doch dann wurde er unvermittelt von einem dieser Holzflügel am Kopf getroffen und wieder nach unten gedrückt.

„Hilfe!", schrie er.

Es klang nach Spaß, also ignorierte man ihn. Der zweite Hilferuf klang schon etwas verzweifelter, und doch glaubte Lynn, er wolle nur Aufmerksamkeit heischen. Also führte sie die Gruppe weiter zur Scheune und machte vorsichtshalber eine Schiebetür zu, da sie wusste, dass sich etwas darin verbarg, was nicht für jedermanns Augen gedacht war. Und während die Motorrad-Gang sich auf und davon machte, hörte sie wieder: „Hilfe, Hilfe!"

Das klang schon bedrohlicher. Die Besucher hörten es auch und so mancher wurde hellhörig.

Lynn überkam ein seltsames Gefühl. Wenn das aber wieder einer seiner Ablenkungsversuche ist, dann finde ich das gar nicht witzig!, dachte Lynn wütend. Ein männlicher Besucher zog sich kurzerhand Hemd und Hose aus und sprang beherzt in das trübe Wasser, um rasch zum Mühlrad zu gelangen. Ein anderer hielt nach einem langen Stock Ausschau, brach schließlich einen vom Baum und wollte damit das Mühlwerk anhalten. Vergebens. Daraufhin stocherte er in der grünbraunen Suppe herum, um den Jungen ausfindig zu machen. Vergeblich. Die Wasseroberfläche an der hässlichen, mit Flechten und Moosen bewachsenen Betonmauer ebbte ab und glättete sich, jedoch ohne Leben.

Ohne darüber nachzudenken, sprang Lynn mit Kleidern in das öl- und dreckverschmierte Mühlenvorbecken, tauchte unter, sah aber nur trübes, aufgewühltes Wasser. Dann entdeckte sie etwas Dunkles, Verdicktes. Sie griff danach. Es war eine Stockente, die wild schnatternd davonflog. Lynn vermutete an einer anderen Stelle ein Bein oder besser noch wäre ein Arm, den sie hätte greifen können. Doch es stellte sich heraus, es waren nur Zweige eines morschen Weidebaums.

„Hilfe!“, schrillte es vom Hof herüber. Die Gäste stoben in alle Richtungen. Einer meinte, er würde Hilfe holen. Doch er kam nicht wieder. Lynn griff verzweifelt nach allem, was irgendwie nach dem Jungen aussah. Schließlich fand sie jemanden mit eingeknicktem Kopf im Wasser dümpeln. Leblos.

Lynn bekam einen Riesenschreck. Sie dachte aber nicht weiter nach, sondern versuchte den Körper irgendwie nach oben an die Oberfläche zu hieven.

Nun war sie es, die rief: „Hilfe!“

„Ich hab ihn!“

Sie erreichte eine Sandbank, auf der sie stehen konnte. Erst im Nachhinein begriff sie, welche Strecke sie beide zurückgelegt hatten. Mit solch starken Strömungen hatte sie nicht gerechnet.

Der Heimvater und Elenora, die Heimmutter, kamen herbeigelaufen. „Kind, was hast du wieder angestellt!“

Lynn, völlig durchnässt, keuchte schwer, während ihr einzelne Rinnsale übers Gesicht liefen. Sie schwieg. Regungslos starrte sie auf das Wasser und begann zu zittern, nicht nur wegen der Kälte. „

Jesses! Maria! Und Josef! Oh Jesses! Maria!“, schrie die Heimleiterin wiederholt.

Dabei wedelte sie mit den Händen und faltete sie dann zusammen, wie zum Gebet. Ihr Geschrei war so laut und so jämmerlich, dass es sicherlich noch über die Grenzen von Gutland hinweg zu hören war. Und denjenigen, die dabei gewesen waren, gefror das Blut in den Adern. Der Junge war tot. Seine dünnen Ärmchen lagen verkrümmt in einem knorrigem Grau, wie so manch verdorrtes Holz, das an den Rand gespült wurde. Lynn sackte zusammen, ihr Gesicht aschfahl. Mit letzter Kraft schob sie sich vor zu dem Jungen, stieß ihn sacht an, um etwas rückgängig zu machen, was nicht rückgängig zu machen war.

„Aber … aber … Oh nein!“, flüsterte sie tonlos. Und dann, als sie begriffen hatte, was geschehen war, verstummte sie. Tief in ihrem Inneren erlosch etwas. Sie resignierte und ließ den Regen auf sich niederprasseln.

Jacco, der Heimvater, ein stämmiger Typ mit schwarzem Haar und einem kontrastreichen Männerhaarschnitt – an den Seiten sehr kurz, der Oberkopf blond gefärbt und die Haare nach oben gewellt – kam angelaufen. Er trug ein verschwitztes ärmelloses Unterhemd und knöpfte sich während des Laufens die Hose zu. Er schnappte nach Luft, blieb vor der Leiche stehen und starrte diese zunächst wortlos an. Augenblicklich wich jegliche Farbe aus seinem Gesicht, es war nun mondbleich. Seine Stimme zitterte ein wenig, als er schließlich hervorbrachte: „Oh nein! Wie konnte das passieren?“

Dann, ohne Vorwarnung, stand er auf, ging zu Lynn hin und gab ihr eine schallende Ohrfeige, während er schrie: „Mädchen, das war einer, dessen Vater Rang und Namen hat! Diese Kirchenleute zahlen gut für ihre Vergehen. Der brachte viel Geld. Diese Besserwisser, diese heiligen Schweinepriester predigen das Zölibat und heimlich üben sie die Missionarsstellung.“

Er spuckte auf den Boden, räusperte sich und wischte sich die Schweißperlen von der Stirn, die sich dort angesammelt hatten: „Wenn auch nur einer davon Wind bekommt, dann können wir einpacken! Hast du einen blassen Schimmer, was das bedeutet, Mädchen?“

Die Heimmutter hob das Kinn und wanderte auf und ab. Sie schien zu überlegen. Dann meinte sie: „Komm, wir verstecken ihn. Alle unsere Findelkinder sind heimlich abgegeben worden, also weiß im Grunde niemand, dass es den Benny überhaupt gibt.“

Jacco grübelte nach. Dann brummte er vor sich hin: „Der Gutsbesitzer weiß Bescheid. Ich habe ihn verkauft.“

„Was?!“, schrie die Heimmutter und sah ihn fragend an. Jacco wiederholte seine Worte, diesmal etwas lauter, und fügte noch an: „… als guten „Arbeiter, für tausend Euro.“

Die Heimmutter verzog das Gesicht: „Er war erst dreizehn.“

Daraufhin erwiderte Jacco: „Für die Feldarbeit und zum Klettern in den Bäumen war der Bengel gerade im richtigen Alter. Später sollte er nach Spanien oder Portugal. Na, du weißt schon!“

Der Heimvater und die Heimmutter hievten den Leichnam auf eine Schubkarre und versteckten ihn in der Kühlung der Milchkühlkammer nahe der Scheune.

Im Gutland, das so herrlich frei von Hektik und Eile zu sein schien, verbreitete sich dieses schaurige Ereignis schneller als eine Twitter-Nachricht. Mitten in der Nacht holperte ein schmalrädriger Traktor über den breiten Gullydeckel am Toreingang. Knatternd fuhr er in den Hof ein und hielt mit quietschenden Bremsen an, während sein Motor wie ein altes Heizungsrohr weiterblubberte.

Ein hagerer Mann im blauen, ölverschmierten Overall stieg aus. Seine Augen glühten vor Wut. Sein Gesicht glich dem von Graf Dracula, und genauso wie er schien auch er keinen Bauch zu haben, nur ellenlange dürre Glieder, deren Enden irgendwo im Nachtschatten verschwanden. Er wedelte mit einer brennenden Fackel, wohl auch deshalb, weil es hier keine Straßenbeleuchtung gab. Nun, in den Dörfern von Gutland funktionierten die Straßenlampen nach Sonneneinfluss, da konnte es schon mal vorkommen, dass manches Licht zu schwach war. Auf den umliegenden Aussiedlerhöfen wurde es provinziell und strukturschwach. Die einzig brauchbare Hoflampe, die noch an den alten Dynamo angeklemmt worden war, die war von einem der Heimkinder mit einer Gummischleuder kaputt geschossen worden.

Es war der Lohnarbeiter vom Gut-Diesburg, der von weit außerhalb, von der anderen Seite der Landesgrenze, herkam. Halb betrunken, halb in Trance, forderte er den Master Jacco schreiend dazu auf, sich zu stellen. Er hätte seinen Sohn auf dem Gewissen!

Niemand rührte sich. Niemand sprach mit dem Vater, der kurz darauf mitten im Hof zusammenbrach, bitterlich weinend. Elenora raunte zum Jacco: „Du Schuft, gelogen hast de! Haste den Bischof 'n Jung untergeschwätzt, wo dann die Kirche die Alimente zahlt, obwohl es gar nicht sein Kind war. Du bist und bleibst ein Gauner!“

Niemand nahm ernsthaft an, er würde es tun, was nun gleich folgte. Und doch tat er es. Vorher schlossen sie die Tore und verschanzten sich hinter den meterdicken Mauern. Die Kinder verkrochen sich unter ihre Betten.

Der Fremde zündete das frei gelagerte Heu außerhalb der Scheune an. Auch an den kleinen Strohbündeln, die verstreut auf dem Hof herumlagen, ging er mit der Fackel vorbei. Sie fingen Feuer. Fahrig kickte er die Strohballen in den Stall, in den Geräteschuppen und quer über den Hof, sodass in nur wenigen Minuten selbst das Häuschen im Hundezwinger brannte. Im Nullkommanix brannte alles wie ein Leuchtfeuer. Bald würde auch das Wohnhaus Feuer fangen. Diese Vermutung bewahrheitete sich schneller als gedacht. Irgendetwas durchbrach die Fensterscheibe im oberen Stockwerk – waren es Baumzweige oder auffliegende Strohfetzen oder gar beides? – und die Gardinen entzündeten sich.

Lynn hatte sich mitsamt ihren nassen Kleidern aufs Bett gelegt und sich seit dem Vorfall nicht mehr gerührt. Die Kinder rannten nach draußen. Wegen des Feuers rannten einige Heimgeschwister wieder hinein und rüttelten und schüttelten sie, in dem Versuch, sie zum Aufstehen zu bewegen. Ein dreijähriges Zwillingspaar zerrte und flehte, doch Lynn rührte sich nicht. Ihr war alles egal.

Auf dem Hof waren plötzlich Feuerwehrleute zur Stelle und fuhren in Sekundenschnelle das Schlauchwerk aus. Mit Expertise besprühten sie das Wohnhaus und den Viehstall. Das Vieh im Stall ließ man laufen. Jacco brüllte die Helfer von der Feuerwehr an, sie sollten noch ein Mädchen aus dem oberen Stockwerk des Hauses retten. Sie wäre gelähmt und könnte nicht laufen, log er. Und so stürmten zwei Männer hinauf und brachten – wie einen Sack über die Schulter geworfen – ein Mädchen mit.

Während die Rettungskräfte immer weiter zur Scheune vordrangen, eilte Heimmutter Elenora zu ihnen hin. Sie kam von der anderen Seite und sah, dass der Aufgebahrte noch zu sehen war. In einem Moment, in dem es die anderen nicht mitbekamen, und im Vorteil ihrer Ortskundschaft stieß sie die Bahre an, woraufhin diese mitsamt dem Toten in die immer näher rückende Feuerglut rollte. Trotz des einstürzenden Dachgebälks und der Gefahr, selbst getroffen zu werden, blieb sie stehen, und während ihre Sicherheit angesichts der Verdunklung wuchs, weil die Leiche Glied für Glied vom Feuer eingenommen und verschlungen wurde, breitete sich auf ihrem Gesicht ein zufriedenes Grinsen aus. Dann rettete sie sich selbst mit einem gewagten Sprung und zog rasch das eiserne Rolltor hinter sich zu.

Just in dem Moment standen Rettungskräfte da und riefen: „Wasser marsch!“

Ein Schwall ergoss sich über Elenora, als sie so dastand. Keineswegs irritiert und um abzulenken, zeigte sie auf das gegenüberliegende Sägewerk, das gerettet werden sollte, da sie davon lebten.

„Schnell! Sirr lo drüben!“

Immerzu mit der Hand winkend, schrie sie den daraufhin herbeieilenden Feuerwehrleuten hinterher, dort sei auch ein Öl- beziehungsweise ein Benzintank und der sei noch halb voll und könne explodieren!

Mit vorgetäuschter dankbarer Geste nahm sie eine dargereichte Decke entgegen. Außerdem entschuldigte man sich bei ihr wegen des Wasserschwalls; man habe sie nicht kommen sehen. Beschwichtigend lachte sie künstlich und erklärte beiläufig: „Ich habe nur den Hofhund retten wollen."

Abermals quoll eingelagertes Heu brennend aus der Scheune und einzelne Fasern, getragen vom Wind, wedelten über den Hof und über die Dächer hinweg. Manche von ihnen brannten lichterloh. Die unten im Hof lungernden Kinder staunten. Sie fanden, das sei eine spektakuläre Unterhaltung. Die Heimmutter schrie sie an: „Macht, dass ihr wegkommt! Hier ist es gefährlich!"

In der Tat, die Einsatzkräfte gerieten immer mehr unter Stress, denn wenn die Dorffeuerwehr keine Unterstützung aus den umliegenden Ortschaften bekäme, dann würde – obwohl weiter weg gelegen – ein Übergreifen auf andere Häuser im Dorf nicht mehr zu vermeiden sein.

So eilten gleich mehrere Löschfahrzeuge im Sirenengalopp herbei. So manche Fehde war vermutlich zweckkooperativ beiseitegeschoben worden. Das Gut „Zur Linde" schickte Helfer und von der anderen Seite des Landes, vom Gutshof Diesburg, kamen ebenfalls zähe Männer, die beherzt anpackten. Gemeinsam mit der kreisstädtischen Eifelburg-Feuerwehr verhinderten sie ein schlimmeres Inferno.

Eine Rotkreuzschwester in neonfarbener Schutzweste kam mit Decken unterm Arm und rief mit strenger Stimme: „Alle Kinder zu mir! Wir breiten jetzt die Decke aus und alle setzen sich mal dort hin. Wie viele seid ihr eigentlich?" Die Kinder zuckten ahnungslos die Schultern.

Lynn saß teilnahmslos da. Und während die Rotkreuzschwester die Kinder zählte und begann, sie namentlich aufzuschreiben, schauten einige fragend in Lynns Richtung. Als diese spürte, dass sie beobachtet wurde, hielt sie sich die Augen zu. Geschickt wechselte die Sanitäterin das Thema und fragte: „Was hat es mit dem Namen ‚Kogge-Mühlenhof' auf sich?"

Ein Sechsjähriger nahm Lynns Hand in die seine und erklärte, seiner „Schwester" ginge es nicht so gut, drum übernehme er das Wort: „Unser Hof … unser Haus ist seltsam, daher Kogge. Unser Dach ist so schwer und gebogen, dass es das Gemäuer vom Haus auseinanderdrückt, und so wirkt das Ganze wie der Bauch eines Schiffes … oder eher wie ein

Wal." Und leise fügte der Junge noch hinzu: „Jetzt wurden wir Kinder verschluckt, wie in der Moby-Dick-Geschichte."

Er lächelte schwach, weil es für die anderen ein Witz sein sollte, was aber im Trubel unterging. Dass er es eigentlich ernst meinte, behielt er lieber für sich. Er zeigte auf das Gebäude, als er anfügte: „Die kleinen, schmalen Fenster wirken wie die Kiemen oder wie Schießlöscher und der Schornstein bildet den Bugspriet dazu. Finden Sie nicht auch?"

Die Rettungssanitäterin, welche die Kinder darum gebeten hatte, sie Andrea zu nennen, lächelte amüsiert. „Mit ein bisschen Fantasie hast du recht."

Durch die Feuerwehrleute waren die Kids nicht nur abgelenkt, sondern vor allem ganz schön beeindruckt. So mancher Junge durfte mithelfen und den Schlauch halten. „Das ist richtige Männerarbeit!", prahlte der Sechsjährige mit den aufgekrempelten Ärmeln seines rot-schwarz karierten Flanellhemds, das ihm viel zu groß war. Er war mächtig stolz. Selbstsicher mit einem laufenden Wasserschlauch hantierend, ignorierte er die Sicherheitsmahnungen der Betreuer. Andere Kinder hatten die Gefahr gar nicht erst richtig wahrgenommen. Schlaftrunken folgten sie den Anweisungen der Betreuer und so fanden sie etwas abseits, auf einem umgestürzten Baumstamm im Feld, Schutz. Und während die Feuerleute alles gaben, um ein Inferno zu verhindern, saßen sie mit ihren dünnen, baumelnden Beinchen nebeneinander und pulten das Bonbonpapier ab, um sodann die Karamell- und Kirschbonbons, die ihnen die Sanitäter spendiert hatten, genüsslich zu lutschen oder zu kauen.

Noch Tage danach brachten die Leute aus dem Dorf Lebensmittel und Kleidung. Aber keiner nahm ein Kind zu sich. Der apathischen Lynn war nach wie vor alles egal. Die anderen Kinder hingegen hüpften und sprangen auf dem Hof herum, als sei nichts passiert. Anscheinend waren sie im Besitz eines überlebenswichtigen Kurzzeitgedächtnisses. Ähnlich dem sich auflockernden blauen Himmel nach einem heftigen Gewitter wurde der Kogge-Hof für sie zu einem Ruinen-Abenteuerspielplatz. Und während mithilfe der Nachbarschaft die nötigen Stallungen wiederaufgebaut wurden, wie es auf dem Lande üblich ist, verdünnisierten sich die Heimeltern.

Lediglich ein Pastor kam mit schwarzem Gewand; mit ebenso schwarzen, ehrgeizigen Augen dirigierte er das Geschehen. Seine unpersönliche Art deutete darauf hin, dass dies nur ein Karriere-Zwischenstopp war. Dem geistlichen Überflieger schien es nichts auszumachen, Kinder wie Einrichtungsgegenstände vorübergehend hin und her zu schieben auf andere Konvikte [kirchliche Schuleinrichtungen mit Internat]. Aber nur wenige Wochen später war das Wohnhaus wieder bezugsfähig und so kamen sie wieder zurück. Und als würde das Heim pro Kind mehr Geld von der Kirchengemeinde erhalten, wurden es immer mehr Kinder. Feierlich überreichte man der Heimleitung das Verdienstkreuz und huldigte ihre Bemühungen um die Ärmsten. Sie seien unverzichtbar, so der blasse, stramm organisiert wirkende Geistliche in seiner Ansprache. Auf den rasch aufgestellten Tischlein und Stühlchen nahmen die Vertreter aus allen Gemeinden Platz. Zum Dank gab es Kuchen und selbst gebackene Waffeln mit gezuckertem Sonnenschein.

Unterdessen schlich sich eine edel gekleidete Frau mit Sonnenbrille und Trenchcoat zum Tor. Hinter einer dicken Eiche blieb sie unbemerkt stehen und knipste mit ihrem Handy ein paar Fotos.

Als zum wiederholten Male ein Päckchen vor dem großen Tor abgelegt wurde, waren die Waisenkinder geschwind zur Stelle. Ohne zu fragen und ohne die Anschrift zu lesen, rissen sie die Bonbonpackungen auf und die Kamellen explodierten förmlich in alle Richtungen. Sofort stürzten sich die Kinder darauf und stopften sich die Münder damit voll. Vielleicht war es auch der blanke Hunger? Denn die Heimeltern waren mal wieder mit anderen Dingen beschäftigt.

„Weiß der Geier, wo die sich wieder herumtreiben“, brüllte ein Junge mit halb ausgezogener Socke über den Hof laufend. Lynn, warum auch immer, hatte man zur Strafe in den leeren Hundezwinger eingesperrt. Manchmal gab es tagelang kein Essen und kein Trinken. Die vierzehnjährige Berta war zwar für das Kochen zuständig, wenn die Heimmutter nicht da war, aber sie bestellte Pizza und bezahlte den Lieferanten mit gewissen „Missionarsdiensten".

„Lynn!" schrie der Jacco eines Tages über den Kogge-Hof laufend. „Du musst zum Gut Diesburg! Ab in die Wanne! Die Elenora schneidet dir die Haare! Du bist ab sofort ein Junge! Klar?"

Lynn saß auf dem Fetzen Decke, den der Hund hinterlassen hatte. Niemand wusste, wo das Zotteltier eigentlich abgeblieben war. Und niemand wagte es, sich den Anweisungen eines Clanchefs zu widersetzen. Im Gegenteil: Jeder suchte das Weite, um nicht ins Visier seiner launigen Aggressionen zu gelangen.

Lynn, deren Gesicht ganz fahl war, zeigte keinerlei Reaktion. Auch dann nicht, als die Heimmutter mit ihrer Schneiderschere anrückte, einen Hocker mitten auf den Hof stellte, das Mädel dorthin zerrte und damit begann, ihr die goldroten Locken Strähne für Strähne abzuschneiden. Und während die Heimmutter dem Kind die Haare abschnitt, verlor Lynn ihre Würde.

Ein anderer verlor überdies auch noch seine Geduld. Rasend vor Wut packte er Lynn an den Schultern und sah ihr direkt in die Augen. Er fackelte nicht lange, holte aus und knallte ihr eine ins Gesicht: „Reiß dich zusammen, Mädchen!" Er brause so laut auf, dass niemand an seiner Autorität zweifelte.

Danach folgten sanftere Worte. Es klang fast schon fürsorglich.

„Wir Menschen sind gleich mit den Kühen da drüben auf der Weide. Nicht mehr, aber auch nicht weniger. Und wir haben einiges gemeinsam. Wir arbeiten, manche von uns gebären und wir alle müssen irgendwann sterben. Dazwischen aber, mein Kind, gibt es für uns alle ein paar Stunden Leben, in denen wir in der Sonne ‚dösen' dürfen. Für manche sind es viele, für andere wenige. Das ist nix Ungewöhnliches. Je früher du dieses Naturgesetz akzeptierst, umso mehr ‚Sonnenstunden' kannst du haben! Klar? Und seinen Kummer verscheucht man am besten mit einer leichten körperlichen Tätigkeit. Ich habe das Richtige für dich gefunden!"

Er richtete sich auf und stolzierte auf und ab, bevor er weitersprach.

„Und zwar wirst du für den Benny einspringen und die Arbeit verrichten, für die der Junge vorgesehen war. Klar?“ Dabei kam er ihr so nahe, dass es schon indiskret war. Seine tyrannischen Worte klangen wie Donnerschläge. Lynn zeigte keinerlei Regung.

Die Heimmutter gab zu bedenken: „Aber Jacco, die brauchen wir doch noch für andere Aufgaben.“

Jacco kniff berechnend die Augen zusammen und erwiderte: „Ja, und deshalb soll sie erst nach der Erntesaison davonlaufen.“ Und mit Blick auf das Mädchen: „Verstanden?“

Er beugte sich noch mal zu ihr hinunter und schaute ihr direkt in die Augen, und als er seine Forderung wiederholte, antwortete sie mit einem gleichgültigen „Ja“, während weitere Locken auf den Boden kullerten. Lynn weinte ohne Tränen.

Im Inneren aber sagte sie zu sich selbst: „Eines Tages werde ich selbst entscheiden, was ich tun will und wohin ich gehen möchte!“

## Kapitel 3
## Elsterdiebische Retourkutsche

Nur wenige Tage später und mit schnellem Tempo war Jacco mit Lynn, die ab sofort auf den Namen „Benny“ zu hören hatte, vom Hof gerast. Dabei waren die gackernden Hühner in sämtliche Richtungen davongestoben. Am Himmel brauten sich Wolken zusammen und als sie auf Gut Diesburg ankamen, schüttete es wie aus Eimern. Das Gesicht des sonst immer so düster dreinschauenden Jacco, der deswegen auch als Mad-Face bekannt ist, glich der strahlenden Sonne, als die Geldscheine in seinem Beisein abgezählt und ihm ausgehändigt wurden. Dann flüsterte er dem Mädchen etwas ins Ohr, woraufhin diesem die Röte ins Gesicht stieg. Dann bekam sie von dem neuen Besitzer einen Eimer in die Hand gedrückt mit den barschen Worten: „Der Benny soll zu den anderen und bei der Erdbeerernte helfen.“

Alle packten mit an. Der Gutsverwalter brüllte seine Leute an: „Bis Sonnenuntergang müssen wir eine Menge geerntet haben, da die Erdbeeren noch in die Klosterläden in Echterville und Himmelroth gebracht werden müssen.“

Ein Junge, nicht viel älter als „Benny“, kam mit einem scharlachroten Fendt-Trecker über das saftige, grüne Gras angefahren. Der Regen schien ein wenig pausieren zu wollen und ein kobaltblauer Himmel kam nun zum Vorschein. Im Schlepptau kullerte ein Anhänger die Feldfurchen entlang. Schroff forderte der Junge die Leute auf, rasch die vollen Eimer einzufüllen. Dabei zeigte er auf große Kübel, die im Anhänger deponiert waren. Behände sprang er vom Trecker und schlenderte mit beiden Händen in den Hosentaschen durch die Reihen. Irgendwann blieb er bei Lynn stehen und bot ihr ein leuchtend rotes Prachtexemplar dieser köstlichen Frucht an. Sie hatte ihn gar nicht kommen sehen und erschrak. Eilig zog sie die Kapuze ihrer Regenjacke tiefer ins Gesicht und wendete sich ab, woraufhin der schlaksige blonde Junge mit den freundlichen blaugrauen Augen und einem Muttermal hinter dem Ohr beschwichtigend meinte: „Keine Angst. Solange du arbeitest, darfst du davon essen, so viel du willst. Unsere Erdbeeren sind die besten weit und breit!“ Diese Worte entlockten Lynn, die jetzt Benny hieß, ein verlegenes Lächeln, und sie grinsten beide.

Nach der Erdbeerernte kam die Kirschernte; da erst bemerkte sie, wie viele Leute oben auf den Baumkronen kletterten. Diejenigen, die Deutsch sprachen, hatten sich schnell zusammengetan und machten Witze. Die meisten waren nicht älter als dreizehn oder vierzehn Jahre und keiner von ihnen ging zur Schule.

Ein Bursche hing wie ein Affe in den Zweigen und stänkerte herum, während er seinen Eimer füllte: „Die sprechen nicht unsere Sprache. Die sind nicht von hier. Manche von denen haben wohl zu viel schwarzen Kaffee getrunken. Die kommen vermutlich aus Afrika oder Südamerika.“ Die Burschen lachten.

Ein anderer steckte sich eine Kirsche in den Mund und zog mit den Fingern seine Augenlider lang, was ihm ein asiatisches Aussehen verlieh.

Er witzelte: „Aber Schlitzaugen wie die Chinesen haben sie nicht!“

Ein anderer meinte: „Ob aus Bolivien, Brasilien oder Afrika, sie wissen zumindest, wo sie herkommen. Wir wissen es nicht!“ Solche und andere Witze sorgten für eine heitere Stimmung.

Plötzlich legte einer den Finger auf seine Lippen.

„Still! Der Aufseher kommt! Nicht quatschen! Arbeiten! Verstanden?“

Als die Sonne über die Mittagskurve wanderte und die Windenergieräder lange Schatten warfen, kam der Sohn vom Gutshof die abgeernteten Früchte abholen. Er juckelte mit seinem Trecker über das Feld und hielt bei Lynn an.

„Willst du ’ne Runde fahren? Geht ganz leicht. Ich zeig’s dir, okay?“

Lynn wusste nicht so recht. Auch wollte sie sich verdeckt halten. „Ich muss doch arbeiten. Und ich …“

„Ich soll dich sowieso zu den Hopfenfeldern bringen. Die sind als Nächstes dran.“ Er grinste sie charmant und offenherzig an.

„Ach komm schon!“ Sie blinzelte zu ihm hinüber. Das Abenteuer reizte sie. Doch sie zögerte und hielt ihr Cape fest; zumindest von der Kleidung her musste sie ein Junge bleiben.

Er ging wieder zu seinem Trecker und fuhr noch ein paar weitere Touren. Nach einer Weile hielt er mit seinem Gespann unter dem Kirschbaum, wo Lynn in den Zweigen hing. Lässig meinte er: „Du musst dich nur fallen lassen. Ich fange dich auf."

„Du hast sie wohl nicht mehr alle! Da würde ich mir ja alle Knochen brechen!"

„Nicht, wenn du auf dem Stroh landest, das für die Hopfenfelder gedacht ist."

Da ließ sie sich fallen. Sie jauchzte vor Freude. Aber nur einen Moment lang. Schnell richtete sie ihre Kleidung jungengerecht, wobei sie die dunkle Cordhose mit beiden Händen festhielt, da sie ihr ein bis zwei Größen zu groß war, und nahm auf dem Beifahrersitz Platz.

Erst fuhr er noch ein Stück über buckelige Feldwege, und während sie den Hang hinunterschaukelten und er das gegenüberliegende Feld wieder hinauffuhr und sein Fahrzeug hinter eine Baumgruppe lenkte, meinte er: „Kannst dich wieder normal benehmen. Ich weiß, dass du ein Mädchen bist." Er grinste sie an.

Sie staunte, wurde verlegen und schwieg.

Er nahm ihr mit einer Hand das Cape ab, während er mit der anderen Hand den Trecker lenkte. Sein Blick wanderte von ihr zur Fahrbahn und dann wieder zurück zu ihr. Er lächelte, grinste und lachte sie fast aus. Sie fasste sich an den Kopf und schämte sich. Da kam eine rotblonde Locke zum Vorschein.

„Ein roter Fuchs bist du also."

Sie sahen einander an. Jeder dachte das Gleiche, aber keiner sprach es aus. Er legte seine Hand auf ihre.

„Keine Angst, ich verrate dich nicht." Dann wechselte der Junge das Thema: „Ich muss zu den Hopfenfeldern im Hopfendorf. Kannst dahin fahren, wenn du willst."

Ohne Vorwarnung ließ er den Lenker los, bugsierte sich auf den Beifahrersitz und der Trecker drohte führerlos in eine Hecke zu fahren, wenn Lynn nicht alsbald das Lenkrad herumreißen würde. So tat sie es und der Trecker juckelte übers freie Feld. Sie jauchzte vor Freude und

Stolz. Der Junge ermahnte sie, stets auf die Fahrbahn zu achten. Dann erklärte er ihr: „Jetzt schalten und die Kupplung kommen lassen!“

Es klappte nicht beim ersten Mal. Sie würgte den Motor ab.

Er setzte sich auf den Fahrersitz und bat sie, sich auf seinen Schoß zu setzen. Sie tat es und beide übten das Zusammenspiel zwischen Kupplung und Gangschaltung. Es dauerte den ganzen Nachmittag, doch es war das erste Mal nach langer Zeit, dass sie ihren Kummer vergaß, und das machte sie unsagbar frei. So kam es allerdings, dass sie beide die Zeit vergaßen.

Am Abend, als die Sonne unterging, ertönte eine Glocke aus dem Innenhof über die Felder hinweg. Der Duft von Apfelstreuselkuchen wehte zu ihnen herüber. Die Bäuerin stand in eine Schürze gekleidet da und betätigte jene kleine Glocke, während sie lautstark und lächelnd alle Arbeiter einlud, doch bitte in der guten Stube am großen Esstisch Platz zu nehmen. Warmherzig und vollbusig erlaubte sie es den Kindern nicht nur, sondern sie forderte alle Arbeiter mehrmals auf, tüchtig zuzulangen.

„Nehmt euch gerne eine zweite Portion, schließlich habt ihr auch tüchtig gearbeitet.“

Still setzte sich Lynn neben die anderen großen und kleinen Arbeiter auf eine ellenlange Holzbank, wie ihr schien. Ist das etwa das, was man eine „Volksbank“ nennt?, dachte sie.

Gierig stopfte sie alles in sich hinein und verschlang alles bis zum letzten Krümel und zum Schluss schleckte sie auch noch die Soße vom Tellerrand, bis der Teller blitzblank glänzte. Als es zum Nachtisch sogar noch Vanillepudding gab, wollte sie eigentlich nie wieder von hier weg. Eine gute Verpflegung und ein paar freundliche Worte sind süßer als der beste Honig, sie sind Balsam für die Seele, dachte Lynn.

Doch einige Wochen später, es war dunkle Nacht, da ertönte ein Klick-Klack an der Fensterscheibe des Hauses vom Kogge-Mühlenhof. Berta hörte es zwar, wollte aber nicht aufstehen. Lynn stand draußen, es regnete. Sie warf kleine Steinchen. Wie vereinbart war sie wieder erschienen, wenngleich mit großem Widerwillen.

Jacco grinste, öffnete ihr wissend die Fensterklappe und reichte ihr die Hand mit den Worten: „Braves Mädchen! Du wolltest also doch nicht, dass ich deinen Heimbruder Leo im Wald aussetze."

Wortlos ging sie die knarrende Wendeltreppe hinauf und warf sich mit der Latzhose, die sie trug, aufs Bett.

An einem anderen Tag lag wieder ein Paket auf dem Esstisch. „Für Lynn!" stand darauf geschrieben. Eines der Heimkinder hatte es entdeckt und schrie im Treppenhaus: „Lynn! Für dich ist ein Päckchen gekommen!"

Niemand rührte sich. Stattdessen hinkte Heimchef Onkel Jacco zur Tür herein und schnauzte Else an.

„Was macht das Paket hier? Wo ist mein Essen?", wollte er wissen und warf das Paket auf ein verschlissenes Sofa in der Ecke.

Sofort stürzten sich die anderen Kinder darauf, und während Else ahnungslos mit den Schultern zuckte, rissen sie es auf. Jeder nahm sich etwas heraus. Gerade als sie verschwinden wollten, packte der Heimchef einen der Jungen an seinen Ohren: „Du Rotzbengel!" Er knallte ihm eine. „Das ist für Lynn, leg das wieder zurück!"

Das brünette Mädchen Berta nahm das Paket und meinte, sie würde es Lynn bringen, doch Onkel Jacco winkte sie mit dem Zeigefinger zu sich. Er nahm den Karton an sich, und während er sein Mad-Gesicht aufsetzte und sich ein Gummibärchen in den Mund steckte, raunte er: „Meins! Klar?", und verschwand in der Stube nebenan mit den tiefen, knackenden Dachbalken. Dort standen drei bis vier Schneiderpuppen in Lebensgröße, an denen an manchen Tagen die Heimchefin Tante Elenora schneiderte. An anderen Tagen, so wie heute, forderte Jacco die Kinder auf, ihm dorthin zu folgen. An den Kleidern dieser menschenähnlichen Figuren waren kleine Glöckchen befestigt.

Der Heimvater schrie sie an: „Bevor es was zu essen gibt, müsst ihr eure Geschicklichkeit üben. Verstanden?" Dann sah er sich um.

„Lynn", er hielt sie am Arm zurück. „Dich benötige ich für eine besondere Aufgabe. Komm!"

Die hochgewachsene Zwölfjährige mit den rotblonden Haaren und den frechen Sommersprossen entlockte ihm immer wieder Kommentare wie: „Kleine freche Hexe!“.

Er grinste doppeldeutig, nahm ihre Hände und begutachtete sie. „Zarte Werkzeuge, mein Kind. Und vielseitig einsetzbar.“ Schmunzelnd führte er eine ihrer Hände nach unten; just in dem Moment kam Elenora herein.

„Jacco, was tust du da?“, empörte sie sich. Mit düsterem Blick forderte sie ihn heraus: „Wollten wir die Kinder nicht für den Goldraub vorbereiten?“

Elenoras noble Stirn und ihr graziler Körperbau ließen vermuten, dass sie früher einmal Tänzerin gewesen war. Sie neigte ihren Kopf. Ihre künstlichen Augenwimpern wirkten glamourös, doch in ihrem Blick lag kaltes Kalkül, etwas Forderndes. Sie überlegte strategisch.

„Ihr müsst durch die Wälder über die Steinbogenbrücke. Dann über die Grenze nach Park-De-Lux. Während der Prozession sind alle Polizisten beschäftigt. Von Bollenpiont aus könnt ihr durch das dunkle Felsenlabyrinth des Müllertals ungesehen über Jung Linster in das Tal von Lux-City kommen. Und von der Osburger Festung aus gibt es einen Tunnel, der euch direkt zu den Glitzertürmen führt.“

Wenn jemand was vom Kommandieren verstand, dann Madam Elenora, dachte Jacco. Er fand sie unglaublich sexy, wenn sie Pläne schmiedete. In seinem Blick lag etwas Begehrliches. Er streichelte ihren Oberarm und grinste.

„Abgemacht!“ Freudig klatschte er in die Hände.

„Ihr habt es ja gehört, Kinder! Die royale Madam will Gold! Wir müssen also wieder auf Beutefang gehen. Am Wochenende geht’s nach Lux-City.“ Er klatschte abermals in die Hände. „Hopp, hopp, Crianças [portugiesisch für Kinder]! Ihr müsst euch nehmen, was euch zusteht. Schon in der Bibel steht geschrieben: ‚Alles gehört jedem!‘ Oder war es: ‚Macht euch die Erde untertan?‘“

Er zwirbelte an seinem Ziegenbärtchen und fuhr fort: „Alle Kinder mit einer Körpergröße bis zur Türklinke bereiten sich auf die Klingelstreiche vor. Schaut, dort drüben stehen eure Übungssoldaten." Damit meinte er die Schneiderpuppen. Er lachte.

„Und solltet ihr erwischt werden, übt den Kulleraugentrick, dann können die Leute euch nichts abschlagen. Die großen Jungs füllen das Pulver in die Bomben und legen die Zündkabel bereit. Wer weiß, vielleicht benötigen wir eine Ablenkung."

Am Wochenende war es dann so weit. Jacco kommandierte. Die Kinder gehorchten. Er winkte Lynn und Berta zu sich und flüsterte: „Die großen Mädchen kommen mit mir. Steigt auf!"

Und so kletterten sie auf einen alten knatternden Lanz-Traktor. Kurz vor dem Grenzwald folgte ein Plateau mit Wiesen und Feldern, es gab aber auch Schluchten und Gräben. Vorbei an Freizeitkletterern kamen sie an eine Stelle, bei der Eisenbahnschienen durch einen Tunnel verliefen. Im Tunnel zweigten mehrere Versorgungskanäle ab. Und dorthinein beorderte Jacco die Mädchen. In gebückter Haltung folgten sie der Röhrenführung. Lynn und Berta hatten schon längst die Orientierung verloren.

Ein höllischer Lärm drang zu ihnen herüber.

Jacco flüsterte: „Kommt, hier, schnell! An den Maschinen vorbei in den schmalen Luftschacht. Die Lausbuben sprengen am Ende des Schachts die Gitterstäbe weg. Hier ist Arbeitsmaterial. Aber Vorsicht mit der Zündschnur! Die müsst ihr mir rausziehen. Verstanden?"

Die Kinder, alle in Jeansoveralls gekleidet, wirkten verängstigt. Sie wussten, bei Widerspruch gab es Schläge. So begaben sich die Mädchen ohne Widerworte in den dunklen Schacht. Doch an einer Öffnungsluke kamen sie nicht weiter. Sie ließ sich keinen Millimeter öffnen. Plötzlich ertönte eine Sirene. Wie konnte das passieren?! Die Kinder schauten sich verängstigt an. Würden sie ohne Beute zurückkommen, gäbe es Ärger. Wurden sie hier erwischt, würden sie ebenfalls mächtig Stunk bekommen, das war so sicher wie das Amen in der Kirche. So oder so, es sah schlecht für sie aus. So krabbelten sie mit leeren Händen zurück.

„Scheiße!", brüllte Jacco und rief per Handy jemanden an. Kurze Zeit später murrte er: „Abblasen! Schnell, avanti, avanti, weg hier!"

Zurück auf dem Arche-Kogge-Hof, standen nicht bloß die Schneiderpuppen bereit, die sie zu Klingelstreich-Übungen nutzen sollten. Im halb abgebrannten Nebengebäude der Scheune stand ein ganzes Sortiment an Tresorkästen „Made in Israel". Lynn und Berta sollten so lange üben, die Codes zu knacken, bis sie es unter fünf Minuten schafften.

„Los, kommt schon, Mädels!", brüllte er sie an. Jacco maß die Zeit mit einer Stoppuhr und die Kinder übten Tag und Nacht, ohne Pause, ohne Essen. Lynn schaffte es als Erste.

Eine Woche später war die „Butterfly-Gang" bereit.

Jacco ließ sich ein Tattoo – einen Jaguar – über seiner Schläfe und am Hals entlang tättoowieren. Der Clanchef wirkte jetzt noch furchterregender. Mit wilder Entschlossenheit meinte er zu seiner Frau: „Bonnie und Clyde und sein Team! Wir gehen auf Beutefang!"

Beide verfielen in ein mehrdeutiges Lachen. Sie ließen sich aufs Bett fallen und sie begann wie eine Tigerkatze zu schnurren. Sie zogen sich gegenseitig aus, als er angetörnt meinte: „Das wird ein Kinderspiel."

Sie fasste sein Glied, während sie ankündigte: „Aber vorher werde ich mir ein anderes Vergnügen nicht entgehen lassen, mein Lieber!"

Ihr Mund schloss sich um sein Glied und sie lutschte genüsslich daran. Er stöhnte auf und bald darauf hörte man im ganzen Haus nicht nur das Bettgestell quietschen. Auch Elenora schien auf ihre Kosten gekommen zu sein.

In der darauffolgenden Woche ließ Elenora einen Helfer eine Rarität aus Stahl und Chrom aufpolieren. Zum Starten des Wagens benötigte es einen Kurbelantrieb. Der ausländisch aussehende Helfer wusch die Scheiben mit dem Leder klar (das Fahrzeug hatte keine Scheibenwischer) und öffnete der Besitzerin die Fahrertüre. Wie eine noble Dame mit Smokey Eyes setzte sich Elenora ans Steuer. Sie war gekleidet wie eine Diva, mit Pelz über den Schultern, dazu eine moderne Marlene-Dietrich-Hose. Mit klimperndem Kettenschmuck, rot lackierten Fingernägeln und schwarzer Bobfrisur-Perücke startete sie den Motor und gab mächtig Gas. Lautes Dröhnen war bis hinauf auf die Eifelberge zu hören. So fuhr sie über das hügelige Land und kam irgendwann durch ein Dorf. Es waren nicht viele auf der Straße, doch die, die da waren, die glotzten. Sie erregte Aufsehen.

Bei der Grete, einer Frau, die – mit Zeitungen unter den Arm geklemmt – die Hauptstraße auf einem Segway entlangkurvte, hielt sie an. Lässig fragte sie ihre alte Schulfreundin, ob sie nicht Lust hätte, spontan mit ihr in die Großstadt zu fahren. Danach traf sie sich im Hopfendorf mit einer weiteren früheren Schulkameradin, et Änni.

An einem sonnigen Nachmittag – weiße Wolken schmückten den Himmel – fuhren die drei Damen, ausstaffiert wie ein buntes Blumenarrangement, hoch erhobenen Hauptes in die Stadt Lux-City. Madame Elenora, mit Kopftuch und Sonnenbrille, legte ihre Hände souverän auf das ausladende Steuerrad der schnittigen Karosserie in Blaugraumetallic. Sie strahlte über das ganze Gesicht. Sie war glücklich.

Und genau dieses „Rasselnde" und „Klirrende" gehörte zu dem Handwerk, das sich der betrügerische Jacco-Mad-Face trickreich ausgedacht hatte. Denn das ganze Getöse lenkte herrlich ab von dem Eigentlichen. In einem geliehenen Hybridauto fuhr er nur wenige Kilometer hinter ihnen, was dank Perücke und Hutmelone niemandem auffiel. Was er vielleicht nicht bedachte, war, dass er durch diesen Retrolook erst recht viele Blicke auf sich zog. Aber vielleicht hatte dieser Herr, der sich gerade den Oberlippenbart nachzog, das alles mit einkalkuliert? Denn wer würde schon hier, zwischen den Oldtimern, einen geplanten Bankraub vermuten?

Grete blickte staunend um sich: „Das hat man nicht alle Tage, so einen fein angezogenen Herrn mit Hut."

Er winkte und zwinkerte ihnen zu. Die Damen, geschmeichelt von seiner Aufmerksamkeit, verfolgten den Fahrer des kleinen sportlichen Flitzers. Er fuhr über die Autobahn und zweigte dann ab Richtung Bahnhof und City-Center. Dann nahm er eine weitere Ausfahrt und steuerte zielstrebig nicht das Bankenviertel an, wie man hätte vermuten können, sondern das Universitätsgelände mit der medizinischen Fakultät. Voller Vorfreude dachte er: Lux-City, zwischen Paris und Brüssel gelegen, ist eine charmante kleine Schmuckschatulle, und das nicht nur äußerlich!

Auf dem Boulevard entlangfahrend, bemerkte Jacco einige Konkurrenten seiner Branche. Es waren Leute aus den USA von der berüchtigten Junior-Al-Capone-Bande und … Sieh mal einer an, die Mafia ist auch schon da!, staunte er Kaugummi kauend und erblickte den Ferraris und mehrere Lamborghinis einer Nero-Sizilia-Gang. Da entdeckte er Rasko und einige seiner Leute auf schwarzen Motorrädern, einst einer seiner „Schüler". Nun war er wohl übergewechselt. Oder hatte er sich selbstständig gemacht? Plötzlich verschwand dieser in einem Tunnel. Wütend schlug Jacco mit der Faust aufs Lenkrad. So ein Mist! Lux-City war wohl doch kein Geheimtipp mehr!

„Elenora, hörst du mich?"

Es rauschte in der Leitung – oder lag es am schlechten Handyempfang? Er wiederholte seine Worte im Telegrammstil.

„Elenora! Planänderung!"

Sie befand sich gerade auf dem Kennedy-Boulevard. Sie lauschte ihrer in der Ohrmuschel angebrachten Sprechanlage und antwortete: „Okay, habe verstanden!"

Ihre Mitfahrerinnen fungierten ja nur als „Attrappen" beziehungsweise als Zeuginnen in einem abgekarteten Spiel. Siegessicher straffte sie ihre Schultern.

„Aber Elenora …?!", fragte Grete, als sie mit Blick aus dem Fenster feststellte, dass sie an der Ausfahrt zum Kirchberg, die zu einer Shoppingmall führte, vorbeifuhren. Grete schwante etwas.

„Sehen wir etwa so aus, als wären wir von gestern? Was führst du im Schilde?"

Elenora ließ sich nicht beirren und antwortete keck: „Ja, ihr seid sogar von vorgestern, ihr landverliebten Teekannendamen!" Dann wurde ihre Stimme sanfter: „Keine Bange! Auf der anderen Seite gibt es ein ganz neues Stadtviertel."

Sie schaute auf und sah die Gesichter ihrer Begleiterinnen, die Missfallen ausdrückten. „Entspannt euch, Ladys! Genießt lieber den Weiberfrühling, statt rumzuzicken!“

Selbstbewusst hob sie ihr gepudertes Kinn und steuerte ohne weitere Ankündigung ein größeres Gebäude an, das wohl aus den 1970er-Jahren stammte. Das Gebäude besaß eine moderne Glasfront, war jedoch an manchen Stellen mit kupferartigen Rahmen versehen und wirkte insgesamt ein wenig überholt. Im Erdgeschoss befand sich ein hübsches Bistro-Restaurant, das mehr bot als nur eine grandiose Aussicht.
Grete trug jetzt ein schickes, sportliches Outfit. Der Rock und die Jeansjacke mit glitzernden Streifen waren farblich in einem stonewashed Blau aufeinander abgestimmt und gaben der bereits reiferen Dame ein jugendlicheres Aussehen. Vom vielen Arbeiten an der frischen Luft besaß sie ein Rote-Äpfel-Wangen-Gesicht. Ein kleines Muttermal am Kinn, das sich auf und ab bewegte, brachte ihr Staunen zum Ausdruck. Sie fragte: „Warum suchen wir jetzt schon ein Café auf? Ich wollte mir eigentlich die Kunstausstellung in der Villa ansehen und dort gibt es Kaffee und Kuchen umsonst.“

„Pscht!“, fauchte Elenora.

Vor dem Eingang stand et Änni. Sie eilte ihnen entgegen und hielt ihnen leicht unterwürfig die Tür. Dieses wienerisch anmutende Café mit dunkler Holzvertäfelung und den kleinen, lachsfarbenen Blumenarrangements auf weißen Brokattischdecken war ein Ort, wo es noch traditionelle Zeitungen aus aller Welt gab. So gab es hier beispielsweise „The New York Times“ und „The Guardian“ mit den aktuellsten Börsendaten, aufgespannt auf Holzleisten, und dies in zahlreichen Ausführungen, selbstverständlich auch in arabischer und chinesischer Sprache. Sie standen jedem Gast zur Verfügung. Ein Herr hatte sich bereits bedient. In einen Streifenanzug gekleidet saß er auf einem Barhocker und raschelte kurz unauffällig mit der aufgeschlagenen Zeitung. Elenora nickte – ebenfalls unauffällig.

Die Damen konnten von hier aus die Nationalstraße überblicken. Eine fast schneeweiße Bogenbrücke überspannte einen tiefen Graben und zur

Linken ragte eine monumentale Säule in die Höhe, auf der eine engelhafte Frauenstatue zu sehen war. Grete bemerkte ein gewisses Funkeln in Elenoras Augen, während diese jene Statue eingehend begutachtete. Grete bemerkte schnippisch: „Es ist nicht alles Gold, was glänzt."

Ebenso bot sich ein weiter Blick über einen tiefen Abgrund dar. Bei fast mediterranem Klima wuchsen hier, wie in Italien, Weinreben und Zypressen auf barocken Kaskadenterrassen.

In einer vorbeifahrenden Tram fiel Grete eine Frau mit Hochsteckfrisur, Sonnenbrille und hochgeschlagenem Kragen auf. Auffallend war (weil heutzutage jeder ein Handy besaß), dass sie eine ausgebreitete Zeitung vor sich hielt. Eigenartig, dachte Grete.

Erhobenen Hauptes schlenderte Elenora zwischen den kreuz und quer stehenden Tischen, bis sie in der hintersten Ecke einen Platz fand.

Grete wurde ungehalten; naserümpfend platzte es aus ihr heraus: „Eindeutig overdressed. Auf was bist du denn aus?"

Elenora musterte sie von oben bis unten und konterte kampflustig: „Das Gleiche könnte ich dich fragen. Soll das Vogelnest auf deinem Kopf etwa eine Frisur sein?!"

Grete hob das Kinn, um mit ihr auf Augenhöhe zu sein. Falls nicht mit Argumenten, dann wollte sie ihr auf jeden Fall mit selbstbewusstem Blick Paroli bieten. Wenngleich sich Elenora nur wenig empörte, fauchte sie wie eine Pumakatze zurück: „Der Pelz ist echt! Und zwar aus Russland. Den hat mir mein Jacco von der Hochwildjagd mitgebracht." Und weiter konterte sie: „Im Gegensatz zu dir sieht man mir nicht mehr an, dass ich aus dem Hinterland stamme."

Et Änni im Blümchenkleid und Strickweste samt Strickmütze wirkte echt britisch. Als Dritte im Bunde lenkte sie mit der Frage ab: „Meine Damen, Tee oder Kaffee?"

Grete richtete verärgert ihr Halstuch und brummte leise vor sich hin: „Wäre ich doch nur zu Hause geblieben!"

Die drei Damen bestellten jeweils ihre Kaffeespezialität, für die das Café so berühmt war. Der österreichische Kellner kam mit drei nett hergerichteten Tabletts zurück und servierte jeder das Bestellte mit einer Berufsehre, die ihresgleichen sucht. Elegant goss er vor den Augen der

Kundinnen den Kaffee in die Tassen mit Goldrand ein, während das Weiß an seiner Hand exakt bemessen aus dem Schwarz seines Anzugs schaute, dessen zwei Manschettenknöpfe in der Frühlingssonne funkelten. Und als er das edle Porzellan auf passender Untertasse mit Silberlöffel und Serviette von links servierte, dazu ein Glas Wasser, da fühlten sich die drei Damen, als wären sie direkt im vornehmen Wien, im Café Landmann.

Gelangweilt zündete Elenora sich eine Zigarette an und legte das Handy für alle sichtbar auf den Tisch. Ihr Gesicht, wohlgeformt mit hohen Wangenknochen, ließ zunächst nicht erkennen, was innerlich in ihr vorging. Aber dann verriet ein winziges Zucken ihrer Augenlider ein gewisses Aufbegehren. Plötzlich durchbrach sie mit tiefer Stimme die Stille und fragte scharf: „Wieso hat dich dein Mann verlassen? Wegen deines Aussehens oder wegen deines Namens? Und warum wirst du eigentlich ‚Mirtisch-Grete' genannt? Klingt mystisch, wie Weihrauch und Myrrhe. Oder wie ‚Märtyrer'. Oder …"

Sie lachte laut auf und es schien, als würde sie sich über diese Vorstellung amüsieren, als sie eine weitere mögliche Bedeutung in Betracht zog: „Oder wie an einen Marterpfahl gefesselt."

Irgendwo blitzte etwas. Es blendete und alle kniffen irritiert die Augen zu. Jemand hatte eine Kamera mit Hochauflösungsgerät auf sie gerichtet. Oder kamen diese Aufnahmegeräusche etwa von der ferngesteuerten Drohne? „Hier geschehen merkwürdige Dinge!", dachte Änni laut und packte ihr Häkelgarn mit Nadel aus, das sie stets mit sich trug.

Grete schnaubte und suchte nach einer plausiblen Antwort auf Elenoras Frage. „Wenn man vom Land kimmt [kommt], so wie ech [ich], da erhalten die Kinder nicht den Namen vom Vater oder von der Mutter, sondern vom Namen des Hauses, in dem sie zur Welt gekommen sind. So wollte es der Brauch. Und weil us [unser] Haus, us [unser] Wald und uch us [auch unser] Land – und der Papa natürlich auch – fast dreihundert Jahre den Namen Mertes getragen haben, riefen die Leut im Dorf: ‚Et Mirtisch Grete!'"

Elenora guckte ihre Begleitung an und stand dann einfach auf. Es schien, als würde sie nach jemandem Ausschau halten.

„Ist alles in Ordnung?“, fragte Änni.

Daraufhin Elenora: „Jaja!“ Sie zog sie mehrere Male an ihre Zigarette, um sie kurz darauf auf der Tischdecke auszudrücken. Dann blickte sie beide an und lächelte sie mit ihrem charmanten Zahnarztlächeln an.

Grete schob ihr grimmig einen Aschenbecher hin und grübelte im Stillen: Was führt sie im Schilde? Um vom Thema abzulenken, fragte sie die andere Freundin: „Singst du noch, Änni?“

Et Änni, auf einem Bistrostuhl sitzend, im schlichten Wickelkleid mit großflächigem Blumenmuster, im Hintergrund Sandsteingemäuer, hob ihre Arme und fühlte nach, ob ihre in Zöpfen hochgesteckten Haare noch intakt waren. Ihre Augen flackerten verlegen und sie lächelte eine Millisekunde, um kurz darauf wieder ernst zu blicken. Nun wirkte sie so verschüchtert, als hätte man ihr in jungen Jahren jeglichen Sinn für die Freuden des Lebens aberzogen.

Elenora führte den Unterteller mit der Kaffeetasse zu sich heran und nippte an der Tasse mit Goldrand. Naserümpfend bemerkte sie: „Es ist doch jammerschade, wenn solch ein talentiertes Mädchen unverbraucht der Natur zurückgegeben wird.“ Unverhohlen fragte sie: „Hattest du schon mal Sex, Änni?“

Ihre Freundin kippte vornüber, spuckte ihr Getränk wieder aus, wurde rot, schnappte nach Luft.

Grete empörte sich laut: „Sach mal, Elenora, hast du sie noch alle?“

Elenora zuckte nur mit den Schultern und lachte, und während sie zwei langbeinigen Studentinnen hinterhersah, die gerade vorbeischlenderten, setzte sie mit halb geschlossenem Lid noch einen drauf: „Ein Lover muss her!“

Sie richtete sich auf und machte eine wegwerfende Handbewegung, die Änni galt, die sie als rückständig erachtete. Sarkastisch ließ sie die entsetzt guckenden Damen wissen: „Nicht für euch, ihr Mauerblümchen! Für mich! Mich gelüstet es nach Frischfleisch. Oder aber ich orientiere mich um.“

Grete nahm gerade ihren Latte macchiato entgegen, als plötzlich eine Sirene losheulte. Sie stockte inmitten ihrer Bewegung. Alle drei Damen verstummten. Vor dem Wiener Café, nur eine Mauerbreite entfernt, kam ein Polizeiauto zum Stehen, und da hättet ihr das Gesicht der Elenora sehen sollen! Das kleine Fahrzeug hielt an und die fragenden Blicke der Freundinnen wanderten hin und her. Grete bemerkte lachend zu Elenora: „Eine Verkehrsampel könnte nicht röter werden als dein Gesicht.“ Änni kicherte schadenfroh.

Aus dem kleinen Fahrzeug stieg ein hochgewachsener Inspektor aus. Er hatte einen leichten Bartansatz und unter seiner Dienstmütze war eine Halbglatze zu vermuten. Die wenigen Seitenpartien waren nach hinten gekämmt. Er kam direkt auf sie zu und fragte: „Mesdames, as alles an de Reih?“ [Luxemburgisch für: „Meine Damen, ist alles in Ordnung?“] Elenora erwiderte souverän, und das in einem bis dahin ungekannten, bayerischen Dialekt: „Jo freilich! Was soll denn sein!?“ Alle guckten sich wortlos an.

Die Gendarmen verabschiedeten sich mit den Worten, dass sich hier in der Gegend einige Diebe herumtreiben würden, und sie hätten es auf reife Damen abgesehen. Elenora nahm sich mit gespielter Empörung die Sonnenbrille vom Gesicht: „Nein, is’ nicht wahr! Vielmals merci für den Hinweis!“ Der Lange entschuldigte sich für die Störung und tippte sich als Zeichen des Grußes mit zwei Fingern an seine Dienstmütze. Grete, beeindruckt von seiner adretten Uniform, schaute ihm nach.

„Lux-City!“, sagte Elenora und fuhr sich mit den Fingern durch ihre Kurzhaarfrisur. „Eine Hauptstadt mit Charme. Für mich ein kleines ‚Green Venedig‘. Nur dass bei dieser Perle die Kanäle unterirdisch liegen und begehbar sind. … Kommt, lasst uns woandershin gehen …“

Die beiden Freundinnen folgten Elenora entlang der Tunnel, die mit Taschenlampen ausgeleuchtet waren. Als Grete einen Blick durch eine der natürlichen Felsöffnungen warf, erregte plötzlich etwas ihre Aufmerksamkeit. Sie sah einen kleinen, blauen Sportwagen durch die Stadt flitzen. Das war eigentlich verboten. Vor einer Kathedrale bog er ab und folgte einer Gasse mit Kopfsteinpflaster, die wieder hinunter ins Tal führte. Grete ärgerte sich, weil die Freundinnen jetzt in ein dunkles Labyrinth aus kanalartigen Gängen eintauchten, die sie mal unterirdisch, dann wieder überirdisch und schließlich über schmale, begehbare Mauerbogen führten, unter dem ein Fluss plätscherte. So konnte sie ihre „Entdeckung“ nicht weiterverfolgen. Draußen über dem Graben türmten sich Betonbauten auf, es waren die Glitzertürme der Finanz- und globalen Businesswelt. Grete bemerkte eine Frau im Trenchcoat mit einer Zeitung in der Hand, die Fotos machte.

Die drei Damen folgten nun einem steinernen Pfad, der „Wenzel Weg“ genannt wurde. Über eine Wendeltreppe ging es steil abwärts hinunter auf eine vierflügelige Anlage. Ein seichtes Bächlein verströmte eine mediterrane Atmosphäre. Während unten Boote über das Wasser schipperten, bot sich oberhalb der Blick auf eine gewaltige Festungsanlage mit einem echten Herzog.

Plötzlich hielt Elenora inne. Um eine der vielen Ecken kam das schicke, blaue, elektrobetriebene Gefährt angefahren. Zügig folgte es einem steinernen Weg, der eigentlich nicht für Autos zugelassen war. Als et Änni winken wollte, drückte Elenora sie weg und ermahnte sie weiterzugehen.

Grete fragte: „Elenora, hast du das blaue Auto gesehen?“, aber Elenora ignorierte sie.

Der Fahrer gab Gas und beschleunigte wieder, um einen Berg hinaufzufahren, blieb aber auf halber Höhe stehen. Elenora spürte, dass Grete sie im Blick hatte, und brachte zur Ablenkung einen Lippenstift zum Vorschein. Grete bemerkte: „Elenora, du hast schon so oft deine Lippen nachgezogen, röter dürften sie nicht mehr werden, sonst hält man dich noch für ein Stoppschild.“

Elenora gab schnippisch zurück: „Kümmere du dich um deine Pfunde.“

„Wer mag das wohl sein?“, fragte et Änni.

Grete wunderte sich: „Warum hält das Fahrzeug ausgerechnet an dieser Stelle? Etwa wegen des Zebrastreifens?“

„Dem Elektroauto ist der Saft ausgegangen!“, meinte Anni lachend.

Doch die drei Augenpaare weiteten sich, als sie nun Folgendes beobachteten. Mehrere Kinder stürmten aus einer Drehtür. Jedes von ihnen trug einen schwarzen Koffer und einige prall gefüllte Jutetaschen. Und Grete beobachtete noch etwas. Auf deren Stirn, ähnlich einem Haarreif, waren kleine Kameras befestigt. Unterdessen schlenderte ein Mönch an ihnen vorbei, was an sich nichts Ungewöhnliches war.

Gretes Augen wurden immer größer.

„Habt ihr das gesehen?“ Sie schwenkte ihren Kopf zu den zwei anderen. „Ein Banküberfall! Und auch noch mit Kindern!“

Grete fasste sich mit beiden Händen ans Kinn: „Ich fasse es nicht!“

Elenora hingegen versuchte es herunterzuspielen: „Das muss was anderes sein. Eine Schule vielleicht, denn dort kenne ich keine Bank“, log sie. „Kommt, lasst uns noch einen Drink nehmen. Ich kenne dort drüben einen original englischen Pub.“

Eine weitere Dame betrat nach ihnen ebenfalls den Pub. War es die von vorhin oder eine andere? Grete war sich nicht sicher. Die Dame zog ihren Trenchcoat aus und legte ihn über die Stuhllehne. Als der Kellner kam, um ihre Bestellung aufzunehmen, bestellte sie auf Englisch einen schwarzen Tee mit Milch. Blitzschnell fasste Elenora in deren Seitentasche und fischte einen Schlüssel heraus.

Oberhalb der Stadtmauer beobachteten sie, wie die Kinder in den Sportwagen einstiegen. Der Wagen gab Gas, gefolgt von drei Polizeiwagen.

„He, Mädels! Guckt mal! Da drüben!“

Der Sportwagen kurvte geradewegs in die Katakombenhöhlen hinein! Er quietschte wie ein Landferkel, das sich freudig in Freiheit wähnt.

„Mädels! Kuck es lo! Habt ihr das schon mal gesehen?!“

Die Änni lachte vergnügt und staunte, während sie sich mit der Gabel ein weiteres Sahnekuchenstück in den Mund führte. Grete grübelte, rätselte und kombinierte, während sie ihren Blick über die kaskadenartigen Gärten mit Rosen und Efeuranken schweifen ließ. In manchen von den Hängegärten befanden sich Weinreben mit vereinzelten Blättern.

„Seht mal dort drüben!“, rief sie plötzlich aus.

Der kleine Flitzer tauchte in einer von Weinreben und immergrünem Efeu überwuchernden Laube unter. Aber bevor eine der Damen die Polizei verständigen konnten, hatte er schon wieder Reißaus genommen.

Keine der drei Damen bemerkte, wie sich unterdessen schmale Finger an ihre Kettenverschlüsse heranwagten und wie die glänzenden Schmuckstücke sacht wie eine geschmeidige Schlange von ihrem Hals glitten. Doch irgendwann fasste sich Grete an den Hals und schrie auf.

„Meine Perlenkette ist weg!"

Während das Fahrzeug, trotz Verbotsschilder, mit Vollgas einen Platz im Zentrum durchquerte und eine große Charlotte-de-La-Fontaine-Statue demolierte, sagte et Änni: „Seht mal, auf der Rückbank, da sitzen zwei Mädchen, und wie sie ihre Augen aufreißen! Die haben Angst!"

Daraufhin Grete: „Du hast wohl nicht bemerkt, dass wir eben selbst bestohlen worden sind? Wo ist die Polizei?"

Elenora zischte wütend: „Lass das, mach dich nicht lächerlich! Du …"

„Seht, da kommt Inspektor Le Filou", unterbrach Grete sie. Sie stand auf und rannte zum Park-De-Lux-Kommissar.

Der Inspekteur sah grimmig drein, hörte sich an, was die Dame zu sagen hatte, doch seinem Gesichtsausdruck zufolge gab es wenig Hoffnung, ihre gestohlenen Wertgegenstände wiederzusehen. Eine Sirene ertönte. Der Inspekteur ließ alles stehen und liegen, um mit seinem Team die Verfolgung aufzunehmen. Grete seufzte.

Die drei jagten hinterher. Hoch über ihren Köpfen führten zwei gewaltige Brücken über das Tal, mit gesonderten Fahrradwegen neben einer erst kürzlich eingeweihten Trambahn. Diese verband nun die zwei lebendigen City-Teile miteinander. Unten vom Tal aus hatten die Damen eine gute Sicht. Als es etwas ruhiger wurde, meinte Änni: „Die sind über alle Berge!"

Aber Grete zeigte auf die gegenüberliegende Seite: „Guckt mal, da am Hang, da fahren sie!"

Die Damen beobachteten staunend mit offenem Mund, wie das glänzende blaue Mobil, gefolgt von Polizeiwagen, hinter gelben Sandstein-Festungsanlagen verschwand und an anderer Stelle wieder auftauchte. Die Damen reckten ihre Hälse. Nicht alles war einsehbar. Doch plötzlich kam rasend schnell etwas Blaues einen Hügel hinaufgefahren und gerade als es in die Altstadt hineinfuhr, sich im Glas des City-Museums widerspiegelte, bog der Wagen unvermittelt scharf rechts ab, um dem buckeligen Kopfsteinpflasterweg zu folgen und die Durchfahrt im Innenhof eines Hotels mit dem Namen Goethe zu nutzen. Gäste, die eben noch draußen auf der Terrasse ihren Caffè Latte genossen hatten, sprangen erschreckt von ihren Plätzen auf und stoben wie aufgescheuchte Hühner in alle Himmelrichtungen, um nicht vom Fluchtauto überfahren zu werden. Dann war das Auto auf einmal weg und mit ihm die Kinder! Vermutlich auch das Geld. Wie vom Erdboden verschluckt. Spurlos verschwunden.

Gleich drei Streifenwagensirenen heulend hinterher. Dann blieben sie abrupt stehen. Man sah die Dienstmützen sich über die Kopfstützen hin und her bewegen. Wo und in welche Richtung sollten sie die Verfolgung fortsetzen? Mittels Zeichensprache delegierte der Inspekteur zwei seiner Leute in Richtung der beiden Hotelausgänge, um die Möglichkeit einer Flucht auszuschließen. Auch die Tiefgarage sollte überwacht werden. Doch es vergingen Minuten, ja fast eine Stunde, ohne dass ein Fahrzeug oder eine Person herauskam. Nur ein paar zottelige Schafe – oder waren es Hunde? Ein paar Polizisten kraxelten auf den alten Gemäuern herum und der Polizist schimpfte laut in allen nur erdenklichen Sprachen: „Grand Milieu de Kack!“

Elenora blickte mit rollenden Augen ihre staunenden Begleiterinnen an, als sie erklärte: „Die Leute hier in dem Ländchen Park-De-Lux sind sehr gescheit, sie sprechen neben Luxemburgisch Deutsch, Französisch und Englisch.“

Daraufhin et Änni lapidar: „Nur genützt hat es nix. Denn eins ist sicher, dieser Gauner ist mit den Kindern spurlos verschwunden.“

Verärgert kickte der Inspekteur gegen einen Mülleimer. Dann brüllte er seine Leute an.

„Wie konnte das nur uns passieren? Was für eine Schande!“

Aber siehe da, im Innenhof des Goethe-Hotels, gleich neben dem Turm, entdeckte er einen kleinen Fleck. Er ging in die Hocke und inspizierte sein Fundstück genauer.

„Das könnten Lackspuren sein.“

Sie waren blau. Ob sie vom Fluchtauto stammen?, rätselte der Inspekteur. Er richtete sich wieder auf und wendete sich – teils wütend, teils ungeduldig – an seinen Adjutanten. Und während er sich am Bart kraulte, unaufhörlich schimpfend, bat er um ein Taschenmesser.

In diesen Frühlingstagen war nichts und niemand sicher. Kein Banksafe. Keine Polizeiermittlung. Und gegen das Wetter war man schon mal gar nicht gefeit. Die Stadtparks boten prachtvolle Grünanlagen mit bunten Frühlingsblumen und summenden Bienen. Und während die Mittagssonne noch eben eine behagliche Frühlingswonne auf den Sommerwiesen verströmt hatte, wirbelten jetzt winzige Schneeflocken umher.

„Und das alles an einem Tag – und noch dazu außerhalb Londons“, murmelte Grete vor sich hin.

Während die blühenden Hortensien- und Rhododendronbüsche heftig von den Winden zerpflückt wurden, kehrten die Damen in einen englischen Pub ein. Kaum hatte jede für sich ein Gingerale bestellt, kamen plötzlich Kinder hereingestürmt. Zwei Mädchen und ein Junge. Sie trugen einen schwarzen Koffer mit sich. Oder war es ein Werkzeugkasten? Nach Luft schnappend, setzten sie sich an den Nebentisch und bestellten sich jeder eine Cola.

Der Pub-Besitzer sprach mit einem englischen Akzent, vielleicht stammte er auch aus Irland? Die Kinder bekamen ihre Getränke und Grete dachte: Es ist doch verwunderlich, dass Kinder sich in Pubs aufhalten! Vielleicht haben sich ja die Zeiten geändert und ich habe es nur nicht mitbekommen? Grete zuckte mit den Achseln. Genüsslich nahm sie einen weiteren Schluck Kaffee und genehmigte sich noch ein Stück Kuchen. Plötzlich schauten sich die Damen verdutzt an. Eben waren es doch noch drei Kinder gewesen. Doch nun saßen nur noch zwei Kinder am Tisch. Und eines von ihnen zielte plötzlich mit einem Gewehr geradewegs auf Grete. Ihr blieb die Spucke weg.

Ihre Freundinnen riefen um Hilfe. Der Pub-Besitzer kam und ließ sich das Gewehr zeigen. Auf einmal war es nur ein Holzstock, seltsam präpariert mit einem Fangmagneten. Alle schüttelten verständnislos den Kopf.

„Unglaublich!“, schallte es von überallher.

Der Pub-Besitzer schimpfte mit den Damen, was ihnen einfallen würde, unschuldige Kinder zu verdächtigen! Nun, als er bei den Kindern abrechnen wollte, waren sie plötzlich verschwunden.

Kurz darauf hielt auf der anderen Brückenseite ein Streifenwagen an.

„Also, die würden glatt den Tag übersehen, wenn der nicht hell wäre“, sagte Grete mit einem empörten Gesichtsausdruck.

„Die Polizei ist manchmal so was von fad, man könnte beinahe den Eindruck gewinnen, sie würden den Halunken extra einen Vorsprung gewähren, um nachher in der Presseschau ahnungslos den Kopf schütteln zu können.“

Nun, dieser Inspekteur Le Filou stieg aus und die stets sanft dreinschauende Änni meinte vorwurfsvoll: „Eine Minute eher und ihr hättet mal raffinierte Kinder erleben können. Uns haben sie jedenfalls mächtig über den Tisch gezogen!“

Der Inspekteur erwiderte sichtlich entnervt: „Was? Wie? Wo? Kinder? Wir haben innerhalb einer Stunde drei Banküberfälle und ihr kommt uns mit irgendwelchen Problemen mit Rotznasen? Sag mal, habt ihr sie noch alle?“ Sichtlich nervös wischte sich der Kommissar über das schweißnasse Gesicht.

Grete sah auf den Boden, da erblickte sie eine Haarspange. Sie duckte sich unter den Tisch und dabei entdeckte sie eine Stahlplatte, die locker auflag.

„Kommt, packt mal mit an!“

Die Gendarmen halfen und gemeinsam hievten sie die mehrere Kilo schwere Platte beiseite. – Fünf Gesichter blickten in einen dunklen Schacht hinunter. Zunächst war nichts zu sehen. Dann leuchtete einer der Helfer mit einer Taschenlampe hinein.

„Äußerst rätselhaft!“, brummte der junge Polizist.

Dann entdeckte ein Kollege in einer öffentlichen Mülltonne einige präparierte Kleidungsstücke aus Tierfellen, manche davon waren mit Kopf und Hörnern versehen. Einer der Polizisten schüttelte den Kopf.

„Hier geschehen wahrlich äußerst dubiose Dinge.“

Er schaute seinen Kollegen verdutzt an und pfiff durch die Zähne.

„Raffiniert! Das waren vorhin keine Schafe oder Hunde, die wir auf der Stadtmauer gesehen haben; das waren die Kinder, sie haben sich verkleidet. Guckt mal!“

Daraufhin sein Kollege: „Soviel ich weiß, gab es mal einen Rettungsschacht, der in die Stadt hinaufgeführt hat.“

Grete erwiderte: „Den Kindern wäre zuzutrauen, dass sie auch noch der ‚Goldenen Frau‘ das Kleid ausziehen.“ Schmunzelnd wandte et Änni ein, dass es selbst für die Kinder schwierig sein dürfte, die Zwanzigmetersäule hinaufzuklettern.

„Doch“, widersprach Grete. „Seht mal, dort oben, da, die Engelsfrau!“

Elenora und Änni streckten die Hälse. Oben auf dem Fahnenmast hing ein Mädchen mit offenen Haaren und weißem Gewand. Grete bat die Polizisten, dorthin zu schauen, und bemerkte: „Diese Kinder sind keine gewöhnlichen Kids. Sie wirken wie fremdgesteuert. Wie diese aus Lego-Bausteinen zusammengesteckten Ninjas-Figuren. Ich fürchte, jetzt habt ihr den ersten Mordfall!“

Aus den Öffnungen der Bock-Kasematten – eine riesige, unterirdische, zum Teil in den Tuffsteinfelsen hineingemeißelte Wehranlage, die damals bei der spanischen Belagerung im 17. Jahrhundert von den Franzosen zu einer Militärfestung ausgebaut wurde und sogar von einem unterirdischen Flusslauf mit Wasser versorgt wurde – schallten Motorengeräusche durch das enge Tal des Flusses Alzette. Außerhalb der Anlage, dicht an die Felswand geschmiegt, befanden sich alte, verwinkelte Arbeiterhäuschen. Die Bewohner legten hängende Felsengärten an, die mit Weinrebstöcken versehen sogar romantisch wirkten.

„Nun, wie es scheint, benutzt dieser Gauner die Katakombentunnel als Fluchtweg“, bemerkte Grete. „Ob er da jemals wieder herauskommt? Nicht umsonst wird die Stadt ‚Gibraltar des Nordens‘ genannt.“

Sie zuckte mit den Schultern und verzog das Gesicht. Man konnte nichts sehen, umso mehr hören. Immer wieder gab der Fahrer des Wagens Gas. Zwischenzeitlich blitzte etwas Blaumetallisches aus den fensterartigen Öffnungen. Der Fahrer flitzte scheinbar mühelos durch die Tunnelsysteme, bis er eine herausragende Plattform erreichte. Sollte er jetzt weiter aufs Gaspedal treten, würde er einige Meter in die Tiefe stürzen. „Da, sieh nur!“, rief Grete Änni zu. Aufgeregt blickte sie zu ihrer Freundin und dann wieder hinauf auf die Felswand.

„Da, guck dir den Verrückten an!“, wiederholte sie und deutete mit dem Zeigefinger auf die Felswand.

„Rechter Hand, auf dem Lux-City-Felsen, steht das Justizministerium des Kleinstaates, das denselben Namen trägt wie seine Stadt. Das Gebäude besitzt mit seinen echten Schieferdächern und seinem Stuckverputz einen sehenswerten Charme. Nicht zu vergleichen mit den künstlich verklebten Plastikfassaden oder den seelenlosen Glastürmen, mit denen die Banken und die hier ansässigen EU-Institutionen ‚Transparenz‘ versprechen, mit einem ‚Tsunami an Regulierungen‘ aber eher für Verwirrung sorgen.“ Gretes laut ausgesprochene Meinung wurde von noch lauterem Sirenengeheule übertönt.

Von links kam ein großes Aufgebot an Polizeiwagen, Rettungswagen sowie der Feuerwehr und die Damen hörten sogar einen Hubschrauber. Wegen der Nähe zum Palast scherzte et Änni: „Ist der Großherzog etwa in Gefahr?“ Gleich mehrere Hubschrauber kreisten am Himmel, als sie hinzufügte: „Wer weiß, vielleicht hat ihn dieses Schauspiel amüsiert?“

Grete und et Änni waren nicht mehr zu halten. Kurzerhand nahmen sie den Lift hinauf und guckten sich das Prozedere aus der Nähe an. Gerade rechtzeitig, denn siehe da, der Halunke erkannte seine Chance und durchbrach mit seinem Auto eine Lattenabsperrung, um in eine Tiefgarage zu gelangen.

Und da hättet ihr mal hören sollen, wie gefühlt alle Polizisten im Lande wetterten. Sie fluchten, was das Zeug hielt, in sämtlichen Sprachen. Im Besonderen ärgerte sich Inspekteur Le Filou, der diese Möglichkeit zwar in Betracht gezogen, dann aber doch nicht ernsthaft verfolgt hatte. Jedenfalls hatte niemand damit gerechnet, dass jemand eine private Garageneinfahrt zur Flucht nutzen würde.

Nun, dieser Gauner war nicht irgendein Gauner. Er war blitzgescheit. Aber dumm waren die anderen auch nicht. Eine rasch beorderte Scharfschützen-Spezialeinheit positionierte sich um die Häuserblocks, wie Pumas schlichen sie darum herum. Auf den Befehl des Inspekteurs hin hechteten sie hinterher. Ohne Licht, in schwarzer Tarnkleidung und mit Nachtsichtgeräten stürmten sie in die Garage, die gleich mehrere Parkdecks in die Tiefe ging. Oben riegelte man alles ab. Keiner durfte weder rein noch raus. Und auch im weiten Umkreis wurde hoch konzentriert gearbeitet.

Der Jacco war geradeaus in eine Parklücke gefahren, schaltete das Licht aus und stellte den Motor ab. Er lachte sich ins Fäustchen, als er die vielen schwarzen Rücken an sich vorbeilaufen sah. Nach einer Weile stieg der stämmige Gauner mit den struppigen, blond gefärbten Haaren aus und öffnete den Kofferraum. Darin lagen schwarze Koffer und etliche Jutesäcke. Außerdem kauerten hier auch noch zwei Kinder mit angezogenen Beinen.

Die Freundinnen Änni und Grete ließen es sich nicht nehmen und schlichen ebenfalls hinterher, was den wachsamen Augen des Inspekteurs nicht entging.

„Was macht ihr denn hier?“, flüsterte er streng. „Hier finden Ermittlungen statt. Ihr müsst sofort verschwinden!“ Just in dem Moment schoss eine Kugel haarscharf an ihnen vorbei. Der Inspekteur packte die Damen bei den Schultern und riss sie mit sich hinunter auf den Boden, sodass sie nun alle dort bäuchlings lagen.

Die Damen rappelten sich wieder hoch und blickten in den Kofferraum. Bestürzt hielt sich Grete eine Hand vor den Mund. Allen schoss dieselbe Frage durch den Kopf: „Tot?“

Es wurde mucksmäuschenstill. Die Änni musste sich übergeben und kotzte neben dem Auto, dass es nur so spritzte. Perplex und verdutzt blickten alle Anwesenden drein, als plötzlich zwei Kinder mit wedelnden Geldscheinen aufsprangen und aus der Garage liefen. Ein Junge und ein Mädchen, unversehrt, gar fröhlich.

Unterdessen schlichen sich unbemerkt schwer bewaffnete Streitkräfte heran. Leise kletterten sie mit Laser-Schusswaffengewehren auf die Dächer und kommunizierten per Handzeichen und mit wenigen Flüsterkommandos. Plötzlich brüllten die Motoren eines luftgekühlten Benziners laut auf. Unter lautem Dauerhupen, das als Ablenkungsmanöver dienen sollte, durchbrach er dreist sämtliche Barriere-Einheiten und sauste hinaus auf die Straße. Die Verfolgungsjagd war wieder eröffnet. Ein anderes Fluchtauto war mit großem Getöse aus seinem Geragenversteck geschossen. Die Streitkräfte waren perplex.

Nun bekam der ominöse Schurke doch noch ein sichtbares Gesicht und seine Augen, sonst unwiderstehlich für die Damenwelt, waren jetzt wie die eines Stieres, glühend rot und wutgeladen! Siegessicher! In Habachtstellung! Mit Karacho steuerte er direkt auf die Aussichtsplattform zu und quetschte sich durch die Poller-Absperrung in den Glasbau des Aufzugs. Gerade als die Polizei ihn aufhalten wollte, schloss sich die Glastür. Geistesgegenwärtig stieß Grete ihre Freundin an: „Komm, schnell, die Treppe hinunter!"

Grinsend betätigte er einen Knopf. Das war wieder mal ein geschickter Schachzug gewesen, denn niemand hatte in Betracht gezogen, dass solch ein Sportwagen in einen Aufzug hineinfahren könnte. Er passte auch nicht wirklich hinein. Der Gauner hatte sämtliche Türen und Antennen abgeschraubt und fuhr nun in dem großräumigen Aufzug nach unten.

Grete erreichte das Tal genau zur gleichen Zeit und warf ihm einen Stuhl vor die Reifen. Andere Gäste taten es ihr gleich. „Nanu", meinte et Änni zur Grete, „wo ist sie denn hin?"

Elenora war wie vom Erdboden verschluckt, aber der Stuhl, auf dem sie eben noch gesessen hatte, wippte noch.

Der Halunke gab noch einmal mächtig Gas. „Jetzt gibt es keine Fluchtmöglichkeit mehr!", grinsten die Damen selbstsicher. Doch sie irrten. Er nahm mit seinem Fahrzeug Anlauf, gewann über einem Brett an Höhe und erzeugte mit Vollgas Auftrieb. Somit übersprang er das Bollwerk.

Auf einer Anhöhe hielt er an und stieg aus. Und während der Kellner des Wiener Cafés zügig herbeieilte und ihm wie ein Butler ein Glas Sekt auf einem Silbertablett servierte, setzte sich der Clanchef grinsend einen Zylinder auf und hob demonstrativ, wie ein Genießer, mit zwei Fingern das Glas vom Tablett. Bevor er jedoch einen Schluck nahm, rief er siegessicher in Richtung der wütenden Ermittler auf Französisch: „Salut!" Dann nahm er seinen Trunk wie eine Trophäe und stieg in den bereitstehenden Oldtimer, an dessen Steuer Elenora saß, mit großer Sonnenbrille und Kopfbedeckung, die sich in der Glasfassade des Bahnhofsgebäudes spiegelten. Sie rückte auf die Beifahrerseite.

Seine Rechnung war aufgegangen. Er trat noch mal ordentlich aufs Gaspedal und kurvte charmant-lässig mit aufbrausendem Motor durch Lux-City. Und ehe die Polizei die Verfolgung aufnehmen konnte, war er in die Unterführung verschwunden. Da klappten der Grete und der Änni die Kinnlade herunter.

Am Theaterplatz tauchte er wieder auf und sauste über die Kennedy-Allee. Jacco saß nun am ausladenden Steuer seines Oldtimers. Hinten auf der Rückbank lagen nicht nur prall gefüllte Koffer, sondern auch ein Mädel. Er brauste mit schnellem Tempo Richtung Flughafen. Es begann zu regnen und allmählich wurde es dunkel. Das Gelände war riesig und unübersichtlich. Viel Chrom, viel Schwarz und noch mehr Glas. Es wirkte neu, modern, futuristisch. Die zweckmäßigen Neonröhren gaben dem Ganzen etwas typisch Großstädtisches, Urbanes, obwohl die Einwohnerzahl nur knapp unter der Hundertausendgrenze lag.

Ein Wirrwarr von Menschen, wohin man auch blickte. Dicke Menschen, dünne Menschen, Geschäftsleute, Urlauber, Diplomaten und Bankangestellte. Reiche reisten mit Chauffeur, normal Sterbliche kamen mit der Straßenbahn. Die Vertreter der vielen Konsulate wollten übers Wochenende nach Hause fliegen. Das war genau die Tarnung, die der gewiefte Clanchef brauchte. Lässig-gediegen bog er in die Spur ein, die für ein kurzes „Kiss & Good Bye“-Halten ausgeschildert war.

Er meinte: „Schätzchen, geh schon mal einen Champagner in der Lounge bestellen. Ich habe noch was Geschäftliches zu erledigen.“

Dann steuerte er kurz vor der Ausfahrt ein kleines, leer stehendes Haltehäuschen an wo eilige Geschäftsleute ihre Parktickets scannten. Vor diesem kleinen Gebäude stand die Frau im Trenchcoat. Sie trug eine Sonnenbrille und einen Hut, den sie tief ins Gesicht gezogen hatte. Als sie ihn erkannte, hob sie unauffällig die Hand. In der Manteltasche versteckt hielt sie einen Revolver, dieser war auf Jacco gerichtet. Er hielt an, stieg nicht aus. Mit kühler Geschäftsmiene kurbelte er das Fenster an der Fahrerseite seines Oldtimers hinunter. Und wo ein Paar unterm Regenschirm hastig die Fahrbahn überquerte, ein wenig über das schicke Gefährt staunte, da übergab sie ihm eine Schachtel. Stumm ließ er es geschehen. Keiner von ihnen verzog die Miene. Trocken meinte er in den Spiegel schauend: „Lynn! Jetzt! Steig aus! Mach's gut!"

Das Mädchen mit den Sommersprossen und dem Bubenhaarschnitt stieg aus. Mit strengem Gesichtsausdruck schob die mysteriöse Frau das Mädchen in die Ankunftshalle des Flughafens. Wegen des internationalen Verkehrs wimmelte es hier nur so von Menschen aus nah und fern, in allen Farben und Sprachen.

Dann war die Frau im Trenchcoat plötzlich verschwunden. Lynn stand allein da. Unsicher blickte sie um sich. Ein wenig ängstlich biss sie sich auf die Unterlippe. Noch nie zuvor hatte sie so viele Werbespots und Lichterreklamen gesehen. Auch derart große Menschenmassen waren ihr nicht vertraut. Es verging eine ganze Stunde, ohne dass etwas geschah. Um sich die Langeweile zu vertreiben, ging sie zu dem nahe gelegenen Kiosk und stöberte in den Büchern und Zeitschriften.

Eine andere Frau kam aus entgegengesetzter Richtung auf sie zu. Sie hatte eine Jeans an. Ihr Haar war dunkelblond. Sie trug eine gepflegte, getönte Föhnhaarfrisur. Sie wirkte normal, gar ein wenig langweilig mit ihrem gestreiften, schlichten Oberteil unter dem roten Blazer. Sie war etwas außer Atem. Freudig hob sie die Arme, entschuldigte sich mehrmals für die Verspätung.

„Da bist du ja! Du musst Lynn sein, nicht wahr? Ich bin hier, um dich abzuholen. Wir bieten dir ein neues Zuhause, eine neue Familie! Natürlich nur, wenn du willst."

Sie lächelte und streckte Lynn ihre Hand entgegen. „Jetzt wird alles gut", sagte sie.

## Kapitel 4
## Gotik, Gold und Purpur

*Weitere elf Jahre später …*

Seit den Morgenstunden hatte es nicht aufgehört zu regnen. Der Wind preschte fürchterlich gegen die Sockelfront des Klostergebäudes. Man konnte durch die Witterung kaum die imposant gekrümmten Säulen sehen, welche die Pilger und Touristen nur allzu gerne fotografierten. Drinnen, in den über tausend Jahre alten unterirdischen Räumen, bot sich ein Fundament aus grobem, massivem Felsgestein, das aus den Poren zu schwitzen schien. Als würde der Stein weinen, dachte sie. Wahrhaftig gab es eine Wasserquelle unterhalb der Basilika. Aber auch aus den umliegenden Eifelhöhen floss es durch die von den Römern angelegten Kanäle, die das Kloster von jeher mit frischem Quellewasser speisten.

Der Geruch von feuchter Erde, von Terpentin und Lösungsmitteln stieg ihr in die Nase, als Lynn über einen Seiteneingang eintrat. Die junge Lynn, mit hohen Wangenknochen und rehbraunen Augen. Ihre Augenlider wurden von schwungvollen Wimpern geschmückt, die im Kontrast zu ihren rotblonden Haarlocken herausstachen.

„Warum müssen wir aber auch in diesen alten Gotik-Keller?“, beschwerte sich das Mädel sportlich kess und zwinkerte ihren Mitschülerinnen zu, die sie vorwurfsvoll ansahen. Als sie die schwach ausgeleuchteten Stahlstufen betrat, bemühte sie sich, nicht zu stolpern, doch weil sie spät dran war, wurde sie nervös. Ihre Schritte schallten. Vor dem niedrigen Eingang musste sie ihren Kopf einziehen. Ihren Schirm bei gleichzeitigem Ausschütteln zuzumachen, um ihn in den bereitstehenden Ständer zu stellen, gelang ihr nicht, und so fluchte sie laut. Überall verteilten sich Wassertropfen: am roten Vorhang, am Ticketschalter, selbst an der Kleidung der Lehrerin, woraufhin sich deren unfreundliche Miene noch mehr verfinsterte.

Lynn tastete sich den schwach ausgeleuchteten, eisernen Gittersteg entlang. Dort scannte ein GPS-gesteuerter Roboter sämtliche antike Schriftstücke aus dem Archiv jenes Benediktinerklosters.

Lynn hängte Schirm und Jacke an die Garderobe und gesellte sich zu den anderen.

„Guck mal, dieses Gerät wirkt wie ein voll automatisierter Kühlschrank mit Touchscreen und zwei Armen, nur dass es einem nichts zu trinken anbietet", meinte sie zu einer Klassenkameradin.

Sie mussten lachen; als sie bemerkten, dass sie kritisch beobachtet wurden, kicherten die Schülerinnen hinter vorgehaltener Hand weiter.

„Ich bitte um Aufmerksamkeit, meine Damen und Herren!", rief die Museumsführerin schrill durch das Halbdunkel. Das Gemisch aus gleich mehreren Sprachen wie Deutsch, Französisch, Luxemburgisch und einer Art Eifeler Dialektsprache, was hierzulande zusammengefasst als Moselfränkisch bezeichnet wurde, hallte vom anderen Ende der korridorartigen Räumlichkeiten wider. Im Handumdrehen waren die geschwätzigen Schüler still. Die meisten von ihnen standen, manche saßen auf grob gezimmerten Holzkisten.

Eine Traube bildete sich rund um die voluminöse Dame. Diese räusperte sich und erläuterte: „Der Ursprung dieses Klosters geht bis in die Karolinger Zeit im 7. Jahrhundert zurück, als alles auf Latein geschrieben wurde. Gründer dieser Benediktinerabtei war der heilige Willibrord, der nun von zahlreichen Pilgern hier verehrt wird. Damals war mit dem Kaiser Karl dem Großen im nahe gelegenen Aachen ein Reich entstanden, das bis nach Rom reichte. Man nannte es das Heilige Römische Reich Deutscher Nation. Seine Nachkommen gründeten hier unter Kaiser Otto ein Skriptorium, das heißt eine Schreibstube. Hier in diesen Mauern, meine Damen und Herren, wurden mehrere Bücher der Bibel niedergeschrieben. Sie müssen sich ein Europa ohne Technik und ohne Industrie vorstellen. Die Menschen lebten von dem, was ihre Hände produzierten, oder von dem, was das Land ihnen hergab. Es gab wenige Großstädte. Besonders hier befand sich eher eine einsame Hügellandschaft. Die Klöster dazwischen bildeten so etwas wie kleine kulturelle Oasen."

Die Dame senkte ihre Stimme: „Eigentlich eine Schande, wenn man bedenkt, dass die Römer zuvor Straßen bis nach Köln bauten und eine Infrastruktur errichteten wie Bäder, Theater, Schulen und Abwassersysteme, bis hierher ins nahe gelegene Treveris."

Die Dame räusperte sich erneut: „Nun denn, das Römische Reich zerfiel wie andere Hochkulturen auch. Der Glaube an Jesus wuchs. Die Gegend wurde christlich missioniert und seine ‚Vertreter auf Erden' übernahmen die Herrschaft, die teilweise heute noch existiert."

Die Dame hob ihren Zeigefinger mit den Worten: „Also aufgepasst! Es kam so etwas wie ein neuer Hype auf!"

Sie richtete ihre Brille und fuhr fort: „Jesus war der neue Star, um es mal in euer Jugendsprache auszudrücken. Ähnlich wie bei Michael Jackson oder Rihanna verehrte man diesen, und so wurden sowohl das Holz vom Kreuz als auch Kleidungsstücke gesammelt und ausgestellt, wie das Gewand, das noch heute in Treveris liegt. Und so wurde das Leben und Wirken von Jesus aufgeschrieben und es entstand so etwas wie ein Buchkopierer, wenn man so will. Nur dass es keine Maschinen taten, sondern viele Schriftgelehrte. Meistens waren es Mönche. Mönche waren im Grunde nichts anderes als ultratreue Fans, die ihr Leben dem Gottessohn widmeten."

Die Dame lächelte.

„Diese Buch-Kopier-Schreib-Stube war sozusagen so etwas wie ein Verlag. Mönche verlegten selbst hergestelltes Pergamentpapier und bemalten es künstlerisch. Vielleicht war dies die Urschrift eines Buchverlegers oder, wie man heute sagen würde, eines Schriftstellers?"Die Dame legte eine Sprechpause ein und blickte auf. Die Schüler waren mit Handygucken abgelenkt.

Sie sprach weiter: „Erst wenige Jahre zuvor hatte ein Mann namens Hieronymus, der sich auch im nahe gelegenen Treveris aufgehalten hatte, das Neue Testament aus dem Griechischen ins Lateinische übersetzt. Damals konnten nur wenige schreiben und noch weniger Menschen konnten lesen. So war dieses Handwerk einst etwas Besonderes. Man betrachtete jedes einzelne Blatt als Bildkomposition. Der Mönch malte sorgfältig Buchstabe für Buchstabe und führte diese Karolinger Schrift mit solch einer Hingabe aus, dass es Monate oder Jahre, manchmal sogar ein ganzes Leben in Anspruch nahm, bis das gesamte Neue Testament fertiggestellt war. Dem Mönch war es hoch und heilig, auf diese Art und Weise dem angebeteten Jesus und seinem Gottvater näherzukommen. Das Neue Testament beinhaltet die vier Evangelien. Sie beschreiben das Leben Jesu. Darum wurde es mit kostbarer Tinte geschrieben. Die Buchdeckel, also die Kladden, wurden damals mit Gold und Edelsteinen verziert. Solche Evangelienbücher wurden in jener Schreibstube hergestellt“, führte die Dame mit einer weit ausholenden Geste aus, die den Kellerraum einbezog. Die dicke Dame nahm ihre Brille ab und führte die Gruppe zur nächsten Vitrine.

Dort lagen Exponate aus, wie die eines gestrafften Kalbpergaments. Einige vergilbte Pergamentpapiere mit von Hand Geschriebenem sahen so aus, als wären sie soeben erst entstanden. Das beeindruckte Lynn. Ihr fielen die kunstvoll hervorgehobenen Anfangsbuchstaben und die Zweispaltenanordnung auf und sie konnte nicht glauben, dass diese Schriften über tausend Jahre alt sein sollten! Daneben standen ein Gänsestiel und ein Gefäß für die Tusche. Eine ernste Stimme erläuterte: „Die in karolinischer Minuskelschrift geschriebenen Texte mit geschwungenen, aber dennoch klaren Buchstaben waren Abschriften und Übersetzungen vom Wirken Jesu Christi aus dem Neuen Testament. Diese Evangelien waren damals im Mittelalter am abendländischen ottonischen Kaiserhof von so hohem sakralem Wert, dass sie mit einer speziellen Tinte geschrieben wurden.“ Stille machte sich breit.

Aus dem Dunkel erhob sich die teils strenge weibliche Stimme und bei Lichte wurde der voluminöse Körper der Sprecherin sichtbar. Die makellose Haut ihres Gesichts und ihre Augen schimmerten würdevoll unter den Säulenleuchten wie Katzengold. Sie wirkte gespenstisch. Die punktierte LED-Beleuchtung fixierte lediglich ihren fleischigen, mit rotem Lippenstift geschminkten Mund, alles andere schien irgendwie ausgeblendet; es wirkte so, als würde ein zwitschernder roter Kardinalvogel die Kursteilnehmer durch das Museum führen. Das Ungewöhnliche daran war ihre schwarze Ordenstracht.

„Wir befinden uns in einem der einflussreichsten Klöster der Spätantike, meine Damen und Herren, und das bis in die Moderne hinein, darum trug dieses Kloster auch den Namenzusatz ‚Reichsabtei'", so die Ordensschwester. „Reichsabteien, Reichsstädte sowie Reichsgutshöfe waren dem Papst beziehungsweise dem jeweiligen Kaiser, König oder Fürsten unterstellt. Sie sandten Güter und Männer zum Kampf. Also, meine Damen und Herren, hier unten in diesem Kellergewölbe befand sich das Skriptorium, was bedeutet: Alle Produkte und Evangelien sind in mühevoller, akribischer Handarbeit entstanden." Die Ordensfrau senkte ihre Stimme, legte eine rhetorische Pause ein und zeigte in Richtung Roboter: „Damals gab es den sexy Computerkerl dort drüben nicht! Und von Gutenbergs Druckerpresse ahnte man damals auch noch nichts." Allgemeines Gelächter schallte durch die Gänge des Museums.

Unbeeindruckt scannte das Gerät weiter. Seine Arme, mit Hand und Fingern ausgestattet, führten behutsam, fast mit menschlicher Sorgfalt Blatt für Blatt dem Scanner zu. Sie glichen einer eisernen Ritterausrüstung und wegen des zuckenden Lichts bekam man fast den Eindruck, der Computerritter würde gelegentlich grüßen. Ein allgemeines Grinsen ging durch die Reihen.

Einige Forscher saßen im weißen Kittel gebeugt über bretterholzdicken Kladden, unbeeindruckt von den täglich gastierenden Besuchergruppen.

Der „Kardinalvogel" richtete sich wieder an die Museumsbesucher: „Seht mal, wie gut erhalten diese Schriften sind. Das Leder, die Schrift, alles ist noch gut leserlich, und die leuchtenden Farben der Ikonenmalereien …"

Die Oberstufenschüler des katholischen Gymnasiums St. Willibrord waren zwar physisch anwesend, doch manche von ihnen fanden diese Pflichtveranstaltung nicht gerade prickelnd. Sie langweilten sich und ärgerten sich über den schlechten Handyempfang. So auch Lynn.

Unverdrossen zeigte die Nonne auf ein Ausstellungsexemplar, das einen prunkvollen Einband besaß. Ehrfurchtsvoll fuhr sie mit den Fingern über die erhabenen Figuren.

Die Frau erläuterte: „Diese Figuren stellen eine Kreuzigungsgruppe dar. Genau genommen ist es Jesus, wie er am Kreuz hing; darunter befinden sich seine Mutter und der Apostel Johannes, aber schaut mal genauer hin: Es sind Abbildungen des Kaisers Otto und seiner Frau. Das war damals im Mittelalter üblich. Die Hoheiten wollten seinerzeit auf diese Weise ihre von Gott gegebene Gnadenwürde herausstellen."

Die Museumsführerin betrachtete die aus Elfenbein geschnitzte Jesusfigur. Dann tat sie etwas Unerwartetes: Sie küsste Jesus auf den Mund und begann mit ihrem Finger an dessen unteren Gliedmaßen zu reiben. Immer wieder. Erotisch. Wiederholt genoss sie es, ihren Finger genau in die Ritze zu führen, wo vermutlich sein Penis lag, und diesen zu reiben. Dabei stöhnte sie laut auf. Sie genoss es sichtlich, den Penis zu polieren, immer und immer wieder, dabei nahm ihr Gesicht seltsame Züge an und ihre Zunge kreiste in immer schnelleren Bewegungen. Es wurde obszön.

Die Schüler rissen ihre Augen auf und staunten. Einige zwinkerten amüsiert. Andere lachten. Wieder ein obszöner Aufschrei.

„Unglaublich!", tuschelten die Schüler untereinander.

„Was macht sie da?", fragte einer. Auch die Wissenschaftler blickten irritiert auf und rückten ihre Mikroskopbrille zurecht. Manche kicherten hinter vorgehaltener Hand.

„Ey, wie geil ist das denn?", rief einer aus der hinteren Reihe.

Irgendwann begann sie auch mit den Hüften zu kreisen, dann stieß sie ein Stöhnen der Freude aus. Erst bei genauerem Hinschauen wurde klar, was sie dort trieb: Sie schien den Penis von Jesus zu masturbieren.

Die Schüler machten große Augen. Noch größer waren ihre Fragen, doch gestellt hat sie keiner. Das Museum war erfüllt von aufgerissenen Augenpaaren. Es wurde still. Sie auch.

Dann blickte sie auf und meinte schnippisch über ihre Brillengläser hinweg: „Was guckt ihr denn so? Als Nonne bin ich doch mit ihm verheiratet und da muss ich … na, ihr wisst schon …" Sie stöhnte erneut.

Kurz darauf stieß sie ein kurzes Lachen aus. Achselzuckend und mit ein wenig Selbstironie schaute sie die Schülerschar aus den Augenwinkeln an. Sie stöhnte wieder und schien diesen Moment auszukosten. Ihre unwirklichen Augen strahlten etwas Mysteriöses aus und so mancher Schüler vermied es, sie anzusehen.

Stille.

Sie lachte laut auf und fragte die glotzenden Schüler: „Was ist?“

Schnell schauten alle woandershin.

Dann senkte sich ihre Stimme und sie fragte mit einem spitzbübischen Lächeln: „So, habe ich eure Aufmerksamkeit wieder?“

Danach fuhr sie betont sachlich mit Wissenswertem fort: „Diese Handarbeiten sind über tausend Jahre alt. Auf diese Schätze müssen wir gut aufpassen. Ihr seid die neue Generation und in diesen Büchern stecken viele Weisheiten. Das ‚Codex aureus von Echternach‘ beispielsweise ist hier vor über tausend Jahren entstanden. Weitere solche ‚Schätze‘ werden in Kürze eintreffen und zur tausendjährigen Jubiläumsfeier ausgestellt.“

Die dicke Dame lachte doppeldeutig und fuhr fort: „Seht euch die Edelsteine und Goldumrandungen an. Auf dem Pergament wurden nicht nur die Evangelien, sondern auch Wissenswertes aus den verschiedenen Fachrichtungen festgehalten. Dieses Wissen wurde viele Jahrhunderte lang unter Verschluss gehalten. Beispielsweise ging sämtliches medizinisches Wissen aus dem damals fortgeschrittteneren Orient verloren. Oder das griechische demokratische Verhandlungsgeschick. Lebensweisheiten, Philosophien und Rhetorikwissen. All diese Dinge hielten die Kaiser und Könige gern geheim. – Auch die Tatsache, dass hier im Gutland und auch im Park-De-Lux zur Römerzeit, vor circa 2000 Jahren, frisches, sauberes Trinkwasser über kilometerlange Aquädukte bis hin in die Städte transportiert wurde und somit eine Bäderkultur und Körperhygiene gepflegt werden konnten – all diese Infrastruktur ging im Mittelalter unter. Die Kirche und seine Mönche glaubten, mit Beten alles heilen zu können. – Meine Damen und Herren, überall gibt es Tyrannen, welche die Macht für sich allein beanspruchen und somit Wissen von der Allgemeinbevölkerung fernhalten wollen. Merkt euch: Wissen ist Macht! Nicht zu wissen, wie man Kartoffeln anpflanzt – und stattdessen nur die Wurzelknolle zu essen –, ist auch eine Art Macht beziehungsweise Machtentzug. Zu wissen, wie man Trinkwasser abkocht, kann unter Umständen lebenswichtig werden. Und wer nicht des Schreibens mächtig ist, der entzieht sich komplett von der Weltbühne. Ihr Kids aus der Moderne sorgt euch um die kleinen Knöpfchen auf euren Displays, aber ihr werdet noch an meine Worte denken. Noch heute schwirren Menschen in der Weltgeschichte herum, die belügen, betrügen und alles und jeden berauben, der ihnen über den Weg läuft. Sie nehmen sich alles, was sie kriegen können. Egal wie kultiviert eine Gesellschaft auch sein mag, die Gier nach Macht und Reichtum ist unsterblich und versiegt nicht!"

Ihre roten Lippen machten eine kurze Pause und zwitscherten dann weiter: „Darum ist Latein so wichtig, meine Damen und Herren! Selbst unser Papst im heutigen Rom orientiert sich noch heute an der sogenannten BIBLIA SACRA VULGATA, einer lateinischen Übersetzung der gesamten Bibel aus dem Jahre 382 nach Christus und aus dem Hebräischen von dem heiligen Hieronymus. Die meisten von Ihnen werden sicherlich die Mosesbücher oder die vier Evangelien aus deutschensprachigen Bibelübersetzungen kennen."

Sie beugte sich hinab und zeigte mit ausgestrecktem Arm in Richtung des Roboters. Sie sah den Schülern und Schülerinnen direkt in die Augen und flüsterte: „Jungs und Mädels, das Scannen dort drüben ist für die Nachwelt. Und vieles davon ist richtig und wahr. Dennoch möchte ich euch ermutigen: Bleibt stets wachsam und hinterfragt die Dinge!"

Ihre Augen weiteten sich. Sie belehrte die Schüler mit erhobenem Zeigefinger und wiederholte ihre Worte laut. Doch viele hatten ihr erst gar nicht zugehört. Viele rollten angewidert mit den Augen.

Sie schluckte diese Missachtung herunter und sprach ungerührt weiter.

„Lernt weiterhin Latein, am besten auch noch Griechisch und Hebräisch, damit ihr die Quellen im Original überprüfen könnt. Stellt Fragen! Bleibt neugierig! Ich will keine ‚Wissenskopiermaschinen' aus euch machen. Ich werbe lediglich für die Sprache Latein. Das war die Sprache der Wissenschaft an den Universitäten. Es war die Sprache der Kirche, aber auch die der Gelehrten."

Die Klosterfrau richtete ihren Blick auf die Kursteilnehmerinnen und fuhr im Flüsterton fort: „Insbesondere euch Damen lege ich ans Herz, die Quellen zu überprüfen. Erst seit dem 19. Jahrhundert ist es Frauen im westlichen Kulturraum gestattet zu studieren. Die arabischen, orthodoxen und katholischen Glaubensvertreter auf Erden hätten am liebsten, dass dies aufhört. Und wer weiß schon, welche Diktatur in Zukunft die Macht übernehmen wird? Es ist an der Zeit, das Alte und das Neue Testament aus der Sicht einer Frau zu lesen."

Die Klosterfrau richtete sich wieder auf und schwieg. Ihre Bernsteinaugen wanderten durch das Kellergewölbe. Lange Zeit herrschte Ruhe im Raum. Doch die Mimik der Klosterfrau veränderte sich schlagartig, als sie auf einmal Lynn erblickte. Ihrer Faltenbildung auf der Stirn zufolge schien sie noch zu rätseln. Sie ging auf die Kursteilnehmerin zu und tätschelte deren Schulter. Es war nicht nur so, dass ihre Augen extrem stark denen einer Katze ähnelten, ihre Fingernägel waren so lang wie die Krallen eines schwarzen Pumas.

In einer ungewöhnlich hellen Stimmlage und mit aufgesetztem Lächeln fragte sie: „Hallo, wen haben wir denn da? Bist du nicht das Mädel vom Gutshof ‚Zur Linde'? Und dein Vater heißt Herr Stocks, nicht wahr?" Wenngleich der Inhalt ihrer Worte freundlich war, lagen dennoch auch Missachtung, Vergeltung und Missgunst in ihrer Stimme.

Lynn verstand nicht. Ihr Gesicht war ein einziges Fragezeichen. Dann beugte sich die Frau vor und flüsterte: „Ich könnte es dir beibringen. Aber es wäre reine Zeitverschwendung. Denn die Kinder vom Gutshof waren nie wirklich schlau, das weiß jeder, der diese Familie kennt. Schon die Urväter haben sämtliche Gehirnzellen versoffen. Und deshalb haben die es auch nie zu einem Bischof geschafft."

Lynn wollte gerade etwas erwidern, da wechselte die dicke, schwarz gekleidete Nonne lautstark das Thema. Sie erhob ihre Stimme, blickte in die Schar der Kursteilnehmer und fragte: „Wäre es nicht interessant, selber nachlesen zu können, ob Jesus was mit der Magdalena hatte oder nicht?" Ein Lachen ging durch die Reihen.

„Folgt mir zur nächsten Vitrine!", forderte die Nonne die Schülerinnen und Schüler auf.

Hier lagen Exponate aus, welche die damalige Herstellung von Tinte dokumentierten. Ganz in ihrem Element erklärte die Nonne: „Purpurrot und Saphirblau waren einst kostbare Farben, denn ihre Pigmente kamen damals von weit her, aus dem Orient." Sie blickte auf und fuhr fort: „So wurde beispielsweise auch aus Moselwein und aus den Beeren der Gutland-Schlehenhecke Tinte hergestellt. Und das Pergament, die Beschreibmaterialien – in dem Falle Tierhaut –, das stellten jene Mönche ebenfalls selbst her. Und da es sich um ein ganz besonders Buch handelte, nämlich um die vier Evangelien von Matthäus, Markus, Lukas und Johannes, wurde eine besondere Zutat verwendet."

Die Aufmerksamkeit war abgedriftet, die Teilnehmerinnen und Teilnehmer tuschelten miteinander. Da schrie sie plötzlich mit schriller Stimme durch den Saal. Ihre Stimme glich einem Pfeil, der wie ein Blitz die abtrünnigen Zuschauer aufmischte: „Scheinbar haben manche nur Latein gewählt, weil sie es mussten oder weil sie es für ihr späteres Medizinstudium benötigen?" Ein Paar Augen drehten sich in Richtung ihrer Klassenkameradin und Lynn rollte mit einem zustimmenden Lächeln zurück. Aber eigentlich war sie mit anderen Problemen beschäftigt. Lynn hielt sich die Hand vor den Mund und hustete. Dabei schien ihr ganzer Körper zu zittern.

Die Ordensschwester richtete eine Frage an die Oberstufe: „Was hatte es mit diesem Buch ‚Codex von Echterville' auf sich? War es vielleicht ein geheimer Code? Oder ein Hinweis auf einen verborgenen Schatz?"

Lynn knabberte an ihren Fingernägeln und hing ihren Gedanken nach. Ihre Klassenkameradin Cashmere, eine junge Frau türkisch-italienischer Abstammung, eilte tröstend zu ihr. Andere gelangweilte Kursteilnehmerinnen und Kursteilnehmer schauten auf, als das Wort „Schatz" fiel.

Lynn hingegen duckte sich, verbarg sich hinter einer Säule und flüsterte Cashmere aufgeregt zu: „Was weiß ich schon von der Familie Stocks? Hat die noch alle? Ich konnte im Heim nur einige Jahre die Schule besuchen. Ich will nicht undankbar klingen, aber meine jetzigen Eltern erlaubten mir nur eine Ausbildung zur Krankenschwester. So muss ich nun heimlich das Abendgymnasium besuchen, um das Abitur nachzuholen. Ich will studieren. Ich will ein eigenes Leben. Vielleicht Medizin studieren. Ich will hinaus in die Welt, um anderen Menschen zu helfen."

Lynn legte eine kurze Sprechpause ein. Dann flüsterte sie weiter: „Offen darüber gesprochen hat keiner mit mir. Aber jeder hegt die Erwartung, ich solle einen Stallburschen aus Park-De-Lux oder aus Gutland heiraten und Kinder bekommen. Am schlimmsten sind die Alten, die mit uns im Haus leben. Die Oma ist die Patriarchin in der Familie. Sie bestimmt, was gemacht wird, weil sie die Älteste ist. Sie und mein Dad würden gern einen Großbauern als Schwiegersohn ‚einkaufen', damit ihr Gutshof bestehen bleibt. Die Söhne werden in der Regel, so wie er selbst, entweder Landwirt und versorgen die Kirchenklöster, oder sie werden Priester oder Mönch oder – noch ruhmvoller – Bischof oder Missionar. So will es die Familientradition. So stellt man was dar in der Gemeinde. Nur konnte Mom wohl keine Kinder kriegen. Keine Ahnung. Ich glaube, darum haben die mich gekauft und jetzt bin ich so was wie ihr Eigentum. Es ist fast noch schlimmer als vorher."

Lynn schnäuzte sich die Nase. Ihr kamen die Tränen. Zu ihrer Freundin gewandt meinte sie: „Du hast es gut. Du hast einen liebevollen Vater und ein echtes Zuhause! Ich habe niemanden."

Cashmere meinte verwundert: „Krass, Mann. Und ich dachte, arrangierte Zwangsheiraten gäbe es nur bei uns in der Türkei, aber doch nicht hier im modernen Europa! Dann bin ich als liberale Muslimin ja noch besser dran als du. Ich muss nicht mal 'n Kopftuch tragen!" Dabei griff sie mit beiden Händen in ihre schwarze Lockenpracht. Ihre Freundin verzog das Gesicht zu einer schrägen Fratze und beide mussten lachen.

Hastig unterbrach Lynn sie: „Pscht!", denn die Klosterfrau blickte streng in ihre Richtung, und so flüsterte Lynn hinter vorgehaltener Hand: „Ich brauche nur diesen bekloppten Schein für das kleine Latinum, um endlich meinen Abschluss zu erhalten"

„Pscht!", ermahnten sie die anderen Schüler.

Der Raum war nur spärlich von einigen elektrischen Fackeln beleuchtet. Konzentriert betrachteten die Teilnehmerinnen und Teilnehmer weitere Exponate. So fiel niemandem auf, wie eine Person in einfacher Mönchskutte herumschlenderte. Ihr finsteres Gesicht perlte sich aus der Dunkelheit. Die Person schaute sich um – ob es nur zufällig war oder gewollt?

„Sie haben sich mit einem herrlichen Duft parfümiert“, sprach der Mann Lynn von der Seite an und schnüffelte an ihr. „Holunder? Oder Jasmin?“ Er richtete sich langsam auf und grinste mit gelb gefleckten Zähnen. „Nein, Rosenduft!“

Erschrocken sprang Lynn auf. Sie wollte sich wegdrehen, als der Mann plötzlich von der anderen Seite kam und seine Nase in ihren Nacken steckte. Seine grob gewebte Kutte, lediglich von einem Seil um die Hüften zusammengehalten, schleifte über den zum Teil lehmigen Boden. Knochenblasse Füße steckten in Ledersandalen, auffallend dabei waren seine sich kringelnden Zehennägel. Seine Finger waren knochendürr und stellenweise mit blauschwarzen Flecken versehen. Lynn bekam es mit der Angst zu tun. Sie rührte sich nicht. Sein Gesicht hatte einen graulichen Teint, seine Augen waren tief liegend und blicken unruhig umher. Seltsam, eines starrte links in den Raum. Und das andere wirkte irgendwie leblos.

„Mhmm, oh!“, schnüffelte er. „Vielleicht doch ein Magnolienduft?“, korrigierte er sich. Von der Seite raunte er Lynn zu: „Fräulein Stocks, was machen Sie hier? Bisher hatten wir noch nie Kinder vom Gut Lindenhof.“

Ohne eine Antwort abzuwarten, ging er zu einer weiteren Schülerin, beugte sich tief hinab, aber nicht zu ihrer Bluse, er roch an ihrer Schultasche. Er schniefte, rümpfte die Nase und meinte: „Es riecht nach etwas Essbarem.“ Er stöberte darin herum und fischte sich ein Sandwich heraus, nahm es an sich und ging unerschrocken zum nächsten Kursteilnehmer. Dort steckte er seine Nase in dessen Haar, das mit Gel in leichten Wellen nach hinten frisiert war. „Junger Mann, ein für meine Begriffe zu strenger Limettengeruch! Aber akzeptabel.“

„Schluss, Pater Hieronymus!“, schallte es plötzlich. Die kräftige Klosterfrau Hildegard fauchte abermals: „Schluss! Aus! Geh in die Schreibstube!“ Er sah sie nur an und schwieg. Geradezu in Zeitlupe wendete er seinen Kopf und schaute die Schüler der Reihe nach direkt an. Er kniff seine Augen zusammen, als müsse er sich konzentrieren oder als könne er nicht mehr so gut sehen, dann schrie er im dumpfen Ton: „Mönche, Priester, Kirchendiener, Dompropst, wir alle bestehen aus den gleichen

‚Säften'! Ganz gleich, auf welchem Kontinent wir leben. Ganz gleich, welche Hautfarbe wir haben oder welche Sprache wir sprechen, wir empfinden alle gleich."

Auf einmal hatte er ein Messer in der Hand. Die Klinge glänzte im Licht. Zack. Er schnitt sich selbst in die Hand. Dabei riss er seine Augen weit auf: „Seht! Seht mich an! Mein Blut ist rot!" Dann ging er zu einem Jungen, nahm dessen Hand und ritzte. Zack! Er hielt das Messer in die Höhe. „Seht her! Auch sein Blut ist rot!"

Ein Raunen ging durch den Raum. Die Teilnehmer wichen zurück. Viele gerieten in eine Schockstarre. „Und schreien wir nicht auch ähnlich laut vor Schmerzen? Guckt ihn euch an, meine Damen und Herren! Ob Bub oder Mönch, der Schmerz schreit stets stumm!" Der Mönch stieß einen Seufzer aus: „Junge, du würdest mir jetzt gern eine reinhauen, nicht wahr? Ich jedenfalls würde so fühlen und denken!" Und mit Nachdruck verkündete er: „Empfindungen wie Rache, Gier und Eifersucht kennen kein Geschlecht, keine Religion, keine Herkunft!"

Die Ordensfrau näherte sich und legte besänftigend einen Arm auf die Schulter des greisen Mannes.

„Nun ist es gut", sagte sie. „Wir haben verstanden. Wir wertschätzen dich! Wir ehren dein Lebenswerk! Nun geh zurück, erschreck mir nicht die jungen Abiturienten, die brauchen wir nämlich noch."

Stille kehrte ein. Er sah sie mit Tränen in den Augen an, wirkte hilflos, wie ein Kind. Dann drehte er sich um und seine Mönchskutte schlurfte auf dem Boden des schwach beleuchteten Ganges. Die Kursteilnehmer waren kreidebleich. Es war mucksmäuschenstill geworden.

Irgendwann durchschnitten die Wucht und der Knall eines mit Schwung hingeworfenen Buches die Atmosphäre. Eine Holzkladde mitsamt ihrem Inhalt fiel auf ein ausziehbares Tischlein und ein Zucken ging durch die Reihen. Die Aufmerksamkeit der Schüler war wieder auf den Alltag gerichtet. Schwester Hildegard grinste zufrieden. Kurz darauf schrie sie Lynn im Kommandoton an: „Du willst den Schein? Dann öffne die Kladde!"

Währenddessen ging die Ordensfrau zu einem Unterschrank und holte eine Schnapsflasche hervor. Nachdem sie sich erst einmal selbst einen großen Schluck daraus genehmigt hatte, ging sie zu jenem Jungen und sagte laut mit dem Zeigefinger auf die Flasche zeigend: „Desinfektionsmittel! Ein Lösungsmittel für Farben. Dieser hundertprozentige Eifeler Schnaps ist eine natürliche Medizin. Merkt euch das!“ Sie nahm Verbandszeug und während sie die blutende Hand des Jungen versorgte, befahl sie: „Lynn, öffne die Kladde!“ Und zu den anderen gewandt: „Der Spuk ist vorbei, konzentrieren wir uns auf das Wesentliche. Wenn ihr den Schein wollt, müsst ihr schon mitmachen.“

Lynn schlug die erste bretterholzdicke Seite auf. Sie betrachtete die kunstvoll und korrekt ausgeführten Kalligrafiebuchstaben. Manche funkelten im Licht. In diesem Moment fiel etwas heraus. Die Schülerinnen kicherten. Lynn blickte auf den Boden. Dort lag etwas Weißes mit Spitze, ein Handschuh oder ein besticktes Seidentuch? Sie hob es auf und entdeckte die Initialen, die darauf gestickt waren: A. S.

Oben in der Luft fuhr ein Riesencargoflugzeug sein Fahrwerk aus. Mit rotierenden roten Lichtern steuerte es die Landebahn des in Luftlinie nahe gelegenen Flughafens von Lux-City an. Auf einem Parkplatz nebenan warteten im Nachtschatten – zwischen Straßenlaternen – gleich mehrere schwarze Sattelschlepper.

Mit einem Nachtsichtgerät beobachtete Jacco, der Clanchef, die Angelegenheit von einem Jagdhochsitz aus. Sein Handy klingelte. Kurz und bündig vernahm er: „Die Ware ist eingetroffen!“

Er brummte: „Wir nutzen die Nordstrooß, die Diplomatenroute zwischen Straßburg und Brüssel. Dann London! Klar?“ Er lachte selbstsicher.

„Kaum zu glauben, aber die Parlamentarier und die Banker-Leut in den Glitzertürmen sind die größten Abnehmer.“ Er zwirbelte sein Ziegenbärtchen.

Nach einer kurzen Sprechpause sagte er unmissverständlich: „Nicht vergessen, ich kann jederzeit deine Liebesspielchen auffliegen lassen! Also sorge dafür, dass die Bahn frei bleibt! Keine Polente! Klar? Ach, und nur, damit wir uns verstehen: Meine Versicherung heißt: Attentate! Und die Amphetamine kommen zeitversetzt, aber parallel zu dem Radrennen in den französischen Bergen." Er lachte erneut selbstsicher. „Und so was nennt man Großwirtschaftsregion. Wenn alles glattgeht, dann stehen eure Teilnehmer auf dem Treppchen. – Deal?"

Kurz darauf öffnete der Mann mit dem Handy einen Container.

## Kapitel 5
## Nebellichter

Noch schnell das Tablett einschieben. Sie hob einen heruntergefallenen Katheter auf, um es im Vorbeigehen in den Müll zu werfen. Lynn gab von dem bereitstehenden Spender am Stationsausgang etwas Desinfektionsmittel in ihre Hand und rieb auf dem Weg zu ihrem Spind, der im Schwesternzimmer stand, ihre Hände damit ein. Sie nahm einen Schluck aus ihrer Wasserflasche und freute sich auf den bevorstehenden Feierabend.

Da kam die Stationsleitung und meinte: „Lynn, du musst die Nachtschicht übernehmen, die Sally ist krank."

„Aber, ich müsste später …" protestierte Lynn.

Die Chefin fiel ihr ins Wort: „Wir benötigen jede Kraft. Es gab unerwartet viele Neuaufnahmen und ich brauche jemand, der die Sprache spricht, verstehst du?"

Lynn seufzte: „Aber könnte ich nicht kurz …?" „

Nein!", und damit endete die Übergabe. „An die Arbeit, Leute!"

Es klingelte. Die leitende Schwester nahm den Wunsch entgegen, dass der Patient sein Essen ans Bett gebracht haben wollte. Sie beauftragte Lynn: „Bring du es ihm, er ist Privatpatient."

Als sie den Raum betrat, war der Raum dunkel. Sie stellte das Tablett ab und zog erst mal die Vorhänge zur Seite. Strahlender Sonnenschein vergoldete selbst den penetranten Geruch von Urin, gepaart mit Männerschweiß, der in der Luft hing.

Ein grauhaariger Mann lag im Bett obenauf, seine nackte, abgemagerte Haut schob sich faltig über seine Knochen. Zunächst erschien er leblos und still.

Lynn sagte fröhlich „Guten Morgen" und fragte nach seinem Befinden. Keine Antwort. Seine Augen waren geschlossen, aber er atmete schwer. Sie beugte sich zu ihm vor und wollte sein Befinden kontrollieren. Erst da bemerkte sie seine Hand. Eine hielt im Schambereich sein Glied fest. Die andere streichelte ihren Schwesternkittel und plötzlich umfasste er ihre Brüste. Er riss die Augen weit auf und zog Lynn an sich. Er hechelte und stöhnte und wollte gleichzeitig fummeln, während sein Penis mächtig anschwoll. Lynn erschrak und stieß ihn beiseite. Auf einmal entwickelte er eine ungeheure Kraft und wollte sie festhalten, da riss sie sich los.

„Bleiben Sie doch!“

Er grinste. Da bemerkte sie eine Kamera auf dem Fensterbrett, deren Linse auf sie gerichtet war. Es zuckte etwas. Nur raus hier!, dachte Lynn.

Draußen im Flur stand sie mit dem Rücken zur Wand und holte erst mal tief Luft. Was war das denn gerade gewesen?! Sie rückte ihren Kittel zurecht und schaute sich um, ob jemand diese peinliche Situation mitbekommen hatte. Instinktiv wusste sie, darüber zu reden, gälte als Schwäche. Und in dieser rastlosen Welt durfte man keine Schwäche zeigen. Also schluckte sie, atmete tief ein und wieder aus. Und überlegte …

Plötzlich stand die Stationsleitung im Flur.

„Gar nicht erst darüber nachdenken!“, sagte sie mit einem vielsagenden Blick. „Hörst du? Da hilft nur: weiterarbeiten! – Glaub mir, das ist das Einzige, was hilft!“ Dann fügte sie noch hinzu: „In Raum 5 müssen die Betten abgezogen werden und die Patienten in Raum 12 brauchen ihre Medizin.“

Lynn erwiderte: „Der hatte ’ne Kamera.“

Daraufhin die Chefin: „Wie, was? Ich schau mal nach.“

Sie ging zu dem besagten Patienten ins Zimmer. Dieser lag brav unter der Decke.

„Haben Sie Filmaufnahmen gemacht?“, fragte sie ihn.

Der Patient hielt die Augen geschlossen. Die Stationsleitung verließ das Zimmer wieder, ging auf Lynn zu und meinte: „Also, ich kann nirgends eine Kamera entdecken. Der Patient schläft!“

Lynn wurde wütend, sie wollte etwas sagen, da forderte die Chefin sie auf weiterzuarbeiten.

„Glaube mir, das ist das Einzige, was hilft.“ Lynn hatte das Gefühl, sie müsse sich übergeben.

Dann, nach einer Weile, meinte die Chefin: „Ich weiß zwar nicht, was du abends so machst, aber geh meinetwegen für ein paar Stunden in eine, lange Pause'! Dann kommst du wieder. Verstanden?"

Lynn ging hinaus, um kurz darauf wieder hereinzukommen. Am liebsten hätte sie eine geraucht. Dann halt 'nen Kaffee to go und einen „Zuckerkick" in Form eines Donuts, aus der Kantine.

So geht das nicht!, wütete es in ihr.

Wenn ich nicht augenblicklich zurückgehe und den alten Knacker auffordere, die Fotos rauszurücken, verliere ich meine Selbstachtung!

Der Stationsarzt kam vorbei und wollte wissen, warum sie nicht auf der Arbeit sei, die Stationsleitung hätte nach ihr gerufen. Lynn kochte vor Wut. Den angebissenen Donut schmiss sie in den Mülleimer, den nicht ausgetrunkenen Kaffee ebenfalls, um schnellen Schrittes auf Station zu eilen. Dort angekommen, reihten sich im Flur neu aufgestellte, aber noch mit Folie überzogene Patientenbetten. Im Wartebereich vor dem Schwesternzimmer warteten ebenso viele auf eine Neuaufnahme.

Lynn hatte ein natürlich hübsches Gesicht und eine schlanke Figur. Sie ging ohne Weiteres als Dreiundzwanzigjährige durch, und wenn sie lächelte, besaß sie eine bezaubernde Ausstrahlung. Doch heute eilte sie mit miesem Gesichtsausdruck durch die Gänge und ging, ohne zu grüßen, an den wartenden Patienten vorbei.

„Hier bin ich!", schnaufte Lynn, blieb im Türrahmen stehen und fragte lapidar: „Sie hatten nach mir rufen lassen?"

Einen Moment schien es so, als hätte man sie nicht gehört. „Ah, da bist du ja", kam es ihr etwas vorwurfsvoll entgegen. „Wo warst du? Bearbeite du die Neuaufnahmen. Ich habe Leitungsteamsitzung."

Lynn hatte sich eigentlich etwas anderes vorgenommen, doch Widerspruch wäre zwecklos, wusste sie, sonst würden sie sie noch bei der Teamleitung verpetzen, aus purer Freude am Schikanieren. Dieses endlose „Diensteschieben" schien hier im Krankenhaus ein Dauerzustand zu sein. Doch dies war ihre einzige und vermutlich auch ihre letzte Chance, ein normales bürgerliches Leben zu führen. Sie riss sich zusammen, strich ihren Schwesternkittel glatt und fragte so munter, wie es eben ging: „So, wer ist der Nächste?"

Wenig später kam sie an den Privatzimmern vorbei, und als sie einen Patienten, der durch eine Knöchelfraktur gehbehindert war, aus seinem Zimmer zum Röntgen begleitete, hörte sie Schreie. Eine farbige Krankenschwester schimpfte etwas in ihrer Muttersprache. Sie polterte so stark, dass der Patient nach dem Arzt verlangte. Lynn eilte herbei. Es war jener Greis, der von ihr die Fotos geschossen hatte. Der alte Mann grinste und seine Lachfalten hatten fast schon etwas Zärtliches: „Oh, wie geil, gleich zwei Konkubinen."

Er griff der Krankenschwester, die neben seinem Bett stand, in die Schürze und nahm eine schwarze Schachtel heraus. Oder hatte er sie hineingesteckt?

Als ein Arzt das Zimmer betrat, wandelte sich der eben noch blassdeprimierte Patient in einen Choleriker. Zornig zeigte er mit dem Finger auf die Kollegin und sagte: „Von der will ich mich nicht mehr behandeln lassen. Die hat mich bestohlen."

Der Arzt stand da und sagte zunächst nichts. Er schaute vom Patienten zur Kollegin und dann wieder zum Patienten. Sanft forderte er ihn auf: „So beruhigen Sie sich doch. Was soll sie denn gestohlen haben?"

Die afrikanische Kollegin hob das Kinn: „Mann mich angefasst. Ich mich wehren! Ich Recht dazu!" Sie wiederholte mit fester Stimme: „Mann mich angefasst, ich nix gestohlen!"

Ohne es zu wollen, wurde Lynn Zeuge dieses Geschehens, und ihr fielen die klaren Augen ihrer Kollegin auf, die Selbstbewusstsein ausstrahlten.

Der Senior hielt sich eine Hand vors Gesicht, und es schien, als würde er verborgen grinsen. Er sagte: „Sie lügt. Sie hat mich bestohlen!"

Der Arzt bewahrte die Fassung und schlug vor, dass Frau Muhahi zeigen solle, ob und was sie in ihrer Tasche habe. „Somit lässt sich die Angelegenheit sicher aus der Welt schaffen", sagte er.

Sie lenkte ein und nahm die Kamera aus ihrer Schürzentasche, um gleich darauf zu schreien: „Der Mann Foto von mir gemacht. Mich angefasst und ich …" Ob es nun ihr falscher Ton war oder die Tatsache, angeblich tatsächlich die Kamera entwendet zu haben, war nicht klar, jedenfalls hob der Arzt mit ernstem Gesicht seine Hand.

Sie schwieg.

Er zeigte zur Tür und befahl: „Raus, Frau Muhahi! Gehen Sie! Sie sind fristlos entlassen! Und geben Sie den Fotoapparat zurück!"

Lynn sah noch, wie der Patient mit vorgehaltener Hand grinste. Der Arzt wandte sich an Lynn: „Haben Sie nichts zu tun? Gehen Sie an Ihre Arbeit!"

„Ganz schön fies, eure Doktoren. Und erst recht der Alte", kommentierte der Patient, der im Flur stand, mit osteuropäischem Akzent.

Er trug ein hellblaues Slim-fit-Hemd, unter dem er geschickt die Tattoos auf seinen Bodybuilder-Armen versteckte, darunter eine schwarze Trikothose eines bekannten Modelabels. Er hielt sich sportlich lässig mit einer Hand an einer Krücke fest, mit der anderen Hand stützte er sich am Türrahmen, wobei an seinem Finger ein auffallender, goldener Ring glitzerte. Er kraulte sich nachdenklich am Kinn und grinste Lynn von der Seite an, sodass sich kleine Lachfältchen um seine Augen herum bildeten. Unter anderen Umständen wäre Lynn beeindruckt gewesen, doch irgendwie wurde sie das Gefühl nicht los, diesen Mann schon mal gesehen zu haben. Der führt etwas im Schilde, dachte sie. Schlimmer noch, er spielte eine Scharade mit ihr. Sie vermutete, er könnte etwas von diesem Vorfall mitbekommen haben.

Lynn ging auf ihn zu und sprach ihn direkt an: „Könnten Sie bezeugen, dass die Kollegin nichts gestohlen hat?"

Der Patient suchte direkten Blickkontakt: „Ich?"

Er zuckte mit den Schultern. „Vielleicht? Vielleicht auch nicht? Ich könnte auch sagen, Sie hätten die Kamera in die Tasche Ihrer Kollegin gesteckt … Dann sage ich doch lieber nix", grinste er sie vielsagend an.

Sie schluckte, verzog dabei das Gesicht und dachte: Arschloch!

Sie schaute ihn böse an, doch dann wandte sie sich um und ging. Er stöckelte mit seiner Krücke hinterher: „He, Miss Mona Lisa … Ich habe das nicht so gemeint. Ich würde Sie doch nie verraten."

Lynn blieb stehen: „Ich glaube, Sie verwechseln da etwas." Zügig ging sie weiter.

Der junge Patient mühte sich ab, ihr zu folgen. Er blieb stehen, hievte ächzend sein in Gips gelegtes Bein auf den Griff der Krücke und stützte sich gegen die Wand. Mit verschränkten Armen vor der Brust beobachtete er Lynn mit seinem typisch lässigen Cappuccino-Blick. Nach einer Weile sagte er: „He, Miss Mona Lisa! Wäre meine Aussage es wert, mit mir einen Kaffee zu trinken?"

Rigoros bot sie ihm einen Rollstuhl an, mit den Worten: „Keine Zeit für Kaffeekränzchen! Sie müssen zum Röntgen!"

Mit halb geöffneten Augenlidern schaute er sie von der Seite an: „Aber Mona Lisa, halten Sie mich etwa für einen Invaliden? Ich kann laufen! Momentan zwar nicht so flink wie Sie, aber immerhin kann ich laufen!" Er nahm seine Krücke und ging rasch ein paar Schritte, dabei grinste er sie an. Er zwinkerte und verkündete stolz: „Sehen Sie? Geht doch!"

Unwillkürlich musste sie lachen. Daraufhin vollzog er eine theatralische Verbeugung, machte eine schwungvolle Bewegung mit der Hand und meinte: „Ich bin übrigens Rasko." Er bot ihr seine Hand.

Lynn begann gerade die naheliegenden Medikamente zu richten; als sie innerlich anfing zu zucken, als er seinen Namen nannte. Sie versuchte es jedoch zu ignorieren und lächelte lediglich, dann schob sie den Rollwagen mit den Medikamenten vor zum nächsten Patienten und sagte: „Sie müssen dann allein in die Röntgenabteilung. Ich muss jetzt da rein."

Sie klopfte an der Zimmertür. Unter normalen Umständen hätte sie warten müssen, bis jemand „Herein!" rief. Doch sie huschte schnell hinein, schloss die Tür hinter sich und atmete tief durch. Jetzt war sie ihn erst mal los. Betont pflichtbewusst und dennoch herzlich grüßte sie die im Bett liegende Patientin und begann damit, ihren Blutdruck zu messen. Als sie nach einer halben Stunde wieder die Tür öffnete, erschrak sie heftig. Sie schnappte nach Luft, denn Rasko stand immer noch da.

„He, Miss Mona Lisa, Sie haben es vielleicht verdrängt, aber wir haben was gemeinsam." Und als wollte er vom Thema ablenken, meinte er: „Wussten Sie, dass man von hier oben einen herrlichen Blick auf die Stadt Echterville hat? Ich habe Sie beobachtet." Er grinste doppeldeutig.

„Lassen Sie das!“, erwiderte sie. „Sehen Sie denn nicht, dass ich arbeiten muss?“

Zähneknirschend fügte sie hinzu: „Und nennen Sie mich nicht Miss Mona Lisa, ich bin Schwester Lynn! Klar?“
Ihre roten Locken tänzelten. Er beugte sich vor und schaute ihr direkt in die Augen, als er mit einer tiefen, männlichen Stimme meinte: „Aber das weiß ich doch, Mylady!“ Den Rest ließ er unausgesprochen, ihr wütendes Gesicht sprach Bände. Stattdessen salutierte er Respekt zollend und machte eine theatralische Verbeugung: „Stets zu Ihren Diensten.“

Er richtete sich wieder auf und Lynn fiel auf, dass er hinter dem linken Ohr ein Muttermal hatte, und wieder überkam sie ein seltsames Gefühl, dass sie ihn schon mal gesehen hatte, aber wo und wie, das vermochte sie nicht mehr zu sagen. Allein ihr Unbehagen gab ihr den Rat, ihn besser zu meiden. Seine dunkelbraunen Haare flatterten in sein markantes Gesicht und er war stets bemüht, sie sich aus dem Gesicht zu streichen.

„Dann nach Feierabend“, sagte er. „Ich könnte Ihnen Lux-City bei Nacht zeigen“, sagte er und grinste spitzbübisch.

Sie konnte sich ein Lächeln nicht verkneifen, ging aber dennoch weiter. Da packte er sie am Arm. Er sah sie direkt an, dabei kam er ihr ziemlich nahe, sodass sich ihre Nasenspitzen beinahe berührten. Jetzt mischte sich eine gewisse Strenge in seine Stimme: „Der Clan könnte wieder dein ‚Talent‘ gebrauchen. Werde wieder einer von uns.“

In ihrem Blick lag kein Entzücken. Ohne ein Wort, aber mit einer Menge Wut im Bauch ging sie zum nächsten Patienten. Rasko konnte sich kaum beherrschen; er nahm seine Krücken und eilte ihr hinterher: „Wir sind immer noch so was wie ’ne Familie. Also, sollte der Alte dich jemals wieder anfassen, ruf mich! Klar? Wir erledigen das!“

Mit einem Blick auf seine vergoldete Rolex-Uhr und einem Fingertippen auf ihre Nase meinte er: „Doch vorher will ich meinen Nachmittagstee aufs Zimmer gebracht bekommen, mit Schokokeksen. Verstanden?“

Er packte sie an den Schultern und flüsterte: „Ich könnte dich hier ohne Weiteres hinunterstoßen, niemand würde dich retten können. Also pass auf, Mädel!“ Auf Krücken ging er zurück in sein Patientenzimmer.

Lynn schaute ihm mit aufgerissenen Augen nach, zu geschockt, um etwas zu erwidern.

Im Schatten, inmitten von verwunschenen, hohen Buchenbäumen, wurde zunächst nur die kleine quadratische Luke einer schweren Eichentüre vom Schankweiler Frauenkloster Himmelsrother geöffnet. „Sie wünschen?“, fragte eine zarte Stimme mit afrikanischem Akzent. Er sagte, er sei mit der Oberin verabredet. Eine Schiene ratschte. Dann wurden Holzquerverstrebungen zur Seite geschoben. Eine farbige Person in schwarz-weißer Schwesterntracht lächelte zwar, zog ihren weißen Schwesternschleier aber noch tiefer ins Gesicht. Er tat das Gleiche mit seinem Hut, bedankte sich für den Einlass und betrat einen kleinen Innenhof.

Umgeben von hohen Mauern standen auf einer Wiese nebenan reetgedeckte, zeltartige Behausungen. In einer, die etwas größer war, glühte ein Feuerofen auf dem Boden und drum herum saßen dunkelhäutige Frauen mit ihren Babys. Es war ein Kleinod mitten im Wald, fernab jeglicher Zivilisation, aber mit einem Hinkelstein aus der Zeit der Kelten und Germanen. Die Leute nannten es „das Sybillen-Kreuz“. Der heilige Willibrord selbst soll es der Überlieferung nach eigenhändig zu einem „Mutter-Gottes-Kreuz“ umgemeißelt haben.

Den stolzen Geschäftsmann überraschte es ein wenig. Er folgte einem kleinen Trampelpfad und stieß auf eine kleine Kirche. Nun, so klein war sie auch wieder nicht. Es war keine gewöhnliche Dorfkapelle. Mitten im Wald, auf einem Felsen, befand sich eine Lichtung, auf der stand eine eindrucksvolle Barockkirche. Die Eichentür war die Meisterleistung eines Schreiners, doch sie scharrte über den roten Sandstein, es hatten sich bereits tiefe Schleifspuren eingegraben, und als er eintrat, überkam ihn ein dumpfes Gefühl von Scham und Schuld, aber nicht weil er beim Öffnen weitere Schrammen hinzufügte. Es waren Kindheitserinnerungen, die wie Peitschenhiebe auf seiner Seele lagen. Er setzte sich in die Kirchenbank.

Kurze Zeit später kam eine Nonne herein. Ganz gemäß dem Ritus kniete sie sich kurz vor dem Eintreten auf die Bank. Währenddessen zeichnete sie bedächtig langsam das christliche Kreuz, indem sie mit ihren Fingern ihre Stirn kurz antippte, die Hand wieder hinunter zur Brust führte und sie kurz darauf einmal zur linken und dann wieder zur rechten Schulterseite führte, und während ihrer Handlungen sagte sie leise: „Im Namen des Vaters, des Sohnes und des Heiligen Geistes." Dann faltete sie wie zum Gebet ihre Hände und fügte hinzu: „Amen!"

Stille herrschte im Kirchenschiff. Sie waren scheinbar allein. Die Nonne flüsterte zu dem Mann neben ihr: „Was wollen Sie?"

Er übergab ihr einen schwarzen Koffer und flüsterte: „Hier, ein Teil der Beute aus Lux-City, wie vereinbart."

„Pscht!" Ihre ansonsten so makellose Stirn runzelte sich und sie wirkte verärgert.

Der Geschäftsmann erwiderte: „Ich will Ihnen ein Geschäft vorschlagen … Ich besorge noch mehr von dem Gold, und Sie, sagen wir mal, beeinflussen … nun, damit befördern sie ihren Bruder zum Bischof. Dafür verschaffen Sie mir die Koordinaten zum Safe des Vatikans."

„Wie kommen Sie darauf, dass ich Ihnen diesmal helfe?"

„Weil ich Ihr Geheimnis kenne?" Er klopfte mit den Fingern auf eine kleine dunkle Schachtel, die er zwischen ihnen platzierte. „Und weil Sie eine kluge Frau sind."

Der Bernstein in ihren Augen fing an zu funkeln. Er grinste selbstsicher, dabei zeigte sich ein seltsames Tattoo an seiner Schläfe. Sein kühler, dunkler Ton verriet seine Zielstrebigkeit: „Bald wird etwas geschehen, und ich will, dass Sie mir freie Bahn lassen! Deshalb mache ich Ihnen einen Vorschlag: Sie die Gläubigen und ihre Spenden. Ich die Marktanteile und die Erlöse aus dem Verkauf von … na, Sie wissen schon …"

Der Blick der massigen Nonne verfinsterte sich, sie grübelte nach und überlegte, erkennbar an ihrer gerunzelten Stirn. Dann hielt sie ihm einen fast handlangen Schlüssel hin, in dessen Innenleben sich ein Computerchip befand.

Sie flüsterte: „Ich will mehr von dem Zeug, es gibt weitere Abnehmer. Mein Bruder Gular, der zukünftige Bischof, will zehn Prozent von dem Erlös – na, Sie wissen schon … Aber als Privatmann, versteht sich! Mit

diesem Schlüssel hier erhalten Sie Zugang zum Kloster und dem Vatikan-Tresor in Lux-City. Da ist eine Menge Gold drin. Sie müssen nur den Code knacken, aber das müssen Sie selber …"
Er unterbrach sie kühl: „Deal!", sagte er, stand auf und ging.

Aus einer kleinen Kammer, welche die Katholiken als Beichtstuhl kennen, stieg ein großer, breitschultriger Mann. Er trug schwarze Lederhosen und Stiefel. An seiner Lederjacke klimperten die Nieten. Trotz allem setzte er sich souverän neben die Klosterfrau.

Sie wandte sich an ihn: „Hast du das mitbekommen? Hier sind die Koordinaten. Das Mädchen, das die Codes knacken kann, findest du auf dem Gutshof ‚Zur Linde' oder im Krankenhaus zu Echterville. Bring mir den ganzen Vatikan-Schatz, bevor Jacco ihn in die Finger kriegt! Verstanden?"

Er nickte lediglich und verschwand in den Wald, wo zwischen den Müllerfelsen die Grenzen zwischen dem Reichskloster-Territorium, Gutland und Park-De-Lux verschwammen.

Im Hospital „up Berg" wurde das Abendessen serviert. Der Patient Rasko mit den Cappuccino-Augen drückte den Knopf. Und da er Privatpatient war, eilten Arzt und Schwester fast in einem Atemzug dorthin.

Ein bizarrer Anblick bot sich ihnen. Wo andere Patienten auf dem Seitentisch Blumen oder Genesungsgrüße ihrer Angehörigen hinstellten, standen hier eigenartige Röntgenbilder im Holzrahmen. Alle zeigten eine Sehenswürdigkeit berühmter Städte wie den Pariser Eiffelturm, das Brüsseler Atomium und den Londoner Big-Ben-Uhrturm. Hinzu gesellte sich das Röntgenbild vom Knochenaufbau eines Glieds mit Fraktur. Mal war es der Arm, mal das Bein und einmal war es sein Brustkorb.

„Ah, da ist ja mein Personal!", triumphierte er mit einer Stoppuhr in der einen Hand. „Genau eine Minute! Sauber!" Er feixte, während er ein Stück von einer Banane abbiss.

Er rülpste laut. Und als die Schwester seine Alkoholfahne bemerkte, schaute sie vielsagend zum Doktor.

„Doktor, ich habe was an den Bronchien oder im Hals, ich kann kaum schlucken", sagte der Patient.

Der Doktor blieb professionell gelassen und sagte: „Ja, dann stehen Sie mal auf und machen Sie den Mund weit auf." Der Patient gehorchte brav. Er fasste sich an den Bauch. Er stöhnte und gab vor, Schmerzen zu haben. Als der Mediziner ihm schon eine ernst zu nehmende Mandelentzündung diagnostizieren wollte, prustete er: „Reingelegt! Ich habe gar keine Schmerzen!"

Sogleich ließ er einen Peilsender in den Doktorkittel gleiten. „Und Ihretwegen habe ich den Bischof warten lassen!", schimpfte der Arzt trocken.

Später am Abend klingelte die Dienstglocke im Schwesternzimmer. Eine Kollegin packte ihre Sachen und verschwand rasch mit den Worten: „Das ist jetzt deine Aufgabe, ich habe Feierabend."

Dann rief einer, seine Rufe schallten durch die ganze Station. Als er Lynn an seiner Zimmertür sah, sprach er leise: „Mona Lisa, könnten Sie dies bitte Ihrer Haushaltshilfe bringen?" Er händigte ihr eine samtschwarze Schachtel aus.

Dann log er: „Es ist ein Geschenk, die Gute hat doch bald Geburtstag." Er grinste selbstgefällig.

Sie stutzte und erwiderte mit einer Hand an der Hüfte: „Ich habe zu tun!"

Auf der Station verteilte sie Medikamente und ermittelte bei einigen Patienten die Blutzuckerwerte. Dann begab sie sich an die Dokumentation. Später in der Nacht klingelte es gleich mehrfach.

Lynn ging von Privatzimmer zu Privatzimmer, und siehe da, der alte Mann lag wieder einmal nackt auf seiner Decke. Unbehagen stieg in ihr auf. Es kostete sie Überwindung, in das Zimmer zu gehen. Überdies waren keine Kollegen da, die gegebenenfalls Schutz hätten bieten oder Zeuge hätten sein können.

Sie ließ die Tür absichtlich offen und schaltete ihr Handy auf Aufnahme. Doch irgendetwas war nicht wie sonst. Irgendetwas war anders. Etwas, was selbst für ein Krankenhaus ungewöhnlich war.

Schauderhaft.

Dieser Mann lag bewegungslos da und starrte mit weit aufgerissenen Augen an die Zimmerdecke. Unverzüglich nahm Lynn das Diensthandy und rief den diensthabenden Arzt.

„Doktor, bitte kommen!"

Der Arzt kam mit der Stationsleitung. Alle drei staunten. Dort lag der alte Mann mit gefalteten Händen auf seinem Bett. Über seinem Bauch und seinen Händen lag eine Rosenkranzkette. Seltsam und äußerst rätselhaft war zudem, er sah aus, als sei er durch einen Kopfschuss hingerichtet worden.

Der junge Privatpatient mit der Knöchelfraktur stand draußen auf dem Balkon in der Dunkelheit, um zu rauchen. Als er Lynn bemerkte, wie sie eilig den Flur entlangging, sagte er: „Miss Lynn, Miss Mona Lisa mit den melancholischen Augen, wollen Sie auch mal?"

Er bot ihr seine Zigarette an. Sie schüttelte den Kopf: „Nein danke!"

Daraufhin meinte er leise: „Ich habe Ihnen doch gesagt, wenn der Kerl Sie belästigt, dann kümmern wir uns drum!"

Lynn fragte entsetzt: „Was soll das heißen?" Er grinste nur und hob beschwichtigend die Hände: „War bloß ein Scherz!" Er machte einen auf unschuldig: „Also, ich kann es nicht gewesen sein. Ich bin doch hier mit Ihnen."

Beinahe zeitgleich ereigneten sich anderswo äußerst kuriose Ereignisse. Lynn hörte einen heftigen Knall. Unten im Tal, im Städtchen Echterville, detonierte etwas. Bis hier oben spürte man die Druckwelle.

Von hier oben sah Lynn die Türme der Basilika, die nun von aufsteigenden schwarzen Rauchschwaden übertüncht wurden. Von Staubwolken vernebelt, führten verwinkelte, kopfsteingepflasterte Gassen zum Zentrum der Stadt und dort liefen Menschen kreuz und quer, eben noch friedlich fromm, jetzt hetzten sie umher. Lynn erkannte aber auch jemanden, der verstohlen mit Sonnenbrille und Hut verkleidet über das Gartenlabyrinth in ein Fenster der Klosteranlage einstieg. Der gleiche Trenchcoat kam vorn zur Tür des Skriptoriums wieder heraus und dieser Fremde trug etwas unter den Arm geklemmt. Er war recht klein und stämmig und mischte sich unter die Menschen, die im Augenblick anderes im Blick hatten als den mediterran wirkenden Marktplatz mit seinem Arkaden-Rathausbau und den Fassadenfiguren. Wie dieses Ensemble bildete er so eine Art Miniausgabe der Piazza della Signoria in Florenz. Dunkle Rauchschwaden stiegen auf und versperrten zunehmend die Sicht.

Teile einer Naturstein-Stadtmauer und die im Sonnenlicht honigfarbene Steinbogenbrücke, die über den Fluss führte, verliehen dem Ganzen etwas Florentinisches. Aber anstatt dieses einmalige historische Ambiente zu genießen, gerieten viele Menschen in Unruhe. Pilger fielen auf die Knie und beteten noch eifriger und intensiver, als sie es ohnehin schon getan hatten. Sie glaubten an Vorzeichen, Mahnung und Buße. Rasch bekreuzigte man sich.

Echterville war bekannt für seine dominanten Klostermauern, die das gesamte Stadtbild prägten. Viele Pilger und Anwohner empfanden diese Mauern als sehr geheimnisvoll, da man nie genau wusste, was sich dahinter verbarg. Aus allen Kulturen kamen und kommen noch immer Menschen hierher und jede Volksgruppe bringt ihr Brauchtum mit. Aus dem Süden Europas kommen Portugiesen, Spanier und aus dem Norden kommen Holländer und Belgier, um hier Urlaub zu machen. Nahe der Klosteranlage und der Lindenallee versprühen Italiener ein Hauch von Dolce Vita. Hier gibt es nicht nur Pizza und Pasta; Herren in Lederschürze wetzen emsig ihre traditionellen Klingen und ledern bei offener Ladentür ihre hydraulisch verstellbaren schwarz verchromten Stühle, um ihre Bereitschaft zu signalisieren, Herrenbärte pflegen zu dürfen. Und nebenan nahm ein Herrenausstatter Maß und bot dem Kunden diskret exklusive mailändische Maßanzüge an, auch in Übergröße. Der Besucher hätte bei diesem angenehmen mediterranen Klima schön draußen auf der Terrasse speisen können, doch nun, bei dem Aufruhr, war so manchem der Appetit vergangen.

Lynn hörte ein seltsames, lautes Motorengeräusch. Dann beobachtete sie, wie ein von schwachen Rauchschwaden verdeckter Oldtimer, ein Ford V8, vorfuhr. Solch eine Rarität wurde nicht mehr hergestellt. Eigentlich hätte man dessen Achtzylindermotorengebrüll hören müssen, doch solch ein Automobil – mit auslandendem Steuerrad, wuchtiger Karosserie, abstehenden Scheinwerfern und weißen Radstreifen – erregte auch so Aufmerksamkeit. Bei offenem Verdeck saß eine betuchte Dame am Steuer. Sie trug eine Dior-Sonnenbrille und war modisch gekleidet. Sie war wie die Neureichen mit Goldschmuck gestylt, so wie die vielerorts herumstreunenden Investmentbanker aus Lux-City es gerne taten. Und während sie ihre Nase puderte, genoss sie es, bestaunt zu werden, wenn es auch nur wenige waren.

Sie trug ein weißes Designerkleid mit schwarzen Nähten und ihr Haar war unter einem weißen Schal zusammengebunden, als sie kurz vor dem Barbershop anhielt. Männer in Lederschürzen mit flinken Fingern und einem Faden, ähnlich wie Zahnseide, wetzten bei einem Herrn mit blondem Haar geschickt die Überlänge seiner Augenbrauen weg und kurz darauf stand ein hagerer Herr gekämmt und gestylt an der Kreuzung. Dieser trug einen schwarzen Koffer und stieg zu der edlen Dame in den Wagen. Man hätte annehmen können, sie würden zu ihrer Trauung fahren, doch weit gefehlt.

Lynn dachte bei sich: Ist das Elenora? Oder eine doch unbekannte Frau? Oder Jacco? Oder jemand anderes? Was führt der Clan diesmal im Schilde?

Lynn hatte von hier oben einen guten Überblick, bekam es aber auch mit der Angst zu tun. Sie wollte nicht mit hineingezogen werden. Dafür hatte sie zu hart gearbeitet. Dennoch beobachtete sie, wie das Fahrzeug zielstrebig die Einfahrt eines Fünfsternehotels passierte, des Grand-Duke-Hotels, das einige Meter außerhalb der Stadt lag und meist hochrangige Gäste beherbergte, die zur Springprozession gekommen waren. Dort ließen sie sich den Wagen von einem Portier einparken. Das Personal trug ihr Gepäck. Es bestand lediglich aus diesem schwarzen Koffer. Eine weitere Schachtel, vielleicht ihre Hutschachtel oder ihr Schmuckkästchen, trug sie selbst. Nur wenig später fuhr die Dame wieder weg, allein. Vermutlich traf sie sich mit einigen Freundinnen in einer Brasserie in Echterville.

Rasko kam von hinten mit einem Fernglas und grinste siegessicher.

„Na, Mona Lisa! Gib fein acht, sieh mal, was deine Konkurrentin so macht!“ Er lachte triumphierend.

Dann flüsterte er ihr ins Ohr: „Juckt es dir nicht in den Fingern? Diese Konkurrenz muss dich doch anturnen. Du bist eine von uns. Guck! Gleich neben den geparkten Maseratis und Ferraris könnte auch dein Lamborghini stehen! Sieh, dort unten, auf der Terrasse!“ Er grinste sie an.

Lynn stand da, in grauweißer Schwesternschürze, und blickte erstaunt aus dem Fenster. Hatte sie die Frau schon mal irgendwo gesehen? Sie sah, wie die Frau der Gepflogenheit nach Bussi links, Bussi rechts gab. Eine weitere Dame im roten Kostüm und mit wuchtiger Goldkette zeigte belustigt mit dem Finger nach oben. Und während der Rasko das Geschehen mit dem Fernglas weiter beobachtete, dabei zufrieden grinste, dröhnte ein weiteres schwer beladenes Flugzeug mit einem selten hoheitlichen Zeichen über ihren Köpfen. Unten servierte der in einen weißen Frack gekleidete Kellner, ganz gemäß seiner Berufsehre, gediegen den Sekt mit russischem Kaviar auf einem Silbertablett.

Die Damen saßen auf frisch vom Polsterer bezogenen venezianischen Barockstühlen und während sie mit ihren gepuderten Gesichtern im goldumrahmten Spiegel mit dem funkelnden Kronleuchter konkurrierten, wurde es draußen mehr und mehr grabesdüster. Fernab des explodierenden Trubels rundherum blieben sie gelassen hinter getönten Panzerglasscheiben, die der smarte Hausprovider soeben für sie hochgefahren hatte. Und bei dem ganzen Tumult dort draußen bemerkten die Freundinnen nicht, wie ihnen mit geschickten, lautlosen Fingern das Collier vom Hals gezogen wurde. Mit Gier auf mehr in ihrem Blick stibitzte die Diebin auch noch deren mit Diamanten bestückte Luxusarmbänder, und weil ihre diebische List so vorzüglich gelang und sich so berauschend anfühlte, nahm sie gleich auch noch die Designerhandtaschen mit.

„Ich muss mir mal die Nase pudern“, flüsterte Madam Bonnie, als die sie sich ausgab, leise ins Ohr ihrer Tischnachbarin und verschwand hinter dem roten Vorhang in Richtung Toilette. Auf dem Schminkspiegel hinterließ sie eine Nachricht mit Lippenstift und in großer Schreibschönschrift: „Bonnie & Clyde & Team!“ Doch anstatt die Toilette aufzusuchen, nahm sie den Notausgang, und als sie draußen war und kokett den Bürgersteig entlangstolzierte, ballte sie die Hand zu einer Faust und rief laut: „Yeah!“

Dabei grinste sie spitzbübisch wie ein Schelm.

Draußen stand ein Porsche Cayenne mit laufendem Motor. Die elektrische Scheibe auf der Beifahrerseite öffnete sich sachte. Die Dame blieb stehen, zündete sich eine Zigarette an und zog genüsslich daran. Sie ließ sich Zeit. Blinzelte mit leichtem Augenaufschlag. Es fühlte sich geil an, etwas Verbotenes zu tun. Stehlen war wie Fremdgehen. Sie zuckte mit den Schultern und dachte: Das bringt doch keinen um. Sie schaute unschuldig. Grinste. Mit der Hand zeichnete sie ihre Silhouette nach und kostete in vollen Zügen dieses Gefühl, der Gefahr getrotzt zu haben, aus. Zufrieden holte sie tief Luft und warf dann die Beute durchs Fenster. Wortlos ging sie weiter, aber in ihrem Hüftschwung lag etwas Unabhängiges. Und das turnte ihn an. Allein ihr Gang strahlte eine gewisse erotische Eleganz aus. „Boa menina bem feito!“ [„Braves Mädchen, gut gemacht!“], raunte der Fahrer auf Portugiesisch, während er ihr nachschaute. Sie hatte ein kleines Juwel für sich selbst zurückbehalten. Kühn setzte sie ihre Sonnenbrille auf, ließ sich in ihren Oldtimer gleiten und zog ihre roten Lippen nach.

Die Außenwelt war einerseits damit beschäftigt, sie zu bewundern, andererseits kämpfte sie ums Überleben. Gleichgültig zuckte sie mit den Schultern. Die Bewohner ergriffen die Flucht und dicke Staubwolken säumten die Gassen von Echterville.

Auf dem Vorplatz des Klosters lauerte die Presse. Die Lokal-Journalisten waren mit Stativ und Kamera bewaffnet und hielten Ausschau, um jenes seltene Brauchtum, geadelt vom UNESCO-Komitee, live zu übertragen. Doch als dicke Rauchschwaden ihnen nach und nach die Sicht vermiesten, programmierten pfiffige Journalisten ihre Presse-Drohnen kurzerhand um und erhaschten Bilder von nach Hilfe schreienden Pilgern. Andere ihrer Branche hingegen schienen überfordert. Manche wirkten wie Kaninchen, die von einer Kobra-Schlange gejagt wurden. Gierig auf sensationelle Einschaltquoten, katapultierte sich dieser Tulmult zu einer „Eilmeldung“! Weitere Bilder von Toten beförderte diese zur „Nachricht des Tages“, ausgestrahlt zur besten Sendezeit in den Achtuhrnachrichten. Und als Ersthelfer-Fahrzeuge, Polizei und Feuerwehr mit Blaulicht angebraust kamen und durch ein umstürzendes Baugerüst an ihrer Rettung gehindert wurden, wurde dieser Zustand als „Terrorverdacht“ eingestuft. Portugiesische Gastarbeiter, die helfen wollten, setzten sich mit brachialer Gewalt durch und räumten den Weg frei.

Grete, eine rüstige Dame, gekleidet in ein rot kariertes Flanellhemd und einen blauen Jeansoverall, kam gerade von ihrer Zeitungstour zurück. Sie streichelte ihrer Schäferhündin, die sie mit freudigem Schwanzwedeln begrüßte, über den Kopf und stellte ihren Segway beiseite, da hörte sie plötzlich einen bombastischen Knall. Sie war hundsmüde. Sie ignorierte es und klopfte ihren Teesatz von heute früh aus dem Mehrwegfilter über ihrem Bio-Sammelbehälter aus, dann löffelte sie neues Pulver ein. Als sie gerade einen Kessel Wasser auf den Kohlenherd stellte, dröhnte ein lautes Motorengeräusch an ihrem Fenster vorbei, sodass die Wände und Spiegel zu wackeln begannen. Auf einem Beistelltisch stand eine Porzellanschüssel mit Goldrand und in der war die Mahlzeit vom Vortag. Gekochte Eier in Senfsoße. Die Wucht von außen brachte diese zum Zittern.

Grete kümmerte das wenig. Ihre Aufmerksamkeit galt den Geschehnissen, die sich dort draußen auf dem Markplatz vor ihrem Fenster abspielten. Es schien sie auch nicht zu kümmern, dass die noch leere Schüssel schließlich vom Tisch fiel, direkt neben ihrer aufgeschreckten Schäferhündin Henrietta, die eben noch brav im Körbchen gelegen hatte und nun einen bittenden Blick auf Frauchen richtete (wobei ihr der herrlich duftende Rinderbraten lieber gewesen wäre als die Scherben). Draußen schwärmten Rettungskräfte aus, gehüllt in Rauchschwaden. Grete konnte sich nicht erklären, was passiert war. Aber wie es der Teufel will, fiel der Braten zu Boden, woraufhin sich die Hündin gierig darauf stürzte. Die rüstige Dame schaute unbekümmert aus ihrem Fenster.

„Dat gätt et net, he!“ [„Das gibt es nicht!“], empörte sich Grete.

Sie hatte etwas auf der anderen Flussseite entdeckt. Sie stöhnte beim Aufstehen und fasste sich an den Rücken. Sie schimpfte mit sich selbst über zu viel Essen. „Ech muss mäi Bräll kréien.“ [„Ich muss meine Brille holen.“]

Sie kramte zwischen Häkelkissen, die auf dem Sofa lagen, und Zeitungen. Schließlich fischte sie die gerahmten Gläser heraus und setzte sie sich auf.

Die Feuerwehr stürmte herbei mit großem Gefährt und Martinshorn. Sie schäumte und dämmte und mühte sich, das Feuer unter Kontrolle zu halten, als ein alter Mann zähneklappernd herauskam. Es war Pater Hieronymus, er zitterte am ganzen Leib. Die Journalisten, hungrig auf Sensation wie Wölfe aufs Blut, hielten die Kamera drauf. Jener Mönch mit zerrissener, brauner Kutte wischte sich vergeblich die Asche aus dem Gesicht und faselte irgendetwas von: „Rettet das Codex aureus!“, und als der knorrige Greis die Fernsehkameras entdeckte, nahm er Reißaus und lief über den Vorplatz und verschwand in einem Gartenlabyrinth, bestehend aus haushohen Buchsbaumhecken, die inzwischen drohnengesteuerte Kamera hinterher.

Keiner verstand, was er meinte. Kurioserweise rannten Kinder kreuz und quer über den Platz. Sie trugen Jutesäcke. Eines feuerte mit einer Gummischleuder einige Steine gegen die Drohne. Als sie wie vom Himmel abgeschossen herunterfiel, jubelten sie. Und niemand bemerkte, wie inmitten des Getümmels einer herausrannte und die Gemälde und Kirchenstatuen mitgehen ließ.

Sirenen eines Polizeieinsatzfahrzeuges kündigten die Ankunft von Inspekteur Le Filou an, noch immer viel zu groß für das bisschen Automobil.

„Dienstfahrzeuge gibt es nicht größer. Hauptsache $CO_2$-neutral und selbstverständlich mit Elektroantrieb“, betonte er einer staunenden Passantin mit einem charmanten Lächeln. Beim Aussteigen setzte der bärtige Mann mit den mediterran blauen Augen noch schnell seine Dienstmütze obenauf. Das Dach des Autos ging ihm bis zum Bauchnabel. Er knöpfte sich sein Jackett zu und stellte wutentbrannt mit zusammengekniffenen Augenbrauen fest: „Feuer oder gar Terrorangriff??? Hey du Park-De-Lux??? So jet get et bei uns net!" [Luxemburgisch für: „… So etwas gibt es bei uns nicht!"]

„Wir sind friedliche Leut!" Er blickte in die Runde und fügte hinzu: „Wer stört unser beschauliches Ländchen?"

„Durch den Anschlag unten im Tal und weitere seltsame Vorkommnisse haben sich die Einsatzkräfte verzögert", so entschuldigte sich der Inspekteur Le Filou leichtfertig, als er zu sehr, sehr später Stunde mit regennasser Uniform doch noch kam und Lynn ihn zu besagtem Zimmer führte.

„Das ist ja merkwürdig?!" stellte Lynn fest. Der alte Mann war verschwunden. Das Bett und auch seine persönlichen Sachen waren komplett geräumt, sehr zum Erstaunen beider. Merkwürdigerweise war das Zimmer, in dem der Cappuccino-Rasko mit dem raspelkurzen Haarschnitt gelegen hatte, ebenfalls leer. Auf Nachfrage bei der Leitung hieß es, der junge Patient habe sich selbst entlassen.

„Der Alte … äh … sorry, der Herr Willbrock?" In diesem Moment erst fiel ihr auf, dass sie zum ersten Mal seinen Namen aussprach. Natürlich hatte er eine Patientenkartei, doch bislang war er unter den Kollegen immer nur „der Alte" genannt worden. Sie wusste im Grunde nichts über diesen Patienten. Dem Inspekteur, der sie fast um zwei Köpfe überragte, sagte sie jedoch: „Vermutlich liegt Herr Willbrock in der Leichenhalle, unten im Keller."

Doch als sein Assistent zurückkam und den Kopf schüttelte, da fluchte der Kommissar. Monsieur Le Filou, der immerzu unter Zeitdruck zu stehen schien und stets mit den Füßen wippte, fasste sich nachdenklich ans Kinn und meinte: „Große Katastrophe! Dass mir das passieren muss!"

Als Lynn am Tag darauf von der Arbeit nach Hause kam und im Vorbeigehen die siebenhundert Jahre alte Linde streichelte, war sie überzeugt, der Baum spitzte seine „Ohren-Ringe". Lächelnd schob sie diese womöglich kindischen Vermutungen beiseite.

Lynn eilte die hölzerne Wendeltreppe hinauf, immer zwei Stufen auf einmal nehmend, sodass die Dielen knirschten und knackten. Hoch oben unterm Dach befand sich ihr Zimmer mit Wölkchentapete. Sie packte ein paar Sachen in eine Sporttasche und rannte wieder in den holzvertäfelten Korridor. Dort nahm sie ihr Handy von der Ladestation und wollte gerade durch die offene Haustür hinauseilen, da rief jemand: „Halt!"

Oh nein, Mutter, nicht schon wieder!, dachte Lynn, während sie wie unter Zeitdruck in ihrer Handtasche nach dem Autoschlüssel suchte.

„Du kannst jetzt nicht ..."

Das Motorengeräusch eines schnellen Sportwagens dröhnte zu ihnen hinauf und übertönte jedes weitere Wort, woraufhin ihre Mutter schrie: „Macht doch bitte einer die Türe zu!"

Auf dem Gutshof „Zur Linde" ging normalerweise alles seinen gewohnten Gang, aber in diesen Tagen ging es drunter und drüber. Alle waren außer Rand und Band wegen der Springprozession. Es war das vereinende Ereignis des Jahres für die gläubigen Christen in Park-De-Lux sowie auch im Gutland. So wurde eigens dafür eine Putzfrau eingestellt und das ganze Haus auf den Kopf gestellt. Die emsige, staubwedelnde Haushälterin war gerade mit dem Polieren der Eichentür beschäftigt, als Lynn an der Türschwelle (für hinaus) und ihr Vater, Herr Stocks, in der Schwelle (für hinein) stand. Schnaufend nahm der große, schlanke Herr mit grauem Haaransatz beim Eintreten seine Mütze ab.

Als er seine Frau sah, schnauzte er sie an: „Trude, du kannst nicht alle Zimmer vergeben." Und leise ergänzte er: „Zumindest nicht umsonst."

Sie blickte grimmig drein, als er noch laut hinzufügte: „Dieses Wochenende kommen auch einige Jagdgenossen aus der Großstadt."

Er wandte sich um zur Haushaltshilfe: „Wenn Sie hier fertig sind, brauche ich Sie im Gästehaus." Die Haushaltshilfe nickte nur stumm. Nicht so seine Frau.

Die fauchte zurück: „Wir erwarten hohe Kirchenvertreter unserer Diözese, den Bischof und den Generalvikar."

„Ja, ja!“, stöhnte Herr Stocks, nahm wieder seinen Hut, und es hatte den Anschein, als könne er nicht schnell genug wieder von hier wegkommen.
Lynn grüßte und wollte auch hinauseilen, da schrie ihre Mutter: „Deng Tante Berta aus dem Kloster Kornelimünster zu Aachen kommt und die Nonnen vom Maria-Laach-Kloster pilgern zu Fuß hierher. Auch die von der Schankweiler Himmelsrother-Klause gehen den heiligen Willibrord-Weg, der Teil des Jakobswegs ist. Manche werden also weiterziehen. Wie ihr seht, könnt ihr jetzt nicht weg! Wie jedes Jahr werden an Pfingsten Gästezimmer vorbereitet, die jedem per pedes betenden Sinnsuchenden offen stehen.“ Und dann betonte sie noch: „Dies ist eines jeden Christen Pflicht!“

Nichtsdestotrotz setzte Herr Stocks mit gleichgültigem Gesichtsausdruck seinen Hut wieder auf und kehrte um. Er wollte hinaus, die Tür stand ja noch offen, als seine Frau ihm schimpfend hinterhereilte.

„Bernd, Bernd, bleib stehen, wenn ich mit dir rede! Du kannst doch nicht einfach so weggehen! Ich hab so viel um die Ohren! Du könntest mir zur Hand gehen!“

„Miss Lynn?“ Die brasilianische Putzfrau nutzte diese Zwistigkeiten, um die junge Frau mit gedämpfter Stimme zu fragen, während sie eifrig weiterwischte: „Gefallen Kleid, ich nähe?“

Lynn wollte diesen Abiball vor ihren Eltern verheimlichen, darum signalisierte sie mit den Augen und dem Zeigefinger auf den Lippen, nichts zu verraten, denn ihre persönlichen Zukunftswünsche würden nur noch mehr Ärger bringen. Wenngleich keiner sie in irgendwelche Pläne eingeweiht hatte (denn die Gut-Länder hatten es nicht so mit Besprechungen), so ahnte sie doch die Absichten ihrer Familie.

In dem Moment fiel ihr der Umschlag von Rasko ein und sie übergab ihn der Hausangestellten. „Hier, ein Patient aus dem Krankenhaus wollte, dass ich Ihnen dies gebe.“

Die farbige Frau nahm den Brief entgegen und machte ein betroffenes Gesicht. Geradezu verängstigt flüsterte sie mit zittriger Stimme: „Oh, sie dich finden!“ Sie bekreuzigte sich und verängstigt meinte sie: „Sie wie Gott, schlimmer, wie Computer von Fruit-Mann. Sie wissen alles. Sie behalten Pass und ich muss Sexarbeit. Ich Geld an diese falschen Priester. Ich abgehauen! Die schwere Klosterfrau mich versteckt im Wald. Aber diese Leute finden jeden. Sie funktionieren wie FBI, oder besser, wie katholischer Beichtstuhl." Ihre wissenden Augen sprachen Bände und sie gab den Blick frei auf ihre weißen, blitzblanken Zähne, aber nicht aus Freude.

Da krächzte jemand aus der Kaminecke aus der Wohnstube von nebenan. Es war Oma Stocks.

„Habt ihr nichts zu arbeiten?"

Rasch verstummten alle. Die Putzfrau lief in die Waschkammer. Lynn ging zur Großmutter und meinte freundlich: „Ich wünsche dir auch einen guten Tag! Wie geht es dir heute?"

Zu ihrer Linken stand ein Bild, unscheinbar, bedeckt mit einem schwarzen Tuch. Es war bereits etwas vergilbt und zeigte ein Kind mit lockigem Haar. Ein weiteres Bild hing an der Wand, in einem massiven Rahmen mit Goldrand. Es zeigte einen Mönch in weißer Kutte.

„Kind, schau, der hat es zu etwas gebracht. Er macht unserer Familie alle Ehre, und was machst du?"

Die betagte Dame sprach mit zittriger, ermahnender Stimme: „Dein Vater hat keine weiteren Geschwister. Mein Bruder wurde Missionar in Obervolta, heute heißt das: Burkina Faso, ein Land in Afrika. Wir haben eine Tradition, weißt du? Einer übernimmt den Hof, der andere geht in die Mission, zu den Mönchen. Im Dorf zählt das was. Meinem Bruder zu Ehren werden jährlich an Ostern und Weihnachten Spendenbasare und Flohmärkte veranstaltet, um Geld für das dortige Hospiz zu sammeln. Ein Stolz der Familie." Sie lächelte erhaben. Über das Kind auf dem Foto sprach niemand. Auch jetzt sollte sich daran nichts ändern.

Lynn erwiderte: „Ja, Omi. Ich bin dann mal weg."

Die junge Frau hauchte ein Küsschen auf die Wange ihrer Großmutter ‚als ihre Mutter missmutig wieder zur Tür hereinkam und die Haushälterin anschrie, sie solle sich beeilen. „Es sind noch sechs Zimmer zu richten!"

Die fast neunzigjährige Oma mit dem spitzen Kinn und den undurchdringlichen, graublauen Knopfaugen ächzte und krächzte aus ihrer Ka-

minecke. In ihrer immerzu emsigen Art sagte sie, während sie unaufhörlich stickte: „Bas mor früh mud dat ferdig senn!“ [Ortsüblicher Dialekt für: „Bis morgen früh muss das fertig sein!“]
„Ohne Pfarreifahne können wir net jon, net pilgern.“ Ihre Stimme klang wie die einer Rabenkrähe. Und an ihre Schwiegertochter gerichtet, meinte sie: „Wohin will dat Kand dann?“ [„Wo will das Kind denn hin?“]

Es war nicht die Stimmlage, die das Gesagte unverständlich machte, und es klang nicht nur deshalb seltsam, weil ein Appell darin zu hören war; es war ein selten gesprochener Dialekt, eine Stubensprache, die für Außenstehende schwer zu verstehen war. Lynns Mutter hingegen hatte genau verstanden. Sie griff nach Lynns Arm und schrie: „Halt! Hiergeblieben!“

Lynn blieb im Türrahmen stehen und rollte genervt mit den Augen. Ungeduldig tippte sie mit dem Fuß auf den Treppenabsatz, wandte sich um und meinte: „Was ist?“

Ihre Mutter besann sich. Sie senkte ihre Stimme und fragte: „Wann bist du zurück? Wie du siehst, können wir jede helfende Hand gebrauchen.“

Sie versperrte ihrer Tochter den Weg. Ihre Augen flehten sie bittend an. Ihre Stimme wurde schrill, aber dann schien sie sich zu ein weiteres Mal zu besinnen, schluckte und fuhr dann in einem sachlichen Ton fort: „Du weißt ja, wir pilgern mit. Morgen um fünf in der Frühe. Und die Semmers gehen auch mit.“

Sie streichelte Lynn über das Haar. „Der Junge hat ein Auge auf dich geworfen, du könntest ruhig mal mit ihm ausgehen.“

Oma krächzte: „Die Bauern brauchen eine Frau, die streechen [Kühe melken] kann! Net die, die ihre Augen schminken und kurze Röcke tragen. Noch net einmal nähen kann dat Kind, Traudle. Da kommt kener freien“, zischte sie kopfschüttelnd. [„… Da kommt keiner freien.“ Der Begriff „freien“ ist hierzulande ein Ausdruck für die Paarsuche.]

Angewidert stemmte Lynn eine Hand in die Hüfte. Die Wut, die in ihr hochkroch, färbte ihre Wangen rot: „Ein bisschen pilgern und ein biss-

chen verkuppeln! Nee, Mamsell, da steh ich net drauf! Schon mal was von Beruf und selbstbestimmtem Leben gehört? Auch für Töchter?"
„Papperlapapp und Kokolores!", schrillte es aus der Kaminecke. „Wofür braucht ihr eine Ausbildung? Dat lohnt sich net! Wenn die heiratet und Kinder kriegt, dann lohnt sich dat net!"

Lynns Handy klingelte und der Ton durchdrang diese Stubenhierarchie wie die Impulse eines Herzschrittmachers. Und obwohl sie diesen Anruf sehnlichst erwartet hatte (wie ihr plötzlicher, funkelnder Augenaufschlag unschwer erkennen ließ), drückte sie diesen jetzt, sichtlich nervös, weg.

„Eure Gedanken drehen sich nur um Pflicht und Leid. Hörig seid ihr vor allem gegenüber der Kirchenobrigkeit!", entgegnete sie, während ihr die schulterlangen, fuchsroten Locken ins Gesicht fielen.

Ihre Mutter reagierte verärgert: „Komm zur Vernunft, Kind. Dat Beten per pedes as good gegen den Hunger, und damit as net nur dat Essen gemeint, Fräulein. Do darfs' net so viel fordern. Man muss zufrieden sein!" [Landesüblicher Dialekt für: „Komm, Kind, sei vernünftig! Das Beten mit den Füßen, das Pilgern, ist auch gut gegen den Hunger, und damit ist nicht nur das Essen gemeint, Fräulein! Du darfst nicht zu viel fordern. Man muss zufrieden sein!"]

„Für mich gibt es keinen Gott. Den haben sich ein paar Männer in Gewändern ausgedacht. Jeder sollte sein Leben selber gestalten, solange man die Chance dazu hat." Sie lachte und fügte hinzu: „Was meint ihr, wo so mancher Pilger hingeht?", und bei dem Wort „Pilger" zeigte sie Gänsefüßchen mit ihren Fingern.

„Unten im Dorf wurde das alte Zollhäuschen zu einem Pub umfunktioniert, von einem Engländer, es heißt jetzt ‚Brexit-Ecki-Pub'!" Sie lachte abermals. „Kollegen haben erzählt: Frei und wild soll es dort zugehen. Mit leichten Damen, die würden glänzen mit zimtschimmernder Haut. Und vielleicht wird da ja nicht nur die ‚Missionarsstellung' besprochen?"

„Unsinn!" Ihre Mutter holte aus und schlug ihrer Tochter ins Gesicht. Das ging so schnell, dass die Oma mit ihren Augen flackerte.

„Das wurde aber auch Zeit, Trude. Die Jungen muss man züchtigen, das stellt die Ordnung wieder her."

Lynn zuckte bei dem Schlag zusammen. Mit weit aufgerissenen Augen und ohne Worte flüchtete sie hinaus zu ihrem Wagen.

Unweit vom Linder-Hofgut, jedoch durch tiefe Schluchten getrennt, führte ein geschlungener Wirtschaftsweg durch den Wald, und da lag das Schloss Weiler. Für Durchreisende gab es den Hinweis auf einem Schild:

*Wenn Naturliebhaber innehält, den der „Blick" erhellt*
*aufs Tal Vallée de la Sûre [Sauertal].*
*Mit Blick auf das Dreiländereck,*
*saftig grün, Wiesen, Wald und Heck.*
*Sonnig gelb der Raps*
*mit Seifenduft, seelenrein, Eifelschnaps.*
*Wo Pfingstrosen blühen, beten Sommerlieder.*
*Fliederfarben tupfen fein, immer wieder.*
*Wo Narzissen leuchten wie Glocken.*
*Wo Brot, Wein und Birne*
*verführen die fromme Dirne.*
*Frisch bekehrt vom Pilgern,*
*wo die Hirsche wildern,*
*wo der Apfelwein die Königin krönt*
*und wo im Herbst*
*die Menschen gemütlich beieinander scherz(t)en.*

Lynn eilte hinein und begab sich rasch auf die Damentoilette. Heraus kam eine für den Abschlussball gerichtete Dame.

Hell erleuchtet war das Barockschloss, als Lynn ihr Auto abstellte und sich durch den Hintereingang Zutritt verschaffte. Im Saal hielt jemand eine Ansprache und die doppelte Flügeltür stand offen für weitere eintreffende Gäste, sodass es ein wenig schallte.

„Ein Rokokojuwel, kokett und hervorragend gelegen, umringt von Felsen und hohen Tannen. Im 18. Jahrhundert hatten es die Benediktinermönche aus Echterville bauen lassen, als die Abtei mit einer eigenen

Eisenhüttenindustrie zu einem beachtlichen Wohlstand herangewachsen war. Damals war man nicht so zimperlich mit der Natur, schon gar nicht hier im Kloster-Gut. Hier rodete man fast den ganzen Buchenbestand und verfeuerte es, um Eisenerz zu gewinnen und Kanonenkugeln zu formen für die damaligen bischöflichen Wehreinheiten der Kurfürsten von Treveris, Metz und Lüttich und deren ‚Glaubenskriege'."

Der rhetorisch begabte Sprecher stand am Pult, umringt von einer Schar Gäste. Er lachte kurz auf und bat die Gäste mit einer Handbewegung, doch mal bitte aus dem Fenster zu gucken. Bevor er weitersprach, legte er gekonnt eine Kunstpause ein: „Schaut einmal nach draußen, der Wald ist wieder da!"

Er deutete in den Saal hinein und fuhr fort: „Und auch diese Einrichtung dient nun, wie wir heute sehen, erfreulichen Zwecken!" So umschrieb es der Oberstudienrat und Priester Gular Picot, kess den Kragen seines Gewands richtend, in seiner Laudatio. Er bat eintreffende Gäste doch bitte einzutreten und näher zu kommen, und als sich viele zu zögerlich zeigten, meinte er, er beiße nicht. Daraufhin lachten die Anwesenden im Saal. Amüsiert klatschten sie Beifall. Mit einem zufriedenen Funkeln in den Augen schien er diese Reaktion zu genießen, aber äußerlich blieb er bei seiner strengen, disziplinierten Haltung.

In scheinbar bescheidener Manier gab er bekannt, wem die Gäste ihre heutige Aufmerksamkeit widmen sollten: den hundertsiebenundvierzig Schülerinnen und Schülern, die gemeinsam mit ihren Eltern zum Abschlussball gekommen waren. Emotionslos sprach der große, schwarzhaarige Mann im schwarzen Gewand mit den Grübchen und der leichenblassen Gesichtshaut ohne Bartwuchs seine Lobeshymnen aus und begrüßte nun jeden Abiturienten mit Namen.

Draußen fing es an, dunkel zu werden, und leise nieselte es vom Himmel. In den sanften, funkelnden Regentropfen spiegelte sich das Licht der Kronleuchter. Aus Schülerinnen wurden junge Damen, die in edlen Abendroben die Eingangstreppe hinaufschritten, während ihre Väter ihnen Schirme bereithielten. Und so manche Dame, darunter auch eine Frau im Trenchcoat mit Sonnenbrille, kam mit elegant gepudertem Porzellangesicht und zeigte sich als stolze Mutter, die an der Krawatte ihres Sohnes herumzupfte. Gekonnt versteckte jene Dame ihr Gesicht. Sie wäre in ihrer korsettgeschnürten Bluse fast geplatzt vor Stolz, wenn nicht kleine, seidenumgarnte Knöpfe dies verhindert hätten. So mischte sich unter die betuchten Damen auch jemand mit einem elsterdiebischen Blick.

„Hoppla! Pardon, Madam!“, rief die Bedienung bestürzt aus, als ihr eines der Sektgläser aus der Hand glitt und der rote Inhalt sich über die Bluse der Dame ergoss. Niemand würde die Person unter der Weißhaarperücke erkennen und niemand ahnte, dass Elenora dies mit Absicht tat, um so eine ihrer Konkurrentinnen auszuschalten.

Weitere Gäste traten staunend ein und nicht wenige waren imponiert von dem historischen mondänen Ambiente. Als die Damen und Herren sich im großen Saal in Zweierreihen aufstellten, um einen Gesellschaftstanz vorzuführen, hatte dies etwas von einem Wiener Opernball.

In der prachtvollen Eingangshalle stand ein wenig abseits Herr George Theo. Der Kommissar, ein Mittfünfziger mit gesetztem Körperbau und leicht grauem Haaransatz an den Schläfen, besaß einen freundlichen, dennoch wachsamen Cockerspaniel-Blick. Er war heute zu Gast. Er hatte italienisch-türkische Wurzeln, was seinem Deutsch einen unverwechselbaren Akzent verlieh.

Nein, dienstlich sei er nicht hier, erklärte er stolz seinem Gesprächspartner, der ihm gegenüberstand. „Heute bin ich privat hier.“

Sein Gegenüber war der Priester Gular, der nach wie vor seine Haare zur Seite kämmte und der immerzu unter Anspannung zu stehen schien, als Referent für katholisch-kirchliche Kultureinrichtungen wirkte er fast schon verbissen ehrgeizig. Dieser Priester koordinierte im Auftrag der Kirche die Zusammenarbeit mit dem Willibrord-Eifel-Gymnasium, auf dem sie beide, vor mehr als dreißig Jahren, ihre Abiturprüfungen abgelegt hatten. Anscheinend hatte er den Kommissar erkannt. Er grüßte ihn und fragte im Vorbeigehen, ob er sich verirrt habe. Augenzwinkernd fügte er hinzu: „Hier gibt es keine Mörder!“

Sein Priestertalar umgab ihn wie eine sichtbar gewordene Aura. Er schritt weiter zur Eminenz, dem Bischof von und zu Trevis, der gleichsam der Träger dieser Internatseinrichtung war, ein Mann von eher kleinem Körperwuchs mit vollkommen ergrautem Haar, einer ebenfalls sehr blassen Hautfarbe und einer purpurfarbigen Bischofsmütze. Gegenüber dem Priester sah er recht bescheiden aus, obwohl er ihm im Rang höherstand.

Doch dann betrat Pater Hieronymus den Saal und alle verstummten bei dem Anblick des in Lumpen gekleideten alten Mönchs. Dieser zitterte am ganzen Leib und sabberte aus dem Mund. Er ging direkt auf den Bischof zu und wollte von dem Unglück berichten: Das Codex aureus sei verschwunden! Der Bürgermeister, ein Jagdgenosse von Jacco, gab an, die Polizei zu verständigen, und versicherte, dass sie umgehend mit der Suche beginnen würden. Dass sie bewusst nichts finden würden, verschwieg er lieber.

Derweil hatte die dicke Klosterschwester die Madame entdeckt und abgesprochen per Zeichen trafen sich die beiden auf der Damentoilette. Die eine reinigte und puderte sich, die andere inspizierte mit großen Augen der anderen Busen. Dann überreichte die Klosterfrau eine dieser kleinen samtigen Schachteln. Mit einem trockenen Tuch die Flecken auf ihrer Bluse wegreibend und hastig die Schachtel wegsteckend, sagte sie besserwisserisch: „Du bist selbst schuld; wenn du das Gelübde nicht abgelegt hättest, dann könntest du auch so herumlaufen wie ich."

Die andere schnaubte, rümpfte die Nase, fühlte sich scheinbar ertappt. Aber nur scheinbar, denn ohne Skrupel legte sie einen Finger auf die Lippen ihres Gegenübers und meinte mit betörendem Blick: „Glaube mir, meine Liebe, ich bin freier als du!" Dann forderte sie im Befehlston: „Sieh zu, dass du ‚Beute' machst! Und da wäre noch was: Wir müssen den alten Bischof loswerden. Mein Bruder soll ihn beerben. Eine Dame mit Ihren Talenten könnte ihre Beziehungen spielen lassen. Kann ich auf Sie zählen?"

Die Frau schaute sie entgeistert an, doch verstand. „Und was springt für mich dabei heraus?"

Die Ordensfrau tänzelte um sie herum und rieb ihren Hintern an dem der anderen Frau. Sie stöhnte und fügte leise an: „Schieben wir es je-

mand anderem in die Schuhe. Wie wäre es mit der Tussi Lynn vom Gutshof ‚Zur Linde'?"
Sie wendete sich abermals und hauchte mit ihren kardinalroten Lippen der Dame ins Ohr: „Das Mädel ist mir egal. Aber mit dem Gutshof ‚Zur Linde' fechten wir eine Fehde aus. Und dir rate ich mitzumachen, sonst erzähle ich, in welchem Zusammenhang dein Mann mit den Jungs und den ‚Jagdspielchen' steht!"

Beide Frauen schauten sich mit wütenden Gesichtern an. „Tsss, fauchte eine, um sogleich ernst hinzuzufügen: „Wer sagt denn, dass diese ‚Spielchen' nur meinen Mann anturnen, ich kann auch mit dem Jagdgewehr umgehen!"

Die Nonne erwiderte empört: „Wie kommst du darauf? Dein ältester Sohn Rasko war eigentlich meiner! Schon vergessen? Und um die Ehre meiner Familie zu retten, bin ich damals ins Kloster …"

Beide verstummten schlagartig, als eine Bedienung grinsend aus einer der Toilettenkabinen kam, sich ausgiebig weiß puderte, sich eine weiß gelockte Perücke aufsetzte und ihre Lippen knallrot nachzog.

Im Tanzsaal wetteiferte eine Klarinette mit einer Querflöte. Gefolgt von einem Generalbasston auf dem Cello, setzten wenige Takte später Geigenspieler ein, die gekonnt lang gezogene Töne zauberten, die sie in immer schnelleren Rhythmen steigerten, bis schließlich ein lauter Tusch die Aufmerksamkeit aller erregte.

Die Absolventen-Herren führten die Absolventinnen-Damen auf die Tanzfläche. Immer paarweise mit dem Gesicht zueinander stellten sie sich in einer Reihe auf. Die Damen knicksten und neigten dabei ihre Köpfe. Die Herren nickten höflich und schwenkten galant ihre Hände in einer Armbewegung von innen seitwärts an ihren Fracks vorbei.

Dieses Rauschen der Kleider! Dieses Ambiente! Dieses Innehalten, gefolgt von bewusst langsam ausgeführten Bewegungen, es hatte etwas. Carpe diem? [Aus dem Lateinischen für: „Genieße den Augenblick" – Motto zu Zeiten des Barocks.] Vielleicht war es aber auch nur ein Hofzeremoniell? Oder war es schon Erotik? Denn auf diese Weise bekamen die bürgerlichen Herren von damals erstmalig Einblicke in die – nach der damaligen Mode – entblößten Busen und Rücken der Damen. Wer weiß? Und wenn auch nur für diesen neuzeitigen Anlass einstudiert, alles in allem wurde hier eine barock anmutende Aura entfacht.

Bei einem Herrn namens Theo war diese Wirkung offenkundig. Seine Augen leuchteten und er begann wie ein edler Herr umherzustolzieren. Dennoch beschlich ihn eine gewisse Unruhe, er wusste aber nicht, warum. So nutzte er die Gelegenheit und stibitzte sich eines der köstlichen Kanapees vom Büfett.

Lynn stand am Eingang. Sie war allein. Aufgeregt, trotz Puder mit geröteten Wangen, und weil sie spät dran war, blieb sie hinten stehen.

„He, wo warst du so lange?“, fragte ihre Freundin Cashmere sie verwundert. „Komm, wir müssen uns aufstellen!“, und sie nahm sie bei der Hand.

Die Musikkapelle setzte das musikalische Programm mit ihrer Pausbackentuba fort, und das so laut, dass es im Augenblick kaum möglich war, eine Unterhaltung zu führen. Gut so, dachte Lynn. Ihr war sowieso nicht nach Reden zumute.

„Alles in Ordnung?“, fragte Cashmere besorgt. Lynn beschwichtigte ihre Freundin mit einer wegwerfenden Handbewegung.

„Ach, es ist nichts!“ Hastig wischte sie sich eine Träne weg, schluckte und blickte in die Runde.

Viel Rüschen und noch mehr Seide in kontrastierenden Pastellfarben schwebten über das Tanzparkett. So auch Lynns blaues Kleid, das mit Brokat und Samtapplikationen in Rosé bestückt war und im Licht der Kronleuchter glänzte. So wie sie trugen viele Damen – ganz dem Motto des heutigen Abends gerecht werdend – freizügig ein mit Seidenspitze umrahmtes Dekolleté. Die Damen wirkten alle ein wenig wie Marie-Antoinette [Ehefrau des französischen Königs Ludwig XVI. im 18. Jahrhundert] – naiv und mit rosafarbenen, fleischigen Wangen, wie einst Marie-Antoinette auf dem Fake-Porträt. Wie die Gesichter der anderen war auch Lynns Gesicht weiß gepudert und auf ihren Wangen trug sie ein leichtes Rouge, dazu hatte sie dezent etwas roten Lippenstift aufgetragen. Ihre Haare hatte sie sich eigenhändig hochgesteckt, ein paar

Strähnen hatten sich gelöst und fielen in Locken entlang ihres langen Halses. Mit geneigtem Kopf wirkte sie unglaublich edel. Ein wahrer Blickfang. Gerade das Lässige machte sie natürlich schön.

Sie wurde von einem Herrn aufgefordert. Und plötzlich war sie eine der zwölf Damen, die in einer Reihe auf dem Tanzparkett zwölf Herren gegenüberstanden. Die Lehrerin im strengen, schwarzen Kostüm, lediglich eine schwarze Feder als Kopfschmuck, pickte sich einige Paare heraus. Sie sollten die Schritte noch einmal vorführen. Lynn atmete auf. Sie war nicht dabei. Sie hatte keine Zeit zum Üben gehabt.

Der Priester Gular, der etwas erhöht neben dem Bischof stand, ordnete geschäftstüchtig einige Papiere, stapelte sie aufeinander und legte sie dann beiseite. Der Bischof, irritiert von der Ruhestörung, stichelte: „Ist unser Gular Picot gedanklich etwa schon in Rom?"

Dann beugte er sich zu ihm hinüber und sprach leiser, jedoch immer noch laut genug, um den Geräuschpegel zu übertönen: „Wie steht's mit unseren Investitionsgeschäften? Es werden bald einige wertvolle Schriften in Lux-City aufbewahrt sein. Diese sollten als Sicherheitsanlage hinreichend sein. Sollen wir in Bergbau investieren? Unsere Verbindungen in Bolivien und Brasilien haben Siliziumvorkommen entdeckt. Oder sollen wir Staatsanleihen kaufen?"

Gular wusste sofort Bescheid. Seine Geheimratsecken zuckten, er griff sein Brillengestell, als er mit einem konzentrierten Blick meinte: „Ja, das wäre eine Möglichkeit."

„Zukunftsweisender sollen allerdings Satellitenaktien sein. Es gibt Ambitionen im Space-Asteroiden-Geschäft. Alles Ressourcen für zukünftige größere und längere Mars-Missionen. Aber auch Kommunikationssatelliten und deren Bestandteile werden zunehmend gefragt. Carbon-Leichtbauteile, Mikroelektronik, alles Technologien der digitalen Zukunft, Eure Eminenz", so der Kirchenmann. Der Bischof zeigte sich hochinteressiert, zugleich staunte er über Gulars Kenntnisse.

„Sie sind mir ja ein Schlitzohr, wo Sie doch eigentlich ein Fachmann für theologische Themen sein sollen?!", bemerkte er flachsend und zwinkerte ihm zu.

„Ich habe von Lithiumvorkommen in Mitteleuropa gehört. Material für die Akkubatterien, die in Elektrofahrzeugen benötigt werden. Aber auch das Ausland bietet Investitionsmöglichkeiten, wie Bolivien, Portugal und …", jetzt ging Gulars Stimme in einen Flüsterton über, „… dann könnten wir es mit anderen ‚Lieferungen' verbinden. Das wird ein gewinnbringendes Geschäft." Gulars Augen funkelten vor Begeisterung.

Der Bischof lachte ebenso, seine weißen Haare vibrierten. Weil aber bei Aufregungen seine Parkinsonkrankheit zutage trat, mäßigte er sich, während er mit der rechten Hand die zittrige Linke unter sein Gewand zog. Diese Schwäche sollte verborgen bleiben. Stattdessen äußerte er sich lobend über ihn.

„Sie sind mir ja ein ganz Gewiefter", wiederholte der Geistliche mit etwas Kopfwackeln, gefolgt von einem Lachen, das in einen Hustenanfall ausartete. Es hustete eine ganze Weile, bis sich die Farbe in seinem Gesicht wieder normalisierte.

Gular wartete geduldig ab, aber nicht etwa aus Gefolgschaft oder Loyalität, sondern um sich die Gunst einer kalkulierbaren Aussicht als dessen Nachfolger zu sichern.

Ein konzentriertes Zusammenkneifen seiner Augen, das Zurücknehmen und Anheben seines spitzen Kinns und die Tatsache, dass er dem Priester während des Gesprächs seine kalte Schulter zeigte, ließen vermuten, dass die Eminenz über gewisse Machenschaften im Bilde war. Dennoch zog der Bischof es vor, die Situation auf sich beruhen zu lassen, und lenkte mit einer Handbewegung die Aufmerksamkeit zunächst in Richtung Tanzfläche, als er mit aufgesetzter Heiterkeit sagte: „Die besten Geschäfte werden immer noch zwischen der musikalischen Darbietung und dem Anblick von solch reizender Jugend gemacht."

Doch dann neigte er sich zu Gular und blickte ihm direkt in die Augen. Seine Stimme wurde ernst.

„Aber mich bringen Sie damit nicht in Verbindung! Verstanden? Sonst sind Sie schneller in Ihrem Kuhdorf, aus dem Sie und Ihre Schwester herkommen, als Sie gucken können! Haben wir uns verstanden!"

Gular senkte seinen Kopf, gab sich altehrwürdig, obrigkeitshörig, knickste und ging.

Gular widmete sich seinen organisatorischen Aufgaben für Kultur. Er sprach mit dem Programmgestalter, während unter ihnen die Oboisten, die Klarinetten- und die Blockflötenspieler des Orchesters ihre Instrumente richteten. Die Musiker – es waren Schüler der Unterstufe, einheitlich gekleidet in schwarzen Fracks mit weißem Halskragen, fein säuberlich rasiert und gekämmt – hielten professionell ihren Blick auf das Notenblatt gerichtet, gleichzeitig erhielt der Dirigent ihre volle Aufmerksamkeit, um konzentriert den Hinweisen seines Stabs zu folgen und bei Verebben der Pauken und Trommler nahtlos einspielen zu können. So spielten sie ein sanftes Musikstück, das sich als eine von Bachs Kontrakompositionen offenbarte.

Gular unterhielt sich mit dem Schuldirektor, doch blickte er zwischendurch immer wieder auf. Plötzlich zeigte er Interesse für das Geschehen auf der Tanzfläche. Die Musiklehrerin klatschte, als das Schulorchester sein Musikspiel unterbrach. Für einen Moment lang wurde es still. Sie klatschte abermals und forderte nun alle Abiturientinnen und Abiturienten auf, sich in Zweierreihen aufzustellen. Die Geiger legten währenddessen ihre Noten zurecht. Das Solospiel einer Oboe sorgte für eine edel-solitäre Atmosphäre. Die vielfach angeregten Gäste wurden aufmerksam. Sachte setzten Violinen ein und mit den anknüpfenden dumpfen Tönen eines Cellos bildeten sie den musikalischen Hintergrund für das nun eingeübte Menuett.

Dies war ein Barock-Gruppentanz mit feingliedriger Bein- und Handarbeit, der aufeinander abgestimmt zum Takt der Musik ausgeführt wurde. Die Umdrehungen wurden vollendet, und das gleichzeitig von vierundzwanzig Schülern. Die Lehrerin klatschte abermals und weitere Gruppen gesellten sich zum Tanz. Ein überproportionaler Rausch aus Satin und Seide sowie aus edlen, schwarzen, galanten Fracks breitete sich aus. Diese sanft fließende, gleichsam sich wiegende Choreografie versprühte einen gewissen Charme. Der eine oder andere hob die Augenbrauen und so manch einer im Publikum hatte ein entzücktes Gesicht.

Ob es der Anblick von den nun erwachsenen Kindern in den edlen Farben war oder die galanten Manieren der Söhne, die bisher als Lausbuben betrachtet wurden? Oder war es schlichtweg der Genuss der Darbietung, die hier im ländlichen Tal Vallée de la Sûre, zwischen Gutland und dem auf der anderen Flussseite gelegenen Park-De-Lux, musikalisch und tänzerisch wider Erwarten fast fehlerfrei umgesetzt worden war?

„Welch grandiose Idee!", zwitscherte die Ordensfrau ihrem Bruder ins Ohr, um ihn im selben Atemzug streng zu ermahnen: „Doch es sind Satans Versuchungen, denen du jetzt widerstehen musst, wenn du Bischof oder gar Kardinal werden willst! Sieh mal, wie der Alte klappert, der macht nicht mehr lange, dann kannst du …" Sie brach ab, weil ihr Bruder wie Amors Pfeil auf die Tanzfläche schoss.

Die Lehrerin hob begeistert die Hände und der Tanz klang aus. Auf ein weiteres Klatschen hin stellten sich alle hundertsiebenundvierzig Schülerinnen und Schüler der Reihe nach auf und nickten den jubelnden, euphorisch klatschenden Eltern zu. Für manche war der Bühnenauftritt eine Freude, für andere war es eine Qual, so offen im Rampenlicht zu stehen. Und gerade das unbescholtene, unberührte Weiß ihrer Haut machte sie so reizend.

Der Gular bahnte sich seinen Weg und blieb hinter einer dieser Damen stehen. Anscheinend hatte er einen Sinneswandel, denn statt in seinem schwarzen, verstaubten Kirchentalar stand er jetzt im Anzug da und wirkte irgendwie weltlich, stattlich. Ohne Worte reihte er sich neben Lynn ein. Er überragte sie mindestens um eine Kopfgröße. Unvermittelt nahm er ihre Hand und Lynn spürte die Wärme, die von ihm ausging. Noch immer ihre Hand haltend, machte er – ganz nach edler Old-School-Manier – eine kurze Verbeugung und hauchte ihr einen Kuss auf den Handrücken, dabei flüsternd: „Tru… … du siehst toll aus!"

Lynn lächelte verlegen und sagte: „Etwas altbacken."

Sie war irritiert und beeindruckt zugleich. Sie verspürte den Drang, ihn zu korrigieren, und wollte sagen, ihr Name sei Lynn, doch sie bekam kein Wort heraus. Sie war einfach zu aufgeregt. Sie verschränkte ihre Arme vor der Brust, um sie gleich wieder für den Tanz freizugeben.

Er korrigierte sich verbeugend: „Ich meinte Lynn. Entschuldigen Sie bitte."

Er stockte, wirkte genauso verlegen, strich sich immer wieder durchs Haar, zeigte dabei zart lächelnd seine blitzblanken, weißen Zähne.

Lynn dachte: Die sind mir noch nie zuvor aufgefallen. Nun, wer schaute sich auch schon einen Priester genauer an? Und als sie sein bislang ungekanntes, freundliches Grübchen entdeckte, da zuckte etwas bei ihr tief im Inneren. Da lag etwas in der Luft. Und für diesen Augenblick schien es auf dieser Welt nichts anderes zu geben. Beide vergaßen, wo und was sie waren.

Eine wohlige Wärme durchströmte sie und sie konnte und wollte jetzt auch gar nicht daran erinnert werden, dass er ein Priester war, zudem noch ein Lehrer, und eigentlich auch viel zu alt für sie war. Dieser Moment sollte nur ihnen beiden gehören. Er konnte gar nicht seinen Blick von ihr abwenden. Seine strengen Gesichtszüge wichen einer bisher ungekannten Leichtigkeit. Freude machte sich in ihm breit und er empfand offenbar keine Hemmungen, dies auch zu zeigen.

Noch immer auf der Tanzfläche, kam es jetzt zu einem Tanz im Duett. Er nahm ihre Hand. Sie entzog sie ihm nicht. Galant führte er sie diagonal über die Tanzfläche. Darauf bedacht, die gleichen Schritte auszuführen und auch im gleichen Tempo die Drehungen zu vollziehen, schaute sie unabsichtlich ständig zu Boden. Auf keinen Fall wollte sie sich blamieren. Ich hätte mehr Tanzunterricht nehmen sollen, dachte sie. Ein Teil ihres Körpers wollte einfach nur abhauen und sich in einer Höhle verkriechen, ein anderer Teil jedoch wollte dableiben und in diesem genussvollen Moment schwelgen. Sie fühlte sich wie verzückt. Er fasste sie zart am Kinn und sein warmer Ausdruck in den Augen bat sie, ihm zu vertrauen. Aber direkt anschauen konnte sie ihn nicht. Immer wieder genoss sie es, in seinen Armen zu liegen. Er war ein geübter Tänzer, wie es schien, und führte sie leicht wie eine Feder. Beim nächsten Tanz trugen die Kammermusiker das Ihrige dazu bei. Die Instrumentalmusiker spielten im schwungvoll-eleganten Dreivierteltakt und der Himmel hing voller Geigen. Und als der Tanz zu Ende ging, waren beide außer Atem. Sie lächelten sich an. Aufrichtig. Echt.

Es folgte ein weiterer Walzertanz. Mit einem Augenzwinkern fragte er, ob sie einverstanden sei. Sie lächelte ein Ja und hoffte insgeheim, dieser

Abend würde nie zu Ende gehen. Sie fühlte sich so vollkommen angenommen und so geborgen. Es war einfach himmlisch. So umgriff er bei den ersten Takten der Musik fast wie selbstverständlich ihre Taille und führte sie galant über das Parkett. Lynn konnte ihr Glück kaum fassen – da klingelte ihr Handy.

Sie machte eine entschuldigende Geste und verlieh ihrem Bedauern Ausdruck. Sie erklärte, dass sie auf Rufbereitschaft war. Aber der Gular fühlte sich versetzt. Er entgegnete ihr ein kaltes Lächeln und ließ sie stehen.

Sie nahm das Handy aus ihrem Retikül am Handgelenk, entsicherte den Touchscreen und las ihre soeben angekommene Whatsapp-Nachricht. Es war nicht das Krankenhaus. Sie erschauderte und begann am ganzen Körper zu zittern, denn mit dieser Nachricht hatte sie nicht gerechnet. Augenblicklich verließ sie den Raum …

Die köstlich aussehenden Desserts lockten Theo und ließen ihm das Wasser im Munde zusammenlaufen. Geschickt stibitzte er sich eines dieser Fingerfood-Häppchen. Vorsichtshalber sah er sich noch einmal um, um nicht erwischt zu werden. Womöglich hatte sein alter Schulkamerad eine Alarmanlage gleich neben den Boule-Kugeln anbringen lassen, nur damit ja keiner auf die Idee käme, den Programmablauf zu stören, den er ordnungsgemäß vorbereitet hatte. Das traute er ihm durchaus zu. Theo hoffte, die aufwendige Pyramidendekoration würde nicht seinetwegen einstürzen. Sein knurrender Magen spornte ihn an. Kurz musste er schmunzeln. Die Cateringfirma hatte ihr Personal anscheinend in Fracks mit weiß toupierte Perücken gekleidet, so passten sie hervorragend zum heutigen Anlass, und diese gepuderten „Lakaien" standen nun wie Wachpersonal an der Pforte. Obenauf trugen sie einen Dreispitzhut, was Theo an seinen Geschichtslehrer erinnerte, der behauptete, diese Gegend sei einmal unter französischer Herrschaft gewesen, die sogar das Kloster geplündert und niedergebrannt habe. Das war nur so eine kleine Ungereimtheit am Rande. Das Ganze erinnerte ihn zudem an den Kölner Karneval, und ein Grinsen breitete sich auf seinem Gesicht aus. Suchend schaute er sich in der Menschenmenge um.

Vielleicht war der Tod seiner Frau schon zu lange her? Eigentlich machte es dem Siebenundfünfzigjährigen mit dem lichten Haar nichts aus, doch seit seine Frau verstorben war, fühlte er sich wie ein Dilettant und war leicht reizbar – eine Seite, die er an sich selbst überhaupt nicht mochte.

Seine melancholische Stimmung änderte sich schlagartig, als eine seiner Töchter freudestrahlend auf ihn zukam und ihn augenzwinkernd fragte: „Na, bist du etwa in Gedanken versunken?"

„Nein." Er küsste sie auf die Stirn.

„Ich bin stolz auf euch." Er schluckte. „… vermisse nur die Mama." Und während sie sich umarmten, sah die Tochter durch die bodentiefen Fenster, wie ein Mann in ein kleines blaues Auto einstieg. Die Person, die bereits im Auto saß, erschrak. In ihrem Gesicht machte sich Angst breit. Ihre Augen weiteten sich. Die beiden stritten sich.

Dann stieg der Mann noch einmal aus. Er schaute sich um, als wolle er sichergehen, von niemandem gesehen zu werden, sodass es hinterher keine Zeugen geben würde. Die zunehmende Dunkelheit war sein Komplize; Cashmere konnte das Geschehen kaum mehr mitverfolgen. Und dann schlug dieser Mann – oder war es eine Frau? Jedenfalls schlug diese Person auf die andere Person im Auto ein. Diese wehrte sich und schlug zurück. Dann fielen Schüsse.

Cashmere, die Tochter des Kommissars, traute kaum ihren Augen – und noch weniger ihren Ohren. Als der Täter in ihre Richtung blickte, wich sie rasch zurück und versteckte sich hinter der Brokatgardine. Sie hoffte, dass dies ein schlechter Scherz war und es eine logische Erklärung dafür gäbe. Ihr Herz raste und sie überlegte: Diesen Vorfall müssten doch auch andere gesehen oder gehört haben. Beinahe zeitgleich ertönte das Orchester mit einer einladenden Swingmelodie.

Die Tochter rief ihren Vater, er solle doch bitte eingreifen. Der Vater kam zu ihr und reichte ihr etwas von dem Büfett. Etwas verwirrt über das plötzlich hysterische Verhalten seiner Tochter, welche die kulinarischen Köstlichkeiten von sich stieß, die infolgedessen auf dem Boden landeten, sagte er: „Ach, ich verstehe …", weil ihm wieder einfiel, dass sie sich eigens für diesen Anlass wochenlang jegliche Genüsse verwehrt hatte.

„Du siehst umwerfend aus, gönn dir wieder mal, etwas zu essen."

„Papa!", schrie sie aufgeregt. „Hast du nicht den Schuss gehört?"

Ihr Vater verneinte mit einem Kopfschütteln.

„Würdest du bitte aus dem Fenster schauen? Da wird nämlich gerade ein Verbrechen begangen."

„Wo? Ich kann nichts erkennen", entgegnete er.

Sie deutete mit den Augen und einer Handbewegung aus dem Fenster und wiederholte schrill: „Da draußen."

Er schaute angestrengt.

Sie schnaubte: „Das ist mal wieder typisch! Da passiert gerade ein Unglück und keiner bemerkt es."

Er schaute abermals. Aber außer ein paar Laternen sah er nur Dunkelheit. Er konnte immer noch nichts erkennen. „Siehst du das Auto?"

„Cashmere! Du musst nicht gleich hysterisch werden."

„Ich bin nicht hysterisch! Mensch, Papa, da wird gerade ein Verbrechen begangen und du siehst es nicht! Komm, lass uns gemeinsam nachschauen!"

Cashmere zerrte an ihrem Vater und wollte zur Tür hinaus, da kam Shalom, die zweite Tochter, angelaufen. Sie glich ihrer Schwester bis aufs Haar. Nicht nur der unscheinbare, klitzekleine Schönheitsfleck am Wangenknochen saß haargenau an der gleichen Stelle wie bei der Schwester, auch die Gangart und die weiche Stimme waren nahezu identisch. Es war unverkennbar, dass sie Zwillinge waren. Und was die Zwillingsschwestern momentan auch noch gemein hatten: Sie beide waren unsagbar aufgebracht.

Shalom rief aus: „Die Lynn ist weg!"

Sie griff nach dem Arm ihres Vaters und zog ihn hinter sich her. Die andere Schwester schob den Vater an den Schultern zum Portal hinaus. Beide komplimentierten ihn die geschwungene Sandsteintreppe hinunter, er wäre fast gestolpert, hätte es kein Geländer zum Festhalten gegeben.

Dann standen die drei auf dem von Kieselsteinen bedeckten Zufahrtsweg. Es war dunkel und nieselte wieder einmal.

„Wir hätten unsere Jacken überziehen sollen.“, meinte Theo zu seinen Töchtern.

Er schauderte und rieb sich mit überkreuzten Händen die Oberarme. Er nieste. Eilig zog eine der Töchter den Vater bis zum Parkplatz. Sie deutete in Richtung einer Rabatte und forderte ihn auf, dorthin zu schauen.

„Da steht das blaue Auto von Lynn und die Fahrertür stand eben noch weit offen!“ Beide Töchter standen aufgewühlt da, ihre hochgesteckten Haarfrisuren vom Regen ramponiert.

Ein Gefühl des Bedauerns überkam den Vater. In ihren seidigen Etuikleidern wirkten seine mittlerweile erwachsenen Töchter ebenso zerbrechlich wie unglaublich schön und dem Theo wurde es ganz warm ums Herz. Er wünschte, seine Frau könnte jetzt in diesem Augenblick dieses temperamentvolle Engagement der Zwillinge miterleben.

Cashmere forderte ihren Vater wiederholt auf: „Papa, guck doch mal!“

Sie wies auf die besagte Stelle, ohne selbst dorthin zu schauen. Der Vater blickte erneut in die angedeutete Richtung.

Er kratzte sich verlegen am Kopf. „Vielleicht habt ihr zu viel Feuerzangenbowle getrunken?“, fragte er grimmig.

„Da ist nicht nur keine offene Fahrertür, da steht gar kein Auto“, stellte er mit seinem Cockerspaniel-Blick fest.

## Kapitel 6

## Jagdlabyrinth

Wind und Wolken durchkämmten das Pappelgeäst. Ab und zu setzte sich die Sonne durch und auf dem Teerbelag bildeten sich graue Schatten. Darauf fuhr nun ein Vierzigtonner mit erhöhtem Tempo. So umging der Fahrer des Lkws die vielen schmalen Serpentinenwege, die sich im Laufe der Jahrhunderte durch den Müllerfelsen eingegraben hatten. Oder nutzte er diesen Weg, um im Verborgenen etwas zu transportieren?

Auf einem Bergkamm bot sich eine grandiose Sicht über Wald, Wiesen und Patchworkfelder, unterhalb, im Verborgenen, schlummerten gewaltige Felsformationen, die gelegentlich wie übergroße Dinosaurier wirkten. Hier in diesem Felsenlabyrinth gab es unzählige Höhlen und Schluchten, die allesamt begehbar waren. Da konnte man leicht die Orientierung verlieren und Handyempfang war Glückssache.

Und wo tagsüber Kletterer in den Seilen hingen, versammelten sich zwischen den Buchen am späten Nachmittag einige Jäger für die Nacht. Mit ihren Gewehren legten sie sich auf die Lauer. Einige nahmen sich Laub und Dreck und schmierten sich dieses Gemisch ins Gesicht. Ein großer, blonder, hagerer Mann mit blauen Knopfaugen forderte sie auf, einen Kreis zu bilden. Dann wurde fürs Vaterland gerufen! Sie nahmen alle einen großen Schluck aus der Pulle. Dann entsicherten sie ihre Jagdgewehre. Ein Gehilfe hob eine Hand und gab schreiend ein Urgeräusch von sich. Kurz darauf kamen weitere Helfer aus dem Dickicht gekrochen, die im Dunkeln des Waldes wie eine Schattenarmee wirkten. Systematisch in zwei Viererketten durchkämmten sie den Wald und schreckten somit das Wild auf.

Ein weiterer Gehilfe – an anderer Stelle – blies das Horn. Das war das Zeichen, wie es schien, denn der Fahrer eines Kleintransporters und sein Helfer traten nun in Aktion. Hinten auf der Pritsche lagen große Bündel: grunzende Schweine, Kaninchen, sogar ein paar wenige Rehe und ein Rebhuhn. Selbst ein echter Luchs war dabei. Andere wiederum besaßen zwei Beine und hätten aufrecht stehen können, wenn man sie ließe.

Durch das wiederholte Justieren und Wackeln schafften es einige, den Kopf aus der Verhüllung zu stecken, um zumindest Luft zu holen. Das Fahrzeug startete und ruckelte über Stock und Stein. Es war dunkel und es stank nach Ausscheidungen, von wem oder was auch immer. Bestürzte Überraschung glänzte in weißen Augäpfeln, als Lynn begriff, dass es allesamt Frauen waren. Betrübtes Schweigen. Lediglich ein Grunzen der Schweine war zu hören. Bis es einer der Frauen gelang, ein Feuerzeug anzuzünden. Neben vielen Farbigen, vermutlich Afrikanerinnen, waren auch einige aus dem südamerikanischen Kontinent mit von der Partie. Unter ihnen, jetzt ein Exot, war Lynn, da sie die Einzige mit weißer Haut war.

„Lynn?“, fragte eine Frau. Anscheinend hatte sie sie erkannt.

Es war die Reinigungshilfe.

„Nehmen sie also auch schon feine Damen wie Sie?“

Eine andere, mit Pigmentflecken im Gesicht, bemerkte lässig mit einer Stimme wie ein Reibeisen: „Ich glaube, sie ist ein Beifang, wie beim Fischen!“, woraufhin alle lachen mussten.

Während der Wagen vor sich hin juckelte, hielten sie sich an Haken fest, die normalerweise für das Befestigen von Versandware gedacht waren. Heute quietschten die Damen, die man in den strohbedeckten Laderaum geworfen hatte wie sonst die Schweine.

„Was ist hier los?“, fragte Lynn verängstigt

Daraufhin erwiderte eine der anderen Gefangenen: „Willkommen, Girl! This is ein Jagdspiel!“

Lynn schüttelte angewidert den Kopf. Sie hatte noch nie zuvor schwarze Frauen so ganz aus der Nähe beobachtet. Bewundernswert, ihre schönen Lippen, ihre noblen Hälse, und das trotz Gefangenschaft, dachte Lynn. Unsereins würde gleich in Hysterie ausbrechen oder einen Nervenzusammenbruch erleiden. Doch diese Frauen waren tough. Und während Lynn so ihren Gedanken nachhing, erkannte sie neben ihrer Putzfrau auch einige ihrer Krankenhaus-Kolleginnen. Im Heim und im Kloster hatte es keine schwarzen Menschen gegeben. Das Mädel, das ihr geantwortet hatte, war wie sie: gesund, aufgeweckt sowie voller Lebensfreude und Wissensdurst. Ihre weißen Zähne blitzeblank und gesund.

Das Mädel und Lynn wechselten Blicke. Sie sprach Deutsch, zwar gebrochen, aber verständlich. Sie grüßte Lynn mit der Hand.

„Hi, ich bin Kate und komme aus Kenia."

Und während sie nach draußen blickte, erklärte sie: „Wir sind Trophäen in einem Lustspiel. Ich Goethe-Institut. Andere Fair-Trade-Plantage. Andere nur brav in Kirche gewesen. Sie uns haben große Hoffnungen auf ein besseres Leben gemacht. Sie locken mit leichte ‚Botentätigkeiten'. Es sind große Clans. Auch Kirchenleute. Selbst unsere eigenen Männer und Brüder sind Priester geworden, machen uns Versprechungen. Wir dann in Containerschiff. Lkw. Überseereise. Doch auf einmal Papiere weg. Kinder weg. Manchmal sie wollen auch Kinder. Besonders beliebt kleine braune Mädchen. Priester mögen Jungs. Sie süß wie Schokolade. Wir müssen machen gefügig für Liebe, Sex. Manchmal alle zusammen. Wir verkaufen Körper. Wir weniger wert als eure Kühe."

Sie zuckte hilflos mit den Schultern.

„Eure weißen Männer kommen nur zum Spielen. Sie sagen: ‚Wir Donuts sind!' Zuckerspiele nennen sie das! Bei ihnen käme unten Zucker raus." Alle lachten, obwohl manchen überhaupt nicht zum Lachen zumute war.

Eine andere meldete sich zu Wort.

„Ich komme aus Brasilien. Aus São Paulo. Ich zweiundvierzig, drei Kinder. Ich alt. Aber sie wollen meine Kinder. Geben ihnen Alkohol und machen Pimmelspielchen. Meine Familie arbeitete auf Bananenplantage. Kaffee rösten mit Gift. Das töten Mama. Wir Kinder nach Bolivien. Dort Missionare. Wir glücklich. Ich zuerst Hausmädchen für die Amis in Acapulco. Dann kamen wieder Mann mit Christenkreuz. Wir glaubten. Wir Botengänge mit Drogen im Slip. Kein Problem. Wir fühlten uns gut. Sie predigten: ‚Kommt! In Europa, sie zahlen gut!' Dann diese Christen-Leute, sie kassieren Vermittlungsgebühr. Ich Sex. Nicht gut, aber okay. Doch dann die sagen zu alt. Sie nehmen Kinder. Im Heim Pornofilme machen mit Kinder."

Eine aus der Ukraine erzählte: „Wir arbeiten. Schulden bezahlen. Kinder rausholen aus Heim. Wir arbeiten im Krankenhaus. Wir pflegen eure Mamas und Papas, weil sie für euch feinen Leute eklig geworden sind.

Weil sie jetzt alt und hässlich in die Windeln scheißen und Brei kotzen." Alle Insassen mussten alle lachen.

Lynn lachte nicht. Sie schwieg. Nicht nur, weil sie nicht wusste, wer ihre Eltern waren.

„Wenn du Kummer hast", sagte die Afrikanerin tapfer, „dann singe! Das heilt von innen." Eine summte. Eine andere stimmte ein Lied an und wieder eine andere legte sogar einen klaren Sologesang hin. Irgendwie beneidete Lynn sie insgeheim darum – um diesen Zusammenhalt, den diese Frauen hatten. Und dann dachte sie an die Zeit in der Gang. Da war sie jemand. Jemand, der gebraucht wurde. Zwar war der Umgang schroff und brutal, doch sie hatte dazugehört. Jetzt war sie ein namenloser Dienstleister in einem seelenlosen Kommerzbetrieb. Der Wagen ruckelte weiter über Stock und Stein, während die Frauen ihre Lieder sangen.

Dann, trotz verbundener Hände und Füße brachte eine Frau eine Strohpuppe zum Vorschein. Es wurde eine Kerze in die Mitte platziert und angezündet. Das winzige Feuer ermöglichte die Sicht auf zwei schwarze Bohnen, vermutlich Augen, die jetzt einen Schauer bei Lynn auslösten. Jeweils zwei lange Strohzweige – zusammengebunden – bildeten Glieder, als wären es Arme und Beine. Dann verstummten alle und sie bildeten einen Kreis. Die Afrikanerin, mit vielen Falten und Tüchern um den Kopf gewickelt, wirkte im Schein des Kerzenlichtes mystisch. Sie schloss ihre Augen, erhob ihre Hände, murmelte und schimpfte energisch etwas in einer fremden Sprache, die Lynn nicht verstand. Es klang wie ein Gebet. Doch nun hielt diese Frau die Strohpuppe über Feuer. Mit einem Gegenstand, der eine scharfgeschliffenen Kante besaß, schnitt sie den Kopf dieser Puppe ab. Die anderen neigten bedächtig ihre Köpfe und Lider. Es wurde still und dieses Ritual klang wie ein Voodoo-Puppen-Fluch. Lynn hatte bereits von solchen schwarzen Magieritualen gehört, aber so einer Zeremonie jetzt live mitzuerleben, das war noch mal etwas ganz anderes. Das war selbst für sie zu krass. Eine weitere afrikanische Frau holte Nadeln hervor, welche nun in das Herz der Puppe gesteckt wurden. Lynn verstand nicht was das zu bedeuten hatte. Sie verbarg ihr Gesicht. Die Ältere stieß einen wütenden, langanhaltenden Schrei aus.

Plötzlich quietschten die Bremsen und dieser Teil des Spuks war vorerst zu Ende.

Es wurde still. Drinnen wie draußen. Da das Fahrzeug keine Fenster hatte, wussten sie nicht, was los war. Sie hörten nur, wie Türen auf- und wieder zufielen.

Die Fahrer stiegen aus. Sie klappten ihre Messer mit einem Schnapper auf, dolchgroße Klingen funkelten im Mondlicht. Dann nahmen sie jeweils einen großen Schluck Whisky und stießen Parolen aus wie: „Landpiraten! Wir Reichsbürger retten! Wir üben Vergeltung!"

Lynn verstand nur Bahnhof. Wer wollte wen retten? Und wofür galt es Vergeltung zu üben?

Dann riss jemand die hinteren Türen auf. Es wurde geschrien. Sie wurden gefesselt und ihnen wurden die Augen verbunden. Jemand stülpte ihnen Säcke über. Mit einem Seil wurden sie miteinander verbunden. Jeglicher Ausbruchsversuch könnte den Tod bedeuten, das war jeder klar.

Einer der Helfer durchschnitt das Seil an ihren Füßen und ritzte, scheinbar aus Versehen, mit dem Messer an einer ihrer Fersen.

„Na los, Rehe, lauft!", brüllte er den Frauen entgegen. Er wiederholten diese Aufforderung in allen möglichen Sprachen: „Réi, lafe fir Äert Liewen!" … „Lauft los, dir Réi, lauft!"

Einer leckte einer Gefangenen am Ohrläppchen.

„Die Verletzungen waren mit Absicht! So wittern die Jagdhunde euer Blut", flüsterte er der einen ins Ohr und lachte schadenfroh.

Alsbald hechelten und keuchten die Gefangenen um ihr Leben. Sie liefen los, aber sie konnten nichts sehen. So kullerte eine den Abhang hinunter und eine andere fiel in den Bach namens Schwarze Ems. Auf einem Hochsitz saß jemand mit einem Nachtsichtgerät und murmelte in sein Handy: „Die Kitze wurden ausgewildert!"

„Halt! Sie für Chef bestimmt!“, raunte jemand in gespielt gebrochener Sprache.

Eine unbekannte Stimme ergänzte: „Die und die, auch die und die dort drüben. Hier sind zwei Kilo Kokain, astrein! Dafür lasst ihr die Frauen frei! Verstanden?“

Und als die Hilfsarbeiter zu zögerlich reagierten, positionierte sich eine Person vor sie, allein deren Körpervolumen und Bernsteinblick erzeugten den nötigen Respekt. Und als die im Lichte einer Fackel fleischigen, scharlachroten Lippen inmitten eines gespenstisch weißen Gesichts wiederholt die Freilassung forderten, da ließen die Männer von den Frauen ab und rannten weg. Viele Frauen befreiten sich selbst und liefen weg.

Lynn hockte hinter dem Stamm einer Tanne, sie hörte nur: „Da entlang, dort seid ihr in Sicherheit.“ Ein Helfer öffnete den Sack, in dem Lynn steckte, und zwang die Gefangene, etwas zu trinken. Sie weigerte sich. Erst als er ihr eine knallte, trank sie. Kurz darauf schlief sie ein.

Als sie wieder zu sich kam, befand sie sich gefesselt und angekettet in einem Raum, der eher einem Verlies glich. Ihre Augen waren verbunden. Der Lehmboden war nass und kalt. Auf einmal piepste etwas. Lynn erschrak beinahe zu Tode, als dieses Etwas an einem ihrer Beine hinaufkrabbelte, unter ihr Kleid kroch, an ihr schnupperte und mit seinen Pfoten ihre Oberschenkel, ihren Bauch und eine ihrer Brüste betastete. Ruckartig versuchte sie aufzustehen und sich das Vieh vom Leib zu schütteln, doch es gelang ihr nicht. Hartnäckig krallte es sich an ihrem Kleid fest. Dann schleuderte sie sich selbst mit Wucht gegen eine Wand. Ein letzter Pieps und das Tier fiel leblos zu Boden. Ihr Ballkleid war nun völlig ramponiert.

„He!“, schrie eine weibliche Stimme.

„Du jetzt fertig?“, zischte es aus einer Ecke in gebrochenem Deutsch.

„Wir jetzt wollen schlafen!“, meinte eine mit einer blutigen Nase. Lynn erwiderte nichts. Sie war zu schwach, um zu antworten, zu erschöpft, um sich zu wehren. Eine Frau neben ihr, mit zerbissenem Oberteil, sodass man ihre Brüste sah, stellte sachlich fest: „Du bist jetzt ganz unten. Willkommen in der Hölle. Hier Männer spielen mit dir wie Pingpongball."

Lynn konnte es nicht fassen. Sie schwieg. „Hast nicht Auto gesehen? Menschen wie Schweine in Sack? Du auch rausgeworfen?" Lynn fing wieder an zu zittern.

Nach einigen Stunden kam jemand. An seinem Bund klirrten mehrere Schlüssel. Dann warf man ihr eine Decke über und einer hievte sie hoch und warf sie über seine Schulter. Ein anderer Mann schlug mit irgendetwas – vielleicht war es ein Basketballschläger – so heftig gegen einen Metalleimer, dass dieser umkippte und der Inhalt sich über die Schuhe des anderen ergoss.

„He, du Schuft! Pass doch auf!", ertönte es von irgendwoher.

„Mädchen, mach uns keine Schwierigkeiten, dann geschieht dir auch nix! Verstanden?"

Sie lugte unter der Decke hervor, die man über sie geworfen hatte, konnte aber nur einen kleinen Ausschnitt wahrnehmen. Sie betastete die Mauer. Sie war teils rund, teils nasskalt. Es roch nach Erde und nach … Verwestem? Oder vielleicht war es morsches Holz? Auch der Duft von Urin und Kot lag in der Luft. Sie rümpfte die Nase. Der Mann, der sie trug, stieg steinerne Stufen hinauf. Er keuchte. Es folgten knirschende Holzdielen und ein kurzer, schmaler Holzsteg. Dieser führte sie zu einer weiteren Wendeltreppe. Dieser turmartige Aufgang war wie ein Schornstein, kalte Winde stiegen auf und dieser Durchzug ließ alle Körpersäfte gefrieren. Es könnte sich auch um eine Ruine handeln. Sie war sich nicht sicher. Ihre Gedanken kreisten wild umher. Sie hatte Angst. Sobald sie die Lage gecheckt hätte, würde sie versuchen zu fliehen. Das wäre gar nicht so leicht, denn der Park-De-Lux war durchzogen von Burgen, Ruinen und dunklen Felsentunneln.

Dann gelangten sie in einen Raum, er musste groß sein. Die Geräusche von Stühlerücken und Schritten schienen weiter weg zu sein als sonst. Ein Saal? Der Holzboden war mit Tierfellen ausgelegt, sodass der Raum warm und behaglich wirkte.

Ihr Träger wirbelte herum, sodass sie mit ihren Füßen an eine Wand stieß. Sie spürte etwas Seidiges. Ein Wandteppich vielleicht? Sie stieß an etwas Spitzes. Ein Hirschgeweih oder die Hörner eines Geißbocks?

„Nein, hierher!", brüllte sie jemand an.

Ihr Träger machte kehrt und dabei ritzte etwas ihren Oberarm.

„Au!", entfuhr es ihr.

„Also wenn ihr mich schon entführen müsst, dann passt doch bitte auf!", stöhnte sie schmerzvoll.

„Schnauze, klar!", raunte der andere.

Lynn sah aus ihrer Perspektive die eisernen Beine einer Rüstung. Waren das Speere oder Langschusswaffen mit einer Klinge? Sie wollte sich an etwas abstützen und griff in irgendwas hinein, was sich wie ein Unterkiefer mit gewaltigen Zähnen anfühlte. Die pelzig-raue Zunge versetzte ihr einen Stich in der Magengrube. Einer der Träger lachte laut auf und meinte, dass es ein ausgestopfter Grizzlykopf sei.

Kurz darauf, ohne Vorwarnung, ließ man sie auf den Boden plumpsen. Unter ihr lag ein Zebrafell. Sie spürte die Wärme des Feuers, die aus dem Kamin strömte. Eine unheimliche Stille kehrte ein, als die Helfer verschwanden. Dann hallte ein höhnisches Lachen durch den Saal. Lynn lief es kalt den Rücken herunter. Ihr war, als hätte sie das Lachen schon mal gehört ... Aber wo?

Ihre Panik wuchs.

„Die im Krankenhaus werden mich sicherlich vermissen, vielleicht suchen sie mich schon!", schrie sie in den Raum hinein. Da spürte sie dicht an ihrem Kinn einen warmen Atem. Gleichzeitig vernahm sie einen seltsamen Geruch, genau genommen waren es zwei. Einer glich einem Gemisch aus verschiedenen Chemikalien, Terpentin und Wachs. Der andere wurde immer intensiver. Dieser Duft roch männlich herb, ein Aftershave?

Eine fies klingende, rauchig-samtige Stimme flüsterte ihr ins Ohr: „Keine Sorge, Miss Mona Lisa, Ihnen passiert nix. Sie werden nicht entlassen, weil Sie nicht zur Arbeit erschienen sind."

Er zog ihr die Decke weg. Seine Augen scannten ihren Körper. Ein zerrissenes Kleid und weibliche Rundungen an den richtigen Stellen. Er leckte sich mit der Zunge wollüstig über die Lippen. In seinem Blick lag etwas Forderndes. Aber er fasste sich, setzte seinen Cappuccino-Blick auf und sagte mit einem Anflug von Sarkasmus: „Sie werden entlassen, weil Sie im Clan befördert werden. Und dann werden Sie Aufgaben übernehmen, für die man Sie einst ausgebildet hat."

Er näherte sich ihr, sodass sie seine markanten Gesichtszüge sehen konnte. Er tippte auf ihre Nase und triumphierte.

„Ach, hat das Edelbauerntöchterchen etwa schon vergessen, woher es einst kam?"

Sie starrten sich gegenseitig an.

„Rasko! Was soll das?", fragte Lynn ihn.

„Ich sagte doch, ich bin dein Ritter!" Wieder blickte er sie direkt an. Sein Mund war gerade mal einen Wimperschlag von ihrem Gesicht entfernt. Sie erschrak. Wollte er sie etwa küssen? Plötzlich hielt er inne und rümpfte die Nase.

„Du stinkst.", stellte er trocken fest.

Dann verkündete er gebieterisch: „Ich lasse dir ein Bad einlaufen. Hier auf Château Beaufort im Park-De-Lux gibt es selbst im 20. Jahrhundert noch immer keinen Wellnessbereich. Was für eine Schande, wo doch die Römer vor zweitausend Jahren regelrechte Bademeister waren."

Er feixte. Dann fügte er, mehr zu sich selbst, hinzu: „Aber einen Kerker haben sie hier, der kann sich sehen lassen." Er beugte sich zu ihr hinüber und sah ihr direkt in die Augen.

„Und diese Spielsachen würde ich zu gern an dir ausprobieren, falls du nicht kooperierst", sagte er mit einem vielsagenden Grinsen.

Er zog an einer Schnur, es klingelte und kurz darauf erschien ein Mann, gekleidet wie ein Butler.

„Sie wünschen?"

„Ein Bad für die Lady!", befahl Rasko dem Butler.

Schweigend verließ der Butler den Raum. Nach kurzer Zeit wurde eine weiße Wanne von zwei Lakaien mit weißen Handschuhen in den Raum gerollt und vor dem Kamin platziert. Die Diener verließen den Raum. Kurz darauf ging die Tür wieder auf und ein Diener trat ein, gefolgt von mehreren eleganten Damen. Der Diener machte sich daran, das Feuer im Kamin anzufachen. Die Damen warteten unterdessen, sie waren lediglich in weiße Tücher gehüllt, gehalten von goldenen Ringen. Ihre Haare waren hochgebunden und sie trugen weiße Tonkaraffen mit Wasser auf ihren Häuptern. Durch das flackernde Kaminfeuer erhielt ihre zimtfarbene Haut einen glänzenden Goldschimmer. Mit ihren symmetrisch geschwungenen Augen und den hohen Wangenknochen strahlten sie trotz dieses Unterfangens eine gewisse Würde aus. Waren sie afrikanischer oder brasilianischer Herkunft? Schwer zu sagen … Vielleicht waren sie gar beides? Erst auf ein Zeichen hin ließen sie ihre weißen Tücher fallen und gossen das Wasser huldvoll – wie bei einer eingeübten Choreografie – in die Wanne. Ihre anmutigen Bewegungen hatten etwas Elegantes, Erhabenes, sodass das Zusammenspiel wie eine Zeremonie wirkte. Rasko lächelte vergnügt. Er hatte auf einem Stuhl Platz genommen, der etwas erhöht stand und von dem aus er einen guten Blick hatte. Er amüsierte sich sichtlich. Der Butler stellte ein Paravent auf und verschwand geräuschlos. Nach und nach verließen auch die Damen den Saal. Rasko wandte sich an Lynn.

„Mylady, es ist angerichtet."

Er beugte sich zu ihr und meinte, während er sie von ihren Fesseln befreite: „Keine Angst! Ich werde dich in Ruhe lassen. Aber nicht, weil ich so nett bin, sondern weil du für den Chef bestimmt bist."

Damit begab er sich zurück zu seinem Stuhl.

„Ich bleibe brav hier sitzen. Es genügt mir zu wissen, dass du hinter der Trennwand nackt in der Wanne liegst."

Und während er sprach, hörte niemand, wie jemand hinter der Wandvertäfelung eine Schiebevorrichtung zur Seite schob, um so unbemerkt hindurchzugucken.

Rasko konnte sich nicht beherrschen. Er stand doch auf und linste zwischen den Scharnieren. Er fand Gefallen daran, sie zu beobachten. Sie streckte ein Bein aus dem Wasser. Zu seinem Bedauern wurden andere Körperteile vom Badeschaum überdeckt, doch ihr nasses Haar brachte ihr hübsches Gesicht noch mehr zur Geltung. Er beobachtete, wie sie untertauchte und ihr Haar wusch. Ihre Haut war weiß wie Elfenbein. Er trat einen Schritt zurück und räusperte sich.

„Ich habe gehört, die Römer entwickelten hier eine regelrechte Badekultur“, wechselte er scheinbar das Thema.

In Wirklichkeit tat er das, wozu er beauftragt worden war.

„Sie beherrschten ein großes Weltreich. Und für das viele frische Wasser errichteten sie ein Tunnelkanalsystem mit Aquädukten von der Eifel bis nach Köln. Auch Trevis erhielt Wasser aus den Park-De-Lux- und Gutland-Quellen. Teile dieser Tunnelsysteme sind heute noch erhalten. Unser Clan pflegt gewisse Verbindungen.“

Er näherte sich den Scharnieren und schaute zu, wie sie Seife über ihren ausgestreckten Arm verteilte.

Lynn bemerkte es, bedeckte sich rasch mit Schaum und schimpfte: „Du Schuft, du hast gesagt, du würdest nicht gucken!“ Und etwas kleinlaut fügte sie hinzu: „Natürlich weiß ich, was ich zu tun habe. Aber ich will auch, dass dies ein für alle Mal aufhört. Ich will hier raus. Ich will studieren. Ich will einfach nur ein normales Leben leben!“

Rasko lachte.

„Seine Familie kann man sich nicht aussuchen, ihr ist man ein Leben lang verpflichtet. Das wirst du niemals ändern, Lynn! Sei also ein braves Mädchen. Sieh mal, du besitzt die Begabung und hast das nötige Fingergeschick, Tresore zu knacken. Willst du das etwa für ein spießiges Leben mit Haus und Vorgarten aufgeben?“

Er guckte jetzt doch hinter den Paravent und zeigte ihr ein Diadem mit funkelnden Diamanten.

„Hier, guck mal, die habe ich für dich geklaut.“

Sie blieb von seiner Tat unberührt.

„Klauen ist nicht richtig.“

„Es ist Kitschig.“, stieß sie hervor, als er es ihr anlegte.

„Ja, ich weiß, aber es steht dir, außerdem ist es eine Anordnung vom Chef!“, gab er preis.

Dann, wie beiläufig, nahm er ihre Hände und beugte sich zu ihr hinüber. Zunächst wirkte es, als wolle er sie küssen, doch er hatte eine Plastikbindermaschine dabei und verkabelte nun ihre Hände.

Ohne ein weiteres Wort war Rasko plötzlich weg. Stille kehrte ein.

Lynn begann erneut zu zittern; ob vor Kälte oder aus Angst, das konnte sie schwer einschätzen. Es war wohl beides. Kurz darauf erschienen zwei Diener. Sie rollten die Badewanne hinaus und platzierten stattdessen eine Liegecouch mitten im Raum. Einer stocherte im Kaminfeuer und legte etwas Holz nach, während der andere ihr mit Gesten bedeutete, sie solle sich auf die Couch legen. Die Haut der Diener war weder schwarz noch weiß. Sie trugen Tuniken, die aus edlen Stoffen gefertigt waren, das war offensichtlich. Ihrer Kleidung nach könnten sie aus Indien stammen. Dann gingen die zwei Herren hinaus.

Plötzlich war der Schurke Rasko wieder da.

„Für den Boss solltest du hübsch aussehen. Verstanden?", sagte er.

„Du Schuft! Glaubst du etwa wirklich, du kannst mich so gefügig machen?" Sie bekam Angst und versuchte, sich zu befreien.

Er staffierte die Liege mit Kissen, polsterte ein paar Decken und fragte in höflichem Ton: „Ist es angenehm so, die Dame?" Es klang, als wäre sie in einer Wellnessoase und im Begriff, sich eine Massage geben zu lassen. Sie war zu aufgeregt, um zu antworten.

Ohne ihre Antwort abzuwarten, schien er Gefallen daran zu finden, in seinem Tun fortzufahren. Ihre Augen weiteten sich, als er eine grobe Kette über den Perserteppich hinter sich herzog, über die Seidenkissen bugsierte und diese, während er genüsslich mit der Zunge über seine Lippen fuhr, quer über ihren nackten Körper legte, direkt über ihre nackten Brüste, sodass die Kette ein Kreuz bildete.

„Ist das etwa eine neue Art der Kreuzigung?", fragte sie.

Sie zitterte am ganzen Leib. Rasko gab keine Antwort. Auf ihrer Haut bildete sich ein leicht glänzender Angstschweiß. Er stöhnte, blieb jedoch bei der Sache. Er breitete ihr goldenes Haar aus. Und als würde er sie für ein bizarres Fotoshooting präsentieren, begutachtete Rasko sein komponiertes Stillleben-Kunstwerk aus der Distanz. Dann bedeckte er sie mit einem weißen Handtuch und verschwand.

Kurze Zeit später kam eine große, schlanke Person in schwarzer Lederkleidung herein. Sie trug eine Augenmaske mit schnabelartiger Nase, ähnlich wie die aus Venedig während der Pestzeit. Blauschwarz mit Federschmuck obenauf schüchterte sie Lynn ganz schön ein. Die vogelartige Person nahm einen Stuhl und platzierte diesen neben der Liegecouch. Mit der einen Hand fuhr sie sich durch das schwarze Haar und legte es zur Seite, mit der anderen Hand betastete sie ihren Knöchel und fuhr sich genüsslich übers Bein, wobei sie ein Stöhnen von sich gab, das irgendwie aufgesetzt klang. Auf einmal schrie diese fremde Person auf und verließ umgehend den Raum.

Als hätte jemand schon die ganze Zeit an der Tür gelauert, stürmte ein kurz geratener Mann mit blond gefärbtem Haar in den Raum. Sein dicker Bauch schwabbelte, die Goldkettchen klirrten, doch wurde sein Bauch geschickt unter einem Ledermantel mit Pelz kaschiert.

Mit gespielter Unterwürfigkeit fragte er: „Ist der Herr nicht zufrieden? Ist sie zu gewöhnlich? Oder zu viel Göre?“ Dann trat er noch ein Stückchen näher an sie heran und sein Ton wurde etwas milder.

„Wir können sie gefügig machen. Wir haben da ein sehr gutes ‚Mittel‘. Ganz nach Ihren Wünschen, Herr Pastor!“

Die schwarz gekleidete Person unterbrach den geschäftig Wirkenden aufs Heftigste.

„Hören Sie! Keine Namen! Ich erwarte Diskretion!“

Die schwarz gekleidete Person eilte nach draußen, der Stämmige hinterher. Draußen im Gang beteuerte der Stämmige sein Bedauern, offerierte dem anderen jedoch zugleich: „Entspricht sie nicht Ihrem Geschmack, mein Herr? Ninguém problema! Soll es eine Rassigere sein?“

Ohne eine Antwort abzuwarten, ließ er einen Assistenten kommen und trug ihm auf, rasch eine andere, eine rassigere, eine südländische Dame für den Herrn zu besorgen!

„Avanti!“

Dann lugte er durch einen offenen Türspalt. „Die ist doch appetitlich“, meinte er und zog sich den Hosengürtel aus den Schlaufen.

Der Fremde entgegnete: „Nein! Hören Sie! Lasst sie frei!“

Nervös fasste er sich an seine Maske. Ohne ein weiteres Wort nahm der Gast seine Sachen und rannte hinaus. Der stämmige Mann sagte zunächst nichts, stattdessen zwirbelte er griesgrämig an seinem Ziegenbärtchen.

Er war wütend wegen des entgangenen Geschäfts. „Ich denk nicht mal dran. Die gönne ich mir!"

Jetzt rückte der stämmige Mann, der zuvor eine bronzefarbene Maske getragen hatte, einen Stuhl zurecht. Er nahm eines ihrer Beine in die Hand und leckte genüsslich mit seiner Zunge daran. Im Hinterhalt, hinter einer Holzvertäfelung, erspähten zwei Augen die Lage.

„Das darf doch nicht wahr sein!", schimpfte eine Frauenstimme, und plötzlich, mit Schwung, zischte in großem Bananenbogen eine Peitsche durch die Luft. Zunächst traf sie nur das Parkett. Lynn bekam jetzt noch mehr Angst. Dann wurde mit Schwung ein zweites Mal gepeitscht, dabei wurden die Vorhänge von einem Fenster weggerissen. Lynn betrachtete die volle Mondperle, die anmutig am royalblauen Himmel schien.
Da erblickte Lynn die dominakalten Eisaugen. Kurz darauf hörte sie eine schimpfende Stimme, doch sie war so vernebelt, dass sie die Worte nur bruchstückhaft verstehen konnte: „Sie vermiesen mir meinen Porno?" Dann ein Flüstern: „Spielen Sie mit. Ich will die Eminenz auf frischer Tat ertappen, nur so können … entlarvt werden! … Verstehen Sie?"

Der ansonsten so gewitzte Ganove kauerte sprachlos in einer Ecke, fiebernd nach einer Lösung suchend. Verschreckt versteckte er sich hinter einer mannshohen ausgestopften Grizzly-Jagdtrophäe, doch dann flüsterte er: „Soll doch dieses ‚Vögelchen' hier die Tresore für Sie knacken."

Stille machte sich breit, man hätte eine Stecknadel fallen hören können. Es schien, als müsse die schwarz gekleidete Dame überlegen. Dann verkündete sie: „Okay, wir lassen sie gehen, doch …"

Sie kam ganz dicht an den Geschäftsmann heran, zwischen ihnen war jetzt nur noch ein Fingerbreit Abstand. Ihre Augen waren von einer mit schwarzen Federn bezogenen Maske aus Venedig bedeckt. Es wirkte, als ob sich zwei kampfbereite Greifvögel zum Duell gegenüberstünden. Stattdessen fasste sie ihn am Penis und sagte mit betörender Stimme: „Spielen Sie mit einem dieser zimtfarbenen Dinger. Verstanden?"

Mit ihrem Blick konstant auf seiner Augenhöhe, fasste sie seine Hoden und fing an, diese zu massieren. Sie stöhnte freudvoll auf und zog nicht nur ihre Handschuhe aus. Ein Rosenkranz baumelte an ihrem Hals. Ihr fleischiges, wütendes Gesicht wirkte jetzt noch beängstigender, fahler und blasser als ohnehin schon. Sie war sich ihrer Überlegenheit bewusst.

„Oh, mein Lieber, es wird Ihnen doch sicher gefallen, wenn ich Sie jetzt hier auf der Stelle vernasche, nicht wahr?", sagte sie betörend. Sie kam ganz dicht an ihn heran und flüsterte: „Du geiler Hirsch! Wurdest du schon mal von einer Nonne gefickt?" Und während sie weitersprach, führte sie sein Glied in sich, spreizte ihre Beine und ließ es genüsslich in sich gleiten.

Sie hechelte.

Er hechelte.

Sie stöhnte.

Er stöhnte.

Ihre fleischigen Lippen näherten sich seinem Mund, dann wandte sie ihr Gesicht von ihm ab und fuhr sich lediglich mit der Zunge über die Lippen.

Sie flüsterte ihm ins Ohr: „Hol dir 'ne ‚Zimtschnecke' oder treib es mit zweien." Ihre Augenlider senkten sich. „Das törnt mich an." Sie lachte laut auf. „Ich will dabei zusehen!"

Mit geschürzten Lippen und einem genussvollen Blick forderte sie ihn stöhnend auf, die andere gehen zu lassen. Doch plötzlich, völlig unerwartet, signalisierte sie Lynn mit Augensprache, sie solle verschwinden.

Ihr Lachen wurde noch schriller: „Ach, es ist doch herrlich, wozu man ein Klostergelübde alles benutzen kann."

Lynn stand draußen vor den Burgmauern. Sie war nass und sie zitterte. Vor ihr lagen der Fischweiher und der Eingang zum Müllertal-Labyrinth mit seinen unzähligen Felsformationen und Höhlengängen. Wohin sollte sie gehen? Und wie sollte sie von hier wegkommen?

Das Château Beaufort war eine Burg-Schloss-Ruine. Es lag hinter der Staatsgrenze, idyllisch gelegen in einem verwinkelten Tal, umringt von hohen, mit Efeu überwucherten Tannen. Zugleich war das Tal von Felsen umgeben und obenauf lag das Dorf Beaufort mit seinen engen Gas-

sen sowie willkürlich angeordneten Behausungen. Zwischen lehmverputzen Mauern verlief ein Weg, der kaum breiter als eine Handkarre war; dort schlich sich Lynn hindurch und versuchte, unbemerkt zu entkommen.
Etwas unterhalb, auf einem Parkplatz, parkte ein Porsche-Elektrofahrzeug mit überbordender Karosserie. So eine sportlich-fesche fahrende Eleganz kann sich nicht jeder leisten, dachte Lynn. Das müssen kapitalschwere Kunden sein, die dieses rustikale Luxusbordell aufsuchen. Plötzlich machte das Auto Licht und folgte ihr. Lynn schlug das Herz bis zum Halse. Sie beschleunigte ihre Schritte, um dorthin zu gelangen, wo ihr kein Auto folgen konnte. Sie sprang hinter eine Heckenfassade. Aber als sie oben auf der Hauptstraße ankam, hörte sie wieder die für einen Porsche typischen Motorengeräusche, die sich näherten, doch es waren Fake-Geräusche. Weil ein Elektrofahrzeug keinen Vergaser mehr hatte, der dieses legendäre Geräusch erzeugte, hatten Autodesigner und Ingenieure künstlich nachgeholfen, um die Stammkunden wie gewohnt befriedigen zu können.

Dieses Auto mit dem künstlichen Motorengeräusch war ihr also dennoch gefolgt. Es hielt bei ihr an. Die Fensterscheibe auf der Beifahrerseite wurde heruntergelassen. Lynn traute kaum ihren Augen. Es war dunkle Nacht. Im Licht einer Straßenlaterne glaubte sie, eine Sinnestäuschung zu haben. Und doch war es Realität: Als sie ihre Augen wieder öffnete, blickte sie in das Gesicht von Gular. Ihr Herz pochte wie wild und sie zitterte am ganzen Körper. Ihr stockte der Atem. Sie schluckte schwer. Angst überkam sie. Was war, wenn …? Sie erstarrte.

Er machte ein besorgtes Gesicht: „Lynn, was ist passiert? Kann ich dir helfen?"

„Nein, es geht schon!", erwiderte Lynn.

Herr Picot sprach leise und freundlich: „Sie wissen schon, dass Sie nur in ein weißes Handtuch gekleidet sind?"

Lynn schüttelte verneinend den Kopf und schrie: „Verschwinden Sie! Ich brauche Sie nicht!", und rannte weg.

Gular stieg aus und lief ihr nach. Zum ersten Mal war er kein geübter Rhetoriker, wie sonst von der Kanzel. Zum ersten Mal verunsicherten ihn seine eigenen Gefühle. Da war etwas Wertschätzendes. Da war etwas, was er nicht in Worte fassen konnte. Er fühlte nur, dass ihm ihre Unversehrtheit wichtig war. Seine Unsicherheit wuchs, weil er zum ersten Mal eine Ahnung davon bekam, was Jesus in seinen Botschaften wirklich meinte.

So stotterte er in einem tiefen Timbre: „Keine … Angst. Hier tut … Ihnen niemand was! Versprochen! … Also, ich tue Ihnen nichts.“ … Hier, ein Telefon. … Ich meine … es ist mein Handy! … Sie können zu Hause anrufen … Ich halte Abstand.“

Er trat einige Schritte zur Seite.„Sieh her!“
Er senkte seinen Kopf und vermied es, sie anzusehen. Seine ansonsten so strengen Gesichtszüge wurden weicher. Schweiß bildete sich an seinen Schläfen. Oder waren es Tropfen von dem Regen, der nun einsetzte?

Lynn stand mit weit aufgerissenen Augen da, zu perplex, um zu reagieren. Regentropfen benetzten ihre Augenwimpern, ebenso wie seine. Er zog seine Jacke enger um sich. Doch dann besann er sich, zog seine Jacke aus und legte sie Lynn um die Schultern. Und mit einer bis dahin noch nie gehörten, sonoren Kammerton-Stimme und mit gesenktem Haupt beteuerte er mit ernstem Gesichtsausdruck: „Glauben Sie mir, Lynn! Ich tue Ihnen nichts! … Also ich meine …nicht das, was man heutzutage von katholischen Priestern denkt … Bitte glauben Sie mir.“

Er bot ihr seine Hand.

Der Regen hatte zugenommen. Lynn, die inzwischen pudelnass war, wischte sich eine Haarlocke aus der Stirn. Dann blickte sie sich um. Allein wegen seiner klangvollen Stimme könnte sie ihm stundenlang zuhören. Doch Vorsicht!, mahnte ihr Gehirn.

Fern am Horizont zeigte sich das erste Morgengrauen. Aufgrund einiger Felsen und der hohen Bäumen blieben sie im Halbdunkel. Dadurch leuchtete das Blau in seinen Augen. Doch Regentropfen trübten ihre Sicht.

Er überlegte kurz und meinte dann: „Kommen Sie! Steigen Sie ein! Ich fahre Sie nach Hause.“

Lynn zögerte. Sie war sich nicht sicher. Herr Picot, in Jeans und Sweatshirt, was eher ungewöhnlich für ihn war, drängte sie wiederholt:

„Kommen Sie! Sie werden sich noch erkälten, wenn Sie noch länger hier draußen im Regen stehen.“

Er öffnete ihr die Beifahrertür, reichte ihr die Hand und betonte abermals: „Keine Angst. Ich tue Ihnen nichts.“

Sie blickte ihn von der Seite an, hing ihren Gedanken nach und schwieg. Gular setzte sich ans Steuer und hing ebenfalls schweigend seinen Gedanken nach. Sie saßen beide einfach nur da. Keiner sagte etwas. Umso mehr wurden sie von ihren Gefühlen überwältigt.

Erst nach einer Weile startete Gular seinen Wagen. Die Scheibenwischer setzten sich in Bewegung.

„Wohin wollen wir fahren?“, fragte er Lynn.

„Egal, nur nicht nach Hause oder nach Echterville, wo uns jeder kennt.“. Dabei legte sie ihre Hand auf seine.

Schweigend steuerte er seinen Wagen auf die Schnellstraße Richtung Lux-City. Erst nach einer Weile sprach er: „Vielleicht finden wir dort was zum Anziehen für dich. Nicht dass deine Eltern einen falschen Eindruck bekommen.“

Sie blickten einander an und beide mussten lachen.Sie fuhren entlang des Grenzflusses mit dem ulkigen Namen „Sauer“. Lynn schaute zum Fenster hinaus und genoss die Fahrt. Die aufgehende Sonne gab die Sicht frei. Sie dachte: Es gibt Momente im Leben, da sind Worte überflüssig.

Verwilderte Flussauen mit üppigem Grün und knorrigen Bäumen boten sich ihnen dar. Einige Anwohner waren bereits in der Früh aufgestanden und standen nun bis zu den Hüften im Wasser, um ihre Angel zu werfen. Etwas abseits gondelte gelegentlich ein Schwan im seichten Wasser. Naturliebhaber campten am Ufer, sie frühstückten gerade im Vorzelt. Unübersehbar waren die vielen Menschen mit Kreuz und Rosenkranz, die zu Fuß am Straßenrand entlangmarschierten. Sie alle pilgerten nach Echterville.

Nicht weit entfernt lag Lux-City. Dort fanden sie alles, was sie benötigten. Im Nu waren sie auf der Schnellstraße angekommen. Sie gönnten sich noch ein Softeis aus dem Drive-in eines Schnellrestaurants. Sie parkten unten am Grund in der Nähe eines Irish Pubs, wo unterhalb der Brücke das kleine Flüsschen Alzette floss. Eine große Renaturierung war im Gange. Das Flussbecken wurde verbreitert. An einer Stelle erzeugte Strom aus Wasserkraft eine künstliche Welle, auf der Outdoorsportler surfen konnten.

Hier entstand ein Naherholungsgebiet mit diversen Freizeitaktivitäten. Unweit gab es einen kleinen Bootssteg. Die Fläche dieses Erholungsparks hielt sich in Grenzen, weil die zu befahrende Wasserstrecke nur sehr kurz war. Die Holzboote, die man kurzzeitig mieten konnte, ähnelten ein wenig Gondolettas. Es waren flache Holzboote, fast wie ein Floß.

„Wie in Venedig!", staunte Gular. „Oder wie in Cambridge in England, dort habe ich während eines Studienaufenthalts so etwas gesehen. – Hättest du nicht Lust?"

Er stieg aus und Lynn staunte über seinen bislang nicht gekannten Eifer. Spontan nahm sie auf einer kleinen Sitzbank Platz. Und während Gular, der nun hinten auf dem Heckschnabel des Bootes stand und mit einer meterlangen Stange, dem sogenannten Riemen, das Gefährt in Bewegung brachte, machte es sich Lynn im samtbezogenen Sitz bequem und genoss mit geschlossenen Augen die Frühlingssonne. Es wurde ein sachtes Vorwärtsbewegen unter Trauerweiden, deren Zweige die Wasseroberfläche berührten, wie in England. Mit etwas Vorstellungskraft ähnelte so manches Gemäuer der Klosterabtei am Ufer den italienischen Barockpalästen, beispielsweise dem Palazzo Giustinian oder dem Baldassare Longhena in Venedig. Lynn begann, einen Sinn für Kunst zu entwickeln – oder war es eher Kunstgeschichte? – und diese Beschäftigung beruhigte ihre aufgewühlte Seele. Oberhalb des Wenzelweges und der Stadtmauer mit den Kasematten würde in ihrer Fantasie das Ca' Pesaro thronen. In Wirklichkeit verbarg sich in dem Gebäude das Justizministerium von Park-De-Lux und im Hintergrund standen die Türme des Stadtschlosses des Großherzogs.

Gular mochte sie einfach nur ansehen. Sie sah so vollkommen zufrieden aus, in sich ruhend. Ihm kamen Zweifel bezüglich seiner Laufbahn. Zum ersten Mal dachte er nicht darüber nach, was für einen Nutzen er von einer Person hätte. Dieses Profitdenken, um die eigene Karriere voranzubringen, fühlte sich auf einmal nicht nur weit weg an, sondern er bemerkte auch, wie abstoßend und störend eine solche Haltung war. Zum ersten Mal verspürte er den Wunsch, zu wissen, wie sich sein Gegenüber wirklich fühlte. Nun, eigentlich wollte er nur wissen, wie Lynn sich fühlte, verbunden mit der Hoffnung, dass es ihr gut gehen möge. Bei dieser Erkenntnis lächelte er.

Hinzu kam, dass wenn er hier so mit ihr über das Wasser gondelte, er sich so wunderbar lebendig fühlte. Das konnte doch gar nichts Schlechtes bedeuten, geschweige denn eine Sünde sein! Warum also untersagte die Kirche solch eine Liebe? Verbot die Kirche womöglich ein persönliches Glückempfinden? Dieser Obrigkeitsgehorsam, dieses Kirchenkonstrukt von Gut und Böse, von Sünde, sie hatten etwas Wertendes, etwas Beengendes, wie ein Korsett. Manchmal bot es Orientierung, manchmal wirkte es beängstigend. Aber war Gott nicht ein liebender Gott? War er nicht wie ein gütiger Vater, der sich über das Wachsen und Gedeihen seiner „Kinder“ freute? Schwindel überkam ihn.

„Und ich bin Priester! Gott im Himmel, ich habe dir den Bund versprochen. Laut der katholischen Kirche erlaubst du mir keine irdische Liebe. Warum also diese Begegnung mit Lynn? Ich habe mächtige Zweifel, ob ich richtig bin.“ Er blickte in den Himmel. „Was das soll?“

Sein Gemütszustand glich den Wolken oben am Himmel, die in ihren Schattierungen einem Rubensgemälde in einem inszenierten Kirchengewölbe ähnelten. Er wandte seinen Blick gen Himmel und schrie innerlich: „Gott, Vater, schau sie dir an, solch eine edle Kirschblüte hast du zu mir geführt. Warum? Soll ich etwa nicht nach Rom?“

Lynn war fast eingeschlafen, als die Gondel zum Stehen kam. Gular setzte sich neben sie und legte einen Arm um sie. Er wollte noch einen Augenblick länger mit ihr zusammen sein, wollte genießen, sie einfach nur anzusehen. Seine Fragen konnten warten. Er küsste sie auf die Stirn. Sie schaute ihn an, lächelte und lehnte ihren Kopf an seine Schulter.

„Danke!“, sagten sie gleichzeitig, woraufhin beide lachen mussten.

Erst das Glockengeläut der Kirchen rüttelte sie auf. Es war bereits Mittag. Es erinnerte sie beide daran, wieder in ihre jeweiligen Zwänge zurückzukehren.

Zurück im Auto, bemerkte sie in einem Seitenfach etwas Hölzernes. Im Halbdunkel war aber unklar, was es war. Sie langte danach und fischte eine kleine Rassel mit Bildschnitzereien heraus, die afrikanischen oder südamerikanischen Ursprungs sein könnten. Sie spürte einen Stich in ihrer Magengrube. Er hingegen schmunzelte offenherzig und meinte, die sei ein Mitbringsel von einer Bolivien-Mission. Unsicher, ob er nur ablenken wollte oder ob er die Wahrheit sprach, beschlichen sie leichte Zweifel. Sie entschied, die Sache erst mal auf sich beruhen zu lassen. Lynn, die nun in einem kirschroten Kleid auf der Beifahrerseite saß, fragte zaghaft, ob sie ihm eine Frage stellen dürfe.

Er blickte sie liebevoll von der Seite an und erwiderte, während er das Lenkrad mit beiden Händen umfasste: „Wir haben nur diesen Moment und unser kleines Glück sollte niemals zu einem Krampf werden oder von Zweifeln belastet sein, einverstanden?"

Er sah sie jetzt direkt an und fragte sie: „Also, was willst du sagen?"

Sie runzelte nachdenklich die Stirn, als sie mit ihrer Frage herausrückte: „Welche Kraft ist stärker? Der Gehorsam im Familienclan oder die Folgsamkeit gegenüber dem Vatikan? – Stehen wir als Bürger unter dem Gesetz eines Staates? Gibt es womöglich eine vierte Kraft? Berufung? Wissenschaft? Natur? Herz?"

„Das ist aber mehr als eine Frage!", meinte Gular zu Lynn. Da mussten beide lachen.

Er kam nicht mehr dazu, zu antworten, denn plötzlich tauchte ein schwarzer BMW auf und steuerte direkt auf sie zu. Gular, geistesgegenwärtig, zündete seinen Motor und legte den Rückwärtsgang ein. Wegen eines Reisebusses voller pilgernder Senioren war die Durchfahrt unpassierbar. Und auf der anderen Seite versperrte das schwarze Auto den Weg. Dem anderen blieb nichts anderes übrig, als laut hupend durch die Menschenmenge der Straße über dem Fluss zu folgen und auf die Autobahn zu fahren. Beeindruckend manövrierte er sein Fahrzeug.

Niemand kam zu Schaden und im Nu waren sie auf der Autobahn Richtung Arlon.

Gerade als sie erleichtert aufatmen wollten, weil sie glaubten, den Verfolger abgehängt zu haben, wurden sie von diesem rechts überholt. Der Fahrer machte eine Vollbremsung und stellte sich quer über die Fahrbahn. Er stieg aus und positionierte sich mit einer Pistole in Richtung Sportwagen. Gular bremste ebenfalls, schlidderte über die schmierig nasse Fahrbahn und nutzte auch noch die Handbremse, um eine Kollision zu vermeiden, dann kam er wenige Millimeter vor dem BMW zum Stehen. Noch nie zuvor war er so Auto gefahren.

Lynn stützte sich am Armaturenbrett ab und keuchte: „Puh! Was sollte das denn jetzt? Was geht hier ab?"

Rasko stand mit zusammengekniffenen Augen da und wedelte mit dem Schießeisen. Als er die beiden erblickte, senkte er seinen Blick. Er kickte mit dem Fuß gegen seine Radkappe und musste hart schlucken, nachdem er das Paar gemeinsam im Auto hatte sitzen sehen. Rachegedanken überkamen ihn.

Sarkastisch sagte er: „Sieh mal einer an! Ein Pastor mit einer Lady im roten Kleid! Das kommt hundertprozentig auf die Titelseite." Und mit einem Schnappschuss mit seinem Handy hatte er sie in der Hand.

Wortlos stieg Lynn aus Gulars Auto aus und in den schwarzen BMW ein. Gular zündete den Motor seines Sportwagens und fuhr davon.

Rasko sagte an Lynn gewandt: „Ich hätte jetzt große Lust, die ‚Spielzeuge' im Kerker des Schlosses Château Beaufort an dir auszuprobieren." Dann knallte er ihr eine.

„Was willst du von diesem Schwein? Du weißt schon, dass er Priester ist?" Lynn schwieg.„Außerdem ist er viel zu alt für dich."

Lynn regte sich nicht und schwieg beharrlich. Rasko redete weiter auf sie ein.„Soll ich dir mal erzählen, mit wem er es alles getrieben hat? Dieser Hurensohn nimmt die Nutten gern etwas härter ran, weißt du das?" Lynn starrte geradeaus. Schwieg.

Rasko fuhr mit den Händen durch ihr nasses Haar.

„He, Mona Lisa, du hast was Besseres verdient!" Lynn schwieg, schaute aus dem Fenster.

„Okay, das bleibt vorläufig unter uns, aber du ziehst den Deal mit uns durch. Verstanden? Sonst schicke ich heute noch das Foto an die Zeitung! Kapiert?“, sagte Rasko.

Lynn schwieg weiterhin, während Rasko sein Fahrzeug in das felsige Labyrinth lenkte. Im Nu war der BMW vom Dunkel des Waldes verschluckt. Und während ein Vorarbeiter seine Helfer anschrie: „Ihr solltet das Wild in einer Kettenreihe aufscheuchen!“, bat Rasko Lynn, hier auszusteigen und ihm zu folgen. Aus dem Container kamen Menschen heraus und er rief: „Das Mädel rein!“

Auch in der Kuckuckslay, auf Gutland-Seite, wurden Munition und Gewehre poliert und bereitgestellt. Bauer Stocks hatte alles organisiert.

„Jagdgäste aus der Großstadt erwarten Trophäen“, hatte sein Schwager am Telefon ausrichten lassen.

„Am besten schießt ihr vom Wenzelberg aus und treibt das Wild über die freie Flurfläche“, meinte Förster Mainzer.

Bauer Stocks reichte jedem ein Gläschen von seinen soeben prämierten und selbst gemachten Edelbränden, und während sie in der Runde so dastanden, ein jeder vorschriftsmäßig mit gesenktem Schaft sowie in der Armbeuge gehaltenen Gewehren, prosteten sie sich gegenseitig zu, um dann auf ex dieses Feuerwasser den Rachen hinunterzukippen, stand mit ihnen ein Mann mit ausladendem Bauch- und Hüftspeck. Dieser schüttelte sich und forderte gleich noch ein Glas. Der Mann hatte graugrüne Augen, mit etwas Schwarz um die Pupille, für die Damenwelt unwiderstehlich. Und er war sich dessen bewusst. Nicht nur das, er konnte es auch gezielt einsetzen. Jetzt zwinkerte er der einzigen Dame in der Runde – mit viel schwarzer Mascara und knallroten Lippen – zu. Doch die zeigte ihm die kalte Schulter.

Seine Haare waren jetzt blond gefärbt. Auf der linken Schläfe war unverkennbar ein Jaguar tätowiert, in Gelbschwarz. Dunkle Koteletten und ein stets zittriges, schmales Ziegenbärtchen zeugten davon, dass seine eigentliche Haarfarbe einmal eher schwarz oder zumindest dunkelbraun gewesen war. Sie rundeten seine markanten Gesichtszüge ein wenig ab. Der stämmige Mann versuchte anscheinend seinen Chicago-Gangster-

Look abzulegen und sich einen neuen Look zuzulegen. Dieser wirkte aber eher wie ein Zuhälter-Jamaika-Mafiaboss-Look, wegen der unzähligen Halsketten und des Hawaii-Hemds, was seiner Furcht und Respekt einflößenden Aura aber keinen Abbruch tat.

Die schwarze Dicke schlich sich von hinten an den Clanboss heran.

„Oh, wie ich sehe …“ Sie taxierte ihn von oben bis unten, ähnlich einem Scanner. „Ihre altmodischen Anzüge mochte ich lieber. Müssen jetzt alle Bosse so freizügig ihre unsportlichen Pfunde präsentieren?“ Dann verschwand sie im Dunkel des Waldes, genau so, wie sie gekommen war.

Dass er nicht von hier war, hörte man an seiner Aussprache.

„Prost, Kameraden! Ich nehme Ihre Wetteinsätze entgegen. Heute geht uns kein ‚Reh-Import‘ durch die Lappen!“ Vielsagende Blicke wurden ausgetauscht und einer rieb sich die Hände. Ein Immobilienhändler zückte ein paar Scheine und legte sie in dessen Hut.

Dann rief er: „Bauer Stocks! Bring uns eine Kiste von deinem Hochprozentigen! Und wenn deine Tochter noch dazu zu haben ist, dann bring die auch mit!“ Großes Gelächter brach aus.

Bauer Stocks schaute ihn mit ernster Miene an. Es war sein Schwager, der das gesagt hatte. Herr Stocks sah sich klar im Vorteil, er war von hier, ein stolzer Naturbursche. Und früher, als er noch ein Kind war, ging er, so oft es ging, zum Klettern in den Wald. Er kannte diese Park-De-Lux-Gegend und das Gutland, als es noch eins war. Aber für diese Fremden hier, die Wildjäger aus der Großstadt, war es wie ein Labyrinth. Ihre Blicke begegneten sich auf Augenhöhe. Ihre Augen duellierten.

„Vorsicht, mein Lieber! GPS gibt es hier nicht überall.“

Zwischen den Büschen liefen Helfer mit Stöcken und Bauer Stocks war schon im Begriff zu gehen, tippte sich auf den Jägerhut und wünschte jedem „Weidmannsheil“, da kam der Investment-Unternehmer von der Mosel mit seinem Rover rasant die Böschung hinaufgefahren. Sein Wagen quietschte über nasse Felsen und sein Bremsen wühlte altes Laub auf. Dieser Mann, ebenfalls in Jagdkleidung, etwa eins achtzig groß, stieg aus, wutentbrannt brauchte er nur wenige Schritte bis zum gesetzten Geschäftsmann mit dem Tattoo.

Aufgebracht schnauzte er seinen Jagdkameraden mit einem drohenden Blick an: „Wann bekommen wir unseren Anteil? Meine Firma hat dir die siebte Tankstelle im Ländchen gebaut. Ich will mein Geld, sonst gibt's Ärger. Klar?"

Er ließ seinen Blick über die Runde gleiten, hinüber zum Kölner, weiter zum Eifelburger Glasbaron, dann wieder zum dicken Tankstellenbetreiber. Gleich mehrere Anwesende pflichteten dem Unternehmer bei und dann waren auf einmal sechs Paar Augen auf Jacco, den Clanchef mit dem Jaguar-Tattoo, gerichtet. Sie forderten ihn regelrecht heraus.

Der Dicke, mit schwarzen Koteletten und gebleichtem Schädel, war vielleicht eingeschüchtert. Vielleicht aber auch nicht? Seine Miene zeigte keinerlei Regung. Er scannte mit seinen Augen die Runde, wie es schien. Unweigerlich zuckte sein rechtes Lid und als er seinen Zeigefinger hob, erschienen, wie aus dem Nichts, zwei Herren aus dem Forstdunkel. Bodyguards? Sie rückten an und ein jeder trug eine Kalaschnikow.

Er fühlte, dass er Oberwasser hatte, und lachte höhnisch. Er stieß den Neuankömmling an die Schulter, sodass dieser zur Seite kippte, aber nicht umfiel. Der Bauunternehmer mit moselfränkischem Akzent verstummte und zog den Kopf ein. Der Dicke pustete und lachte selbstsicher, sein Ziegenbärtchen tänzelte. Eine geschlagene Minute des Schweigens verging, dann setzte er sich in seinen Porsche Cayenne, lehnte sich lässig zurück und legte seine muskulösen Arme auf das Lenkrad, während er an seinem Unterkinn zwirbelte. An jedem Finger funkelte ein Goldring.

Doch dann hatte er es sich scheinbar anders überlegt. Mit einem Hauruck stieg er wieder aus, zog während des Gehens seinen Hosenbund zurecht, kam zurück und wetterte rasend vor Wut, während sein Gesicht rot anlief. „Was wollt ihr machen? Mich anzeigen? Dann geht's euch aber auch an die Gurgel, Leute!"

Er griff zum Branntwein und schenkte sich ein Glas ein.

Dann sagte er einlenkend: „Kommt schon, Leute!" Er räusperte sich, hustete und zündete sich eine Zigarre an, zog daran und paffte genüsslich.

Und während er stets an seinem Bärtchen zwirbelte, dabei dem Unternehmer Relléu direkt in die Augen sah, klopfte er beschwichtigend seinem Gegenüber auf den Rücken.

„Bruder, du bekommst ja bald dein ‚Frischfleisch'. Momentan sind die Bullen zickig, aber bald… Bald!", und klopfte dem „Bruder" weiter auf die Schulter. Er prostete und sie tranken.

Der geschäftstüchtige Mann ging noch mal zu seinem Wagen und nahm eine große Schachtel aus dem Handschuhfach.

„Zigarren? Handgedreht! Die rechten sind mit ‚Inhalt'!", und er zwinkerte in die Runde. „Die habe ich von meinem Vetter in Barcelona kommen lassen und der hat sie aus Havanna", verkündete er stolz. „Greift zu, als kleine Anzahlung sozusagen", amüsierte er sich.

Er wendete sich dem Bauunternehmer zu, legte einen Arm um dessen Schulter und bot ihm an: „He, Mann! Ich sag dir was, mein Lieber! Wieso gehst du nicht in eines meiner Bordelle? Such dir eine aus. Mach dir 'nen schönen Abend. Auf meine Kosten! Aber warte noch ein bis zwei Tage, unsere Lieferungen müssen noch durch den Zoll, verstehst du?"

Er lachte und zog sich mit einem Finger ein Augenlid herunter, um kurz darauf im Dunkel zu verschwinden. Sein Gegenüber lachte nicht.

Wenig später hörte man aufheulende Motorengeräusche, die durch Zuviel-Gas-Geben erzeugt wurden. Der Wagen steuerte um die Felsen herum und kam auf einer Lichtung im Wald zum Stehen. Es war ein grüner Jaguar. Jemand stieg aus. Er wirkte, als käme er gerade vom Kraftsport-Center, der Schweiß lief ihm noch den Nacken herunter. Er hatte eine sportliche, durchtrainierte Figur, die selbst unterhalb seines schwarzneongelben Trikots erkennbar war. Die Ärmel waren hochgekrempelt, sodass seine muskulösen Oberarme sichtbar wurden. Er sah gar nicht aus wie ein Jäger. Dennoch nahm er seine Gewehrtasche aus dem Kofferraum und gesellte sich zu den anderen.

Er trank einen Schnaps aus seiner mitgebrachten Schnapsflasche, dann gleich noch einen. „Nun, meine Herren, schlechte Stimmung? Ich muss doch bitten …" Er trank noch einen. „Wir wollen doch nicht die ‚Rehe' aufschrecken." Er grinste und die Stimmung hob sich.

Der Mann mit dem Ziegenbart knöpfte und zog am Hosenbund, während er lauthals meinte: „He, Leute! Einen Banker aus Lux-City rieche ich sofort!" Er rümpfte die Nase. Lachend sah er von einem zum anderen. Und als niemand antwortete, löste er das Rätsel.

„Sie alle stinken nach Geld!"

Sein Lachen wurde von einem spontanen Husten begleitet. Alle tranken noch einen Schnaps und noch einen und irgendwann bedankten sich die Männer beim „Branntweingeist" für sein Kommen.

Plötzlich wirkte der sportliche Bursche in sich gekehrt. Seine Haut erschien im Kontrast zu seinen gefärbten schwarzen Haaren mit Stufenschnitt und Seitenscheitel blass. Die vorderen Strähnen kämmte er stets mit der Hand zur Seite. Seine Augen waren bernsteinfarben mit einem Stich grün um die Iris; sein Blick stets ernst, ehrgeizig und zielgerichtet, so als stünde er ständig unter Strom, als sei er ständig auf Werbetour.

Ein Helfer sprach in ein altmodisches Walkie-Talkie.

Der sportliche Typ schaute den Tätowierten merkwürdig an. Nach einer ausgiebigen Pause nahm er noch einen Schluck aus seinem Tankstellen-Whisky. Und während unten in den tiefen Furchen des Labyrinths Mountainbikefahrer radelten, manche mit in Tüten verhülltem Gepäck, nahm dieser oben auf dem Plateau sein Gewehr in die Hand, steckte Patronen hinein und schoss wie wild in die Luft.

Aus seinem Innerem heraus schrie er: „Oh, wie geil!" Er blickte zurück, lachte verschmitzt und lud nach.

Er schoss abermals. Seine Augen waren blutunterlaufen.

„Richtig geil! … Saufen und Töten!" Er lachte und taumelte betrunken.

Der Tankstellenchef rollte mit den Augen. Seinen gegenüberstehenden Sportsfreund jedoch grinste er wie ein verspielter, gedopter Schuljunge an. Er stieß seinem Kumpel in die Rippen. Der nahm noch einen Schluck und torkelte von dannen. Dann setzte er sich in seinen Sportwagen und fuhr davon.

Kurz vor der Landesgrenze, auf dem Löwenberg, befand sich einer der vielen Westwall-Bunker aus dem Zweiten Weltkrieg. Der Zugang führte über viele Feldwege durch Waldgebiet und dort parkte ein Mini Cooper.

Draußen wurde es dunkel. Der Eingang wurde von zwei brennenden Säulenfackeln markiert. Betörende Loungemusik zog den Gast in ein unterirdisches Labyrinth aus grauem Stahlbeton. Weiter lockte dieses durch einen rot ausgeleuchteten Korridor. Schwarze Kronleuchter hingen von der Betondecke. Vollwandgemälde in Gold funkelten dem Besucher entgegen. Sie standen im Kontrast zu dem kriegerischen Charakter dieses Bauwerks. Insbesondere das vulgäre, anrüchige Bild „Kuss" von Gustav Klimt erregte auf betörende Weise. Eine weitere Treppe führte tiefer hinunter in einen Raum, der damals beim Bau eigens für die Wasserversorgung angelegt worden war. So besaß der Bunker ein eigenes Quellen-Brunnen-System und so war ein kleiner, unterirdischer See entstanden.

Opernmusik ertönte. Die kahlen Betonmauern bildeten den Hintergrund einer eminenten Lichtanimation. Überdimensionale Rosenknospen entfalteten sich, mal in Rot, mal in Gelb, mal in Rosé, mal in Blau, mal in Türkis und dann wieder lachsfarben ausgeleuchtet. Und als wahrlich ein schwarzer Schwan über das Wasser gondelte und die Opernmusik „Lohengrin" erklang, eine von Wagners Kompositionen, füllte sich der Raum mit einer hervorragenden, majestätischen Akustik. Diese erhabene vulgäre Eitelkeit spitzte sich pompös zu, als auch noch eine Venedig-Gondel auf die Wasserbühne kam, in der ein Herr, gekleidet in roten Samt mit ausgestopften Puffärmeln, aus denen Arme mit weißer Spitze lugten, mit einem Stab sein Gefährt bewegte, ähnlich den venezianischen Gondolieri, und somit einen gemäßigteren fortschreitenden Laufsteg darstellte. Um die Hüften herum trug er einen braunen Ledergürtel und darunter lediglich eine enge, weiße Strumpfhose, bei der sich nicht nur die maskuline Beinmuskulatur abzeichnete, sondern auch das, was einen Mann so ausmachte. Und so zogen seine strammen Glieder die Blicke auf sich, nicht nur bei den Damen. Stolz stand er in eitler Pose mit weiß gepudertem Gesicht da, sich bedeutend vom grauen Ambiente abhebend. Er wirkte, als käme er geradezu aus König Ludwigs Märchengrotte.

Doch seine Aufgabe war lediglich der Transport und die Animation der elitären, zahlenden Gäste. Ziel seines kurzen Kutschierens war eine kleine, würfelartige Betoninsel, auf der auf einer geschwungenen Récamiere im samtroten venezianischen Rokokostil in angenehmer Liegeposition eine weitere Person der athletischen David-Statue von Michelangelo ähnelte. Bei der Überfahrt strahlten einige symmetrisch angeordnete, per Sensorlicht angestrahlte, engelhafte Putten. Diese Wonneproppen winkten plastisch von der kahlen Betondecke, und das recht putzig, gekonnt glorifizierten sie pompös das pralle Leben.

In seinem Blick entstand Verlangen, und das galt einer weiteren Person, die sich auf der Couch rekelte. Diese Person war nackt, lediglich mit einer weißen Plüschdecke umhüllt.

Und während er eingeschnappt, beinahe bösartig mit einer Hand gestikulierte, meinte er: „Es wurde aber auch Zeit. Ich dachte schon, wir müssten ohne dich anfangen!"

Für die unzähligen, fast bis zu Tausenden heranpilgernden Gäste aus dem nahem Belgien oder den etwas ferneren Niederlanden wurde in der gleichen Nacht, flussaufwärts an anderer Stelle, ein weiteres spektakuläres kulturelles Event geboten: eine afroamerikanische Band mit Takt im Blut und schwindelerregender Geschicklichkeit in den Fingern, mit freundlich-geisterhafter Esprit-Ausstrahlung, mit phänomenalen, lebhaften Hüftschwüngen, während einer die klaren, tiefen rhythmischen Töne eines Saxofons mit zusammengekniffenen Augen möglichst lange in die Länge zog, begleitet von einem dumpfen Celloblues – unweigerlich zogen sie die Aufmerksamkeit der Gäste auf sich. Diese Männer und eine Frau, gekleidet in gestreiften Anzügen mit ledernden Hosenträgern und karokarierten Baskenmützen, bildeten eine temperamentvolle Musikkapelle.

Einige ihrer Blechinstrumente schimmerten unter dem goldgelben Licht der Straßenlaterne. Sie tingelten und dengelten, sie posaunten ihre spritzige Jazzlaune geradewegs bis weit in die Felsen hinein, und während diese echoten, verwandelten einige fromme Pilger ihre von dem UNESCO-Kulturerbe geadelten Gebetssprünge in fast sündhaft geile Hüftschwünge.

Zu den Füßen einer Burg, entlang des Grenzflusses, bei frühlingshaftem Mondschein, entfaltete sich pure Lebensfreude wie an der Copacabana – Jung und Alt, Dick und Dünn, wobei so manche Dame brasilianischer Herkunft – unter dem Laternenlicht mit einigen bernsteinflimmernden Diva-Kurven gesegnet – auch ordentlich Schwung zu bieten hatte.

Eine ausgelassene Stimmung machte sich breit, vielleicht nicht ernst und fromm genug für den heiligen Willibrord, den man hier eigentlich verehren wollte, doch diese Freude und Ausgelassenheit halfen so manchem über die eine oder andere Schwierigkeit hinweg – besser als jedes Gebet oder irgendeine Pille. So lachten und schunkelten die Menschen von Burgpollern noch bis tief in die Nacht hinein. Dann, auf einmal, fielen Schüsse. Und alles Feierliche war abrupt zu Ende. Es wurde still.

„Schwer zu sagen, wo die herkommen, es könnte sich auch um ein Echo oder um einen Widerhall aus dem Felsengebirge dort drüben handeln!“, versuchte eine korpulente Frau aus dem Ort die wieder brav Hymnen singenden Pilger zu besänftigen.

Schwer zu sagen, ob die Leute nun eingeschüchtert oder nur ängstlich waren. Jedenfalls waren alle wieder fromm. „Te Deum laudamus“, sangen sie in Eintracht.

Die rüstige Dame, die diese Worte geäußert hatte, rückte die rosafarbenen Usambaraveilchen auf ihrer Auslage zurecht; sie war nicht alt, aber auch nicht mehr ganz jung; nicht groß, aber auch nicht klein. Sie stand hinter ihrem Marktverkaufsstand, und während sie in eine Tomate biss und obwohl sie bereits des Öfteren Schussgeräusche gehört hatte, zuckte sie kurz. Um ihre Unsicherheit zu übertünchen, forderte sie die Leute auf, doch bitte von ihrer hübschen Apfelkönigin, die da gerade kam, den köstlichen Apfel-Cidre zu kosten. Wieder Schüsse. Kunden duckten sich.

Sichtlich genervt, raunte sie: „Vermutlich Jäger, vielleicht irgendwo im Gestrüpp?“ Ihre Augen rollten vielsagend.

Von der Handvoll Kunden, die sich vor ihrem Stand befanden, fand einer die Erklärung nicht plausibel. Dieser meinte, auf der anderen Seite aufsteigende Rauchwolken gesehen zu haben. Die Kunden begutachteten einen Stand gegenüber mit Blechspielzeug. Eine kleine mit Dampf

angetriebene Lokomotive zischte und paffte vorbei, und als keiner ihn weiter beachtete, rümpfte er die Nase und ging weiter.
Nicht wenige interessierten sich für ihre Auslage, die aus delikaten, selbst gemachten Köstlichkeiten bestand. Aber ihre Spezialität waren selbst gezogene weiße Kerzen. Geschäftstüchtig pries sie ihre Ware an.

„Hohe, niedrige, kleine fürs Opfer, dicke für den Altar. Auch fürs Pilgerherz gibt es die mit dem heiligen Willibrord!", erklärte sie dem vorbeischlendernden Pfarrer, der ob der vielen Gläubigen höchstzufrieden zu sein schien. Sie nahm eine Kerze in die Hand und präsentierte sie.

„Sind sie nicht alle makellos schön? Und sie brennen erhaben, Herr Pfarrer. Genau so, wie ihr se gern hätt'." Ihr mittlerweile faltiges Gesicht zeigte ein vielsagendes Lächeln und ihre blaugrünen Augen hofften auf einen Kauf.

Vergeblich.

Die Leute aus dem Dorf waren aufgewühlt – etwas mehr als üblich an solchen Pilgertagen –, wohingegen sich die Marktfrau Grete unverdrossen und stets optimistisch mit einer Auswahl kleiner Proben auf einem Silbertablett unter die Leute mischte: „Oh, de' Dorfpatron [Bürgermeister] mit seiner Frau. Ihr müsst von den Schockela probiere', dat sind Schokoladenpralinen aus eigener Produktion."

Ein breites Grinsen machte sich auf seinem Pfannengesicht breit und er nahm gleich zwei. Und mit einem weiteren Griff war auch ein Mirabellenlikör dabei.

„Alles aus eigener Produktion und hundert Prozent, ach was: tausend Prozent Bio!"

Auf einmal schlängelten sich im raschen Tempo ein paar Rennradfahrer durch die Straßen. Fast wären sie mit einer Gruppe Pilger kollidiert, doch sie bogen links ab, um über die Grenzbrücke zu fahren, doch vorher wollten einige am Brexit-Ecki-Pub vorbei. Manche von ihnen machten dort kurz halt, stellten das Rad an die Brückenmauer und gingen hinein. Etwas Ruhe kehrte wieder ein.

Grete nutzte die Gelegenheit zum Austreten. Sie ging in ein nahe gelegenes Stück Natur mit dichten Hecken und Sträuchern. Hinter einem Weidebaum an der Böschung blieb sie stehen. Da es schon dunkel war, fühlte sie sich unbeobachtet. Einen kurzen Moment später, mit einem Lächeln der Erleichterung, zog sie ihre Kleider zurecht, da bemerkte sie seltsame Vorkommnisse auf der anderen Seite des Flusses.

Ein großes Fahrzeug mit Anhänger hielt an einer nahe gelegenen Tankstelle. Eigentlich nichts Ungewöhnliches, doch aus dem Anhänger krochen irgendwelche Gestalten heraus. Waren es Menschen? Grete wischte sich die Augen, versuchte näher ranzukommen. Sie drückte einen Ast zur Seite. Der Fluss lag zwischen ihnen und nur eine Straßenlaterne spendete etwas Licht. So war es schwer, etwas oder jemanden zu erkennen. „Das sind ja merkwürdige Schattengestalten", stellte sie fest. Kleine, große, dünne und dicke. Manche von ihnen benötigten offenbar Hilfe beim Gehen. Andere waren sportlich und sprangen umher. Aber was waren das für Menschen? Jäger? Angler? Flüchtlinge? Vielleicht waren es ja auch Studenten, Party-Leute, die sich einen Scherz erlaubten? Sie hörte, wie Kisten rangiert wurden, und vermutete Bierkisten. Zeitgleich gesellten sich wieder Pilger auf den Weg. Sie sangen und liefen die ganze Nacht hindurch. Ach, dachte sie, vielleicht sind es ja gläubige Wanderer, die von weit her kommen, mit Blasen an den Füßen; vermutlich haben sie sich ein Stück mitnehmen lassen. Heimlich, versteht sich, denn keiner wollte (zumindest offiziell) seinen Weg des Betens abkürzen. Sie zuckte die Schultern und kehrte zurück an ihren Stand.

Die Bewohner von Burgpollern hatten sich für ihre Gäste etwas Besonderes einfallen lassen. Ein Markt in der Nacht. Aber kein gewöhnlicher Flohmarkt, sondern einer mit antiken Kostbarkeiten aus der sogenannten „Gründerzeit", ausgerichtet von einem Verein, der sich „Special Steam Society" nannte.

„Quasi eine Rückbesinnungsgesellschaft, die sich jener Zeit besinnt, in der viele Dinge erfunden wurden, beispielsweise die Dampfmaschine, wodurch Webstühle angetrieben werden konnten, was die Textilproduktion erheblich erleichterte. Das war vor rund hundertfünfzig Jahren Auslöser der Industrialisierung", so Grete zu einem Gast. „Das waren damals irre Zeiten, genauso wie heute und wie es sie wohl immer geben wird!", kommentierte die alte Dame, auch wenn nur wenige stehen geblieben waren und ihr zuhörten. Die meisten marschierten desinteressiert vorbei.

„Aber heute sind wir es, die zurückblicken, und äech weiß noch, wie meng Oma verzählte, sei hätten well Luchten op de Kammern." [… und ich weiß noch, wie Oma erzählte, als sie das erste Mal Licht oben in ihrer Schlafkammer bekamen."]

Die Marktkollegin nickte. Sie musste herzhaft lachen, als sie schmatzend hinzufügte: „Und weißt du noch, als die ersten Herzenklos hinten im Garten durch Toiletten im Haus ersetzt wurden? Und wo an einer Kette gezogen werden musste und wo sich etwa oberhalb auf Kopfhöhe ein Schieberegler löste und wo kurz darauf Wasser die Rohre hinunterpurzelte und das stinkende ‚Geschäft' wegspülte? Von daher könnte der Begriff ‚abziehen' stammen! Witzig war, us Pap ging nie drop. Und wir Kinder durften net, weil wir hätt jo weggespült werden können."

Grete erwiderte: „Weis do? Dat war in der 1960er, wie us Großväter aus der Kriegsgefangenschaft kamen und als wir an der Poststation auf ihren Telefonanruf warteten, um zu erfahren, wo sie abgeholt werden konnten. Da war nix mit allseits bereitem Handyempfang!" Sie lachte, sputzte und biss in eine Tomate.

Darauf schwieg ihre Marktkollegin und nippte nur an ihrem Kaffee. Dann sagte sie zerknirscht: „Usen wor do net dabei gewesen." [Unsere waren da nicht dabei gewesen."]

Es war eine kalte Nacht, in der die Stände mit petroleumbetriebenen Laternen beleuchtet wurden. Die beiden Marktdamen mussten ihr Schwätzchen einstellen, denn es kam einer, der sich für ihre Kerzen interessierte. Seine Augen und sein Blick lagen tief in den Augenhöhlen. Seine Stimme klang wie über eine Küchenreibe gezogen und Grete glaubte, seinen Hunger hören zu können. Sie gab ihm ein Stück Brot. Hastig ließ er es unter seinem befleckten Mantel verschwinden.

„Was kosten die Kerzen?", fragte der Fremde.

Sie gab ihm Antwort.

Er nickte, nahm zwei in eine Hand und zwei unter den Arm, und ehe sie den Preis dafür berechnet hatte, war er ausgerissen.

„He, du Schuft!“, rief sie ihm nach. Wütend und mit hoch erhobenen Händen kam sie hinter dem Tresen hervor. Kurzerhand nahm sie einen Stock und lief ihm hinterher.

„Haltet den Dieb!“, schrie sie wiederholt.

Ein anderer Kunde meinte, er sei in Richtung der Eckkneipe gelaufen. Ihre Marktkollegin ergänzte, während sie einen Schuss Wein in die heiße Bouillon einfüllte und sie dem Kunden reichte: „Dort ist der ‚Brexit-Ecki-Pub‘. Ein ehemaliger Grenzposten, betrieben von einem Engländer.“ Sie musste herzlich lachen. „Der ist hier auf EU-Asyl und heißt Egbert, aber alle nennen ihn Eggi.“ Sie zündete sich eine Zigarette an.

Grete, mit hochrotem Kopf und völlig aus der Puste, war inzwischen dort angekommen und rief: „Haltet den Dieb!“

Einer, der auf einem Hocker vor dem Pub saß, schreckte auf und hätte beinahe sein Eifel-Pils-Stubbi verschüttet.

„Wo, du alter Fusselkopp? Ech han nemmes gesehen.“ [„Ich habe niemand gesehen.“] Er wendete sich um, lachte und hakte sich bei seinen Kumpels unter. Dann bestellte er mit hoch erhobenem Kinn und drehendem Zeigefinger eine weitere Runde.

Sie prallte beinahe mit einigen Fahrradfahrern zusammen, die ihre Räder zu Fuß durch die Gassen steuerten. Sie trugen Weltkirchentagsmützen mit LED-Leuchten. Trotz der Leuchten hatte sie sie zu spät bemerkt. Sie nuschelte ein „Sorry!“ und hechtete an ihnen vorbei auf der Suche nach dem Halunken, der ihr die Kerzen geklaut hatte.

Es reagierte niemand auf ihre Rufe, obwohl unzählige Menschen anwesend waren. Sie ärgerte sich griesgrämig, nicht so sehr über die vier Kerzen, die ihr gestohlen worden waren, sondern über die Gleichgültigkeit der Bewohner ihres eigenen Dorfes. Niemand half und so verschwand der Dieb im Tumult genauso schnell, wie er gekommen war.

Unterdessen schlug ein Marktschreier auf Töpfe und posaunte: „Große Bürsten, kleine Bürsten, kurze Bürsten oder Bürsten mit Langhaarborsten. Ich habe Bürsten mit Kunstborsten und welche mit echten Schweineborsten! Mit und ohne Stiel! Sie kosten gar nicht viel!“ Die Leute amüsierten sich und lachten.

Ein weiterer fliegender Händler ratterte sein ganzes Sortiment in einem Atemzug herunter: „Blecheimer, Küchenreiben, Kupfertöpfe, Pinzetten, Küchenkellen und Blechhenkelmänner [= Milcheimer mit Deckel und Holzgriff]“, und, und, und … So wetteiferten die Meister einer alten Verkaufstaktik um die Gunst ihrer Kundschaft.

Charmant spontan umarmte einer die Grete: „Ach, junge Frau!“

Unvermittelt zauberte er einen langen geflochtenen Zopf mit künstlichen, eingeflochtenen Margeriten aus seinem Ärmel und hielt ihn an ihre Schläfe.

„Ich sehe Sie regelrecht vor mir; wie Sie mit langem Haar auf dem Fahrrad sitzend durchs Dorf radeln und die Milch in einem Henkelmann [umgangssprachlich für einen kleinen Metallbehälter] transportieren!“, verkündete er theatralisch.

Um Gretes Augen bildeten sich viele kleine Fältchen. Wie ein verliebtes Mädchen grinste sie diesen hochgewachsenen Strohblonden mit den eisblauen Augen an. Solche Komplimente hatte sie schon lange nicht mehr zu hören bekommen. Sie wusste gar nicht mal, ob sie solche Wörter überhaupt jemals gehört hatte.

Später flüsterte sie zu sich selbst: „Merci!“ Und ihr grinsendes Gesicht verwandelte sich in ein nachdenkliches, während sie im Dunkel zurück zu ihrem Stand ging. Womöglich lag der wahre Grund eines Flohmarktbesuches darin, Kindheitserinnerungen zu wecken?

„Die Band spielt ja ein furchtbares Geklimper“, beschwerte sich ihre Marktkollegin nebenan. „Hast du ihn noch erwischen können?“

„Wat? … Ach nee“, brummte Grete und verzog enttäuscht das Gesicht. „Wenn ich den Räuber erwische, dann schlonn ech mat de Knöppel ever den Kopf!“

Die Marktkollegin zündete sich eine Zigarette an und meinte: „Vermutlich ist er schon über alle Eifelberge.“

„Wat hast de gerufen, ech han nix verstanden!“, rief Grete über ihren Stand hinweg, doch sie bekam keine Antwort.

Wegen des Lärms bekam die Hektik eine Dampfsperre übergezogen und die Grete konnte sich ihren eigenen Gedanken widmen. Dat ech mit siebzehn von meinem Vater ins Kloster gesteckt gov, dat kann sich keiner vorstellen. Ech wollt per too net! [Ich wollte auf gar keinen Fall!] Dann hat meine Familie mir einen Typen von der Mosel nahegelegt zum Heiraten. Und das werden sich die allerwenigsten vorstellen können, aber ich han den geheitratet, um von meinem Papp wegzukommen. Nun, da waren noch fünf andere Geschwister, die versorgt werden wollten. … Doch dann, mein Mann war ja gar keiner. Wie sich herausstellte, machte er lieber mit anderen Männern herum. Und mich hatte er nur geheiratet wegen der Leut im Dorf. Dat muss man sich mal vorstellen. Nun, als nach Jahren keine Kinder kamen, han die Leut meinen Papp verrückt gefragt. Und der hat mich gelöchert und dann hatte er gemeint, wenn der Ehemann es nicht kann, dann muss ein anderer ran. Und dann wollte er. Mich hat keiner gefragt. Ach, geh mir fort!

Die Grete schrie zur Marktstand-Nachbarin: „Gib mir einen von deinen Bouillons mit dem Schuss Wein! Besser wär' a Schnaps!"

Ach, da genehmige ich mir einen Schluck Mirabellenlikör aus der Pulle, sagte sie zu sich selbst. „Ist ja meine eigene Herstellung!", lachte sie schreiend in die Runde.

Ihre Nachbarin reichte ihr das Heißgetränk.

„Danke!", flüsterte Grete. „Oh, das wärmt meine kalten Hände!", lächelte sie. Und sie setzte sich auf ihren Schemel hinter ihrem Verkaufsstand. Sie war den Tränen auf einmal sehr nahe und wunderte sich selbst, dass es nach so vielen Jahren immer noch wehtat. Also zog sie die Flasche unterm Tisch wieder hervor und nahm noch einen kräftigen Schluck. Und dann nahm sie den Besen und vollzog auf der Straße ein Tänzchen zu der sanften Musik, die gerade gespielt wurde. Die Durchreisenden guckten verdutzt, manche fragten irritiert: „Was is'?"

Grete räusperte sich und erklärte: „Hab grad die Moralischen." Grete räusperte sich abermals, streckte ihre Brust raus, richtete ihre Frisur und schaute nach vorn. „Tapfer sein" war ihre Devise. Also, Kopf hoch und zuversichtlich bleiben, es geht immer weiter …

„Mein liebes Kind, was kann ich dir anbieten?", fragte sie lächelnd über ihre Brille hinweg.

„Vier weiße Kerzen bitte!"

„Gern, Fräulein! Mit Tüte macht es sechzehn achtzig."

Die junge Frau gab ihr einen Zwanzigeuroschein und meinte nur: „Stimmt so!“, und nahm die Kerzen ohne Tüte in die Hand und verschwand.

Grete staunte. „Ach, sieh mal einer an, einmal verlierst du und einmal gewinnst du. – So ist das Leben!“

Hinter ihrem Marktstand tauchte ein junger Mann auf. Etwas verlegen kratzte er sich am Hals. Dann rief er leise: „Tante Grete!“ [Gesprochen: Tannegret.] Sie hörte es nicht. Zu viele Nebengeräusche.

„Tannegret!“, rief er noch einmal, diesmal laut und deutlich, woraufhin sie sich erschrocken umdrehte. Es dauerte einen Moment, bis sie ihn erkannte.

„Leo! Oh, mein Junge. Ungewohnt schick siehst du aus!“ Euphorisch posaunte sie ein wenig sputzend in die Runde: „Das ist mein Neffe! Er ist bei der Gendarmarie [regionale Mundart für Polizei].“ Dabei zitterte unten an ihrer rechten Kinnhälfte eine kleine Warze. Allgemeines Gelächter. Und so manch einer wandte sich ab und ging weg.

Ihr Neffe war ein hagerer Bursche, etwa Mitte zwanzig, groß gewachsen mit rotblonden, langen Rasterlocken, die hinten zusammengebunden waren. Und seine himmelblauen Augen erst! Die hatten schon immer eine ganz besondere Anziehungskraft auf Grete ausgeübt. Ihnen konnte Grete nichts abschlagen.

„Sieh an! Du trägst einen Anzug, mein Junge! Lass dich ansehen! Wie elegant! Aber die Haare?“ Grete durchkämmte mit ihrer Hand die langen, zerzausten Rasterlocken und schüttelte den Kopf: „Tje, tje, wie ein Mädchen!“

„Nicht so laut, das ist doch peinlich!“, flüsterte er.

Während sie ihm seine Krawatte zusammenband, verteidigte sie sich: „Aber dir muss doch nichts peinlich sein, mein Junge!“ Ihre hohe Stimme hätte der des Marktschreiers Konkurrenz machen können. „Das mit der Polizei ist nix, wofür man sich schämen muss.“

Er löste sich aus der Umklammerung. „Ich meinte ja auch nicht das … Guck dich mal an! Wie siehst du denn aus? Fasching ist vorbei, Tantchen!“, grinste er.

Erbost schaute sie an sich hinunter. „Wieso, wat hast de?“

Sie trug über einer weißen Rüschenbluse ein Korsett aus Metall, das wie ein aufgeschnittener Blecheimer um ihre nicht mehr ganz zu erkennende Taille gezwängt worden war und mit ledernden Riemen zusammengehalten wurde. Zudem hatte sie sich selbst einen weiten Unterrock aus mehreren zusammengebundenen Hula-Hoop-Reifen gebastelt und diese dann mit Tischdecke und Gardinen im Blumenmuster garniert. Etwas Rüschenspitze lugte unter dem Saum hervor. Etwas verlegen verzog sie das Gesicht.

„Seit wann interessiert dich mein Aussehen? Zieh weiter, wenn es dir nicht gefällt!“, fauchte sie ihn an.

Er überprüfte die zurechtgebundene Krawatte, war zufrieden und verschwand. Sie richtete ihre Brille auf der Stirn. Das war keine gewöhnliche Lesebrille; es war eine, welche die Piloten trugen, als es noch kein Cockpit für die Flugkapitäne gab. Sie räusperte sich und dachte an ihren Neffen und an das, was er gesagt hatte. Auf Kritik von Fremden war sie stets vorbereitet.

Sie flüsterte vor sich hin: „Es sind die gesprochenen und die nicht gesprochenen Worte von den Liebsten, die mich verletzen.“ Prompt herrschte sie einen Fremden an, der sich gerade für ihre Auslage interessierte. „Was glotzt du so? … Zieh Leine, wenn du nichts kaufen willst.“

Der Greis blickte irritiert drein und erwiderte: „Bei so einer alten Hexe kauf ich auch nix!“

Kinder in Cordhosen, gehalten von Lederriemen, spielten mit Fahrradreifen ohne Gummibezug, indem sie diese die Straße hinunterrollen ließen. Mancher rasierte glatt eine herumstreunende Katze von der Straße. Einer mit Sommersprossen auf der Nase kicherte verschmitzt.

Er war klein und dick, die Leute sagten: „Genau wie de’ Papa.“ Aber er war geschäftstüchtig. Von den vorbeikommenden Passanten nahm er Wetten an und veranstaltete kurzerhand ein Rennen.

Andere lugten durch den Vorhang einer Wahrsagerin.

„Hä, darin wird geknutscht!“, verkündete einer dieser Burschen, so laut, dass es durch alle Gassen schallte. Rasch versammelte sich eine Traube von Kindern vor dem kleinen Containerwagen, in dem ein Stuhl stand und in dem es anrüchig roch. Sie bettelten, sie schrien, sie balgten sich darum, wer als Erster durch das winzige Löchlein gucken durfte. Ein jeder wollte sich davon überzeugen.

„Halt!", sagte der Entdecker und hielt seine Hand offen: „Ein Blick, ein Euro!"

Ein dunkler Kastenwagen kam rasant um die Kurve gefahren, nahm den Weg über die Brücke in die Uferpromenade des Dorfes und blieb vor einer Bankfiliale stehen. Dicht vor dem Schaufenster parkte ein Traktor mit Frontlader und Grete nahm an, das Fahrzeug gehöre einem der Aussteller. Doch dann durchbrach der Frontlader die Schaufensterscheibe und griff nach dem frei stehenden Tresor. In nicht mal fünf Minuten wurde ein Bankautomat komplett in dem Kastenwagen verstaut. Die Türen wurden verschlossen, der schwarz gekleidete Fahrer des Traktors stieg ab und kletterte rasch durchs Fenster ins Auto. Mit permanentem Hupen bahnte er sich seinen Weg.

Seltsam, einer dieser Banditen trug schwarze Stöckelschuhe und unter seiner Mütze lugten rote Locken hervor. Grete wusste nicht, ob sie einer Sinnestäuschung unterlag. Pilger und Gäste sprangen vor Schreck zur Seite, zu besorgt darum, nicht überfahren zu werden, als dass einer von ihnen diese Flucht hätte verhindern wollen. So entkam das Fahrzeug über einen Seitenweg, fuhr an der Kirche vorbei und verschwand in der Dunkelheit.

Grete blieb mit offenem Mund stehen. Sie schnaufte, ging ein paar Schritte und hielt sich dann am Brückengemäuer fest. Sie war entsetzt, und das nicht nur wegen des Einbruchs. Ihr Puls raste. Sie blieb stehen und schnappte nach Luft. Auf der Grenzbrücke hatte sie jemanden entdeckt, der kopfüber über dem Mauersims hing, lediglich gehalten von festgeschnallten Sportschuhen.

## Kapitel 7
## „Grenzenlose“ Ermittlungen

Theo lag mit seiner Kleidung auf dem Bett in einer Pension. Er war eingeschlafen. Schnarchte. Da klingelte sein Handy. Er ging nicht dran. Es klingelte wieder und wieder. Er öffnete seine Augen, nur ein schmaler Lichtschein drang unten vom Flur durch die Zimmertür herein. Seine Pupillen musterten die Tapete an der Wand, die vom Mondlicht beschienen wurde. Sein Blick wanderte vom Nachttischchen hinüber zur Kommode und zu einem Schreibtisch. Stammte das Geräusch etwa von dort? Wo bin ich?, fragte er sich. Da erinnerte er sich an die Feier seiner Töchter. Er stöhnte. Benommen fasste er sich an den Kopf und schimpfte mit sich selbst: „Das war wohl ein Eifel-Pils zu viel gestern!“

Es klingelte wieder.

„Bin im Urlaub, Jungs!“, brummte er wütend. Damit war seine Polizeidienststelle in Nordenrhein gemeint. Es klingelte wieder und er dachte: Loretta? … Kann ich net ein Mal ungestört Urlaub machen?, und er begann sich, weil ihm der Schädel brummte, mit beiden Händen an den Schläfen zu massieren.

Während er sich aufrichtete, faselte er: „Nee, nee, nee.“

Er stand auf, torkelte durchs Zimmer ins Bad, rülpste, schaute sich im Spiegel sein verknautschtes Dreiuhrmorgengesicht an und erleichterte sich. Während er rasch seine Hose zuknöpfte, klingelte es erneut. Er nahm sein Handy, konnte aber die Nummer auf dem Display nicht erkennen, es war zu verschwommen. Er drückte auf „Aus“, schwankte zu seinem Koffer und wühlte blind nach einer Schlafhose.

„Sie war gut im Bett“, murmelte er zu sich selbst. Sein Gesicht glänzte glückselig: „Ihr sexy Körper und ihre Busen … einfach zum Reinbeißen. Und dieses kleine Tropenparadies unten. Sie ging ab wie ’ne Rakete!“ Er pfiff gut gelaunt. Er wusste, es klang obszön, aber der Sex hatte sich nun mal unsagbar gut angefühlt.

„Und wenn man sich gut fühlt und beide sich daran erfreuen, dann hält das gesund! Aber an meine Frau kommst du nicht ran, Lotte. Was wir hatten, das bekommt man nicht mit zwei oder drei Sexnummern hin. Vielleicht braucht ein Mann zwei, drei oder sogar vier Frauen: eine Ehefrau, die sich um alles kümmert; eine Geliebte, die geil ist und immer will; eine anmutige Geisha zur geistreichen Zerstreuung und eine Tochter, die einen stets bewundert." Theo schwankte zum Bett, ließ sich fallen und grinste. „Ich habe zwar keine Geisha, dafür aber zwei Töchter." Er setzte seine Selbstgespräche fort.

„Sie will das volle Programm: Hochzeit, Haus und Familienkommunion. Montags Rechnungen und samstags Vorgarten jäten. Und irgendwann sind nur noch Reste übrig für die ‚lästige Ehepflicht' vorm Kirchgang."

„Nee du", meinte er mit einem Casanova-Grinsen zu sich selbst. „Lieber ab und zu dieses sanfte Prickeln, Flirt und geile Eroberung, aber keine Verpflichtungen! Ein echter Kerl braucht auch mal Zeit für sich." Er gähnte. Und da es aufgehört hatte zu klingeln, stellte er fest: „Vor allem brauche ich jetzt 'ne Mütze voll Schlaf!"

Und er schlief ein wie ein Hundewelpe.

Irgendwann klingelte es wieder. Er wurde wach. Schaute auf die Uhr. Kurz nach fünf. Er ging nicht dran. Theo war gerade wieder eingeschlafen, da klingelte abermals sein Handy. Pilger polterten die hölzerne Wendeltreppe hinauf und fast hätte eine Hotelangestellte mit dem Generalschlüssel sein Zimmer aufgesperrt.

„Das Zimmer ist besetzt!", rief er.

Das Handy klingelte und klingelte. Wutentbrannt stand er auf und brüllte: „Gib Ruhe da draußen! Hier wollen Leute schlafen!"

Jetzt schaltete er sein Handy komplett aus und knallte es in die Ecke, wo es auf einem Sessel zwischen einer Anzughose und einem Hemd landete, das er über die Armlehne gelegt hatte.

„So, und jetzt lasst mich schlafen!"

Draußen wurde es bereits hell. Es verging eine Weile, da ertönte ein schrecklicher Ton. Theo schreckte auf. Alarm? Dieses schrille Klingeln klang wie die Pausenglocke aus seiner Schulzeit. Da bemerkte er ein komisches Gerät neben sich auf dem Nachttischschränkchen. Theo seufzte und lachte auf. Also, das hier war schon das hinterste Hinterland aller Hinterländer, so ein altes Telefon hatte er schon lange nicht mehr gesehen. Nun dröhnte und klingelte dieses Ding mit Wählscheibe sirenenartig laut.

Theo sprang aus dem Bett und knipste das Licht an. Das Licht blendete ihn und er blinzelte. Schlaftrunken nahm er den Hörer ab und antwortete: „Ja?"

Keine Reaktion.

„Hallo, wer spricht da?"

„Herr Theo? … Spreche ich mit Kommissar Theo?"

Gedankenpause.

Theo rieb sich die Augen und brachte ein zerknirschtes „Ja" hervor.

„Endlich! … Moment, ich verbinde", hörte er eine weibliche Stimme sagen.

Es folgte ein ungewohntes Rauschen und Klicken. Plötzlich setzte Musik ein und gerade als Theo schon entnervt auflegen wollte, ertönte eine Männerstimme: „Hier ist das Oberkommissariat aus Trevis. Hamm ist mein Name."

Und dann, nach einer kurzen Pause: „Mannomann! Der Papst wäre sicherlich leichter zu erreichen gewesen als Sie, Herr Theo!" Er lachte. Dann kam er zu seinem Anliegen: „In Echterville ist gestern ein Bankautomat gesprengt worden. Die Täter sind flüchtig. Gleichzeitig wurde ein Unfall auf der Grenzbrücke mit Personenschaden gemeldet, darum bitte ich Sie, dort die Ermittlungen aufzunehmen."

Theo staunte: „Wer? Was? … Wie bitte? … Ich bin nicht im Dienst … Außerdem ist das nicht mein Einsatzgebiet und …"

„Theo? … Theo?", fiel der Oberkommissar ihm ins Wort. „Was ist das eigentlich für ein Name? Ich kenne den nur als Vornamen. Nun, das tut jetzt nichts zur Sache. Wir haben um Amtshilfe gebeten, weil wir aufgrund von Entsendungen zu bundesweiten Großveranstaltungen unterbesetzt sind. Und da Sie gerade in der Nähe sind … Also, Herr Theo, fahren Sie hin und sehen Sie mal, was Sie dort ermitteln können! – Ach, und noch eine Frage, Kommissar Theo: Können oder kennen Sie den Eifel-Dialekt, Plattdeutsch oder Luxemburgisch?"

„Nö", erwiderte Theo.

Er stand auf, um sich gleich wieder zu setzen. Er hatte noch seinen Pyjama an und rieb sich mit der Hand über die Schläfen. Er kratzte sich und stellte etwas verwundert fest: „Auch in Park-De-Lux ist Deutsch Amtssprache, oder etwa nicht?" Aus dem Handy war ein Räuspern zu hören.

„Das ist hier anders als in Dortmund."

Theo wollte eigentlich erwähnen, dass er in Kyllburg aufgewachsen sei und dass er sogar ein katholisches Gutland-Gymnasium besucht hatte und … – doch er hielt sich zurück und sagte lediglich: „Das werden wir ja sehen … Mein letztes Einsatzgebiet war Erftstadt bei Köln. Mein letzter Fall hatte was mit Dortmund zu tun."

Daraufhin sagte der Oberkommissar: „Sie bekommen Unterstützung. Ich schicke Ihnen den Lautwein und die Spurensicherung müsste bereits vor Ort sein. Ich erwarte Daten, Fakten und einen Bericht! Die Presse sitzt mir im Nacken, Herr Kommissar! Alles klar?" Dann legte er auf.

Theo war verärgert und irritiert zugleich. „Ich bin im Urlaub!"

Mit verschlafenem Blick in den Spiegel korrigierte er sich: „Ich war im Urlaub!"

Er kramte zwischen Krawatten und weißen Hemden, die über der Bettkante hingen, und suchte eine brauchbare Hose, als jemand an seiner Zimmertür klopfte. Eine Dame sprach mit italienischem Akzent: „Frühstück, Senior?"

„Sì. Ich komme."

Im Nu hatte er alles gefunden, was er zum Anziehen benötigte, sogar eine vorgefertigte Krawatte. Im Bad spritzte er sich etwas kaltes Wasser ins Gesicht. Ein Espresso? Hm, ein Kaffee wäre jetzt auch nicht schlecht, dachte er. Pfeifend schlängelte er sich die enge Wendeltreppe hinab und sah schon das Frühstücksbüfett vor sich, da fiel ihm der unvergleichliche Panoramablick durch das wandgroße Fenster auf. Wahnsinn! Und als er die Schwäne im Morgennebel so vorüberziehen sah, überkam ihn ein Gefühl von Wehmut und Heimat. Für einen winzigen Augenblick – etwa so lang, wie es braucht, dass ein warmer Kaffeeschluck den Rachen hinuntergleitet – genoss er diesen Blick über das Vallée de la Sûre mit dem Fluss in der Mitte, den felsigen Schluchten zu beiden Seiten des Park-De-Lux und den weitläufigen Wiesen und Wäldern des Tals. Dahinter, zur Rechten, lag die Bruchsteinmauer des Klosters – oder war es eine weitere Burganlage? Er wusste es nicht mehr so genau; damals in seiner Jugend hatte er nicht darauf geachtet. Er hatte sich mehr für Fußball und Mädchen interessiert. Da war eine hübsche Senhorita gewesen, schön wie Madonna, aber bekommen hat sie der reiche Junge von diesem Gutshof. Spagettifresser hatte man ihn genannt. Manchmal heilte der Anblick von etwas Schönem; manchmal auch nicht.

Stellenweise glich dieses Naturschauspiel ein wenig seiner Heimat in Italien, wo sie bei der Großmutter den Sommer verbrachten. Wehmut kam auf. Konnte ein Mensch mehrere Heimaten lieben? Genauso wie ein Kind eine Mama und einen Papa hatte? Diese widersprüchlichen Gefühle wühlten ihn auf, machten ihn kirre. Er sollte sich besser auf den Fall konzentrieren, er durfte jetzt nicht aufgewühlt sein, musste einen kühlen Kopf bewahren.

Seine Gedanken wurden durch ein knatterndes Auto unterbrochen, gefolgt von einem fürchterlichen Krächzen, als der Fahrer unüberhörbar einen Gang zurückschaltete und dann mit fast durchgedrücktem Gaspedal noch lauter die Serpentinenkurven hinaufbrauste.

„So ein Mist!“, sagte Theo fluchend mehr zu sich selbst mit Blick aus dem Fenster. Außer ihm war kein weiterer Gast da. Die Pilger waren alle schon wieder weg.

Er bemerkte das Zimmermädchen, das jetzt auch als Kellnerin fungierte, anscheinend war es „multifunktional“, wie man so schön sagt.

Er hüstelte in ihre Richtung und korrigierte sich: „Entschuldigen Sie bitte. Ich meinte nicht Sie. Auch nicht das Auto.“

Obwohl das Fahrzeug ihn daran erinnerte, wie sein Vater ihn manchmal in solch einem Wagen zur Schule gefahren hatte. Danach war er dann weiter in den Ruhrpott gefahren, auf Montage. Und er erinnerte sich daran, dass er und seine Geschwister mit der Mutter die Woche über allein waren und kein Auto hatten und wie sie als Kinder auf der Fensterbank lauerten, bis der Papa wieder da war. Aber nicht wegen dem Papa. Nein, er und seine Geschwister wollten Ausflüge machen, an den

See fahren, zum Beispiel, so wie andere Familien auch. Seine Eltern führten jedoch in einem anderen Eifeldorf ein Restaurant und meistens gab es Streit, wegen des Geldes. Sein Vater hatte seinen Lohn im Büdchen am Ruhrpott bereits versoffen, bevor er hinunter in die Eifel kam. Auto fahren konnte er dann auch nicht mehr, also musste sein dreizehnjähriger Bruder herhalten und die Pizza ausfahren … – Direkt vor seinen Augen parkte ein alter Ford Escort, vermutlich galt der heute als Oldtimer. Dies alles erinnerte ihn an seine schrullige Kindheit.

Die Kellnerin wischte gerade die Tische sauber und füllte Zucker nach. Er wandte sich zu ihr und meinte schmunzelnd: „Das ist wohl ein Newtimer?"

Sie schaute auf, zunächst irritiert, dann lächelte sie ihn an.

Theo räusperte sich, im Begriff, wieder aufzustehen. Er nahm einen Schluck und meinte, er sei ja wieder im Dienst. Seufzend trank er noch einen letzten Schluck und sagte: „Aber meinen Kaffee werde ich ja wohl noch austrinken dürfen."

Im Vorbeigehen nahm er sich ein Brötchen vom Büfett, schnitt es in zwei Hälften, beschmierte es mit ein wenig Butter und nahm zwei Scheiben Wurst. Damit wollte er sich durch eine Glastür über die Terrasse hinaus auf den Parkplatz begeben. Er stockte, denn beim genaueren Hinsehen bemerkte er an dem Auto unzählige Rostflecken.

Er räusperte sich erneut und meinte: „Und ich dachte, solche Fahrzeuge hätten sie schon längst aus dem Verkehr gezogen!" Denn die Karosserie sah schlimm aus, so als würde sie ohne die selbst bepinselten Lackstellen jeden Moment auseinanderfallen.

Die südländisch aussehende Hotelangestellte kam zu ihm und schenkte ihm nach. Dann sagte sie etwas in einer Sprache, die er nicht verstand. Er vermutete auf Portugiesisch? Vielleicht dachte sie ja, er könne sie verstehen. Doch er zuckte nur mit den Schultern und meinte: „Eu não entendo. Eu não falo português, senhorita." [„Ich verstehe nicht. Ich spreche kein Portugiesisch, Fräulein."]

Sie schenkte ihm ein reizendes Lächeln.

Dann kam ein Kerl zur Tür herein, gefolgt von ein paar Schlägertypen. Mit denen war nicht zu spaßen, sie fuchtelten mit Schlagstöcken. Nur seine Anwesenheit bremste sie, sofort Randale zu machen. Die Herkunft dieser Leute war schwer einzuschätzen. Der Größe und den blauen Augen nach zu urteilen könnten sie aus dem hohen Norden vom Gutland kommen. Doch den blonden Haaren nach wäre auch eine skandinavische Herkunft denkbar. Andererseits wirkten die Haare gefärbt und der Sprache nach könnten es auch Leute aus Osteuropa sein.

Der Mann mit den gefärbten Haaren hatte ein hässliches, wettergegerbtes Gesicht. Jedenfalls schien er etwas zu sagen zu haben. Mit seinem schwarzen Spitzbart, den nachgezogenen, geschwungenen Augenbrauen und den fast schon feuerroten Haaren versprühte er eine Art Dämonenaura. Dazu seine Größe und seine breite Masse an Körper, wie ein Kühlschrank, eiskalt und teuflisch gierig; kurzum: Angst einflößend.

Der Fremde ging auf die Hoteldame zu, sagte etwas, vermutlich in ihrer Landessprache. Theo konnte zwar nicht verstehen, was er sagte, doch anhand seiner Drohgebärde nahm er an, die Frau sei in Gefahr. Sie warf ihre Arme um seinen Hals und küsste ihn. Es sah aber nicht nach einer Beziehung aus, eher nach einer abhängigen Affäre. Er verweigerte ihre Küsse, stattdessen ergriff er ihre Hände und drohte ihr.

Irgendetwas war hier im Busch. Schutzgelderpressung? Schwarzmarkthandel? Oder gar eine Clan-Banden-Fehde? Alle möglichen Varianten gingen dem Kommissar durch den Kopf. All das war schon mal vorgekommen, aber nicht in Park-De-Lux.

Eigentlich war Theo in Eile, dennoch stand er auf und bat die Hotelangestellte um eine weitere Tasse Kaffee. Er dachte, vielleicht könne er so die Frau aus der Situation retten. Weit gefehlt. Stattdessen kam der portugiesisch Sprechende mit dem wettergegerbten Gesicht auf ihn zu. Er war mindestens einen, wenn nicht sogar zwei Köpfe größer als der Kommissar, selbst wenn dieser seinen Hut aufsetzte.

Der „Kühlschrank“ gestikulierte und sagte so etwas wie: „Das ist etwas Persönliches, also halten Sie sich bitte raus!“, was übrigens in einem respektablen Deutsch artikuliert wurde.

„Wie, ich hatte doch gar nicht …“, begann Theo, doch dann besann er sich und schaute ihm direkt in die Augen. Er dachte: Angriff ist die beste Verteidigung!

Dann knurrte er: „Na komm schon, haste mehr Fett- als Gehirnmasse?“

Er registrierte, wie die Dame sich unterdessen davonschlich. Mit einem standhaften Blick, ähnlich dem Bluffen beim Pokerspiel, forderte er ihn geradezu heraus. Der Kühlschrank-Typ brummte. Die Kontrahenten standen jetzt ganz nah voreinander, kein Blatt Papier hätte dazwischengepasst. Da kam dem Theo eine Idee!

Mit einem rasanten Sprung kickte Theo den verstaubten Zeitungsständer um, schleuderte seinem Gegenüber den noch heißen Kaffee ins Gesicht und nutzte die Turbulenzen, um sich davonzumachen.

Rasch setzte er sich in seinen Audi quattro und raste mit quietschenden Reifen davon. Nichts wie weg hier!, dachte er. Geschickt lenkte er den Wagen aus der Einfahrt, anstatt die Hauptstraße runter nahm er einen geteerten Feldweg oberhalb des Dorfes. Er schaltete einen Gang höher und raste an noch grünen Weizenfeldern vorbei. Der Weg führte durch den Wald, links und rechts umgeben von hohen Buchen. Er raste an Jagdhochsitzen vorbei.

Plötzlich, im Rückspiegel, der Fort-Escort-Wagen. Sie waren ihm wie erwartet gefolgt. Er gab noch mal ordentlich Gas, sodass sich hohe Staubwolken bildeten. Theo griff auf Erfahrungen aus seiner Jugendzeit zurück, als sie angetrunken die „Promillewege“ nutzten, um der Polizei zu entkommen. Theos Wagen hoppelte über Baumwurzeln. Er schaltete einen Gang zurück. Aus seinen Jugendtagen wusste er noch, wie und wo die Straße auf ein gewisses Plateau hochführte. Er schaute in den Rückspiegel. Noch war ihm niemand gefolgt. Theo überlegte: Vor ihm hatte er freie Sicht auf einen Segelflughafen. Linker Hand führte der Weg zum Gutshof „Zur Linde“.

Oh, es fühlte sich gut an, als wäre man wieder zwanzig.

Theo grinste in den Spiegel.

Dann bremste er unvermittelt ab und bog links ab in einen verwilderten Weg, das Gras ragte ins offene Fenster herein. Wenn er diesen Weg weiterverfolgen würde, dann würde ihn das wieder zurück in den Wald führen. Also bog er kurzerhand scharf nach rechts ab. Dort holperte er eine Weile über eine raue Schotterpiste, wobei er achtgeben musste, nicht einen Abhang hinunterzustürzen, um schließlich hinter verwilderten Büschen sein Auto zum Stehen zu bringen. Dort stellte er den Motor ab und wartete.

Das Geniale an Park-De-Lux war, hier konnte man sich gut verstecken. Gleichzeitig dachte er: Aber was ist, wenn sie diese Verstecke kennen? Die Old-School-Ganoven der Unterwelt kannten sich nämlich bestens aus im Netz der Schmugglerrouten, nicht nur im Darknet … Am liebsten hätte er jetzt eine geraucht, aber er hatte damit aufgehört, nachdem bei seiner Frau Krebs diagnostiziert worden war. Seltsam, seit dem Tod seiner Frau wurde ihm gelegentlich mulmig, obwohl er bereits über zwanzig Jahren bei der Polizei tätig war. Er war froh, allein unterwegs zu sein. Kollegen gegenüber durfte man keine Angst zeigen. Doch jetzt waren Konzentration und stilles Abwarten angesagt, gleichwohl er unter Zeitdruck stand, denn er sollte einen Tatort untersuchen. Um seiner Nervosität Herr zu werden, lehnte er sich aus dem Fenster, zupfte sich einen Grashalm und kaute darauf herum.

Plötzlich hörte er Motorengeräusche. Er sah schon den ockerfarbenen Escort auf sich zukommen und rutschte tiefer in den Sitz. Er setzte sich seinen Chicago-Hut auf und hielt sich länger in Deckung als ursprünglich geplant. Schließlich schaltete der Fahrer des Escorts den Rückwärtsgang ein und verschwand in Richtung Waldrand.

Theo steuerte seinen Wagen wieder auf die Landstraße. Er wollte so schnell wie möglich zurück in den Ort Bollenpoint. Die Gassen, ein bisschen wie in „bella Italia", wurden immer enger und kurviger. Plötzlich tauchte ein Verkaufswagen auf, der die ganze Fahrbahnbreite in Anspruch nahm. Theo hupte, was das Zeug hielt. Kein Blatt Papier hätte zwischen die beiden Fahrzeuge gepasst. Und beinahe … Wie heißt es doch so schön?, dachte Theo. Augen zu und durch! Vielleicht half ja auch Luft anhalten?

Das ist ja gerade noch mal gut gegangen!, atmete Theo erleichtert auf, nachdem er seine Augen wieder geöffnet hatte und die pralle Sonne ihn wieder ins Leben zurückholte. Kleine, bucklige, bunte Häuserreihen, manchmal nur bestehend aus einer Tür und einem Fenster, aber mit großem Schornstein, standen dicht gedrängt links und rechts des Abgrundes am Straßenrand. So als müssten sie sich gegenseitig stützen, damit sie nicht den Hang hinunterkullerten.

Und auf einmal sah Theo etwas, wovon er zwar schon gehört hatte, was er aber noch nie so erlebt hatte. Vor ihm gingen unzählige Menschen mit gesenkten Häuptern, vertieft im Gebet, hintereinander marschierend. Vorneweg stolze Fahnenträger mit den Wappen ihrer Pfarreien. Als sie sich der Stadt Echterville näherten, unweit der anderen Flussseite, formierten sich die Menschen in Viererketten zu einer Parade, jeweils verbunden durch ein weißes Dreiecktuch. Zu handgespielter Poltermusik hüpften sie einmal nach links, zweimal nach rechts, dann ging es eine Weile vorwärts, bis es paradoxerweise zwei Schritte rückwärts ging. Tanzend und betend bewegten sich die Gläubigen und huldigten so dem heiligen Willibrord. Theo wunderte sich und schüttelte den Kopf.

Als Theo kein Durchkommen sah, stellte er kurzerhand sein Auto ab und ging zu Fuß weiter. Marktstände säumten den Wegesrand. Eine milde Frühjahrssonne sorgte für angenehme Temperaturen, und das lockte viele Zuschauer, Pilger und Marktbesucher, Alt und Jung. In dem Getümmel verlor er die Orientierung. Er fragte einen auf einem Mountainbike sitzenden Pilger, der eine Gebetskette um den Hals trug und zeitgleich sein Handy durchscrollte, ob er ihm den Weg zur Grenzbrücke zeigen könnte. Der Mann stöhnte und zuckte mit den Schultern. Nach einigem Zögern zeigte er ihm jedoch sein Handy mit GPS-Funktion: Himmelsrichtung Südwest. Der Mountainbikefahrer blickte sich um und zeigte in die angezeigte Richtung: „Dort an der Brücke vielleicht? … Aber ich bin mir nicht sicher …“

„Alles klar! Danke!“, rief Theo und begab sich schnellen Schrittes in südwestliche Richtung.

Dort war bereits ein großes Polizeiaufgebot und blaulichtblinkende weiße Fahrzeuge sperrten weiträumig die Brücke und riegelten die Zufahrt von Park-De-Lux-Seite. Viele trugen blaue Uniformen mit dem Wappen der Dynastien, ein Löwe auf Blau-Weiß, weil sie zu der großherzoglichen Polizei gehörten, und sie liefen umher, manche mit Absperrband in der Hand, andere mit einer Haltekelle, um den Verkehr zu regulieren.

„Na super! Und das in der Pilgersaison!“, stöhnte Theo.

Manche Beamte kamen zu Pferd und ihr hohes Ross überragte die meisten Menschen, die schon aus Respekt vor dem Tier den Weg frei machten. Auf Gutland-Seite stand die Bundespolizei mit zum Teil grün-weißen Fahrzeugen. Ihre Uniformen waren gemischt, manche in Grün, manche in Blau. Ihre Abzeichen trugen das Landeswappen des Landes Rheinland-Pfalz und die mit drei Zeichen symbolisierten die drei Kurfürstentümer. Der Pfälzer Löwen stand für den Pfalzgraf Otto; das Sankt-Georgs-Kreuz für den Kurfürsten Trevis und das Rad symbolisierte das Erzbistum Mainz; sie alle sind heute noch Zeuge für die Verbindung zu dem damaligen Heiligen Römischen Reich deutscher Nation; so besteht schon lange eine Verbindung zum Papst nach Rom. Nicht zuletzt wird das Wappen oft mit einer goldenen Krone präsentiert, wegen der Bedeutung des Weinbaus und seiner sechs von dreizehn Gutland-Weinanbaugebieten. Ungeachtet dieser vielen Zeichen wurde per Lautsprecher um Aufmerksamkeit gebeten.

„Machen Sie bitte den Weg für die Einsatzfahrzeuge frei!“

Dann, wenig später, kam aus dem Park-De-Lux-Felsengebirge ein Mountainbikefahrer rasant um die Kurve gefahren. Als er das Aufgebot in der Brückengabelung erkannte, ging er kräftig in die Bremsen. Gerade noch rechtzeitig konnte er einem der Pferde ausweichen. Die Polizistin obenauf schimpfte. Doch der sportliche Fahrradfahrer winkte mit einer Hand, blickte, während er weiter in Richtung Brücke fuhr, zurück und lächelte sie mit seinem sonnengebräunten Gesicht an. Seine muskulösen Oberarme unterhalb seines hautengen Trikots verrieten, dass er nicht zum ersten Mal durch die Schluchten von Park-De-Lux unterwegs war. Auch seine freundlichen blauen Augen und seine markanten Wangenknochen mussten wohl Wirkung haben, denn sie drehte sich verlegen lächelnd weg. Aber nicht lange, dann trabte sie neben dem Fahrradfahrer her und deutete auf seine Haare. Er trug keinen Helm. Die Frau beharrte mit einem strengen Blick darauf, deutete mal auf sich, mal auf seinen Kopf. Unbeeindruckt wischte sich der etwa eins achtzig große Mann die halblangen, schwarzbraunen Rasterlocken beiseite, und da war es wieder, dieses männlich charmante Lächeln, dem viele Frauen nicht widerstehen konnten. Er förderte ein Haargummi zutage und pulte die Banderole einer Suppendose ab, setzte sie sich auf den Kopf und so trug er einen Blechbüchsenhelm. Mit einer Mischung aus Arroganz, Spitzbubenhaftigkeit und Charme lächelte er sie an, als er, eine Hand lässig am Fahrradlenker, meinte: „Moin, ech sinn e Kollege! Ech sinn aus Gutland! Ech sinn just alarmiert ginn! Hei ass meng Service-ID.“ [Landesüblicher Dialekt für: „Hallo, ich bin ein Kollege! Ich bin aus Gutland! Ich bin gerade erst alarmiert worden. Hier ist mein Ausweis.“]

Er blickte auf, lächelte und wischte sich den Schweiß und ein paar unbändige Haarsträhnen aus der Stirn, die er mit flinken Händen mit einem Gummi zusammenband. Kess setzte er eine freundliche Unschuldsmiene auf und balancierte sein Rad geschickt freihändig.

Doch die pflichtbewusste Beamtin behielt ihren strengen Blick bei. Sie trug, wie alle anderen Polizisten aus Park-De-Lux, eine royalblaue Uniform und eine körperenge Schutzweste. Etwa auf Brusthöhe befestigt, befand sich ein Sprechfunk, dieser war neuerdings mit Kamera ausgestattet. Die Uniformen waren unisex und – dienstlich korrekt – neutral in der politischen Gesinnung, jedoch waren alle mit dem Wappenemblem des Großherzogs von Park-De-Lux versehen. Selbst das Pferd trug ein Landeswappen sowie farblich passendes Zaumzeug und Sattel dazu. Die Beamten trugen schwarze Gürtelschnallen, an denen waren silbern funkelnde Handschellen befestigt, Schlagstöcke, auch eine Dienstwaffe. Hoch oben auf dem Pferd wirkte der Polizist ganz schön Respekt einflößend. Das Pferd schnaubte über die Köpfe der Pilgerschar hinweg, wurde unruhig, stampfte ein wenig mit den Vorderhufen und wollte weiter.

Die fest im Sattel sitzende Beamtin hielt das Pferd streng an den Zügeln fest, und mit genauso strenger Mimik und korrekt sitzender Dienstmütze nahm sie das kleine Kärtchen entgegen. Kurz machte sie ein staunendes Gesicht, sagte aber nichts, sondern murrte nur leise: „Och Inspekteuren aus dem Ausland mussen Véloshelmen undoen!“ [Luxemburgisch für: „Auch Kommissare aus dem Ausland müssen Helme tragen!“]

Und dann schrie sie laut und schrill hinüber zu einem Kollegen, der hoch zu Ross Passanten davon abhielt, am Tatort vorbeizugehen.

„Hien ass e Kolleg! Kloer de Wee! Hien muss op déi aner Säit goen!“ [Luxemburgisch für: „Er ist ein Kollege! Macht den Weg frei! Er muss auf die andere Seite!“]

„Merci und danke!“, rief Leo noch hinterher.

Doch es kam keine Reaktion.

Eigentlich war er ein Naturliebhaber und wollte an seinem freien Tag in die Mini-Schweiz, wie diese Felsen auch genannt werden. Dort wollte er unter freiem Himmel campieren, sich eine Forelle angeln und grillen und frische Waldluft tanken, das sollte sein Weekend werden. Mit Karabinerhaken und Seilzug wollte er mal wieder das Abseilen zwischen den Schluchten üben, denn hier verschmolzen Mensch und Land von Park-De-Lux und Gutland zu einer atemberaubenden Naturlandschaft, aus welcher der junge Mann vor einer Stunde durch das Klingeln seines Diensthandys herausgerissen worden war.

Kurz vor der Sandsteinbogenbrücke blieb der sportlich-agile Typ stehen. Einige Männer, die auf der Brücke standen, hielten etwas fest, wie es schien. Kommissar Theo kam von der anderen Seite, er hatte sein Fahrzeug abgestellt und eilte nun schnellen Schrittes – soweit seine kurzen Beine das mitmachten – die steile Hanggasse zwischen den Häusern von Bollenpiont hinunter, schlängelte sich an Schaulustigen vorbei und dachte verärgert: Dieser Rasterlockentyp besitzt doch tatsächlich die Dreistigkeit, sich einzumischen. Was fällt dem eigentlich ein!

Theo hatte bald eine Kreuzung erreicht, die allerdings von vielen Pilgern und Pilgerinnen bevölkert war. Busse mit Schulkindern verhinderten ein Durchkommen. Und die rüstige Frau Grete stand mit ihrem Marktstand unweit der Kreuzung. Sie bot allerlei Selbstgekochtes, Selbstgehäkeltes und Selbstgezüchtetes an. Da erblickte sie in dem Trubel die ihr bekannten Rasterlocken. Sie wunderte sich über die alberne Blechbüchse und verzog das Gesicht zu einem Lächeln. Der junge Mann hatte sich rasch ein schwarzes Sweatshirt übergezogen, darin fühlte er sich seriöser; er schien die Botschaft zur Kenntnis genommen zu haben, zeigte jedoch keinerlei Gefühlsregung. Diese Eigenschaft könnte man als regionaltypisch bezeichnen, denn die Menschen hierzulande sind eher von der stillen Sorte. Diese Menschen sind herzensgut.

Sie sind nicht fürs Schwafeln bekannt, sondern für Taten. Also versuchte Leo tatkräftig, die Massen davon abzuhalten, den Tatort noch weiter zu betreten.

Theo konnte den Tatort überblicken, musste sich jedoch an den rosenkranzbetenden Menschentrauben vorbeizwängen, in Richtung Dorfmitte. Eigentlich war dies keine „Mitte“, es war vielmehr ein lang gezogener Uferpromenadenweg, an dem Autos entlangfuhren, weil es ebenso eine Durchgangsstraße war. Hier befanden sich hübsche Landhotels mit Geranien auf dem Balkon, mehrere kleine Restaurants mit Außenterrasse und eine Bankfiliale. Viele holländische Gäste genossen gerade die Sonne. Selbstverständlich bekam der Gast ein frisch gezapftes Bier der Eifelregion, aber empfehlenswert sei der Cidre. Gasthäuser boten das in der Region gebraute Bier an, das man auf der Terrasse mit Blick aufs Tal genießen konnte.

Im Stimmengewirr hörte Theo eine Gastwirtin erläutern: „Der Cidre-Apfelwein, der hier vor Ort hergestellt wird, ist Pflichtprogramm! Und auch gut für Kinder!“

Da wurde der stämmige Kommissar Georg Theo plötzlich am Kragen gepackt und mit einem Ruck auf den Bordstein gezogen. Das vollbusige Weib – die Täterin – schrie laut mit erhobenem Arm: „Leo, he as ’n!“

Ihre Augen traten hervor und auf ihrem von harter Arbeit gezeichneten und vom Wetter gegerbten Gesicht bildeten sich Lachfalten. Über die Köpfe der Passanten hinweg schrie sie es mehrmals und verschaffte sich somit Gehör. Leo, rollte seine Augen, als er sie vom Weitem schreien hörte. „Leo! Hey! Ech han ihn fund!“ [„Leo! Hier! Ich habe ihn gefunden!“]

An der gemeinsamen Sprache merkte man die Verbundenheit der Menschen, die diesseits wie jenseits des Flusses wohnten, und der auch eine politische und/oder gedanklich gezogene Staatsgrenze nichts anhaben konnte. Hier wurde noch immer dieselbe Dialektsprache gesprochen wie vor den Weltkriegen.

Die rüstige alte Tante Grete rief immer wieder.„Hey! Ech han ihn fund!“ In ihrer Aufregung bemerkte sie nicht, wie sie gelegentlich sputzte. Pilger, die sich erschöpft auf dem Boden niedergelassen hatten, um eine Pause einzulegen und den Segen des Wasser spendenden Priesters zu empfangen, dachten schon, dies sei der Segen.

Ungeachtet dessen stieg Grete auf ihren Segway und befahl dem Theo, er solle ihr folgen! Abseits des Trubels zog sie den Kommissar am Arm einen Trampelpfad entlang. Dieser verlief parallel entlang des Flussufers.

„Zigeuner benutzen diesen Weg, wenn sie Verwandte, Bekannte und Freunde nachts heimlich über die Grenze schmuggeln. Ich auch. Ich mein', ich schmuggle nix, aber ich bunkere Zeitungen hier, weil die sind mir zu schwer, verstehen Sie?", erklärte Grete.

Dem Theo war nicht klar, ob sie mit ihm sprach oder mit sich selbst. Auf dem teils gepflasterten Weg fuhr sie Segway und hatte alle Mühe, die Balance zu halten. Sie hatte sich ein paar Werbeblättchen unter den Arm geklemmt, die sie unterwegs in Briefkästen verteilte, und war dadurch in Schieflage geraten. Aber darin ist sie recht gut, für ihr Alter. Wie alt mag das Weib wohl sein?, dachte Theo. Er schnaufte. Sie wurde schneller, weil sie sich hier gut auskannte, allerdings vergrößerte sich der Abstand zwischen dem Theo und der Grete so immer mehr.

Nach einigen Metern Grassteppe, unterhalb der Brücke, gelangten sie zu einer kleinen Treppe. Irgendwann blickte sie zurück, der Kommissar hetzte hinterher.

„Was für ein romantischer Cockerspaniel-Blick, dieser adrett gekleidete Mann, der wäre wahrlich eine Delikatesse!", dachte sie laut.

Bei diesem Gedanken wäre die vollschlanke Frau im abgewetzten Jeansoverall fast umgefallen, aber nur fast. Sie hielt sich gerade noch am Ast eines Strauches fest, und als er näher kam, meinte sie geradeheraus: „Sacha-Jis! Wäre ich nur ein paar Jahre jünger, ein paar Pfunde schöner und einige Jahresfalten weniger, Sie wären mein Typ!" Sie kokettierte mit flackernden Augen, fast wie ein kleines Mädchen.

Es wirkte albern. Doch dann besann sie sich, hob ihr Kinn und sagte, während sie, ohne es zu merken, sputzte: „Aber wenn ich es mir so recht überlege, Sie sehen gar nicht aus wie ein Kommissar. Mit Ihrem Hut sehen Sie eher aus wie einer von der Mafia."

Er marschierte weiter, ließ sie kommentarlos stehen.

An der Bogenbrücke angekommen, stockte der Frau der Atem. Ihre unter den Arm geklemmten Zeitungen fielen zu Boden. Sie traute kaum ihren Augen.

„Kommissar, sehen Sie, dort, eine leuchtend gelbblaue Sportlerjacke!" Grete deutete in Richtung der Brücke und schrie: „Sehen Sie, dort hängt einer!"

In der Tat: Dort drüben hing ein Teil Fahrrad, ein Teil Körper. Über dem Mauersims hing eine Person. Ihre Füße waren durch Verschlüsse an die Pedale geschnürt. So hing die Person kopfüber mitsamt dem Fahrrad fest und drohte in den Fluss zu stürzen.

Grete stand wie angewurzelt da und starrte mit aufgerissenen Augen. Und während andere eher stiller Natur waren, so war sie redselig.

Mit stockender Stimme stellte sie fest: „Wann hien net un de Vélo gebonnen wier, wier hien sécher vun der Bréck gefall an den Hals gebrach … mee hie nass op alle Fall dout!" [Landestypischer Dialekt für: „Wäre er nicht am Fahrrad festgebunden, wäre er sicher die Brücke hinuntergefallen und hätte sich das Genick gebrochen … aber er ist so oder so tot!"] Etwas leiser und zu ihrem Neffen gewandt fügte sie hinzu: „He Leo, he as euer Kommissar!" [Luxemburgisch für: „Hier Leo, hier ist euer Kommissar!"]

Theo wurde mit dem jungen Mann mit den bartlosen hohen Wangenknochen und den Schweißperlen auf der Stirn bekannt gemacht. Die Grete beruhigte sich.

„Herr Georg Theo, das ist Leo Lautwein, auch Kommissar."

Theo wunderte sich über die rüstige Frau. Aber mehr noch über den jungen Mann namens Leo und seine seltsame blecherne Kopfbedeckung. Kommissar Theo deutete mit Augenzwinkern und Handgrußzeichen ein Hallo. Dann tippte er sich an den Kopf.

„Ich glaube, den ‚Helm' können Sie ablegen."

Leo lächelte sein charmantes Lächeln und Grete lachte. „Dieses Lächeln, das einen nur so dahinschmelzen lässt, konnte der Junge schon als Kindergartenkind gezielt einsetzen."

Leo schimpfte: „Tanne Gret', lass das!"

Um Theos Augen bildeten sich kleine Lachfalten und er fragte: „Na, Kollege Sherlock Holmes, schon erste Kombinationen?“ Dann reichte er ihm die Hand. „Theo, mein Name, Herr Kommissar!“

Leo reagierte nicht. Der unschöne Anblick ließ ihn nicht ungerührt. Es regnete. Die beiden Kommissare waren sich noch fremd, doch beide hatten begriffen, dass dies kein leichter Fall werden würde.

Leo stellte monoton fest: „Nur zweimal im Jahr ist was los in diesem Teil des Parks, einmal an Fasching und jetzt an Pfingsten, da platzen die schmalen Dorfstraßen aus ihren Nähten, aber noch nie ist Derartiges vorgefallen.“

Und da die Feuerwehr irgendwo in den Menschenmassen stecken geblieben war, ging Theo kurzerhand mit erhobenen Händen auf die Pilger zu und befahl mit hochgehaltenem Dienstausweis: „Stopp! Sie da! Schnell! Kommen Sie!“

Er zeigte auf einen kernig aussehenden Burschen, der mit beiden Händen eine riesige samtseidene Fahne trug. Nach seiner Statur war er im wahren Leben vermutlich Holzfäller. „Und Sie!“

Er deutete auf einen weiteren Fahnenträger, der vermutlich Bodybuilder oder Metzger war, wie seine prallen, herausquellenden, tätowierten Muskeln unterhalb seines T-Shirts vermuten ließen.

„Kommt! Schnell! Helfen Sie uns!“

Unter Aufsicht der beiden Kommissare packten die beiden Burschen bereitwillig mit an. Sie hievten das Fahrrad mitsamt Leiche über den Mauersims. Sorgfältig legten sie sie auf der Fahrbahndecke ab. Grete unterlegte die Stelle mit einer kurzerhand entwendeten, aufwendig besticken Pfarreifahne, sehr zum Missfallen einiger Gläubiger. Aber das war der Grete egal. Selbstbewusst richtete sie sich auf und zeigte Zivilcourage.

Bei dem Anblick verwandelten sich diese starken Männer in junge Herzbuben, kreidebleich und still. Sie bekreuzigten sich. Schaulustige hingegen versuchten einen Blick zu erhaschen und knipsten Selfies. Vor ihnen lag ein hässlicher, aufgedunsener Körper im Radlertrikot.

Theo fragte Leo, wer den Vorfall gemeldet habe und ob dieser schon überprüft worden sei. Leo zog seinen Rucksack näher, nahm Notizblock und Stift zur Hand. Leo, der einen Kopf größer war als Theo, hielt sich nun für dienstfähig und notierte sich Daten und Fakten.

„Ich glaube nicht, dass sie eine Verdächtige ist, Chef", beantwortete er Theos Frage.

„Chef?!", echote Theo mit einem seltsamen Blick.

„Ja, ich bin der zuständige Ermittler. Aber ich bin hier gewissermaßen ‚fremd', nun, nicht so fremd, wie Sie denken, doch das würde jetzt zu lange dauern, Ihnen das alles zu erzählen. Betrachten Sie uns als ein Team, in dem jeder sein Wissen in einen Topf schmeißt, und gemeinsam lösen wir den Fall. Okay?"

Leo zeigte Eifeler Charme, was Sachlichkeit, Pflichtbewusstsein und Professionalität bedeutete. Und als ob jemand die Verhältnisse wieder zurechtrücken müsste, kommandierte Theo: „So, und jetzt zu den Tatbeständen! Was wurde bisher veranlasst? Ist die Spurensicherung schon im Einsatz?"

Plötzlich stand ein Riese hinter ihnen. Der Uniformierte kraulte seinen Bart und meinte, dass dieser Fall Sache der Polizei von Park-De-Lux sei. Auf die Stille folgte ein Raunen und dann schwiegen alle für einen Moment und schauten sich gegenseitig missgünstig an. Man hätte die dicke Luft, die zwischen diesen zwei „Platzhirschen" herrschte, glatt mit einem Taschenmesser durchschneiden können. Beide Kommissare zückten ihre Handys und hielten erst mal Rücksprache mit ihren jeweiligen Dienstherren. Keiner rührte sich. Alle Augen waren nun auf die zwei Beamten gerichtet, die auf einer alten Grenzbrücke standen und darüber zu entscheiden hatten, ob hier der europäische Gedanke einer Zusammenarbeit aufblühen sollte oder ob nationale Anliegen höher zu bewerten waren.

Es vergingen weitere kostbare Minuten. Eine Zeit lang war alles mucksmäuschenstill. So mancher Kollege traute sich nicht einmal, seinen Kaugummi weiterzukauen. Dann hörte man Worte wie „bilaterale Vereinbarungen zwischen zwei Staaten, die hier greifen", gelegentlich ein „Okay" oder auf Französisch: „Je suis d'accord". Dann auf Luxemburgisch: „As an der Reih. Dat ass wat mir maachen, Chef!"

„Verstehe ich das richtig? Befindet sich der Tatort auf einer Grenzbrücke?“ Theo sah sich um. „Ich sehe weit und breit kein Schild. Oh, da hinter den Menschenmengen steht ein ehemaliges Zollhäuschen, ein mehreckiges Gebäude, das nun ein Pub ist.“

Der Bärtige fasste sich ans Kinn. „Mhm, eigentlich as de Brück in privater Hand und von den Benediktiner Mönch gebaut worden, lange bevor wir up der Welt waren. Dieses ganze Gebiet gehörte früher den Mönchen, müsst ihr wissen.“

Theo stellte laut Überlegungen an. „Wir sind alarmiert worden und somit ist es unser Auftrag, den Fall zu klären!“

Der große Inspekteur kaute seinen Tabak und widersprach: „Wir sind alarmiert worden, also ist es unser Fall!“

Der Schlagabtausch setzte sich noch eine ganze Weile fort, bis Theo vielleicht ein wenig hemdsärmelig, doch pragmatisch reagierte: „Vorschlag. Sie übernehmen die Prozession? Wir den Fall?“

Der Bärtige: „Ne! Sie den Fall! Wir die Prozession!“

Theo sah ihn verblüfft an, zuckte mit den Achseln und sagte zufrieden: „Sagte ich doch?!“

Plötzlich kreuzten Profirennfahrer ihren Weg, gefolgt von einem hohen Aufgebot an Mannschaftsverpflegungsfahrzeugen, Journalisten und Übertragungsfahrzeugen der Rundfunk- und Fernsehanstalten.

„Wie ich sehe, ist hier noch so was wie die Tour de France im Gange?“, äußerte Theo.

Der Inspekteur – pflichtbewusst und mit strengem Gesicht, aber mit widersprüchlich sanften, braunblauen Augen, die mit den lang geschwungenen Wimpern auf seltsame Weise eine Art französischen Esprit ausdrückten – raunte nur: „Viva Europa! Wir kooperieren genauso wie Sie. Nämlich jeder auf seiner Seite. Verstanden?“

Theo war irritiert. Seine unfreundliche Art gefiel ihm gar nicht. Theo setzte seinen Cockerspaniel-Blick auf. Für einen winzigen Moment dachte er darüber nach, dass er jetzt juristisch klagen könnte, aber bis das Gericht entschieden hätte, wäre der Fall längst vom Winde verweht. So winkte er lässig ab und grinste seinen Park-De-Lux Kollegen an, dachte aber im Stillen: Du kannst mich mal!

Er forderte die Polizisten vom Gutland auf, die Umgebung auf der hiesigen Flussseite zu durchsuchen.

„Wir wenden uns der verunglückten Person zu“, ordnete er an.

Im Vorbeigehen wandte er sich an Leo: „Und wie kommt es, dass Sie die Sprache hier sprechen?“

Leo antwortete zunächst kurz und knapp, er sei von hier. Er fügt jedoch noch hinzu, dass er aus dem Dorf Schlay in Gutland stamme, wo beide Sprachen gesprochen wurden – die von Park-De-Lux, die hier im Vallée-de-la-Sûre-Tal gesprochen wurde, und der Gutland-Dialekt –, die sich sehr ähnlich waren. Von daher müsste dies hier eigentlich „ein Land“ sein.

„Na prima“, erwiderte Theo, „aber sperr doch bitte den Tatort ab.“

Viele Dorfbewohner eilten herbei. Allein das Aufgebot an Feuerwehr, Krankenwagen und die vielen verschiedenen Blaulichter erregten Aufmerksamkeit. Dieses Schauspiel schien unterhaltsam zu werden und so mancher vergaß darüber weiterzupilgern. So was hätten sie noch nie gehabt, staunte ein Gastwirt, sich die Hände reibend. Sogleich hielt er seine Speisekarte in die Kamera der ersten Reporter, die etwa zeitgleich mit dem Sanitätergetöse eintrafen.

Pilger sowie Schaulustige machten Platz für die Landung eines Hubschraubers. Theo eilte zur Grete, die auf der gegenüberliegenden Dorfstraßenseite stand und sich mit einer anderen Bewohnerin austauschte, wobei sie etliche Tagesblätter unterm Arm trug. Auf dem Segway rollte sie – immerzu gewichtausgleichend – von einem Haus zum anderen und steckte jeweils eine Zeitung in den Briefschlitz. Dieses Hin- und Herwackeln hatte etwas Hüftschwung-Tanzartiges an sich. Doch Theo gefiel dieses Zappelige gar nicht.

„Sie haben nicht zufällig diese Zitterkrankheit Chorea Huntington? Vielleicht könnten Sie mit dem Schunkeln aufhören und mir ein paar Fragen beantworten. Wie und wann haben Sie die getötete Person gefunden?“

Tante Grete runzelte die Stirn, ignorierte die Bemerkung, stieg ab, klemmte sich dieses selbstfahrende, skateboardartige Gerät unter den

Arm und antwortete selbstbewusst: „Ja, ich heiße Sie auch willkommen im Herzen von Europa! Ich habe die Person auf meiner Route entdeckt." Sie zeigte auf ihre Tageszeitungen. „Ich trage sie jeden Morgen aus und dann habe ich jemanden über der Mauer hängen sehen und ech war bei et Änni von der Post gaangen. Wir sind beide aus Schley, einem Dorf op den Bergen, wisst ihr, wir kennen uns. Und die hat zwar keine Post mehr; aber telefonieren kann ich bei ihr. Ich habe ja kein Handy, wie die jung' Leut heutzutage."

Der Kommissar Theo verstand kein einziges Wort.

Das Gespräch wurde von lauten Motorengeräuschen unterbrochen. Rotierende Blätter eines Hubschraubers erzeugten mächtigen Wind. Selbst Gaffer traten zurück. Andere winkten mit ausgestreckten Armen und lotsten auf diese Weise die Maschine auf eine nahe gelegene offene Wiese.

„Sach-Ach-Gis! Josef un' Maria", rief Grete aus, während sie sich mit beiden Händen die Ohren zuhielt. Eingeschüchtert bekreuzigte sie sich.

„Dass ich damit ein Großaufgebot auslösen würde, mit einem Hubschrauber aus dem Ländchen, das habe ich nicht geahnt."

Der Park-De-Lux-Inspekteur Le Filou gesellte sich hinzu und überragte alle mit seiner Größe. Er rümpfte die Nase und korrigierte mit pendelndem Finger, was etwas oberlehrerhaft wirkte und ein Nein bedeutete: „Die sind nicht für euren Fall. Wir in Park-De-Lux erwarten hochrangige Gäste. Für dat Springfestival zu Echterville, müsst ihr wissen. Es kommen Bischöfe, Kardinäle aus ganz Europa und wenn ein Angehöriger der Grand-Duke-Familie anwesend ist, dann müssen wir deren Sicherheit auch aus der Luft überwachen. Ähnlich wie bei den Briten, wie bei der Queen, nur kleiner und mit Idylle!" Er lachte, um gleich mit dem Kopf in Richtung Himmel zeigend besserwisserisch zu betonen: „Ech mejeng, der gelbe Hubschrauber von da drüben, dern as für euch." [„Ich meine, der gelbe Hubschrauber, der von da drüben kommt, der ist für euch."]

Das schüchterte die alte Dame Grete noch mehr ein. Zögerlich ging sie auf ihren Neffen zu. „Leo, ech han dech auch angerufen, dou wars' nett do!" [„Leo, ich habe dich auch angerufen, aber du warst nicht da!]"

„Tante“, korrigierte er, „ich heiße Leon!“ Er legte einen Arm um seine Tante. „Wei dir gesitt, komme mir kloer!“ [„Wie du siehst, kommen wir bestens klar!“]

Die etwas korpulent-robuste Lady ließ sich nicht ablenken, ging auf den Theo zu, wollte etwas sagen, da sah sie denjenigen, der mit dem Kopf nach unten hing, blau angelaufen, und ein Fuß klemmte im Fahrradpedal. Tante Grete erschrak. Sie hielt sich ein Taschentuch vor den Mund. Mit ihrem Segway machte sie sich ab und beobachtete das Geschehen aus einer sicheren Entfernung.

Wegen des Landemanövers eines Hubschraubers mussten die Pilger ihre Route neu überdenken. Etwa auf Höhe eines halben Meters sprangen Leute aus dem Hubschrauber. Sie trugen Koffer und Instrumente. Es war die Landespolizei und diese kam aus der Landeshauptstadt Mainz. Auf ihren Rücken klebten Schilder mit Aufschriften wie „Kriminaltechnischer Dienst“ (kurz: KTD) oder „Polizei“. Auf einem anderen Rückenschild war „Arzt“ zu lesen.

Kurze Lagebesprechung, dann Klärung der Zuständigkeiten, danach befolgten alle die neuen Hygienevorschriften. Das beinhaltete unter anderem das Überziehen von blauen Einwegoveralls und Handschuhen sowie das Tragen eines Mundschutzes. Bei den Schuhen musste darauf geachtet werden, dass sie keine falschen Spuren verbreiteten.

Einige Park-De-Lux Gendarmen durchsuchten mit Stöcken das Gelände ab. Tante Grete packte die Neugierde, sie ging zurück und blieb noch eine Weile hinter einem Strauch stehen. Von dort aus beobachtete sie, wie eine weitere Person aus dem gelben Hubschrauber ausstieg. Diese Person trug einen Schutzoverall, wie die anderen auch, allerdings in Weiß. Und diese Person trug ein Kopftuch, ebenfalls weiß. Dieses Kopftuch bedeckte nicht nur den Kopf, sondern auch den Hals aus Glaubensgründen. Sie ist Muslimin.

Das war für eine Person vom Lande, wie die Grete es war, etwas Außergewöhnliches. So etwas hatte sie zwar schon im Fernsehen gesehen, doch hier in echt. In Park-De-Lux vermischten sich die Kulturen nur selten, sodass es auffiel und für Passanten sowie Pilger etwas Besonderes darstellte. Vor allem für das Ermittlerteam oben an der Brücke. Selbstbewusst, mit Augen wie eine Antilope und mit roten Lippen ging sie – was heißt hier ging? Diese Dame in Weiß stolzierte geradezu mit wiegenden Hüften auf den Kommissar zu und stellte sich vor: „Faya Dewi, mein Name. Von der Mainzer Gerichtsmedizin! Wo befindet sich der Verunglückte?"

„Da!"

Der Kommissar war sichtlich beeindruckt, deutete mit einer Hand in Richtung Brücke. Leo hingegen war regelrecht hypnotisiert, sah nur rote Lippen und dachte, die hygienischen Schutzanzüge hätten noch nie so attraktiv ausgesehen. Sofort forderte er die Gaffer auf, jetzt bitte zu gehen! Dann bahnte er der Dame und ihrem Team einen Weg zur Brücke. In Windeseile wurden Abschirmmaterial und Pavillons aufgestellt.

„Tanne-Grete, du auch!" Leo machte Handbewegungen der Art, als ob er sie selbst wegschubsen wollte. „Tante, geh meinetwegen pilgern, aber glotz nicht so!"

Tante Grete, mit neugierigem Blick, ließ sich jedoch nicht abschütteln. Sie echauffierte sich: „Die Brücke ist öffentlich. Ich darf jederzeit hier entlanggehen. Und Leo, noch was! Die Kirche kann mich mal, du weißt schon."

Leo blickte grimmig und schon lenkte seine Tante ein. Sie nahm Abstand und räumte den Weg. Natürlich wollten sie und alle anwesenden Dorfleute hier wissen, wer der Tote war und wie er dort hingekommen war. Dann sah sie zu ihrer Verwunderung einen Beutel unter einem der Brückenpfeiler. Sie kletterte die Böschung hinunter und da lag etwas Smaragdblaues. Nein, es war vielmehr ein Umhang oder ein Kleid. Grete erschrak, weil sie ahnte, wem es gehören könnte. Nun denn, dieses Kleidungsstück hatte sich zwischen irgendetwas verhakt. Tante Grete nahm einen Stock und versuchte es loszudrücken, doch es gelang ihr nicht.

„Es hatte keinen Zweck!", ermahnte sie sich selbst.

Sie kletterte wieder zurück und schrie zu ihrem Neffen hinüber: „Leo, ech han eppes fund, was von Bedeutung sein könnte!"

Ihr Neffe reagierte nicht. Dieser hat nur noch Augen für diese arabische Medizinerin, dachte Grete. Sie ging näher an das Geschehen heran und wiederholte rufend ihre Worte. Keine Reaktion. Sie schrie lauter.

„Leo!“

„Tante! Jetzt nicht! Wie du siehst, bin ich beschäftigt!“, rief er zurück.

Mit ihren quietschenden Gummistiefeln durchbrach sie die Absperrungen und ging direkt auf den Kommissar zu. Vorher nahm sie noch eine Tomate aus der Tasche und biss hinein.

„Kommissar? Ich habe was entdeckt, was für den Fall wichtig sein könnte!“ Sie bemühte sich, jedes Wort in einem gepflegten Hochdeutsch auszusprechen, doch es klang irgendwie wie Sauerkrautfischen.

„Tante!“, brüllte Leo sie an. „Du kannst nicht einfach die Absperrung ignorieren.“

„Doch, mein Junge, wie du siehst, habe ich das schon getan. Ich habe für den charmanten Kommissar etwas Fallrelevantes! Ihr Polizisten wollt doch eine mitdenkende Bevölkerung, oder etwa nicht?“

Die Mainzer Truppe horchte auf. Doch als sie ihre aufgeschnittenen Gummistiefel mit den Hühneraugen sahen, lächelten sie und schüttelten ihre Köpfe.

Leo glaubte das Wort „Provinztante“ zu hören. Peinlich berührt rollte er die Augen.

„Was haben Sie denn mitzuteilen?“, fragte Theo mit einem Lächeln im Gesicht Grete.

Tante Grete, wieder mal beeindruckt von dem Kommissar und dessen Cockerspaniel-Blick, räusperte sich und meinte: „Junger Mann!“ Sie zog ihre Kleidung zurecht. „Unter der Brücke, im Wasser, da liegt etwas, vielleicht Kleidung?“ Und während sie sprach, bewegte sich ihre Warze am unteren Kinn. „Ich glaube, es gehörte dem Verunglückten.“

Theo pfiff und winkte einen der Mitarbeiter des KTD, der Spurensicherung, die sollten bitte dieses Beweismaterial prüfen.

Die Ärztin, die mit dem weißen Kopftuch, besaß ein Paar symmetrische Augen, dessen Lider wie Insektenflügel geformt waren.

Leo war beeindruckt. Aber sie beachtete ihn nicht.

Nach ein paar Minuten der Begutachtung bat sie Helfer, den Toten auf einer Trage in Richtung Hubschrauber zu tragen. Dann, wie bei einer Modenschau auf dem Laufsteg, steuerte sie auf Kommissar Theo zu. Leon schnappte sich den Medizinkoffer und trabte ihr hinterher.

„Bei dem Toten handelt es sich nicht um den vermissten Senior, dafür ist er zu jung“, erläuterte sie in die Ermittlerrunde.

Theo schaute seine Kollegen an und fragte verwundert: „Welchen Senior? Wir wissen nichts von einem vermissten Senior.“

Die Medizinerin zuckte mit den Schultern und fuhr fort: „Tatsache ist: Es handelt sich um einen Leichnam mittleren Alters, und seiner Kleidung nach zu urteilen könnte es sich um einen Rennsportfahrer handeln. Todesursache könnte der Sturz gewesen sein. Genaueres weiß ich erst nach einer gründlichen Obduktion.“

Theo nickte nur. Der Luxemburger Polizist reckte abermals seinen Kopf. Er gab zur Info: „In der belgischen Wallonie findet ein Rennen statt.“ Er blickte in die Runde und beide fragten sich anscheinend das Gleiche: Was macht ein Rennfahrer hier auf der Grenzbrücke in Park-De-Lux? Beim Anblick des Toten wurde er jedoch schweigsam. Er betrachtete ihn ausgiebig.

„Der Tote könnte spanischer oder portugiesischer Herkunft sein. Aber es wurden keine Ausweispapiere gefunden, so muss man weiter ermitteln.“, stellte er anschließend fest.

Theo wandte sich an die Medizinerin. „Was können Sie über den Todeszeitpunkt sagen?“

„Ich schätze, irgendwann in den frühen Morgenstunden.“

Theo nickte. Dann grübelte er. Hatte er den Toten schon mal gesehen? Aber wo? Auf seiner Stirn bildeten sich Falten.

Theo telefonierte mit der Pensionsbesitzerin, die eventuell etwas Aufschlussreiches beisteuern könnte. Zu seiner Verwunderung war ihre Hotelangestellte, die ihm hätte weiterhelfen können, nicht mehr da.

Theo kratzte sich an seinem unbeabsichtigten Dreitagebart und stellte fest, dass dieser Fall nicht so schnell abgeschlossen sein würde und vermutlich komplizierter sein würde, als es den Anschein hatte.

## Kapitel 8

## Dunkle Geschäfte

Der stämmige Clanchef saß auf einem Jagdhochsitz und beobachtete das weitläufige Geschehen mit dem Fernglas. Sein Blick fiel auf die Brücke. Er grinste hinterlistig.

Er nahm sein Handy in die Hand. Er hustete und seine Stimme klang wie ein Reibeisen. „Bist du auf Position?“

Am anderen Ende hockte Rasko auf Dachzinnen. „Bin auf Position!“

„Auf beiden Seiten ist die Polizei abgelenkt und beschäftigt! – Heute Nacht! Klar?“

„Klar!“

„Schnapp dir die rothaarige Tussi! Lynn oder wie auch immer sie heißt!“

„Geht klar, Boss! Das habe ich bereits. Die Kleine tanzt nach meiner Pfeife!“

Der Jacco wollte das Gespräch schon beenden, da fügte er noch düster hinzu: „Und vermasselt es diesmal nicht! Over!“

Rasko rollte mit den Augen und antwortete ebenso kühn: „Over!“

In der Nacht von einem Montag auf einen Dienstag, in der meist Ruhe in den Kirchen herrschte, kletterten zwei Schwarzgekleidete über ein Tribünengerüst und gelangten so auf das Dach eines Nebengebäudes. Von dort war es nur ein Sprung auf das Dach vom Kloster. Dort befand sich eine kleine Dachluke, die meist offen stand.

Rasko kam auf sie zu. Er musterte sie, fasste sie am Kinn, streichelte ihr über die Wange, griff dabei eine abstehende Haarsträhne. Verschlagen blickte er sie mit einem genüsslichen Blick an. Und während er ihr die Strähne hinters Ohr strich, kam er ihr sehr nahe.

Fast berührten sich ihre Wangen. Er hauchte ihr ins Gesicht.

Sie spürte seinen Atem.

Er blickte ihr direkt in die Augen. Fast wirkte es so, als wollte er sie küssen. Aber nur fast.

Seine Kavalierslaune wandelte sich. Er warf seinen Kopf zurück, stieß ein sarkastisches Lachen aus. „Ich war derjenige, der dich damals gerne adoptiert hätte, damals in der Kogge-Mühle! Schon damals hast du Potenzial gezeigt."

Sie erwiderte kühl auf Augenhöhe: „Lass mich! Wir ziehen das Ding durch und dann will ich dich nie wieder sehen."

Während er vorkletterte, bot er ihr seine Hand. Sie nahm an. Beide sprangen über mehrere Hindernisse. Er brach das Fenster mit einem Hebeisen und griff sie am Handgelenk. „Vergiss nicht, ich hab dich in der Hand!" Er schaute von ihr zu ihrer Hand und wieder zurück. Höflich fügte er an: „Mylady, es ist offen."

Doch bevor sie sich hindurchzwängen konnte, hielt er sie zurück, sodass sich jetzt beide gegenüberstanden und einander anblickten. Und so wie sie im Mondlicht über die Ziegel trippelten, wirkten sie wie ein Schattentheater auf dem Dach.

„Gefällt es euch Banditen, uns ‚Kinder' in der Hand zu haben?"

Mit einem boshaften Lächeln antwortete er ihr: „Ja! Ich finde deine Angst erregend. Das turnt mich an. Und ich weiß echt nicht, was du an so einem alten Pfaffen toll findest. Da in den alten Mauern gibt es noch so viel Gold rauszuholen, wir könnten zusammen reich werden. Aber du willst lieber … Ach, scheiß drauf! Jetzt mach dich an die Arbeit! Sonst geht das Foto noch heute an die Presse. Klar?"

Dann stieß er sie hinunter.

Sie landete in etwas Schmierigem, und da es dunkel war, konnte sie nicht genau erkennen, was es war. Es stank nach Terpentin und anderen Chemikalien. Mitten im Raum wurden ihre Augen plötzlich vom Licht einer Taschenlampe geblendet. Somit wollte die Person in dem Raum wohl bewirken, nicht erkannt zu werden, was bei ihren Körpermaßen jedoch unmöglich war.

„Dies ist eine Aufbewahrungskammer für Zentrifugen und mittelalterliche Schreibwerkzeuge, Farben und so weiter." Ob mit oder ohne Absicht, war schwer zu sagen, jedoch schwollen ihre blutroten Lippen wegen des Lichtkegels so stark an, dass es beinahe wirkte, als würden zwei Kardinalvögel gegeneinander kämpfen.

Lynn gruselte es. Sie hörte gar nicht auf die Worte der Person und befürchtete, von ihr erkannt zu werden, was anscheinend nicht der Fall, denn die Person fuhr in betont freundlichem Flüsterton fort, während sie Lynn ihre Hand bot, um sich daran festzuhalten. „Hier sind keine Überwachungskameras angebracht.“, versicherte die Klosterfrau.

Lynn und Rasko sprangen in die Aufbewahrungskammer. Sie landeten und wirbelten eine Staubwolke auf. Ihr Blick schweifte durch eine weitere Aufbewahrungskammer mit unverputzten Wänden, in der antike Möbel standen. Aber es waren keine Möbel, die um des Aufbewahrens willen hier standen; dieser Raum wurde genutzt.

Auf einem beschmierten Schreibpult lagen einige angespitzte Greifvogelfedern in Schwarz-Weiß. Daneben ein Tuschebehälter sowie Tintenfässer, jedoch ohne Tinte.

„Ist wohl ausgetrocknet?“, fragte Lynn.

Die dicke Nonne ignorierte Lynns Erkundigung und die darauffolgenden fragenden Blicke.

„Das waren die Kalligrafiestifte des Hochmittelalters, mit denen die Evangelien seinerzeit geschrieben wurden.“, erläuterte sie.

Lynn nahm eine dieser Federn in die Hand und fuhr mit den Fingern daran entlang. In ihrem Blick zeigte sich wachsendes Staunen. Zugleich war sie verärgert. Sie flüsterte, wohl mehr zu sich selbst: „Das weiß ich! Ich bin doch in ihrem Lateinkurs.“

Sie wusste nicht, über wen sie sich mehr ärgerte: über Rasko, der sie hierhergelockt hatte, oder über Schwester Hildgard. War sie Komplizin oder Retterin?

Im Inneren des Klosters angelangt, kamen sie nach einem langen Korridor in vergleichsweise unspektakuläre Räumlichkeiten, die in einem sterilen Weiß getüncht waren.

„Die Napoleon-Franzosen hatten während der Besatzung Anfang des 19. Jahrhunderts vieles an Pompösem zerstört. Aber einst waren die Decken voller Freskenmalereien, und die noch erhaltenen Stuckarbeiten in der Mensa lassen erahnen, in was für einem Prunk die Mönche hier gelebt haben. Der Lesesaal in der Bibliothek wird bald in Himmelblau mit Gold rekonstruiert. Mein Bruder wird zeitnah Bischof, und der wird dafür sorgen, dass das Reichskloster wieder seinen Glanz erhält, so wie es ihm zusteht.“, erklärte die Nonne.

Hildgard hob ihr Kinn und auch ihre Stimme. „Dieses Gebäude gehörte einst den Benediktinermönchen. Bis heute ist es einflussreich und mächtig. Aus ihnen gingen sogar Päpste hervor.“ Sie fügte hinzu: „Und das alles geschah mit dem Wissen aus den Evangelien, das einem Normalbürger nicht zugestanden wurde, erst recht nicht Frauen.“ Sie machte eine kurze Pause.

„So, ich führe euch jetzt zu den unterirdischen Gängen.“

Sie gingen durch einen Nebengang und kreuzten von dort aus die Krypta unter der Kirche. Von unzähligen Kerzen erleuchtet, stand dort der weiße Marmorschrein des heiligen Willibrord.

Plötzlich wurde Lynn von einem Gefühl des Vertrauens ergriffen. Ein warmer Strom floss durch ihren Körper. Reflexartig legte sie eine Hand auf den Schrein.

„Nicht anfassen!“, schrie Hildgard.

Lynn musste niesen, aber nicht wegen der abgewetzten Ablagerungen des brüchigen roten Sandsteins, aus dem das Fundament bestand, und auch nicht allergiebedingt wegen des Weihrauchs der Myrrhekräuter, sondern wegen Rasko, der mit einer entwendeten Schreibfeder in ihrem Gesicht wedelte. Dieses Nasekitzeln verursachte ein weiteres Niesen.

Ein tiefer, markanter Basston riss sie aus ihren Gedanken.

„Lynn! Nicht tagträumen! Hier spielt die Musik!“

Er blickte sie direkt an. In seinem süffisanten Gesichtsausdruck lag etwas Fieses, aber auch etwas Zielstrebiges, das löste etwas in ihr aus. Sie fasste sich wieder und erwiderte seinen Blick mit ebenso viel Willensstärke. Fassade. Niemand sollte ihre Angst spüren.

Energisch wischte sie sich den Staub von den Gliedern und raffte sich auf. So standen sie sich jetzt direkt gegenüber. Sie hielt seinem Blick stand. In ihrem Kopf arbeitete es. Es waren nicht die Konsequenzen, die ihren Stiefeltern drohten, wenn sie nicht kooperierte; es war auch nicht der herbe, maskuline Aftershave-Duft, der sie umhüllte – oder vielleicht doch? Jedenfalls hatte dieses raffinierte Fiese etwas Spannendes, etwas Erotisches. Und beide waren sich im Klaren darüber, dass dieser Coup nicht ohne den anderen durchgeführt werden konnte. Sie zollten sich gegenseitigen Respekt. Doch der störende Faktor war die Nonne! Beide blickten in ihre Richtung. Und mit einem gekonnten Kinnhaken von ihm war das Problem vorerst erledigt. Der „Zentner“ klappte um wie ein Kartoffelsack.

Sie krochen durch einen Schacht unterhalb der Krypta. Er leuchtete ihr den Weg mit seiner Handytaschenlampe. In einem tiefer gelegenen Raum mit unverputzten Wänden stießen sie auf das begehrte Stück. Raskos Augen funkelten vor Gier nach dem begehrten Gold. Lynn begutachtete es zunächst. Ihr war bewusst, sie musste vorsichtig vorgehen.

Sie flüsterte und stellte unmissverständlich klar: „Dies ist ein Spezialtresor aus Israel. Der ist wegen eines Glasscheibensystems im Inneren schwer zu knacken, ohne dass der Alarm ausgelöst wird.“

Rasko nahm ihre Hand, führte sie zurück zum Zahlenschloss und flüsterte: „Lynn, da steckt unsere Freiheit drin! Unser Weg aus diesem Gaunerzirkus!“

Mit Fingerspitzengefühl und hoch konzentriertem Blick begann sie den Zahlencode mithilfe von Umdrehungen herauszuhören.

Es machte klick.

Sie drehte das Schloss zurück. Dann nochmals vor. Klick.

Das wiederholte sie mehrmals. Sie schluckte. Ein leichter Schweißfilm bildete sich auf ihrer glatten Stirn. Sie las Respekt in Raskos Augen. Dann öffneten sie beide zusammen die Panzertür.

Zu ihrem Erstaunen lag dort eine elegant in Weiß gekleidete Frau. Keine Spur von Gold oder Geld. Aber die Frau trug eine Tasche bei sich. Rasko öffnete sie und erblickte kostbare Edelsteine, Goldschmuck und mehrere Handys.

Plötzlich ertönte eine Sirene. Nach und nach gingen Lichter an. Rasko schnappte sich die Tasche, nahm Lynn bei der Hand und sie rannten den Korridor zurück, diesmal ohne Taschenlampe. Rasko hievte Lynn eiligst die Leiter hoch und beide kletterten zum Fenster hinaus und hinauf aufs

Dach. Hier kauerten sie eine Weile in geduckter Stellung. Rasko legte Lynn eine Hand auf den Mund, damit sie still bliebe.

Unter einem Verschlag warteten sie ab, und erst als die Polizeiwagen mit Blaulicht unterhalb vorfuhren, trippelten sie über die Zinnen, sprangen auf ein Nebengebäude und wurden von der Dunkelheit verschluckt.

Eigentlich hätte dies ein gemütliches freies Pfingstwochenende werden sollen. Ein besonderer Grund zur Freude war die Abiturfeier seiner Töchter. Doch alles hatte sich anders entwickelt und nun stand er vor einem großen Rätsel.

Kommissar Theo schlenderte gedankenversunken an der Basilika vorbei, als er in Nähe des Klostergebäudes seltsame Lichtreflexionen beobachtete. Er zückte sein Handy und rief seinen Kollegen von Park-De-Lux. Es ging keiner dran.

Die Lichter verschwanden und es wurde stockdunkel. Nur im Mondlicht entdeckte der Kommissar ein zerbrochenes Fenster und irgendetwas fiel zwei Meter in die Tiefe. Zu weit weg und zu dunkel war die Nacht, um zu sehen, was es war. Im Licht der Straßenlaterne glaubte er jemanden mit einem Sack auf dem Buckel gesehen zu haben. Der rannte nun weg und Theo hechtete hinterher. Oder war es eine weibliche Person? Ganz gleich, Theo war flink und zwängte sich zwischen die Rosenbeete hindurch, aber zwischen den mannshohen Hecken verlor er seine Fährte.

Theo versuchte es noch einmal beim Park-De-Lux-Kollegen. Nach langer Wartezeit war dieser endlich zu sprechen. Sein Polizeipräsidium war nur einige Blocks entfernt, doch er meinte, er könne nicht kommen. Es wäre nicht gestattet, auf Kirchengrund zu ermitteln, schon gar nicht ohne wichtigen Grund und ohne Durchsuchungsbefehl. Kirchengrund stehe unter besonderem Kirchenrecht.

Da wurde Theo wütend.

Hier war etwas im Gange, was er noch nicht durchschaute, doch er würde nicht lockerlassen, bis eine Lösung des Falls in Sicht wäre. „Darauf können Sie sich verlassen!“, schnauzte er den Kollegen an.

Inspekteur Monsieur Le Filou blieb gelassen.

„Kommissar Kollege, hier ist alles ein wenig anders als da, wo ihr herkommt, do oben im Ruhrpott. Wir haben es hier mit drei Staaten zu tun, wenn wir es genau nehmen: Park-De-Lux, Gutland und die katholische Kirche, die hier große Ländereien und Güter für sich beanspruchen. Und Letztere untersteht dem Papst in Rom, mein Lieber. Das ist halt so, und da können wir nix machen!“, belehrte er seinen Kollegen.

„Und wat is’, wenn hier Kirchenschätze ausgeraubt wurden? Oder jemand zu Tode kam? Sollen wir etwa dabei zusehen?“, konterte Theo prompt.

„Ech schicke die Streife, die sollen Anzeige aufnehmen.“, lenkte sein Kollege ein.

Theos Nase juckte mal wieder, als er wütend hinzufügte: „Kollege, bewegen Sie Ihren Arsch hierher, wenn Sie nicht eine Klage von der Dienstaufsichtsbehörde kassieren wollen. Hier ist was Furchtbares passiert. Schicken Sie umgehend Verstärkung!“

Diese Zuständigkeitsbereiche boten erhebliche Schlupflöcher für diverse kriminelle Machenschaften, fiel ihm auf. Sein ansonsten gelassener Cockerspaniel-Blick wandelte sich in ein verärgertes Pitbull-Gesicht.

Er drückte das Gespräch weg, warf wutentbrannt sein Telefon auf den Beifahrersitz, schnaubte und murmelte fluchend: „Bis einer hier ist, sind die Diebe bereits über alle Berge.“

Er setzte sich hinters Steuer, als er im Rückspiegel etwas bemerkte. Über den Dächern der Stadt hüpften Leute. Er konnte niemanden erkennen, doch es waren schwarze Schattenkonturen, die über die Dachzinnen kraxelten. Sofort nahm er die Verfolgung auf.

Er müsste es eigentlich langsam wissen, nach über dreißig Jahren bei der Polizei, dachte Theo. Immer wieder dieses sture Zuständigkeitsdenken. Verärgert brummte er vor sich hin: „Bei sechzehn Länderpolizei-Einheiten im Gutland und gefühlten Tausenden ‚Ausnahmeregelungen‘ ist es kaum möglich, ein Verbrechen aufzuklären, geschweige denn die weltweiten Missbrauchsfälle. Und das Verbrechen kennt keine Grenzen und macht vor niemandem halt.“

Theo suchte auf der Beifahrerseite nach seinem Handy, während er gleichzeitig in die Fußgängerzone der Klosterstadt Echterville einbog.

Dort sprangen die Schattenfiguren bei Vollmond über Ziegel und Dachfirste. Eine trat daneben. Fluchte. Er vernahm von oben eine Frauenstimme. Unterhalb verlief eine schmale Straße, die aber nach kurzer Zeit in eine Sackgasse mündete. Ein hochgezogener Poller versperrte ihm den Weg. Er musste wenden. Das kostete Zeit. Und beim Park-De-Lux-Kollegen war mal wieder besetzt.

„Da möchte man einerseits bilateral arbeiten und dann trennt uns so ein beschissenes Besetztzeichen! Das darf doch nicht wahr sein!“, brüllte Theo wutentbrannt.

Fast schon resigniert fuhr er auf die Schnellstraße, die aus der Stadt hinausführte und die Park-De-Lux mit dem Gutland verband. Hier, dachte Theo aus einem Instinkt heraus, hier könnte eine Fluchtmöglichkeit sein. Und tatsächlich: Theo erkannte das schwarze Auto vom Rasko. Auf der schnurgeraden Straße drückte er aufs Gas. Sein schaltgetriebener Audi quattro, Baujahr 1989, mittlerweile ein Oldtimer, hatte noch ordentlich Dampf drauf. Er nahm die Verfolgung auf. Diese Fünfzylinder-Diva brachte es immerhin auf fast 190 Stundenkilometer. Eigentlich zu wenig, doch die Karre ging ab wie ’ne Rakete.

Theo grinste. „Na warte, dich kriege ich!“

Krampfhaft hielt er das Steuerrad. Es war weit nach Mitternacht. Der Halunke hatte kein Licht eingeschaltet. Der Fahrer des schwarzen Autos fuhr auf Sicht und verschmolz fast unsichtbar mit der blauschwarzen Teerdecke der Straße namens Eifel-Ardennen-Route. Aber dafür hatte Theo jetzt keine Zeit.

„Du bist ja ganz ausgekocht!“, schimpfte er.

Aber Theo sah noch gut. Mit der Nase an der Frontscheibe hing sein Fahrzeug fast Stoßstange an Stoßstange.

Auf einmal bog der Verfolgte links in einen unbekannten Seitenweg ab, es war kein geteerter Weg. Dieser Feldweg verlief in ein Gelände, wurde zum Ackerfeld, und in dem verschwand der Dieb hinter aufgetürmten Heuballen. Theo folgte ihm bis zum abgestellten Auto. Doch keine Spur von den beiden.

Theo telefonierte mit Kollegen vom Gutland, denn jetzt war es ihrer beider Zuständigkeit. Sie sollten das Auto beschlagnahmen und untersuchen. Enttäuscht haute er auf die Haube. „Na warte, eines Tages kriegen wir euch!"

Vor Kurzem hatte er den gleichen Trick angewendet. Er hätte es wissen müssen: In dem hügeligen, bewaldeten Gutland gab es Tausende Schlupflöcher, so war es für jeden Dieb ein Leichtes zu entkommen. Er wartete noch, bis die Kollegen vom KTD kamen. Dann machte er sich wortwörtlich vom Acker. Und als die Morgensonne aus dem Osten grüßte, dachte er: Ich brauch jetzt einen Kaffee! Ich brauch eine Auszeit! Und vor allem brauch ich 'ne Mütze voll Schlaf!

Er nahm eine Ausfahrt und steuerte Eifelburg an. Hier im ländlichen Gutland waren Tankstellen rar, und die wenigen, die es gab, kannte man beim Namen. Seine „Auto-Diva" schluckte viel. Das ist halt der Preis, den man für Nostalgie zahlt, dachte Theo fast zärtlich.

Noch aus seiner Kindheit kannte er die „Blaue Lagune" und die andere Tankstelle hieß „Unter der Laube", vermutlich wegen der vielen Laubbäume, so genau wusste er das nicht. Aber früher, in Kindertagen, fuhr man nur dann dorthin, wenn man es nicht mehr bis ins „Ländchen" packte. Man tankte nur für ein paar Euro, denn damals, in den 1990ern, als die Schranken sich EU-weit öffneten, da zahlte man noch mit D-Mark. So fuhr halb Gutland sonntags mit der Familie ins Park-De-Lux-„Ländchen" zum Tanken und Zigarettenkauf, weil die Menschen hier Sparfüchse waren. Heutzutage fuhr man Tankstellen nicht an, um zu tanken, sondern weil sie 24/7 einfach alles anboten, auch Frühstück!

In den frühen Morgenstunden nahm er die Ausfahrt Nord und ein paar Kilometer weiter, an der Ecke, befand sich die rote Tankstelle „Unter der Laube". Über seinem Gesicht breiteten sich Lachfältchen aus: „Sie ist geöffnet." Er schaute auf seine Armbanduhr. Es war kurz nach fünf, als er im Laden bestellte.

„Bitte zweimal Kaffee und zwei Donuts", sagte er zu Frau Laub.

Er nahm noch Pistaziennüsse und einen Blumenstrauß und griff nach der Zeitung.

„Wie in alten Zeiten, hier bekommt man rund um die Uhr alles, was man braucht." Er grinste, zahlte und verabschiedete sich bei der lächelnden Dame.

Er fuhr die Alte Römerstraße aus der Stadt heraus und hinein ins Hinterland. Verwunschen, hinter Berg und Tal, erhob sich dort ein malerisches Schloss. Dahinter gab es den Ort Kyll. In diesem Ort hatte der Kommissar viele Jahre seiner Kindheit verbracht. Und eigentlich hasste er diesen Ort. Unten, zwischen Brücken und Fluss, hatte seine Familie damals eine Pizzeria betrieben. Sein Vater war ein Trunkenbold und die Leute damals vermieden jeglichen Kontakt mit ihnen. Dabei waren sie damals, in den 1960er-Jahren, vom Staat „eingeladene“ Gastarbeiterfamilien. Seither waren viele Jahre vergangen.

Das einst kleine, aber feine Städtchen, gelegen in einer von Wald und Felsen umgebenen Flussschleife, wirkte mit seinem nebelumwobenen Burgfried geheimnisvoll-mysteriös. Hier hatte Theo seine Jugend verbracht, dort, wo einst herrschaftliche, herausgeputzte Häuser den glänzenden Wohlstand der Steinmetzhandwerker widerspiegelten, sie standen zum Teil leer oder waren dem Vandalismus zum Opfer gefallen. In vielen Fenstern sah man vergilbte Schilder mit dem Hinweis „Zum Verkauf!“

Dem Kommissar kamen Bilder aus seiner Kindheit in den Sinn. In einem dieser „hängenden“ Häuser mit kleiner Laube, nahe dem Wasser, hatten sie zu viert in einem Raum unterm Dach gelebt. Nur der Mond hatte zu später Stunde über ihn gewacht. Ein Hauch von Melancholie überkam Theo.

Hier hatte er seine deutsche „Liebe“ getroffen, Christel.

Hier auf der Mariensäule hatten sie sich zum ersten Mal geküsst.

Hier hatte sie „Ja“ gesagt.

Und hier hatte sie ihm die ersten Ultraschallbilder von ihrem Babybauch gezeigt.

Ihm kamen die Tränen und er begriff zum ersten Mal in seinem Leben, wie nah Freud und Leid beieinanderliegen können. Er schniefte.

Es schmerzte ihn, dass sie nicht mehr da war. Ein wenig Genugtuung fühlte er aber auch, wegen Christels scheinheiliger Familie, die ihm und seinen Geschwistern gegenüber oft unfreundlich gewesen war, gelegentlich auch die eigenen Schwiegereltern.

Im Auto sitzend kurvte er um die „hängenden Häuser“ herum – inmitten lag die Stiftskirche – und bog dann in Richtung Friedhof ab. Sie waren damals beide weggezogen, ins benachbarte Ruhrgebiet. Und wie immer, wenn er ins hügelige Gutland in der Eifel fuhr, lag hinten im Kofferraum alles bereit. Mit einem Klappstuhl unterm Arm, einer Frauenzeitschrift und dem „Frühstück“ ging er zu einem ganz bestimmten Grabfeld. Auf dem weißen Marmorstein stand: „Christel Theo, geb. Calau. Geboren 22.07.1980, verstorben 21.07.2019.“

Er wischte einige Laubhölzer beiseite, während er sich über das Grabfeld beugte, um frische Blumen in eine fest betonierte Vase zu stecken.

„Hallo Christel“, grüßte er.

Er sprach ganz normal mit ihr, so als würde er sich mit einer sichtbaren Person unterhalten. Er klappte den Stuhl auf, setzte sich darauf und seufzte. In diesem Seufzen lagen Wehmut, Trauer, aber auch Tapferkeit. Vor dem Grabstein hatten seine Töchter einen Engel postiert. Davor platzierte der Witwer nun ein Porzellantellerchen mit dem Donut und dem Kaffee to go. In den Kaffee tat er noch zwei Würfel Zucker. Mit einem kleinen Löffel rührte er diesen um. Dann setzte er sich und lauschte dem Wind. Die Vögel zwitscherten. Sonnenstrahlen grüßten. Er fühlte die Anwesenheit seiner Frau. Er lächelte.

„Siehste, Christel, jetzt frühstücken wir zusammen. Die Donuts mochtest du doch immer so gern. … Nee, zum Frühstück willste lieber ’n Croissant? – Gut, das nächste Mal bring ich dir ’n Croissant mit. Versprochen!“

Eine Grabbesucherin nebenan, auf der gegenüberliegenden Seite, blickte auf. Sie wunderte sich.

Theo bemerkte sie gar nicht. Für ihn lag seine Frau im Bett. Und sie hatten schon immer gern im Bett gefrühstückt. Nur, dass er jetzt in seiner Vorstellung ihr im Stuhl gegenübersaß.

Theo korrigierte sich: „Ach ja“, er langte mit einer Hand in seine Jackettjacke, holte eine Serviette hervor und legte sie unter das Gebäck. „So ein bisschen Tischkultur muss sein, das waren immer deine Worte, nicht wahr, Christel? So, dann lese ich dir jetzt noch das Horoskop vor, das hat dich doch immer interessiert. Aber danach will ich dir was erzählen. Drangekriegt haben sie mich. Ja, schon wieder. Ich wollte kürzertreten. So langsam meine Segel in Richtung Ruhestand setzen, verstehst du? … Ach Christel … dann grab ich dich aus und nehme dich mit auf die Kreuzfahrt, die du immer machen wolltest."

Das morgendliche Glockengeläut hierzulande, es kam aus der Stiftskirche, rief die Christen zum Gebet. Es riss den Kommissar Theo aus seinen Gedanken und aus dem Gespräch mit seiner toten Frau.

Durch die Hanglage des Friedhofs hatte Theo Einblick ins Tal. Da bemerkte er unten vor einer Flussbrücke plötzlich etwas.

Einige Männer standen dort und waren heftig am Debattieren und Gestikulieren. Es schien um etwas Wichtiges zu gehen. Mit seinem Kennerblick erkannte er sofort, dass sie Revolver unter ihren Lederjacken trugen. Auch eine Frau befand sich unter ihnen.

„Ja, sie ist es!", stellte Theo staunend fest.

Das war die Portugiesisch sprechende Hotelmitarbeiterin aus der Pension. Ja, und jetzt erkannte er auch den Möchtegern-King-Kong von neulich wieder. Das war der, der ihn verfolgt hatte. Er beobachtete, wie dieser Muskelprotz über eine Brücke ging. Auf der anderen Seite stand die Frau aus der Pension. Er schrie sie an. Sie schrie ihn an. Er drohte ihr. Theo verstand nur: „dividas" oder „debiti", leider nix Genaues, denn es wurde wieder portugiesisch oder spanisch gesprochen. Außerdem war es zu weit weg, als dass er den einzelnen Lauten einen Sinn hätte zuordnen können. Vom Äußerlichen her – so viel konnte er erkennen – sah die Frau mit der leicht braunen Haut so aus, als komme sie von Afrika oder aus Brasilien. Und da Brasilien mal eine Kolonie von Portugal war, strebten viele Südamerikanerinnen und Südamerikaner danach, über Portugal oder Spanien in den „sicheren Hafen" Europas einzufahren, wegen der Aussicht auf ein besseres Leben. Entsprechend kombinierte der Kommissar, dass diese Frau wohl „Schulden" zu begleichen hatte. Die gehetzte Frau blickte zurück, warf dem Großkotz etwas an den Kopf, dann nahm sie Schwung und sprang über die Reling in den Fluss.

Theo verabschiedete sich rasch von seiner Frau, raffte alles Geschirr zusammen, goss den Kaffee zu den Blumen, eilte schnell zu seinem Auto und hechtete hinunter ins Tal. Er rannte auf die Brücke, doch zu spät, hier war es inzwischen mucksmäuschenstill. Mehrere Male ging der Kommissar die Brücke auf und ab, begutachtete den Mauersims, das alte Rohrgestell, das als Relingschutz fungieren sollte und stellenweise verrostet war. Zwischen Gesteinsfugen entdeckte Theo einen Stofffetzen. Hm … könnte der von einem Kleidungsstück stammen? Theo blickte sich ein weiteres Mal um. Der Fluss rauschte an wuchtigen Felsen vorbei und stellenweise war das Wasser sehr tief. Womöglich versteckte sich hier jemand?

Gleich in nächster Nähe befand sich ein kleiner Campingplatz. Ein Freibad lud zum Badespaß ein, doch am frühen Morgen war es hier noch ruhig. Nur der Platzwart schien seine Runden zu drehen. Und wenn er sich nicht irrte, war es der Streifen-Jupp, ein schlaksiger Typ mit kräftigen Schultern und ebenso kräftigem Bierbauch. Ein Discofreak, der noch immer Schlaghosen und lange Koteletten trug.

Theo kannte die Familie Streif, welche die Campinganlage betrieb, noch von früher. Erinnerungen wurden in ihm wach: Sie gehörten zu den wenigen im Ort, die nett zu ihnen gewesen waren. Sie lieferten damals Pizza aus. Vielleicht verstand man sich, weil sie auch Trunkenbolde waren, wie sein Paps. Und weil sie genauso knapp bei Kasse waren wie sie damals. Soweit er sich erinnerte, schuldeten sie ihnen immer noch die Begleichung einer Pizza-Rechnung. Hatten sie das Geld vom Übernachtungsgast erhalten, es aber in die eigene Tasche gesteckt? Er wusste es nicht mehr genau. Seine Mutter hatte damals so was gesagt wie „Der Gast ist spurlos verschwunden“ oder so.

Wie auch immer, Theo machte eine grüßende Handbewegung, woraufhin der Campingbesitzer erwiderte, eine Zigarette lässig im Mundwinkel hängend: „Hallo Ted, altes Haus! Wie geht's?“

„Hast du eine Dame gesehen?“, frage Theo ihn ohne Umschweife.

Der Schwergewichtige stapelte Kisten aufeinander, die das berühmte regionale Eifel-Pils beinhalteten. Dann richtete er sich auf und stellte sich dem Kommissar mit verschränkten Armen in den Weg.

„Lass es lieber. Hier sind so manche Geschäfte im Gange, da kann es lebensgefährlich werden, wenn man sich einmischt! Verstehst du? Ich weiß auch nicht, welche Dame du meinst, hier gibt es jede Menge ‚Damen‘!“, raunte er ihm zu.

Theo kitzelte etwas in der Nase, und immer, wenn er das empfand, war etwas im Busch. Doch was? Das werde ich noch herausbekommen, dachte Theo bei sich. Er blickte sein Gegenüber kalt an: „Komm Streifen-Jupp, ich kenne dich. Da ist jemand von der Brücke gesprungen, unweit deines Campingplatzes. Hast du niemanden gesehen? Vielleicht braucht die Dame medizinische Hilfe!“

Theo hatte kaum zu Ende gesprochen, da huschte jemand aus dem Bierfasslager, und als Theo nachsehen wollte, da versperrte ihm der fleischige, dicke Typ mit blauer Latzhose und schweißverdrecktem Unterhemd den Zugang. Mit verschränkten Armen rief er laut: „Privatgelände! Kein Zutritt!“

„Ich bin nicht vom Drogendezernat. Ich hab hier ’n Mord aufzuklären!“, entgegnete Theo.

Die beiden standen sich gegenüber, blickten einander in die Augen.

„Kein Zutritt! Verstanden?“

In einem der Kronkorken verfing sich ein Stofffetzen. Es hatte das gleiche Leopardenmuster wie jenes, das er in seine Tasche gesteckt hatte.Auf einmal flüsterte der Streifen-Jupp mit ungewohnt zärtlicher Stimme: „Ich … ich … die Frau … weißte Ted? Et Mari as bei mir.“

Die Lider in dem pockennarbigen Gesicht senkten sich, als er beteuerte: „Ich kümmere mich! Sie ist bei mir! Und die ist bei mir sicher! Wir melden uns. Okay?“

Theo blickte ihn an. „Hier hast du meine Kontaktdaten.“, flüsterte er ihm zu. Er gab ihm seine Visitenkarte. „Melde dich, sobald sie eine Aussage machen will. Sie ist womöglich eine wertvolle Zeugin. Keine Tatverdächtige! Verstanden?“

Die Augen des Jupp blickten ihn hohl an. Er nickte ein stillschweigendes „Ja“.

Doch der Theo hatte seine Zweifel. Aber das war jetzt nebensächlich, er musste wieder zurück nach Treveris, dort, wo die Ermittlungen zusammenliefen.

Am späten Nachmittag wurde eine Teambesprechung einberufen. Teamchef Hamm war sauer. „Wie ein Elefant im Porzellanladen trampelt ihr über internationale Abmachungen und ermittelt im Alleingang!"

Kommissar Georg Theo, Sie müssten doch wissen, nach Ihrer jahrelangen Erfahrung, dass Dienstwege eingehalten werden müssen! Die Kollegen aus Park-De-Lux haben Beschwerde eingereicht, Sie hätten ihnen Anordnungen erteilt. Unsere Eminenz, der Herr Bischof, hat sich beim Innenminister beschwert, der wiederum bei mir. Und die waren der Meinung, dass sich einige unter euch Zutritt auf Kirchengelände verschafft hätten, ohne vorherige Absprache. Ihr wisst doch, Kirchengelände sind wie Privatbesitz, und dazu zählen auch die freien Reichsklöster wie das von Echterville. Dort haben wir nichts verloren! Verstanden?"

Theo verschränkte die Arme, verdrehte die Augen und machte Pausbacken, wie zum Trotz, als er zu seiner Verteidigung entgegnete: „Es bestand Verdunklungsgefahr. Zwei dunkel gekleidete Personen hatten sich Zutritt übers Dach verschafft. Es gab einen Aufschrei. Man hat eine Person leblos im Safe gefunden. Ich hatte den zuständigen Inspekteur hinzugerufen und als er eine Streife hinschickte, war niemand aufzufinden … Später entdeckte ich Leute, die auf den Dächern von Stadthäusern herumkletterten, aber sie sind mir, beziehungsweise uns, entwischt."

Theo schaute vielsagend, wartete jedoch ab.

Der Blick seines jüngeren Kollegen Leo ging fragend in Richtung seines Vorgesetzten.

„Erkläre ich später.", flüsterte Theo ihm zu.

Zum Polizeichef meinte er selbstbewusst: „Die Kirche hat so manche ‚Leiche' im Keller und einige gemeinnützige Einrichtungen werden sich noch als Gangster-Schmiede ‚entpuppen'; eines Tages werden wir das auch beweisen können. Ich würde gerne mit den Ermittlungen fortfahren, bevor Ihr Bischof oder sonstige Ministerbosse wichtige Beweise beiseitegeräumt haben."

Herr Hamm runzelte die Stirn. „Liefern Sie mir Fakten, dann können wir bilaterale Ermittlungen angehen. Verstanden?", fragte er Theo nach einer kurzen Pause.

Theo und Leo quittierten diese Aufforderung mit einem Nicken und einem gemeinsamen lauten „Ja!“.

„Lass uns nach Bollenpiont fahren, dorthin, wo wir den toten Fahrradfahrer gefunden haben. Ich will noch mal die Brücke ablaufen; die ganze Gegend absuchen, wenn es sein muss. Ich fühle, dass wir was übersehen haben.“, bat Theo seinen Kollegen Leo beim Hinausgehen.

Oberkommissar und Chef Hamm war dicht hinter ihnen und erhob die Stimme zum Einwand: „Nicht fühlen. Fakten sammeln! Verstanden?“

„Jawohl, Chef!“, erwiderten beide wie aus einem Munde. Sie setzten sich jeder seine schwarze Sonnenbrille auf und gingen schnurstracks zur Ausgangstüre, so als wollten sie schnellstens der Chefkontrolle entschwinden. Dabei war ein Hauch Ironie in ihrem Smiley-Grinsen zu erkennen.

„Sind Sie mit dem Auto da? Kann ich Sie bis nach Eifelburg mitnehmen?“, fragte Theo den Leo und steckte seinen Autoschlüssel ins Türschloss.

„Ich bin mit dem Rad gekommen.“, entgegnete Leo.

Theo machte ein erstauntes Gesicht. „Ganz von Eifelburg bis Trevis? Respekt! Wenn Sie wollen, schmeißen Sie Ihr Rad hinten rein. Ich nehme Sie ein Stück mit zurück.“

Im Auto berichtete Theo seinem Kollegen, was er letzte Nacht erlebt hatte. Da bemerkte er, dass der junge Mann nun in seriöser Kleidung, Jeans und lässiger Lederjacke sowie mit einem frischen, sauberen Kurzhaarschnitt erschienen war.

„Donnerwetter!“, sagte er. „Sie haben sich ja herausgeputzt. Haben Sie noch ein Date? Oder wie komme ich zu dieser Ehre?“

Der junge, agile Mann streckte sich im Sitz, linste zu ihm hinüber und antwortete: „Nicht Ihretwegen. So viel steht fest!“

Theo nahm es sportlich: „Ist schon in Ordnung! Zurück zum Fall.“

Als sie im Grenzort Bollenpiont ankamen, klopfte jemand ans Fenster der Beifahrertür. Die reife Dame beugte sich hinunter und blickte aufdringlich ins Fahrzeug hinein. Leo erkannte seine Tante, die mit einem Bündel Wochenzeitungen unterm Arm auf ihrem Segway stand. Sie wirkte, als ob sie tanzen würde. Es sah lächerlich aus und Leo schämte sich. Er schwieg.

Da keine Reaktion folgte, klopfte Tanne Grete ein zweites Mal und dabei bemerkte sie nicht einmal, dass ihr Hosenstall offen stand. Leo hatte es bemerkt, fuhr sich mit beiden Händen durchs Haar und stöhnte laut auf.

„Kollege, ich glaube, da will jemand was von Ihnen. Warum öffnen Sie nicht?", bemerkte Theo gelassen.

„Das ist wieder meine Großtante Grete. Sie lebt doch hier am Ort. Von der Polizeiarbeit versteht sie nix, sie meint aber, mir helfen zu müssen. Und sie meint immer, allen ihre Meinung sagen zu müssen. Das nervt!", erklärte Leo kleinlaut.

Nun lugte die Dame mit ihren wässrigen Augen zum Fenster herein und gestikulierte mit gefühlt Abertausenden Fältchen im Gesicht.

„Bitte öffnen!" Dann beschwerte sie sich lautstark darüber, dass ihr Neffe nie zuhöre, wenn sie was sagte.

Er konnte sie nicht mehr ignorieren, also kurbelte er das Fenster hinunter. „Tante, ich bin im Dienst. Wir stecken mitten in Ermittlungen. Ich habe jetzt keine Zeit für das kaputte Tiergattertor oder um die Käserollen umzulegen, die du auf der Fensterbank in deinem Wohnzimmer ausgebreitet hast."

Bei dieser Vorstellung konnte Theo den Gestank regelrecht riechen.

„Andere hören Mozart zur Entspannung. Ihre Tante scheint während der Tagesschau den stinkenden Milchsäuregeruch zu bevorzugen."

„Ich besitze kein Handy, keinen Kühlschrank und keinen Fernseher. Was wichtig ist, erfahre ich von den Leuten aus dem Dorf.", konterte Grete geschickt.

Schulterzuckend juckelte die alte Frau mit dem Gefährt davon, und ehe es einer der beiden Kommissare mitbekam, war sie auf der anderen Seite des Audi quattro, streifte mit den Fingern über den rotbraunen Lack.

„Was für eine Karre. Es gibt schönere Oldtimer!" Doch dann, unvermittelt, klopfte sie an der Fensterscheibe der Fahrerseite.

Leo stieg aus und zog seine Lederjacke über. Er machte eine gute sportliche Figur. Er nahm sein Rad aus dem Kofferraum. Ihm war das alles peinlich. Als er auf sein Rad aufstieg, schnauzte er seine Tante an: „Tante, nun lass doch bitte meinen Kollegen. Siehst du nicht? Wir sind dienstlich hier!"

Der Kollege Kommissar Theo blickte zu Leo und versuchte diesen zu besänftigen. „Nun lass gut sein." Und mit Blick in ihre Richtung fragte er: „Frau Grete? Gibt es etwas, was Sie uns mitteilen wollen?"

„Ja!", antwortete die rüstige Frau klar un deutlich. Aufdringlich steckte sie ihren Kopf weit durch das Fenster in das Fahrzeug hinein und sagte mit Nachdruck: „Ech han eppes gefunden." Sie sputzte. „Vielmehr ech han eppes gesehen."

Sie räusperte sich, trat etwas zurück, richtete ihre Oberweite und fuhr sich verzückt wie aus Versehen an ihre Busen.

„Der charmante kluge Herr hier in seinem modischen italienischen Anzug … Junge! … Der wär wat für mich, wenn ich nur etliche Jahre jünger und ein paar Kilo leichter …"

Leo fiel ihr laut ins Wort. „Tanne Grete, es reicht jetzt! Komm zum Punkt!"

Sie fasste sich, wirkte für einen kurzen Moment verlegen, doch dann richtete sie sich selbstbewusst auf.

„Lass mich! Ich muss mit dem feinen Kommissar hier Hochdeutsch reden! … Also … da unten am Fluss, da schwimmt etwas, das könnte einem der Mädel gehören.", erklärte sie dem Kommissar Theo..

„Die Lynn, die war doch auf deiner Schule … auf diesem Kloster-Gymnasium, oder? Früher, zu meiner Zeit, hat es so watt net gegeben. Mädchen wurden net genommen, nur Jungs.", sagte sie zu ihrem Neffen gewandt. Sie legte eine Sprechpause ein und räusperte sich erneut.

„Nun, vielen Mädchen damals hatte man gesagt, so watt lohnt sich nett. Mich hat man auch zurückbehalten, wie man so sagt. Wisst ihr, früher auf den großen Höfen, für die Klöster und Kirchen, da war viel Feldarbeit. Fast so wie heute die Selbstversorger-Biolandwirte hierzuland. Doch früher gab es keine Maschinen. Der Bauersfrau erste Ehepflicht war es und wird es immer sein: Kinder in die Welt setzen. Diese

Kinder werden als Arbeiter gebraucht. Nur wenige Kinder durften überhaupt eine Schule besuchen. Ja, und die Lynn … du weißt ja, Leo, dat Mädel, das die Stocks angenommen haben. Sie soll …", Grete gestikulierte mit einer wegwerfenden Handbewegung, „ach, wat red ich … Sie muss auch diese Tradition fortsetzen. Warum hat man sonst dieses Mädchen geholt? … Nun, die war nett, manchmal komisch, aber nett." Grete sputzte beim Sprechen. „Sie ist aber jetzt verschwunden, nicht wahr? Sie trug doch so ein Kleid. Letztens in der Nacht, ich han sie gesehen, als ich früh die Tageszeitung ausgetragen han. … Sie war an dem Abend besonders hübsch. Und mit dem Pastor getanzt hat sie. Junge, die hat's faustdick hinter den Ohren, sag ich euch!"

Leo ermahnte seine Tante, sie solle doch bitte zur Sache kommen. Und die Frau verstand, sie disziplinierte sich.

„Keine Ahnung, was genau da drin ist. Ich sah von der Brücke aus eine Tüte, oder eine Tasche, und habe sie do unten im Fluss schwimmen gesehen. Da war wat grünblau Schimmerndes. Ähnlich wie dat Kleid von dem Mädel, wat verschwunden is'. Leo, dat is' doch die Lynn von dem Gutshof ‚Zur Linde', oder? Ech han sie durch de Fenstere gesehen, wie sie mit jemandem getanzt hat."

Kommissar Theo schaute sie direkt an und bedankte sich dann bei ihr für die sachdienliche Auskunft. „Wir werden der Angelegenheit nachgehen", meinte er höflich. Und an Leo gewandt: „Kollege, suchen Sie die andere Seite des Flusses ab!"

Leo zwinkerte seiner Tante mit einem Grübchen-Lächeln zu, dann folgte er Theo wortlos den Trampelpfad am Fluss entlang. So gingen beide die Ufer ab.

Eine braungraue Brühe rauschte an den Brückenpfeilern vorbei, an deren Fuße sich so allerlei Geröll ablagerte. Inmitten des Flusses verhakten sich umgefallene Weidebäume, vermutlich vom letzten Hochwasser. Darin sammelten sich Geäst, Geröll und Sand zu einer buschigen Insel. Hier entdeckten die Ermittler eine Tasche – oder war es ein Beutel? Oder etwas Zusammengebündeltes? Leo stieg eine Böschung hinab und suchte nach einer Stange, um im Flussbett zu stochern. Vielleicht könnte er das Unbekannte herausfischen? Er suchte seine Taschen ab, ob er nicht noch irgendwo eine Angelschnur hatte. Eine Büroklammer diente als Haken. So bastelte er im Nullkommanix eine Angel, um dieses Bündel aus dem Dickicht im Wasser zu fischen.

Eigentlich war es ruhig und sonnig, am Flussufer wuchs viel Grün und gelegentlich gab es eine Sandbank, da ertönte plötzlich ein großes Geschnatter in der Nähe der Flussaue. Eine Schwanenmutter spannte ihre Flügel erstaunlich weit, fauchte und biss den Leo in einen Finger, als er nach etwas greifen wollte. Dann flog der weiße Schwan davon. Leos Finger blutete. Dennoch nahm er den präparierten Stock mit Haken und fischte einen zusammengeknoteten Beutel aus dem Grenzfluss.

Theo stand mit Grete, die ihnen gefolgt war, am Ufer und beobachtete das Geschehen.

„Vielleicht ist es auch eine Schultasche?“, murmelte die Tante leise vor sich hin.

Theo hatte es gehört und entgegnete: „Nein, vielmehr sieht es nach einer dieser recycelbaren bunten Einkaufstüten aus.“

Noch am Fundort durchsuchte Leo den Inhalt. Der Finder nahm ein Kleidungsstück heraus. Es war blutverschmiert. Leo stopfte den kompletten Fund in einen Klarsichtbeutel.

Grete legte bestürzt eine Hand auf ihre Brust. Kommissar Theo telefonierte umgehend mit seinem Vorgesetzten und ordnete an, dass dieser Fund kriminaltechnisch untersucht werden sollte.

Ein frischer Windstoß wirbelte durch das noch zarte Frühlingslaub; ebenso turbulent sah es im Kopf des Kommissars aus. Theo dachte nach.

Das Gesicht in Falten gelegt, stampfte Tante Grete auf die Ermittler zu, sich einmischend: „War das jetzt Zufall oder Absicht? Und gibt es einen Zusammenhang zwischen dem Toten an der Grenzbrücke und diesem seltsamen Fund?“

„Dazu müsste man erst mal erfahren, was genau sich in dem Beutel befindet.“, meinte Theo trocken. Am Ufer stehend, rief er den Kollegen zu: „Was ist denn da noch drin?“

Der junge Kommissar mit den hohen Wangenkochen wurde blass, als er das grünblaue Paillettenkleid sah. Er durchforstete den Fund und zählte auf. „Eine weiße Wachstuchtischdecke, Plastikbesteck, ein angebissenes Brötchen, Feuerzeug, eine Weste, einige Internetausdrucke diverser Kirchen und Sehenswürdigkeiten, Heftpflaster, eine Salbe und Kaugummis."

„Okay, wir müssen zu der Familie Stocks. Die Sachen kommen alle zum KTD! Und hier muss abgeriegelt werden, bis die Spurensicherung durch ist."

An Leo gewandt, der die Anweisungen per Handy regelte, sagte er: „Komm, lass uns zum Gutshof ‚Zur Linde' fahren. Gestern ist etwas Seltsames vorgefallen. Schmeiß dein Rad in den Kofferraum, ich berichte unterwegs, vielleicht können wir dort bei ihren Eltern mehr erfahren."

Leo setzte sportlich Sonnenbrille und Fahrradhelm auf und meinte: „Ich fahre lieber mit dem Rad. Machen wir doch ein Wettrennen, wer zuerst da ist!"

Kaum ausgesprochen, war er auch schon auf sein Mountainbike gesprungen und trat kräftig in die Pedale. Seine muskulösen Oberarme ließen vermuten, dass er schon mehrfach die eine oder andere Eifelberg-Etappe bezwungen hatte. Auf einem gut ausgebauten Fahrradweg ging es durch Hopfenfelder. Diese haushohen, meerespflanzenartigen Gewächse, die wie Rebenpflanzen strikt am Draht kultiviert wurden, lieferten – dank des warmen Klimas – eine wichtige Zutat für die heimische Bierbrauerei: Hopfen.

Leo kannte sich aus. Er nahm eine Abkürzung durch den Wald. Über felsige Berge und vorbei an dem Örtchen Prümzurlay, einer Burgruine, musste er ganz schön in die Pedale treten. Bei einer kurzen Verschnaufpause und mit Blick über einen von alten Keltenkulturen angelegten Schutzwallhügel dachte er: Verbirgt sich die Antwort auf so viele Verbrechen vielleicht in dieser schönen Region? Er atmete noch einmal tief ein und aus. Dann dachte er: Das Gute am Bergfahren ist die Abfahrt hinunter ins Tal. Achtsam genoss er diese Aussicht.

## Kapitel 9
## Pilgern mit tödlichen Sprüngen

Derweil liefen auf dem Gutshof „Zur Linde“ die Vorbereitungen für die Ankunft der Pilger auf Hochtouren. Die Bäuerin Stocks nahm den selbst geräucherten Schinken aus der Kammer, als Theo mit seinem Audi quattro in den Hof quietschte.

Drinnen hatte jemand zuvor einen Hebel in der Küchenzeile betätigt, ein Metzgerschneidegerät samt Tisch klappte hoch auf die Höhe der Küchenarbeitsplatte und man stabilisierte dieses klobige Gerät durch ein zusätzliches ausklappbares Holzbein. Frau Stocks legte eine Schürze an, stellte einen weißen Teller darunter und zischte los. Es klang zunächst wie ein Bartrasierer und steigerte sich zu einem Minisägewerk. Dieses ohrenbetäubende Geräusch breitete sich im ganzen Haus aus, noch draußen auf dem Hof war es zu hören. Theo und Leo kamen ungefähr zur gleichen Zeit hier oben an, als Theo an der wuchtigen Eichentür klopfte. Dieser Gutshof war ein Versorgerhof der Benediktinermönche und lag in Alleinlage auf einem der vielen Eifeler Mittelgebirgskämme. Theo klopfte ein weiteres Mal.

Leo hatte sein Fahrrad unter der Linde abgestellt und kam auf seinen Kollegen zu. Ohne Worte nahm er die Klinke in die Hand, drückte sie nach unten und trat ein. Theo schaute ihn fragend an.

„Es war offen.“

Leo grinste mit seinem Spitzbubengrübchen. „Nur keine Bange, Chef, hier sperrt niemand ab. Das ist hier auf dem Land so üblich.“

Theo nickte stumm und bemerkte dabei ein großen Muttermal an Leos Hinterkopf.

Die Bäuerin war über eine Maschine gebeugt und schnitt den Schinken in feine Scheiben. Sie schien sie nicht gehört zu haben. Die Frau arbeitete weiter. Theo hustete mit Absicht. Und Leo, mit Helm in der Hand, rief laut, aber höflich: „Frau Stocks!“

Erschrocken wendete sich die Frau um und blickte die beiden Polizisten mit einem staunenden, fragenden Blick an.

„Sidd virsiichteg, schneid d' Fanger net!" [Landesüblicher Dialekt, der dem Luxemburgischen sehr ähnlich ist, mit der Bedeutung: „Sei vorsichtig, schneide dir nicht in die Finger!"], kam es zum wiederholten Male krächzend von der Schwiegermutter aus der Kaminecke. Ohne darauf einzugehen, erläuterte Frau Stocks: „Oma Stocks hat sich als Kind eine Fingerkuppe abgeschnitten, darum teilt sie mir jedes Mal mit, wie ich zu schneiden habe."

Verlegen grinste sie doppeldeutig und rollte etwas nervös mit den Augen, da ihre Schwiegermutter nebenan saß und alles mithören konnte.

Nachdem die Bäuerin den aufgeschnittenen Schinken auf ein Silbertablett gelegt hatte, ihn noch mit Gurke, Ei und Paprika verzierte, hakte sie sich beim Kommissar Theo unter, so als würde sie Schutz suchen. Ihr Wesen hatte was zu Beschützendes und augenblicklich fühlte sich Theo zu ihr hingezogen. Ebenso hatten sie und ihr roter Kirschmund was von Dolce Vita, und dies versetzte Theo augenblicklich in die Toskana mit Mamma-Mia-Sommerwein und Pasta Oliva. Trotz Schürze und einiger weniger Hahnenfüße um ihre Augen konnte er sich gut vorstellen, wie sie auf einem Roller durch die Gassen flitzte.

„Mamma mia, auch hier weht ein Hauch Italia!", bemerkte er.

Sie antwortete mit einem entzückenden Lächeln. Mit einem Handzeichen forderte sie die Herren auf, ihr zu folgen. Erst als sie sich draußen in der Nähe der Linde eine Zigarette anzündete und den Rauch genüsslich aufsteigen ließ, schien sie sich zu beruhigen und sprach weiter.

„Jedes Mal nervt es kolossal …aber wat willste machen? Die alten Leute haben so ihre Gewohnheiten", murmelte sie mit einer Mischung aus Resignation und Verdruss.

Prompt kam die Retourkutsche. „Hast dou jet gesogt, Trude?" [„Hast du was gesagt, Trude?"] Frau Stocks wurde laut, weil die Oma nicht mehr so gut hörte. „Nee, alles an der Reih!"

Sie blickte beide Kommissare mit betörenden und gleichzeitig verletzlichen Augen an. Die Frau meinte, sich erklären zu müssen.

„Ich komme nicht von hier, müssen Sie wissen. Ich bin eine Zugereiste und meine Schwiegermutter stellte bei der Hochzeit damals drei Fragen: ob ich ‚Kanner' [Kinder] kriegen kann, ob ich ‚Platt' schwätzen kann und ob ich ‚streichen' [melken] kann." Sie deutete mit der Zigarette auf die ältere Dame, die neben dem Feuerkamin saß und strickte.

Die Bäuerin kniff ihre Augen zusammen und flüsterte: „Manchmal könnte ich sie erwürgen, dann würde ich die mit der Brotmaschine klein schneiden, einfrieren und nach und nach an den Hund verfüttern." Sie lachte laut auf. Theo erschrak.

„Ach, und wenn ich die Kinder nicht hätte, ich würde hier weggehen." , meinte Frau Stock schließlich. Dann wechselte sie das Thema.

„Gibt es was Neues?" Auf ihrer Stirn bildeten sich Falten: „Was ist der Grund, warum ihr beide hier auftaucht?", fragte sie besorgt.

Sie nickte Leo zu. Diesen jungen Kommissar schien sie zu kennen.

Kommissar Theo erwiderte betont sachlich: „Könnten wir das Zimmer Ihrer Tochter sehen?"

„Ist Lynn noch nicht aufgetaucht?", fragte Leo.

Die Bäuerin, sichtlich nervös, zog an ihrer Zigarette und mit gesenktem Kopf murmelte sie wohl mehr zu sich selbst: „Nee, weiß der Geier, wo sie steckt." Sie blickte in den Himmel. Plötzlich fing sie an zu zittern.„Ich, es ist meine Schuld, Kommissar! Ich habe sie geschlagen! Und dann ist sie mit einer Tasche auf und davon!", schrie sie.

Die tough erscheinende Frau brach plötzlich in Tränen aus. Sie jammerte: „Ich wollte besser sein. Ich war bei den Antiatom-Friedensdemos auf allen Air-Base-Militärstützpunkten im Gutland, und in Köln-Bonn damals, als die Mauer zwischen Ost- und West-Gutland noch stand und die Atomaufrüstung begann. Sie wissen schon: Atomraketen in Büchel, Gutland?" Ihre Augenpupillen kreisten von Theo zu Leo und wieder zurück zu dem reiferen Kommissar mit dem verständnisvollen Gesichtsausdruck, als sie weitersprach: „Ich war bei der Baumbesetzerszene in Gutweiler … und … ich wollte alles besser machen, doch sieh mich an. Ich bin genauso wie die Alte da drüben geworden. Schlimmer noch." Sie unterbrach sich und schnäuzte sich die Nase. „Aber damals. Es waren die Drogen. Die hätten mich kaputt gemacht. Wenn mein jetziger Mann nicht gewesen wäre und mich nicht geheiratet hätte, ich wäre krepiert daran!" Die Frau wirbelte herum und fasste den Leo an den Oberarmen.

„Bitte bring sie mir wieder, Leo! Wenn einer es kann, dann du!“ Sie wischte sich eine Träne aus dem Gesicht, unklar ob sie echt oder gespielt war. „Ich hab es nicht gewollt. Glaub mir. Ich hab es nicht gewollt.“ Die Frau Bäuerin verbarg ihr Gesicht in den Händen und lief über den Hof in eine Scheune, als wäre sie von Sinnen.

„Oh, ich muss beichten. Oh, ich muss Buße tun. Herr, ich habe gesündigt! Herr, ich muss pilgern!“, beteuerte sie immer wieder.

Die Polizisten standen auf dem Hof und schauten einander fragend an.

Kurz darauf kam sie wieder aus der Scheune heraus.

Sie wirkte jetzt gefasst. Kommissar Theo bat um eine Haarprobe oder um ein Kleidungsstück von Lynn, wegen einer DNA-Analyse.

Frau Stocks ging ins Haus und kam mit einer Haarbürste zurück.

Arbeit hilft immer, dachte Frau Stocks tränenüberströmt. Sie hängte in jedes der Gästezimmer ein Holzkreuz über den Eingang und legte eine Bibel auf das Bett. Unten in der großen Stube stärkte sie beim Mangeln die weiße Brokatdecke und überzog damit einen extragroßen Tisch. Sie nahm das Geschirr aus dem Schrank und polierte mit einem Tuch den Goldrand. Und als sie gerade noch schnell mit einem Löffel Rosenblüten in die Butter ritzte, kam ihr Mann zur Tür herein und schnauzte sie an: „Lass den altmodischen Quatsch!“ Er hatte sich an den Tisch gesetzt und nahm die Zeitung in die Hand.

Seine Frau nahm eine Tasse aus dem Schrank, goss Kaffee hinein und stellte sie ihm hin. Laut las er eine Schlagzeile vor.

“Im Raum Trevis und Park-De-Lux wird ein sechsundsiebzigjähriger Mann gesucht, der seit Tagen aus einem Echterviller Sanatorium entwichen sein soll! Die Polizei bittet um Mithilfe.‘ Als hätten wir Zeit, alte Leute zu suchen.“ Erneut schnauzte er seine Frau an. „Trude, heute wollen die Leute cholesterinarmen Brotaufstrich.“

„Bernd“, schrie seine Frau, „unsere Tochter ist letzte Nacht nicht nach Hause gekommen! Was weißt du darüber?“

Herr Stocks zuckte nichts ahnend mit den Schultern und wirkte gleichgültig.

Das brachte Frau Stocks nur noch mehr in Rage. „Aus euch Bauern wird man nie schlau. Ihr zeigt keinerlei Gefühlsregung. Selbst wenn das eigene Kind weg ist!“, fuhr sie ihn an.

Herr Stocks stand auf, um zu gehen. Versöhnlich küsste er seine Frau sanft auf die Stirn.

„Sie ist nicht unser Kind, schon vergessen? Außerdem ist sie kein Kind mehr. Sie hat ihren eigenen Kopf. Sie wird schon auftauchen, wenn sie Hunger bekommt.“ Und damit war für ihn das Gespräch beendet.

Großmutter Stocks stöckelte mit ihrer Gehhilfe herbei. Herr Stocks schob demonstrativ die aufgeschlagene Tageszeitung höher vors Gesicht. Die Stimmung im Raum war aufgeheizt. Schweigsam und mit essigsaurem Gesichtsausdruck belegte Frau Stocks Platten mit Aufschnitt. Enttäuscht und verärgert erkannte die Bäuerin, dass Dinge hier auf dem Land einfach weggeschwiegen wurden. Sie schmorte in ihren eigenen Gedanken: Sprachen die Leute hier nicht über wichtige Dinge, weil ihnen die Worte fehlten oder weil sie es einfach nicht wollten? Vielleicht war das Schweigen ja ihre Art, über die vielen Krisen, die in letzter Zeit über sie hereingebrochen waren, hinwegzukommen? Sie hatte ja Verständnis dafür, doch so kämen sie nicht weiter. Trude war innerlich aufgewühlt. Sie wusste ja, dass man für das Gelingen des eigenen Lebens selbst verantwortlich war, nicht die anderen. Sie wusste auch, dass der wahre Grund für ihre Unzufriedenheit tief in ihrem Inneren saß. Doch das war ein gut gehegtes Geheimnis. Um ihrer inneren Unruhe Herr zu werden, genehmigte sie sich einen selbst aufgesetzten Eifeler Holunderlikör.

„Mach dat gewissenhaft, Trude. Du weißt ja, die Herren Pater von den weißen Missionaren, sie haben das so gerne.“ Und an ihren Sohn gewandt: „Sollen wir noch a Dose opmachen?“

Von ihm kam keine Antwort.

Nach fast zwanzig Jahren Ehe, wohl viel mehr mit der „Schwiegermutter“, hörte Trude den Appell. Sie hetzte brav in den „Backes“ [lokale Bezeichnung für „Vorratskammer“] und kam mit verschiedenen Konserven mit eingekochtem Fleisch zurück. Bauer Stocks nickte zufrieden und ging noch mal raus, doch vorher nahm er sich was aus dem Medizinschrank. Trude ließ sich nicht beirren, im Handumdrehen waren neben Wurstaufschnitt auch ein paar Eifeler Käsesorten dabei. Sogar hausgemachten Camembert gab es.

Später, es war bereits fast Abend, die Sonne hing über den Kirchturmspitzen, da hörte man vom Hof her etwas die Serpentinenstrecke hinaufknattern. Es war das Geräusch eines Zweitakters, eines motorisierten Rollers. Mit einem freudigen Viva-Italia-Gefühl kurvte die Fahrerin mit einem roten Kopftuch durch die engen Gassen im Dorf, vorbei an steil aufsteigenden Felshängen. Der Fahrtwind spielte mit ihren Haaren. Ihre hintendrauf sitzende Mitfahrerin nahm aus Jux und Tollerei auch mal einen Blumentopf mit und setzte die Geranie einige Meter weiter wieder ab. Die Fahrerin gab Gas und irgendwann gelangten sie auf den Gutshof „Zur Linde". Die zwei jungen Damen stiegen vom Motorroller ab. Als sie ihre Helme abzogen, sah man gleich, sie waren nicht von hier.

„Si senn en duebele Pak, Bomi. Si mussen Zwillinge sinn" [landestypischer Dialekt und Luxemburgisch für: „Die sind im Doppelpack, Oma. Die sind sicher Zwillinge"], meinte Trude, die aus dem Küchenfenster sah und wissen wollte, wer da kam. „Si kucken net wéi wann se op Pilgerrees ginn." [Landestypischer Dialekt für: „Die sehen nicht so aus, als würden sie pilgern."]

Frau Stock verschränkte wie zum Protest die Arme vor der Brust. Darin waren die beiden sich einig. „Wir machen nicht auf!"

„Mir hunn näischt fir Friemen!" [„Wir haben nichts für Fremde!"]

Von außen näherte sich eine der beiden jungen Damen dem Eingang und klopfte an, da es keine Klingel gab.

„Landstreicher kommen heutzutage adrett gekleidet, sie scheuen sich nicht, auch am Tage zu hausieren."

Doch die jungen Damen waren hartnäckig. Sie klopften mehrfach an die Eichentüre.

„Lynn? Lynn! Bist du da?", rief eine der Beiden.

Die andere nahm ihren Kopf zwischen ihre Hände und presste ihn gegen die Fensterscheibe, um besser ins Innere sehen zu können. Beide klopften. Die eine an der Tür, die andere am Fenster. Klopf, klopf! Klopf, klopf, klopf!

„Lynn! Geht es dir gut? Wir haben dich gestern auf der Abiturfeier weglaufen sehen!“

Da wurde es der Mutter auf einmal mulmig und sie lief ein Stockwerk höher in das Schlafzimmer ihrer Tochter. Das Bett war unbenutzt, ihre Tochter nicht da. Rasch rannte die Mutter die Treppe wieder hinunter und riss die Eingangstür auf.

„Hallo?“

Die Damen saßen schon wieder auf ihrem Motorroller im Retrolook. Eine betätigte den Kickstarter. Das Zünden und das darauffolgende Knattern übertönten jedes Gespräch. Die eine sah die Mutter kommen und klopfte ihrer Schwester – der Fahrerin – auf den Rücken. Diese erschrak und würgte das Fahrzeug ab.

Frau Stocks rief noch einmal.

Die Fahrerin war jedoch zu sehr damit beschäftigt, den Roller wieder zu starten.

„Das Ding bockt wie ein störrischer Esel!“, schimpfte sie. Und beinahe wären beide Damen mitsamt dem Gefährt umgefallen, wenn nicht plötzlich Kommissar Leo da gestanden hätte und ihnen zu Hilfe gekommen wäre. Er war mit seinem Rad unterwegs gewesen, als er die beiden Damen auf dem Roller sah, machte kehrt und fuhr noch mal zum Gutshof „Zur Linde“, in der Hoffnung, mehr über den Verbleib von Lynn zu erfahren. Als er eintraf, sah er die beiden Damen auf dem Motorroller sitzen.

„Wohl Probleme mit der Technik, meine Damen?“

Er zwinkerte ihnen zu. Seine breite Schultermuskulatur zeichnete sich deutlich unter dem Presswurst-T-Shirt ab. Und wieder zeigte er sein unwiderstehliches charmantes Lächeln.„Soll ich euch Starthilfe geben?“, fragte er die Zwillinge.

Aber die Damen lehnten selbstbewusst ab. „Nein!“, brüllten beide wie aus einem Kanonenrohr geschossen.

Frau Stocks stand unterdessen mit verweinten Augen da: „Ist was mit Lynn? Wissen sie, wo ist sie?“

Auch Kommissar Theo hatte auf halber Strecke kehrtgemacht und kam zurück. Er fuhr mit seinem Audi in die Einfahrt, stieg aus und es schien, als hätte er neue Erkenntnisse. Leo zog sich seine Jeansjacke über, bevor er mit seinem Kollegen zusammentraf. Die beiden Ermittlerkollegen besprachen etwas und auf einmal wurden sie beide sehr ernst.

Der Kommissar Leo Lautwein ging auf die Frau Stocks zu und sagte bedächtig: „Frau Stocks, wir müssen mit Ihnen sprechen. Wo können wir ungestört reden?"

Die Mutter wurde kreidebleich. Auf ihrer Stirn bildeten sich Falten. Sie öffnete ihren Mund, bekam aber kein Wort heraus.

Der Leo kam und bot an, sie möge doch hier auf der Bank unter der Linde Platz nehmen. Ein leichter Frühlingswind kam auf. Er durchkämmte Hecken und Sträucher. Die roten Tulpen verloren ihre Blütenblätter und ihre schwarzen Blütenpollen wurden sichtbar, während der Baum seine Zweige neigte, als wolle er die Bauersfrau gütig umarmen.

Leo streckte seine schmalen Hände aus, im Glauben, sie würde ohnmächtig werden, doch dann bot er an, für sie ein Glas Wasser zu holen, was sie jedoch dankend ablehnte.

Die Großmutter, in Schwarz gekleidet und in leicht gebückter Haltung, sich auf einen Stock stützend, trat vor die Tür.

„Huet eppes geschitt? Wou ass d´ Lynn? A wat maachen all déi Leit hei?" [Luxemburgisch und landestypischer Dialekt für: „Ist was passiert? Wo ist die Lynn? Und was machen die vielen Leute hier?"]

Derweil hatten einige Pilger mit Gebetskreuz den Hof betreten. Mutter Stocks fasste sich schnell, stand auf und dirigierte Angestellte und Gäste. Sie rief nach jemandem und nach einer Weile kam ein Stallgehilfe hinkend heraus.

„Wo ist Maria, die Küchenhilfe?"

„Ich weiß nicht. Im Garten vielleicht?", antwortete der Gehilfe achselzuckend.

Dann stand plötzlich Maria im Hof. Mit gackernden Hühnern. Sie war eine zierliche, mittelgroße Frau mit zusammengeknoteten schwarzen Haaren unter einem blau-weißen Kopftuch. Sie trug ein abgewetztes, dunkelgrünes Armee-Jackett auf einer Jeans und grüne, dungverschmierte Gummistiefel. Die südländische Frau mit leicht wettergegerbter Haut sah älter aus, als sie wahrscheinlich in Wirklichkeit war. Ihre hellbraunen Augen blickten jedoch aufmerksam und freundlich. In einem Korb trug sie abgeschnittene Kräuter und ein paar Eier.

„Maria, geleite doch bitte die Leute ins Haus. Sie können schon mal ihre Kammern beziehen und sich frisch machen.“, bat Frau Stocks sie.

Und während die Angestellte sich die Stiefel auszog, ihr Jackett an einem Außennagel aufhängte, es gegen eine bunte, lange Schürze tauschte und sich den Gürtel umschnallte, wandte sich die Bauersfrau um und beantwortete die Fragen des Polizisten mit klarer Stimme: „Ja, sie ist halt ein paar Tage nicht nach Hause gekommen. Aber das ist doch für eine junge Erwachsene normal.“

Theo bemerkte ihre zitternde Unterlippe.

„Frau Stocks“, so der Kommissar, „wir müssen Ihnen mitteilen, dass es einen Grund zu der Annahme gibt, dass Ihrer Tochter etwas zugestoßen sein könnte.“

Die zwei Schwestern, beide in blauen Jeans, dazu trugen sie eine rote Bluse mit Carmen-Ausschnitt, brachen in Tränen aus. Sie schnappten nach Luft und stiegen sofort vom Motorroller ab, gingen auf den jungen Polizisten zu und fragten, ob sie mit ihm sprechen dürften.

Beide rasselten gleichzeitig laut und aufgeregt herunter, was sie auf dem Abiball beobachtet hatten. Sie schienen beide sehr nervös. Ihre Stimmen waren schrill, sodass kein Mensch etwas verstehen konnte. Der Ermittler versuchte ihre Aussagen gleich in sein Tablet zu tippen, um alles zu protokollieren, doch irgendwann wurde es ihm zu bunt. Er hob seine Hand und unterbrach sie: „Stopp! Halt! Bitte der Reihe nach, meine Damen! Nur eine erzählt! Okay?“

Die Schwestern schauten sich gegenseitig an, unschlüssig, wer von ihnen beginnen sollte. Dann stemmte eine der beiden die Hände in die Hüften, nahm einen tiefen Atemzug. „Also, noch mal ganz von vorn.“

Kommissar Leo schrieb mit und hakte hier und da nach.

„Wann genau war das? ... Und wo war derweil Ihre Schwester? ...“

Plötzlich tauchte auch ein Stallbursche auf dem Hof auf. Doch als er die Polizei sah, kehrte er um und wollte schon weglaufen.

„Halt, hiergeblieben!“, rief die Bäuerin.

Leo fragte ihn, ob er etwas über Lynns Verbleib sagen könne. Der Stallbursche nahm seine Mütze ab, fragte mit zittriger Stimme: „Perdão … perdón, señor, senhoritas. ¿Hablan español o portugués?“

Da alle diese Frage durch Kopfschütteln verneinten, fuhr er in gebrochenem Deutsch fort: „Frau Lynn immer nett und freundlich. Putzhilfe hat Frau Tochter im blauen Auto gesehen. Heute Morgen, ich blaue Auto vor Euro-Pub gesehen. Aber ich sah auch Kirchenmann?“ Die Augen des Stallgehilfen weiteten sich, so als würde er etwas fragen. Doch dann brach er ab, weil der Hof von Kreuze hochhaltenden und Gebete murmelnden Menschen geradezu überrollt wurde. Man hörte nur noch „Ave-Maria …“

Und wie der Zufall es wollte, befand sich darunter auch der Priester Gular, der ebenfalls Referent für kirchliche Kulturgüter war.

Frau Stocks blickte die Kommissare erbost an.

„Was hat das Ganze zu bedeuten? Meine Tochter und ein Priester?! Unmöglich!“, zischte sie, während sie wild mit den Armen herumfuchtelte. „Aber da kommt er doch, fragen wir ihn“, rief sie aus.

Der Kommissar ging auf den Priester zu, und nachdem er seine Dienstkarte gezeigt hatte, fragte er, ob er Frau Lynn Stocks kenne und ob er sie gestern gesehen habe.

„Bedaure. Sie war gestern nicht auf der Abschiedsfeier. Sehr schade.“ Und an Mutter Stocks gewandt: „Trude?“

Er setzte sich zu ihr auf die Bank und hielt ihre Hand. Anscheinend wollte er sie trösten.

„Sie hat die Abiturprüfung bestanden. Warum wart ihr nicht auf der Abschiedsfeier?“, fragte er Frau Stocks.

Die Mutter schüttelte ihren Kopf. „Wir hatten keine Ahnung, wir dachten, sie arbeitet im Krankenhaus“, und ihre Stimme brach ein.

„Die Lynn hat beides gemacht. Arbeiten und Abendschule. So ist das heutzutage.“, sagte eine der Zwillinge.

Und die andere meinte verdutzt zum Pastor Gular: „Offenbar haben Sie auch vergessen, dass Sie mit ihr getanzt haben?“

Der Kommissar ging auf den Priester zu und schaute ihm direkt in die Augen. „Man hat Sie auch in der Nähe des Brexit-Euro-Pubs gesehen.“, wandte er sich an den Pastor. Dieser überragte den mittelgroßen Kommissar Theo und schaute mit braunen, undurchdringlichen Augen auf ihn herab.

„Ich weiß nicht, wovon Sie sprechen. Da muss eine Verwechslung vorliegen.“

„Frau Stocks? Kennen Sie dieses Kleidungsstück? Ist das von Ihrer Tochter Lynn?“, fragte Leo Frau Stocks und trat ein Stück näher an sie heran.

Die Bauersfrau nahm das Kleidungsstück, darauf waren einige Blutflecken zu sehen. Jetzt bekam sie Angst. Sie schnappte nach Luft. Sie beugte sich vor, dann zurück. Sie sackte zusammen, ging auf die Knie, bekam kein Wort heraus.

„Ich bin schuld. Priester, ich muss beichten. Ich hab sie geschlagen. Priester, ich brauche die Beichte. Mein Kind. Jetzt!“, flüsterte sie.Sie weinte bitterlich und laut.

Bauer Stocks betrat den Hof und bat, man möge die Pilgerruhe einhalten. Er ging auf seine Frau zu, die wie ein Häufchen Elend zusammengekauert auf dem Asphalt hockte.

Er nahm sie in den Arm und sprach sehr sanft.

„Es wird alles gut, Trude. Komm. Wir finden eine Lösung. Das haben wir doch immer getan. Die Lynn kommt wieder. Glaube daran. Alles wird gut!“

Pastor Gular ging ebenfalls auf die Bäuerin zu. Er trug ein knöchellanges, schwarzes Gewand, das von violetten Knöpfen in Zweierreihen zusammengehalten wurde, nur seine schwarzen Schuhe guckten raus. Um seine Taille war ein schwarzlila Gürtel, hochwertig, feinste Handarbeit. Oma Stocks blickte ihn ehrfürchtig an.

Pastor Gular wollte ihre Hände umfassen, doch sie zog sie weg. Er sprach leise mit ihr. Es hörte sich an wie ein Gebet. Die Bäuerin aber schüttelte ihn ab, schrie ihn an, er solle sie in Ruhe lassen! Der Bauer Stocks nahm sie bei der Hand und ging mit ihr ins Haus. Er bat die Polizisten zu gehen und ein anderes Mal wiederzukommen.

Eigenartigerweise schien der Priester sich hier auszukennen. Unbeeindruckt ging er den Gästen voraus, zeigte demonstrativ einigen Ordensschwestern den Weg, als er sich betont beiläufig im Vorbeigehen an den älteren Polizisten wandte: „Theo, bestimmt liegt hier eine Verwechslung vor.“ Betretenes Schweigen.

„Vermutlich haben Sie recht“, stimmte ihm Kommissar Leo zu.

„Vorerst“, flüsterte er nachdenklich.

„Irgendetwas an diesem Mann ist mir suspekt. Aber was, das kann ich im Moment nicht sagen.“, bemerkte er später zu seinem Kollegen.

„Na, ich kenne den von früher. Der ist immer schon ein Streber gewesen. Aber was ist an Ehrgeiz so schlimm? … Und nicht jeder Priester hat Leute missbraucht, es gibt Kirchendiener, die sich wirklich berufen fühlen, sogar in modernen Zeiten wie heute. Jeder Freigeist benötigt hin und wieder einen festen Glauben!“

Leo wollte widersprechen, doch sein Handy klingelte. Inspekteur Monsieur Le Filou war am Apparat.

„Hier ist ein weiterer seltsamer Fund gemacht worden.“

„Monsieur Le Filou aus Park-De-Lux meinte, wir sollten uns das mal ansehen.“, meinte Leo zu seinem Kollegen Theo.

Theo verdrehte widerwillig seine Augen.

Innerhalb weniger Minuten waren Kommissar Theo und sein Kollege Leo Lautwein auf einer Außenstelle des Forstamtes von Park-De-Lux. Dieses Gelände befand sich zwischen den Felshängen, unweit des sonnendurchfluteten Vallée de la Sûre, Richtung Trevis, zwischen Echterville und einem Ort namens Routlingen. Etwas unterhalb, unter dem Gelände, lag ein Campingplatz, wo bereits ankommende Urlauber in der warmen Pfingstsonne an der neu angelegten Uferpromenade entlangspazierten. An einem anderen Ort warfen Angler ihre Routen ins Wasser und harrten in der Stille aus, in der Hoffnung auf einen schmackhaften Dorsch oder eine Forelle. Einige Kinder plantschten auf einem groß angelegten Wasserspielplatz mit Piratenschiff.

Theo fragte Leo, ob er schon immer Polizist werden wollte. Für manche Kinder war das ja der Traumberuf schlechthin.

„Nein“, entgegnete Leo. „Ich war früher Metzger. Ich hatte damals keine Ahnung und ich weiß auch heute immer noch nicht, ob ich hier richtig bin. Doch ich bewarb mich bei der Polizei und wurde genommen. Meine Eltern sind stolz.“

Theo und Leo ließen die Gäste links liegen und kurvten die Serpentinen eines Ulkenbergs hinauf. Sie folgten einem Hang, der zum Teil mit Weinreben bepflanzt war, bis etwa auf Dreiviertelhöhe, dort bogen sie in einen geteerten Seitenweg ein. Theo stand mit seinem Audi mit Erftstadt-Kennzeichen in der Einfahrt eines eingezäunten Materiallagers der Park-De-Lux-Straßenmeistereien, dort, wo riesige Mengen Natriumsalz gelagert wurden, das für die Freihaltung des Straßennetzes im Winter gedacht war. Dort, in einem separaten Gebäude, deponierte man auch Wildschäden.

Da kam ihnen der „Lange“ entgegen, der Monsieur Le Filou. Der Inspekteur aus Park-De-Lux beugte sich zu ihnen hinunter und klopfte mit seinem ungewöhnlich langen und behaarten Handrücken an Theos Fensterscheibe. Theo betätigte die Kurbel seines Fensterhebels. Es quietschte und ruckelte mehrmals, bis das Fenster etwa auf halber Höhe dem „Langen“ ermöglichte, seinen Kopf hindurchzuzwängen. Mit seinem kantigen Stoppelbart und den blaugrünen Augen kam er dem Kommissar ungeniert nahe. Der fruchtig-herbe Duft, der ihn umgab, wirkte unangenehm aufdringlich.

„He as eppes net an der Reih.“ [„Hier ist etwas nicht in Ordnung.“], sprach er sanft, jedoch mit einem besserwisserischem Unterton.

„Wo ist das Problem?“, fragte Theo. Er fühlte sich von dem besserwisserischen Getue genervt.

Der „Lange“ hatte sich wiederaufgerichtet.„Do liegt ein Reh.“ Und Pistaziennüsse essend, fügte dieser hinzu, „Tot!“

„Wegen eines toten Rehs haben Sie mich hierherbestellt?!“, fragte Theo empört. „Kollege“, belehrte er ihn, „wir befinden uns in einem äußerst beliebten Jagdrevier. Da kommt es schon mal vor, dass ein Reh getroffen wird. Das ist ja der Sinn des Jagens“, meinte er mit einem süffisanten Lächeln und fügte noch hinzu: „Was nicht bedeutet, dass ich das für gut befinde!“

„Dat Tier as aber net durch einen Schuss gestorben, kommen Sie's gucken!", hielt sein Park-De-Lux-Kollege dagegen. Es schien ihn wiederum köstlich zu amüsieren, mehr zu wissen als der Kommissar. Und diese Überlegenheit genoss er in vollen Zügen.

Theo fuhr sein Auto auf einen Parkplatz und brachte sein Fahrzeug zum Stehen, missmutig vor sich hin brummend. Er mochte dieses Oberschullehrer-Getue nicht.

„Was bildet sich der Kollege eigentlich ein?", schimpfte er, und es war ihm einerlei, ob er es hörte oder nicht. Theo stieg aus.

Außer dem Summen fleißiger Bienen hörte er nichts. Möglicherweise war es für einen, der aus dem quirligen Ruhrpott stammte, hier allzu still. Theo streckte sich und nahm erst mal einen tiefen Atemzug. „Frische Landluft! Herrlich!"

Leo stieg ebenfalls aus, äußerte jedoch nichts, so wie es für die wortkarge Bevölkerung hier landesüblich war, jedoch blieb er achtsam.

Dann winkte der ausländische Kollege – jener in der feinen Garnisonuniform, die mit seinem Rang entsprechenden goldenen Zierstreifen bestückt war – die beiden zu sich. Sie sollten ihm folgen.

Er führte sie zu einer Stelle, wo ein ausgestrecktes Reh lag.„Sein Fell ist makellos. Keine Schusswunde zu sehen.", stellte Theo fest.

„Genau!", bestätigte Inspekteur Le Filou mit einem Anflug von Freude darüber, seinem Amtskollegen einen „Schritt voraus" zu sein. Fast schon euphorisch führte er an: „Dieses Tier ist nicht durch Schussverletzung gestorben."

Theo fasste sich ans Kinn. Das war ja wirklich äußerst merkwürdig! Diese Angelegenheit begann interessant zu werden. Theo war ganz Ohr. Sein Amtskollege klärte ihn auf, diesmal sachlich, ganz ohne Allüren.

„Es erlag einer Überdosis. Es ist auch nicht im Wald verendet, sondern auf dem Parkplatz einer Tankstelle", so Monsieur Le Filou weiter.

„Wie Überdosis? Bei einem Tier?! Gibt's denn so was?", fragte Theo staunend, während sein Blick zwischen dem Kollegen und dem am Boden liegenden Rehwild hin und her wanderte.

Monsieur Le Filou zuckte mit den Schultern. „Scheinbar ja, wie man sieht!"

Leo fragte nach dem Zeitpunkt des Fundes sowie auch nach dem Todeszeitpunkt.

„Ja, nun …“, antwortete der Park-De-Lux, um ein Hochdeutsch bemüht. „Ja, nun, das Tier wurde tot aufgefunden. Der Tankstellenbesitzer hatte es dem Förster gemeldet, nachdem Kinder das Tier entdeckt hatten. Zuerst ging man von einem Unfall aus, doch dann verständigte man einen Tierarzt, und nun … – Ich dachte, es könnte für euch von Bedeutung sein, da andere Gäste meinten, das Tier von Gutland Seite aus über die Brücke laufen gesehen zu haben. Kollegen waren gucken und fanden Blutspuren.“ Jetzt verfiel er wieder in seine gewohnte Sprache: „Déi virwëtzeg Saach ass, hei gëtt et kee Wonn. Also entweder een anere Blutt kënnt aus oder … also, ech weess et net …“ Und während er das sagte, schüttelte er bedauernd den Kopf. Kommissar

Theo zwirbelte nachdenklich an seinem Kinn. Er verstand kein Wort von dieser komischen Sprache. Aber, zugegeben, das wollte er auch gar nicht.

Inspekteur Le Filou machte Anstalten, als wäre dies eine äußerst sonderbare Situation. Mal zog er eine nachdenkliche Schnute, dann wiederum kniff er die Augenbrauen so dicht zusammen, dass sich Falten auf seiner Stirn abbildeten, die wie ein Kreuz aussahen. Und im nächsten Moment rief er laut aus: „Ech Depp!“

Hastig und verlegen rieb er sich seinen Bart. „Awer eng Sprëtz hong am Hals!“ Er gestikulierte mit seinem Zeigefinger.

Leo, der offensichtlich ortskundig war, trat näher an seinen Kollegen heran. Dann flüsterte und übersetzte er mit vorgehaltener Hand.

„Das Kuriose an dieser Sache ist, es ist keine Wunde am Tier festgestellt worden. Aber man hat eine Spritze gefunden. Also entweder kam das Blut aus Körperöffnungen oder es stammt von jemand anderem … Oder der Inspektor weiß es schlechtweg nicht?“

Die Stimmung war von gegenseitiger Skepsis geprägt. Sie waren aufgrund eines europäischen, bilateralen Abkommens dazu verdonnert, zusammenzuarbeiten. Aber keiner wollte das so richtig.

Zur Bestätigung reichte der Inspekteur seinem deutschen Amtskollegen wortlos eine Beweismitteltüte, in der sich eine Spritze mit einer Kanüle befand.

„Eine Spritze?“, entfuhr es Theo überrascht. Er kniete sich neben das tote Tier und begutachtete es. Am Hals des Rehs kämmte er das braun-beige Fell rückwärts und suchte nach einem Einstechloch. „Es war noch ein Rehkitz, also ein Bambi, das sieht man an den hellen Fellfarbpunkten am Rücken. Schade um das junge Tier mit den Kulleraugen.“, stellte Theo fest. Er suchte nach etwas, das diese seltsame Geschichte bestätigen würde. Denn so ganz konnte er diesen „Unsinn“ nicht glauben. Sein Cockerspaniel-Gesicht verwandelte sich in ein Fragezeichen.

Vorwurfsvoll hob er seinen Kopf. „Das mit der Spritze am Hals kann ich nicht glauben und dass das die Todesursache sein soll, auch nicht! Gibt’s bereits Blutuntersuchungen?“

Le Filou, mit den Fingern am Kinn, verkündete teils lapidar, teils stolz: „Mir hunn elo eis eege forensech Medizin zu Diddeleng, also ein Laboratoire National de Santé in Park-De-Lux. Mir brauchen elo keen Ausländer kommen ze loossen. Ech denken wierklech net vill un bilateral Aarbecht. Ech mengen, jidderee soll seng Viruerdier ausféschen, dann hu mir keng Problemer.“ [Aus dem Luxemburgischen für: „Wir haben jetzt unsere eigene Rechtsmedizin in Düdelange, also ein Staatslaboratorium in Park-De-Lux. Wir brauchen jetzt keinen Gerichtsmediziner aus dem Ausland kommen zu lassen. Ich halte von bilateralen Abkommen eigentlich nix. Ich meine, jeder soll vor seiner Haustür kehren, dann haben wir keine Probleme.“]

Den Ermittler Theo wurmte diese Sache, und noch mehr ärgerte er sich darüber, dass dieser Kollege Mr. „Besserwisser“ (wohl eher „Besserpisser“, dachte er bei sich) so eine überhebliche Art an den Tag legte. Aber dieser Fall schien sich in viele kleine Fälle aufzufächern oder hatten sie es hier mit einer großen organisierten Gang zu tun? Am liebsten hätte er jetzt eine Zigarette geraucht. Nervös suchte er seine Taschen ab.

„Kann das tote Tier auch mit einem Fahrzeug transportiert worden sein? Oder das Fahrzeug musste getankt werden und dabei kam es zu einem tragischen Zwischenfall?“, fragte er. Ohne eine Antwort abzuwarten, kommandierte er: „Leo! Fahr mal hin und frage sämtliche Tankstellenbesitzer, ob sie was wissen. Und wenn, wo und wie sie das Tier gefunden haben."

Daraufhin ging Leo zu Fuß auf die andere Seite des Flusses und sprach mit dem Tankstellenbesitzer. Dabei fiel ihm dessen Jaguar-Tattoo auf. Der Tankstellenbesitzer hatte blonde Haare und sprach mit einem osteuropäischen Akzent. Draußen auf dem Parkplatz stand ein ziemlich verdreckter Porsche Cayenne und hinten auf der Rückbank lag eine gesicherte Flinte. Leo notierte sich das Kennzeichen. Jetzt nix wie raus hier, denn einiges kam ihm verdächtig vor, aber was? Er wusste es nicht.

„Merci, Monsieur Le Filou! Vielen Dank!"

Als Theo im Begriff war, zu seinem Auto zurückzugehen, hing er seinen eigenen Gedanken nach. Dieser Fall ist komplizierter, als ich dachte!

Da kam der luxemburgische Kollege zurück mit einer delikaten Frage, und das Seltsame daran begann schon mit der Art, wie sie gestellt wurde: in einem Sprachgemisch aus Französisch, Luxemburgisch und Deutsch. Theo hatte alle Mühe, ihn zu verstehen.

„Mir han en alen Mann fund. Op Islek. Vielleicht as dat euer männlich' Vermisster aus dem Krankenhaus? Aber nee! Dat as unser Vermisster, dat Krankenhaus ‚up Berg' as in Echterville, Luxembourg. Beim Einbruch up de Campingplatz han wir ihn ertappt." [Wir haben einen alten Mann gefunden. Oben bei Islek. Vielleicht ist das euer männlicher Vermisster aus dem Krankenhaus? … Wir haben ihn beim Einbrechen erwischt."]

„Laut seiner Aussage wollte er sich ‚neu' einkleiden", grinste Monsieur Le Filou. Nach einer Pause wurde er wieder ernst: „Wir haben ihn überstellt. Aber net zu euch deutschen Justiz, sondern zu der Kirchenjustiz ins Bistum im Gutland. Er as nämlich a Mönch. Watt für ein merkwürdiger Fall, net wahr?" Und Theo dachte, während er lachte: Darin sind wir uns einig, Herr Kollege!

Leo kam von der besagten Tankstelle zurück und meinte: „Dort drüben, Passanten hatten das Reh entdeckt und gemeldet. Vermutlich wurde das Tier angeschossen und lief über die Brücke. Oder es wurde auf der Brücke getroffen und dann lief es auf die Tankstelle. Dort verläuft eine Blutspur. Nachts ist die Sicht schlecht. Laut Tankstellenmitarbeiter umgekippt, tot. Aber Chef, was hat das mit unserem Fall zu tun?“

Theo streckte seinen Kopf aus dem Fahrerfenster.

„Leo, auf der Brücke haben wir den toten Radfahrer gefunden. War das auch eine Verwechslung? Wir müssen dringend wissen, wer hier sein Jagdrevier hat und wer hier einen Jagdschein besitzt! … Und das Tier starb an einer Überdosis? Wir brauchen die Obduktionsergebnisse von den Mainzer-Kollegen.“, meinte er zu seinem Jungkollegen.

Dann kam Grete auf ihrem Segway parallel zum Fluss entlanggefahren, hielt bei einem Haus an und steckte eine Zeitung in den Briefkasten. Sie fuhr weiter zum nächsten Haus und musste absteigen, einige Stufen hinaufgehen, um dort zum Briefkasten zu gelangen. Dann sah sie ihren Neffen Leo.

„Huhu, Leo!“ Sie winkte euphorisch.

Wieder auf dem Segway fahrend, fuhr sie weiter parallel zum Flusslauf. Sie winkte. Sie steuerte direkt auf die Polizeibeamten zu.

„Habt ihr den Vermissten gefunden?“

„Nicht jetzt, Tannegret!“

„Aber weißt du dat so schnell?“

Leo versuchte sie wegzudrücken und stieß erzürnt zwischen den Zähnen hervor: „Wir stecken mitten in den Ermittlungen, wie du siehst.“ Mit seinem Blick machte er deutlich, sie sei unerwünscht.

Grete zeigte sich unerschrocken. „Ja, hallo, ich geh ja schon gleich, doch die Leute im Dorf erzählen. So soll auf dem Campingplatz …“, sie zeigte mit dem Finger in die entsprechende Richtung, „… da drüben … Einige Jungs sollen ein Liebesnest entdeckt haben. Und Kinder wären nachts ausgebüxt, um zu lauschen.“

Sie lachte, schluckte und sprach weiter.

„Doch dann erzählten die Kinder was von roter Farbe. Es könnte auch Blut sein, oder?“ Die rüstige Frau zuckte dabei ahnungslos mit den Schultern. Dann berichtete sie weiter. „Da ich manchmal nachts die Tageszeitung austeile, habe ich die Jungs gesehen und sie verfolgt. Unweigerlich führten sie mich zu einer Stelle mit der Nummer 911. Und letztens hielt dort ein Porsche 911. Und ein Typ mit einem komischen Tiger-Tattoo am Hals saß drin, aber als er mich sah, fuhr er wech!" Und das sagte sie mit verschmitztem Gesicht und mit Vorfreude auf eine Sensation. Vor allem war sie stolz, etwas zu wissen, was die Ermittler nicht wussten.

„Komm Tantchen, fass dich sachlich!", drängte Leo sie erzürnt.

Monsieur Le Filou kam hinzu, er überragte sie fast um zwei Kopfgrößen. „Madam, wenn ech glive?" [„Madam, wie bitte?"],fragte dieser Grete.

„Merci!" keuchte sie erleichtert. Und nachdem sie ihren Fund auf Luxemburgisch wiederholt hatte, wurde Monsieur Le Filou hellhörig. Ab und zu nickte er und während er seinen Tabak nachfüllte, schilderte Grete ihre Beobachtungen, woraufhin er seine Augenbrauen interessiert hochzog, als das mit dem Liebesnest zur Sprache kam. Doch er zeigte sich Profi genug, ihr sein Zuhören zu signalisieren: „D'accord!"

Er zog an seiner Pfeife, hielt sie dann weit von sich, als er neugierig fragte: „Dir schwätzt eis Sprooch ganz gutt, sidd Dir vun hei?" [„Sie sprechen unsere Sprache ausgezeichnet, sind Sie von hier?"] Die rüstige Tante war schon im Begriff zu gehen, doch dann wandte sie sich noch einmal um. „Mir sinn all vun hei. Virum Krich sinn eis Grousselteren an déi selwecht Willibrorder Schoulen gaang! Schon vergiess? ... Awer dat ass elo net wichtig. [„Wir sind alle von hier. Vor dem Krieg sind unsere Großeltern auf dieselben Willibrorder Schulen gegangen! Schon vergessen? ..."]

Leo drehte seine Tante an ihren Schultern und bat sie zu gehen.

„Du hast jetzt deine Aussage gemacht und das war gut so, Tantchen. Doch jetzt ist genug."

„Konzentrieren wir uns auf den Fall! Was wollen Sie unternehmen bezüglich der Blutspuren auf dem Campingplatz?", ergriff Theo das Wort.

Le Filou war beeindruckt von der resoluten Dame. Sie hatte ihn zwar eben beleidigt und er war ein bisschen in seiner Eitelkeit gekränkt – wollte er sich doch nix vorschreiben lassen, was er zu tun und zu lassen hatte –, gleichwohl war er beeindruckt von der couragierten Frau. Er rückte ihr auf die Pelle, wollte schon einen Witz reißen, sie wäre eine gute Detektivin, vielleicht sogar wertvoll für die Polizei, doch ihr scharfer Blick, der ihm stets erwartungsvoll begegnete, forderte ihn zum Handeln.

Er stockte und überlegte, verschränkte dabei seine Arme, blickte gen Himmel und glaubte dabei klarer denken zu können. Grete stemmte ungeduldig eine Hand in die Hüfte. Erst nach einer langen Denkpause schob er seine Pfeife wieder in den Mund, nahm sie wieder heraus und sagte ausladend gestikulierend: „Der Campingplatz as up Gutland-Seit. Und ob Gutland-Seite as der Gutland-Kommissar zuständig."

Wenig später waren die beiden Kommissare unten am Fluss auf dem Campingplatz „Im Sonnental". Während Theo und Leo sich im Laufschritt in Richtung Campingplatz begaben, recherchierte Leo per Handy-Internet. Er versuchte ein paar Hintergrundinformationen über diesen Campingplatz herauszufinden. Dann sprach er mit dem Besitzer – oder dem, der ihn verwaltete – und es stellte sich heraus, dass sich hinter diesen zwei Namen auf der Website ein und dieselbe Person verbargen.

„Eigentlich ein aufgeräumter Campingplatz, mit Vorgärten und frisch gepflanzten Geranien und das rote Blühen so direkt am Fluss … einfach schön.", stellte Theo vor Ort fest.

Durch eine Staumauer wurde der Fluss sehr breit und gab den Weg frei für Wasserski mit kreischenden Mädels im Schlepptau. Ihre blonden Haare im Wind wehend, fassten sie sich an den Händen, wirkten auf einmal konzentriert und ernst, um dann in ihren knallbunten Neoprenanzügen über eine Schanze Auftrieb zu gewinnen. Diese Schanze katapultierte die Damen im Handumdrehen und brachte sie auf eine gewisse Höhe, woraufhin sie mit einem Sprung eine elegante Umdrehung vollzogen und – synchron – im Doppelpack geschmeidig ins kühle Nass eintauchten. Theo staunte.

„Dieser Campingplatz ‚Sonnenschein' besaß gute Bewertungen, er ist innerhalb kürzester Zeit ausgebucht gewesen, laut Aussage des Betreibers.", meinte Leo.

„Soso", überlegte Theo, „womöglich alles Pilger?"

„Nein“, entgegnete Leo, „die meisten kommen aus dem benachbarten Holland und sind zu ihrem Vergnügen hier. Sie wandern, klettern und, ja, äh … campen.“

Die Grete dachte eingeschnappt: Ich lass mir nicht vorschreiben, wat ich zu tun hab und wat net. Sie schlich sich dicht von hinten an. Keiner bemerkte, geschweige denn hörte, wie die Eifeler „Miss Marple“ ihnen gefolgt war. Neugierig, wie sie war, wollte sie unbedingt die Leiche sehen. „Das wäre dann die dritte, so langsam wird es unterhaltsam!“, quietschte sie vergnügt und lachte leise in sich hinein.

Diese Idee fand jemand anderes ganz und gar nicht lustig. Irgendwann wendete Leo seinen Kopf und ein wütender Blick von ihm genügte, dass sie innehielt. Aber nur kurz. Mit etwas Abstand nahm sie wieder die Verfolgung auf. Wachsam blieb sie immer wieder hinter einer Hecke oder einem Verkehrsschild stehen, um nicht entdeckt zu werden.

Beide Polizisten verschafften sich erst mal einen Überblick. Systematisch durchkämmten sie alle Stellplätze, darunter viele Dauercamper mit voll ausgestatteten Vorzelten. Manche brachte ihr eigenes Wohnzimmer mit. Irgendwann, in einem hinteren Eck, fanden sie schließlich ein ziemlich unaufgeräumtes Plätzchen. Die Hecken auf dem Vorplatz waren vertrocknet. Eine künstliche Palme war von der Sonne ausgebleicht. Das Hinweisschild war verwittert. Es war Platz Nr. 911.

Theo ging näher heran und begutachtete den Wohnwagen.

„Vielleicht etwas in die Jahre gekommen, aber ansonsten tadellos“, bemerkte er, während er auf das Heckteil klopfte.

Sofort löste sich ein Bolzen und das Fenster kippte nach vorn. Es fiel auf den Kunstrasenteppich und zersplitterte.

„Nun ja, vielleicht doch nicht ganz so tadellos.“, meinte Theo mit einem etwas angewidertem Blick.

Leo bemerkte Blutspuren. Er nahm Handschuhe aus seiner Sportwestentasche und mit einem Stöckchen beförderte er ein Häufchen Erde in eine transparente Tüte. Auf einmal raschelte etwas im Inneren, so als würde jemand Papier zusammenknüllen. War dieses verlassen wirkende Objekt etwa doch bewohnt? Sofort griffen die beiden Polizisten nach ihren Waffen. Im Nu waren sie in Habachtstellung. Stille.

Ihre Augen inspizierten die Lage. Professionell. Souverän. Keiner sprach. Augenscheinlich für solche Fälle geschult, lief jetzt ein einstudierter Automatismus ab. Sie kommunizierten nur noch per Fingerzeichen. So hatte Grete ihren Neffen noch nie erlebt und ein Gefühl des Respekts überkam sie. Bewusst hielt sie sich im Hintergrund.

Einer schlich leise und bedacht um den Wohnwagen herum. Der andere blieb nahe dem Eingang, mit dem Rücken zur Wand. Jeder positionierte sich so, dass er ein weites Umfeld überwachen konnte. Gleichzeitig sollte jeder jedem jederzeit Schützenhilfe leisten können. Im Notfall, versteht sich.

„Bei drei stürmen!“, forderte Theo Leo auf. Leo stürmte mit einem Fußtritt, doch es gelang ihm nicht, die Tür zu öffnen.

„Mehr Schmackes, Junge! Mehr Mumm in den Knochen!“, flüsterte Theo seinem Kollegen zu, währenddessen er wild gestikulierte.

Leo nahm Anlauf. Er warf sich mit seinem ganzen Körper mit voller Wucht gegen die Leichtbauweise des Kunststoff-Holz-Gemisches. Es tat sich nichts.

„Mensch Leo, für so einen Landburschen wie dich kann das doch nicht so schwer sein!“, flüsterte Theo energisch.

Unerschrocken versuchte Leo es erneut. Er nahm Anlauf. Mit mehr Schmackes öffnete sich die Tür einen Spalt. Und siehe da. Irgendetwas fiel zu Boden, dann hörte man eine Scheibe klirren und zerbrechen. Fauchend sprang eine Katze in Leos Gesicht. Sie kratzte sich frei und verpasste Leos linke Gesichtshälfte einen scharfen Schnitt, wie mit einer Klinge. Sofort quoll Blut aus der Wunde. Mit tobendem Gekreische und spitzen Krallen machte sie sich davon.

Theo lachte.

Sie steckten ihre Dienstwaffe wieder weg. Als sie einen Blick in das Innere des Wohnwagens warfen, bot sich ihnen ein Bild der Verwüstung. Es roch nach Schweiß, Urin, Alkohol und etwas Undefinierbarem. Der Boden war fast komplett mit Matratzen und roten Kissen ausgepolstert. An der Zimmerdecke hing ein Spiegel – oder besser: Ein Spiegel bildete die Zimmerdecke des Wohnwagens.

„Vielleicht ein Liebesnest? Verlassen? Bewohnt?" Theo zuckte fragend mit den Schultern.

„Vielleicht haben Tiere in dem Wagen gehaust? Oder Verliebte?", scherzte Leo, worauf Theo ihm einen strengen Blick zuwarf.

Dann fanden sie eine Kommode, und als sie die Schubladen öffneten, trauten sie ihren Augen nicht. Zwischen Damen-Dessous, Büstenhaltern und Slips lagen Anglerausrüstungen, ein paar zerfledderte Pornohefte und leere Zigarettenschachteln. Leo machte Fotos und packte einiges in Zellophantüten. In der zweiten Schublade befanden sich unter anderem Herrenwäsche, einige Einwegspritzen und Tabletten. Und siehe da, eine Kamera. Und ein Fernglas.

„Nicht irgendeins. Sondern eins mit Nachtsichtfunktion. Sieh mal einer an.", stellte Theo Brummen fest. Doch dann verzog er das Gesicht. „Nun ja, das ist vielleicht unmoralisch, aber nichts strafrechtlich Relevantes. Jeder Hobbyangler besitzt mittlerweile ein Nachtsichtfernglas." Etwas genervt schüttelte er den Kopf. „Nichts, was uns irgendwie weiterbringt."

„Kein Blut zu sehen", stellte Leo fest.

„Das kann auch aufgewischt worden sein. Vielleicht ist ja auf der Kamera was drauf, was von Nutzen sein könnte?", wandte Theo ein. Er stand mit dem Rücken zum Eingang.

Wie aus dem Nichts stand plötzlich jemand dicht hinter ihm.

„Können wir Ihnen behilflich sein?"

Erschrocken fuhr Theo herum. Eine Alkoholfahne kam ihm entgegen, die ihn beinahe umgehauen hätte. Zwei perlhuhnfarbene Augen starrten ihn aus direkter Nähe an. Ein mies gelaunter Ausdruck ging von ihnen aus. Bei genauerem Hinsehen bemerkte er, dass er nicht allein war. Gleich mehrere pickelnarbige Kolosse kreisten die beiden Polizisten ein. Sie waren nicht nur walrossgroß, sondern auch walrossdick. Ein jeder trug einen Schnauzbart, dessen Enden wie Stoßzähne aussahen. Sie hielten Baseballschläger bereit.

Da trat Leo in Aktion. Er hob seine Hände und meinte cool:„Wir haben einen Hinweis erhalten und sind dem nachgegangen. Hier war Gefahr im Verzug. Wir hörten Schreie!", dabei hielt in einer Hand seinen Dienstausweis.

Ein Typ mit einem seltsamen Tiger-Tattoo am Kopf erwiderte unwirsch: „Das gibt Ihnen noch lange nicht das Recht, in private Wohnungen einzudringen.", er grinste süffisant und fuhr mit rauchiger Stimme fort, „Haben Sie überhaupt einen Durchsuchungsbefehl?"

„Wie gesagt, hier war Gefahr in Verzug!", wich Theo aus.

„Quatsch, das Märchen können Sie Ihrer Oma erzählen. In dem Wagen wohnt keiner! Und jetzt raus hier!"

Kurz schwiegen sie. Sie kamen immer näher.

„Wir könnten sie alle verhaften.", flüstere Leo an seinen Kollegen gewandt.

„Und morgen früh werden sie wieder entlassen, weil wir keine Beweise vorlegen können.", entgegnete Theo, „Und sie sind alle betrunken, das wirkt heutzutage strafmildernd."

Theos Stirn legte sich in Falten. Er grübelte nach, wie sie sich schleunigst und deeskalierend aus der Affäre ziehen könnten, während eine weitere Cargo-Maschine ihre Triebwerke aufheulen ließ, in Windeseile ihr Cockpit hochhievte und mit dröhnenden Motorengeräuschen vom Lux-City-International Airport abhob.

Unterdessen nutzte jemand die Gelegenheit und schlich sich unbemerkt an die Lederjacken-Schlägertypen heran. Leise schob diese Person eine Schnur zwischen deren Beine.

Das ohrenbetäubende Abheben des Flugzeuges wirkte ablenkend und so verband sie unbemerkt die Drähte mit einem seltsamen Kasten. Dann betätigte sie einen Schalter. Und zack – schwuppdiwupp purzelten fünf bärenschwere Männer mitsamt ihren „Stoßzähnen" und mit geschocktem Gesichtsausdruck stumm und stramm zu Boden, wie bei einer Baumfällung.

„Hoppla?!"

Die Kommissare schauten zu Tante Grete hinüber. Diese machte ein unschuldiges Gesicht. Der Aufprall erzeugte eine Welle, die sich bis ins Camping-Kiosk erstreckte, doch Gott sei Dank war um diese Uhrzeit niemand da.

„Wie hast du das denn gemacht, Tanne-Grete?“, fragte Leo ganz verdattert.

„Ganz einfach, mein Junge. Ich habe einen Elektrozaunweidegerät genommen, das Voltampere mit einer Autobatterie verstärkt und heimlich das Kabel zwischen ihre Beine geflochten. So war das ein Klacks.“

Theo und Leo schauten einander an. Ihre Gesichter spiegelten unglaubliches Staunen wider. Und Grete staunte über sich selbst.

„Geil! Und um es in den Worten von Wilhelm Busch zu formulieren: ‚Dieses war der erste Streich, doch der zweite folgt sogleich …‘“, grinste sie die Herren keck und freimütig an, als wäre sie Pippi Langstrumpf, nur in groß.

„Kommt, Leute! Nix wie weg hier! Bevor sie wieder zu sich kommen“, befahl Theo, woraufhin Grete und die beiden Kommissare in Windeseile die Biege machten.

„Tanne Grete, das hätte auch schiefgehen können!“, wandte Leo sich vorwurfsvoll zu seiner Tante.

Sie blickte ihn an. „Junge, manchmal ist halt Courage angesagt“, antwortete sie resolut, während die Warze unter ihrem Kinn tänzelte, als würde sie als Übersetzerin für Gebärdensprache fungieren.

„Hoffentlich sind keine Tierschützer in der Nähe! Wenn Greenpeace davon Wind bekommt, dann sind wir wegen Tierquälerei dran!“, bemerkte Theo schnaufend.Alle lachten.

Sie rannten quer über den Campingplatz, schnitten den Weg über eine Wiese ab und gelangten so zurück auf den Parkplatz, wo Theos Auto stand. In weiter Entfernung, etwa auf halber Höhe am Horizont, verlief eine vierspurige Autobahnbrücke, die dieses Sonnental überquerte. Auf dieser Autobahnbrücke standen Lkw an Lkw.

Ein Lkw hingegen machte anscheinend hier unten im sonnendurchfluteten Tal vorschriftsmäßig eine Fahrtenschreiberpause. Er hatte sich etwas Geflügel auf einem Kugelgrill gegrillt und saß nun neben einem Campingtisch auf einem Campingstuhl mit Blick auf den Fluss. Derweil hob ein weiteres Flugzeug ab, vermutlich ein Billigflieger gen Süden, und wenn dieser nicht gewesen wäre, dann wäre dies ein lauschiges Plätzchen gewesen, zumindest für Kurzurlauber.

„Ziemlich viel Hühnchen für eine Person?!“, bemerkte Theo.

In diesem Moment öffnete sich eine der hinteren Containertüren und es wurde ein Schubwagen zur Seite geschoben, der von oben bis unten mit Bananenkisten vollgepackt war, doch plötzlich sprangen eins, zwei, drei, vier, fünf Frauen heraus, alle kaffeebraun, mit schwenkenden Hüften und einem Weiße-Zähne-Lächeln im Gesicht. Sie lachten unbeschwert und waren scheinbar erfreut, Tageslicht zu sehen und etwas frische Luft schnappen zu dürfen – offensichtlich waren sie ein paar Minuten in Freiheit, die ihnen der Lkw-Fahrer gewährte.

Aus sicherer Entfernung und verdeckt durch einen Erdhügel, bemerkte Grete fromm-fröhlich, während sie in eine Tomate biss. „Guckt mal, da zeigt ein Schleuser etwas Menschlichkeit!“

Auf einem nahe gelegenen Baumstumpf nahmen sie Platz. Der Fahrer verteilte Pappteller und jeder aß von dem Hühnchen. Eigentlich Idylle pur. Und eigentlich hätten Theo und Leo diese Damen nach ihren Ausweisen fragen sollen, doch in diesem Moment tauchten die Walross-Typen wieder auf. Sie schienen jetzt noch mieser gelaunt als vorhin. Die kaffeebraunen Damen flitzten so schnell sie konnten in den Container zurück. Der Bananenwagen wurde wieder vorgeschoben und der Fahrer verriegelte die Tür.

Einige Minuten später holte der Fahrer eine Wodkaflasche sowie zwei Gläser hervor und stellte diese auf den Campingtisch.

„Wie viel?“, fragte einer dieser Schlägertypen und goss sich eins hinter die Kehle. „Hörst du schlecht?“, wiederholte er unwirsch. „Wie viel, habe ich gefragt!“

„Nix wie weg hier!“, kommandierte Theo.

Grete blies ihre Backen auf, zog die Hosenbeine stramm und machte sich ab. Doch irgendwann packte sie die Neugierde. Sie blickte zurück und sah … da kam ein dicker Mann, gekleidet in Schwarz, und … Grete rieb sich die Augen, so etwas hatte sie noch nie gesehen. Dieser Mann trug ein seltsames Tattoo. Grete schluckte. Angst überkam sie.

Den Vierzigtonnerfahrer ließ das drohende Gebaren des Schlägertyps kalt. Beinahe regungslos grinste er, blickte das „Walross“ eiskalt unter halb geschlossenen Lidern an und rieb seinen Daumen zwischen den zwei vorderen Fingern. Fast ohne Worte wurde hier ein Geschäft abgewickelt.

Theo zwinkerte und flüsterte zu Grete hinüber: „Danke, Madam Greta! Bella Heroine!“

„Leo! Fordere Unterstützung an. Und merke dir die Kennzeichen der parkenden Autos sowie das des Lkws!“, wandte er sich an Leo.

Leo knipste rasch mit seinem Handy ein paar Fotos. Dann ergriff er die Hand seiner Tanne-Gret und half ihr zügiger, als der lieb war, über einen liegen gebliebenen Bauschutt-Erdhügel. Dort knieten sie und harrten eine Weile aus. Leo nahm sein Handy und telefonierte.

In diesem Augenblick kam ein Mercedes Cabrio angefahren. Sein Fahrer im Poloshirt und Einstecktuch, seine Beifahrerin auffallend geschminkt, kokett im Retrolook, mit Sonnenbrille und Haarband. Seine Bremsen quietschten. Der Wagen kam zum Stehen.

Die Beifahrerin schimpfte hysterisch laut.

„Doch, Johann, do hättest de links abbiegen müssen, denn do geht es net no Saarbrücke!“ [Saarländisch für: Doch, Johann, da hättest du links abbiegen müssen, denn da geht es nach Saarbrücken!“]

Sie nahm einen Lippenstift aus ihrer Handtasche und zog sich die Lippen nach.

„Warum hast de net Bescheid gesagt, als wir dort unne an der Kreuzung waren!“, schnauzte er sie an. Er machte ein zerknirschtes Gesicht und zündete sich eine Zigarette an. Der Mann im Mercedes schaute auf sein Navi und wollte es umprogrammieren, da schimpfte sie so laut, dass es über den ganzen Parkplatz schallte.

„Kannst du nicht mal ein Navi programmieren?“

Plötzlich stieg er aus und ging auf die Herren zu. Es wirkte so, als würde er den Lkw-Fahrer und den Jaguar-Tätowierten kennen. Er legte ein paar Scheine und eine Schachtel auf den Tisch. Der dicke Tätowierte wurde zornesrot im Gesicht.

Daraufhin legte der Mercedes-Fahrer weitere Scheine auf den Tisch. Der Lkw-Fahrer und der Tätowierte blieben unbeeindruckt. Sie forderten noch mehr. Da legte der Mercedes-Fahrer weitere Scheine auf den Campingtisch und alle grinsten zufrieden. Der Lkw-Fahrer steckte das

Geld ein, übergab dem Dicken seine Schlüssel, steckte dem Mercedes-Fahrer ein bis zwei Scheine in seine Brusttasche, zwinkerte dessen Frau zu und verschwand zu Fuß.

Die Walross-Männer erledigten die Drecksarbeit. Mit brachialer Gewalt öffneten sie den Container und zerrten die Damen aus dem Versteck. Sie wurden in kleinere Transportwagen gelotst.

„Sobald sie schwanger sind, gehen sie aufs Amt, dort erhalten sie Wohngeld und Kindergeld. Davon kriegen wir fünfzig Prozent, sonst …“, murmelte einer. Er deutete mit gestrecktem Finger einen Schnitt durch die Kehle an.

Das konnte Theo sich jetzt nicht mehr länger mit ansehen.

„Leo, verständigen Sie das Rote Kreuz!“, er ging auf sie zu und rief, „Stopp! Halt! Alle in Gewahrsam!“

Leo zog seine Waffe, um den Anweisungen seines Chefs mehr Autorität zu verleihen. „Haben Sie keine Angst, meine Damen, es wird Ihnen geholfen.“, sagte er zu den Frauen gewandt. In diesem Moment trafen auch mehrere Rettungswagen ein und Polizeikollegen versperrten den Halunken die Flucht.

Theo wandte sich erneut an die Frauen. „Steigen Sie in die Rettungswagen und lassen Sie sich medizinisch versorgen. Da sind Sie erst mal sicher. Die Formalien werden später geklärt. Keine Angst! Don’t be scared!“, wiederholte er auf Englisch. Er nahm ein Mikrofon und wiederholte seine Aufforderung auch noch auf Türkisch und Italienisch, nur für den Fall, dass einige ihn nicht verstanden hatten.

„Der edle Ritter Theo!“, kommentierte Leo grinsend.

„Nee, mein Junge, ich spreche aus Erfahrung.“, entgegnete ihm Theo.

Streifenwagen der Gutland und Park-de-Lux Polizei trafen ein. Le Filou nahm die fünf Walross-Männer persönlich fest. Und was ihn besonders freute: Der dicke Typ mit dem Jaguar-Tattoo war dabei! Doch was ging hier vor?

Theo ging zu einem Mann mit kurzen, schwarzen Haaren.

„Kennen wir uns nicht, Gular?“

Dieser blickte ihn mit blutunterlaufenen Augen an. Theo bat einen Rettungssanitäter, ihn mitzunehmen.

„Du bist festgenommen, wegen Menschen- und Drogenhandels. Und ich habe zu euch Priestern aufgeschaut!" Und zu den anderen sagte er im Flüsterton: „Kommt, lasst uns dieses Tohuwabohu nutzen, um hier schleunigst unbemerkt zu verschwinden!"

Theo lenkte sein Fahrzeug sicher auf die Landstraße und wieder zurück in Richtung Bollenpiont.

Mit Blick auf die Fahrbahn fasste er zusammen: „Das wird ja immer toller. Erst ein Profirennfahrer, der tot über einer Grenzbrücke hängt. Dann das blutverschmierte Kleid und die vermisste Frau Lynn Stocks. Die weiße Unbekannte im Domschatz. Ein Reh mit Überdosis. Und dann auch noch der Fund dieses sonderbaren Liebenests!" Theo schüttelte den Kopf. „Sie haben den Vermissten aus dem Krankenhaus vergessen."

Grete saß hinten, positionierte sich in der Mitte und hielt sich wie ein Schulmädchen mit beiden Händen an den Kopfstützen fest. Fast schon euphorisch bemerkte sie: „Und diese Schoko-Damen von vorhin? Herr Kommissar: Ich habe so was bei Bollenpiont beobachtet! Das ist hundertpro Menschenhandel!" Dabei wedelte sie mit dem Zeigefinger und wiederholte mit weit aufgerissenen Augen: „Menschenhandel, jawohl, ich sag's euch!"

Sie stieß ihrem Neffen mit dem Ellenbogen in die Rippen und suchte per Augenkontakt seine Zustimmung. Leo grinste wie immer ein wenig verlegen, kratzte sich am Hinterkopf und zeigte sein Spitzbuben-Cheese-Lächeln.

Beim Aufsetzen des Helms klingelte Leos Handy. Sie waren erst vor Kurzem im Dorf Bollenpiont angekommen. Es war ein Kollege aus Eifelburg.

„Dieser alte Mönch, den wir aufgegabelt hatten, der spricht vom Pilgern und von Rache an den Ungläubigen!" Leo gab diese Info an Theo weiter. „Überprüft das bitte. Gegebenenfalls sollte man einen Psychologen hinzuziehen."

„Ja, das hätten wir gerne getan, doch die Kirche hat ihn abholen lassen. Wir haben keinerlei Befugnisse hierfür.“

Theo schüttelte ungläubig den Kopf. Dann überlegte er laut: „Das ist zwar traurig, das mit dem alten Mönch, doch ein sechsundachtzig Jahre alter Mann kann nicht mit so einer professionellen Nachtsichtkamera umgehen, erst recht nicht, wenn er in einem Kloster gelebt haben soll … Da sind mir noch zu viele Lücken.“

„Er muss ja nicht unbedingt selbst damit umgehen können. Vielleicht haben solche Leute Helfer.“, wandte Leo ein.

„Komm, bleib sachlich. Konzentrieren wir uns auf die Fakten. Lass den Fotoapparat auf Fingerabdrücke untersuchen. … Ach, und Leo? … Heute Abend sehen wir uns diese sogenannte Brexit-Asyl-Pub-Kneipe mal genauer an! Aber vorher lass diese Bodenproben kriminaltechnisch untersuchen.“ Und da Leo so verdutzt guckte ergänzte er: „Du bringst das nach Eifelburg im Gutland. Ich habe jetzt noch was Privates zu erledigen, drum sehen wir uns am Abend. Verstanden?“

„Ja, Chef.“

Theo hing seinen eigenen Gedanken nach. Er schaute in den Spiegel. „Du müsstest dir mal dringend deinen Bart rasieren“, sagte er zu sich selbst. Dann schnüffelte er seinen eigenen Schweißgeruch.

„Duschen wäre auch nicht verkehrt.“

Einige Stunden später saß Theo in einem frischen weißen Hemd und fescher Lederjacke an der Pensionsbar. In Feierabendlaune bestellte sich der nach Rasierwasser duftende Herr ein regional gebrautes Eifel-Pils. Da klingelte sein Handy. Er kramte in seiner Jeanshose, entsicherte sein Display und antwortete: „Kommissar Theo am Apparat!“

Eine Frauenstimme mit ausländischem Akzent meldete sich am anderen Ende.

„Kommen Sie bitte in die Gerichtsmedizin. Abteilung Treveris.“

Er bestätigte knapp. Zur Bedienung brummte er enttäuscht: „Kann man net mal a’ Bier trinken?“

Er legte einige Münzen auf den Tresen und winkte. „Stimmt so!“ Sie lächelte verständnisvoll.

Kurze Zeit später stopfte Leo seine kurzen Rasterlockenhaare unter eine Schutzhaube und Theo überzog seine braunen italienischen Lederschuhe, bevor sie in die sterilisierten Katakomben der Marienhaus-Klinik eintraten. Hier lag nun das Opfer leichenblass auf einer blitzblanken, silbern glänzenden Pritsche.

Die Ärztin trat stolzen Schrittes und mit weißer Kopftuchbedeckung ein. Eigentlich waren die Eifeler dafür bekannt, wortkarg zu sein, doch Leo wähnte sich bis eben noch im Feierabend, so hatte er sich mit ein paar Kumpels aus dem Dorf getroffen, sie waren in den Teufelsschluchten klettern gewesen und im Anschluss hatten sie etwas getrunken. Durch das Kopftuch der Ärztin hat alles an ihr bedeckt und so fiel Leos Blick auf ihre geschwungenen Augen. Fast schon salopp bemerkte er, dass ein Kopftuch eine praktische Lösung sei. Doch im gleichen Augenblick begriff er, wie dämlich das geklungen haben musste. Hastig fügte er hinzu: „… in puncto Hygiene … meine ich."

Sie blickte den jungen Mann selbstbewusst an. Mit ihrer rhetorischen Zurückhaltung zog sie die Aufmerksamkeit nur noch mehr auf sich.

„Meine Herren!"

Ihre feste, sichere Stimme stand im Kontrast zu ihrer zierlichen Körperfigur und ließ die kompetente Fachfrau offenbar werden, die sie wohl war. Leo stellte augenblicklich das Flirten ein und machte ein ernstes Gesicht.

„Ein komplizierter Fall!", stellte die Gerichtsmedizinerin fest. „Meine Herren! Schauen Sie genau hin!", bat sie die Ermittler.

Kurze Haare, kurze Hose, die Brust umwickelt, als hätte die Person schon einmal eine Verletzung erlitten. Dann wiederum sollte diese Person an einer Schussverletzung gestorben sein, doch es war kein Projektil gefunden worden.

„Fällt Ihnen etwas auf, meine Herren?" Sie kokettierte mit ihren geschwungenen Augen. Leo blieb die Spucke weg. Beide Kommissare verneinten durch Kopfschütteln.

„Diese Person ist eine Frau. Ihre Haare wurden vermutlich von ihr selbst kurz geschnitten. Ihre Brüste hat sie durch festes Umwickeln quasi weggedrückt, ähnlich wie bei der traditionellen Kimonokleidung aus Japan." Ohne weiter darauf einzugehen, führte sie weiter aus: „Nun kommen wir zu einem wesentlichen Teil." Sie blickte die Herren kurz an, dann zeigte sie auf den Rumpf der Toten. „Sie hatte eine Niere gespendet. Nicht aus Gründen der Solidarität, sondern aus der Not heraus. Vermutlich, um sich die Fluchtkosten leisten zu können."

In dem Moment wurde Leo zum ersten Mal bewusst, dass die Frau Gerichtsmedizinerin eventuell auch eine Fluchtgeschichte hinter sich haben könnte! Betreten schwieg er. Im Obduktionsraum herrschte sowieso schon eine schaurige Stimmung, aber jetzt wurde es fast unerträglich. Der Verwesungsgeruch tat sein Übriges.

Leo wurde aus seinen Gedanken gerissen, als sie mit ihrer sachlichen Frauenstimme erläuterte: „Diese Frau stammt vermutlich aus Afghanistan oder Pakistan. Sie hat sich als Mann getarnt. Ihre Niere jedoch wurde unsachgemäß entfernt und durch eine Kapsel ersetzt."

Die Herren schauten einander an, dann machten sie beide ein fragendes Gesicht.

„Sie glauben ja nicht, wozu Menschen alles in der Lage sind, wenn Krieg herrscht. Und die Menschen tun alles, um den blutigen Gefechten zu entkommen. Egal ob per Schleuser oder mit einem Flugticket, alles kostet Geld", erläuterte sie eindringlich. Der Gesichtsausdruck der kecken Medizinerin wurde etwas weicher. Sie schien fast schon bedrückt, als sie ergänzte: „Ohne Geld keine Flucht! Wissen Sie, wenn man so zwischen Schutt und Asche seine Körperglieder nachzählt und froh ist, wenn alle zehn Finger und alle zehn Zehen noch dran sind, da klammert sich jedes kleine Mädchen und jeder kleiner Junge an den letzten Strohhalm! Auch wenn der aus Lügengeschichten oder Märchen besteht. Verstehen Sie?"

Sie wendete den Kopf ab, atmete tief ein und wieder aus. Als sie sich wieder der Toten auf dem Seziertisch zuwandte, wirkte sie wieder sehr professionell, fallbezogen. Gleichsam konnte Leo beobachten, wie sich hinter der einstudierten Medizinerfassade ein ganz und gar menschliches Wesen zu verbergen schien.

Leo war fasziniert von ihren geschwungenen Augen, sie hatten etwas Orientalisches, etwas von „Tausendundeiner Nacht“. Er schwelgte in der faszinierenden Vorstellung von einer Kamelkarawane im Wüstensand bei Abendrot mit Feuerlaternen und Nomadenzelt, da drang ihre Stimme zu ihm durch und brachte ihn innerhalb Sekunden zurück in den Polizeidienst, als sie erläuterte: „Zu lügen, bedeutet, nicht zu sterben. Um zu überleben, erfinden und verkaufen viele Menschen sich selbst. Manche tun es, um nur irgendwie herauszukommen“, sagte sie wie zur Rechtfertigung. „Verstehen Sie? Ein Flüchtling, der den Krieg hautnah miterlebt hat, will nur leben! Genau wie Sie und ich!“

Resigniert schüttelte sie ihre weiße Haube und fuhr fort.

„Vielleicht verstehen das nur Menschen, die so etwas selbst erlebt hatten. – Und schafft es einer der Familie, der Hölle zu entkommen, ist er verpflichtet, Geld oder Sachen an die Hinterbliebenen zu schicken. Aber was kann ein Flüchtling tun, wenn er keine Arbeitserlaubnis erhält? Viele müssen sich mit Gelegenheitsjobs durchschlagen. So etwas kennt ein Europäer nicht, der in Wohlstand mit Krankenkasse und Anspruch auf Sozialhilfe aufwächst, die so hoch ist wie das Jahreseinkommen eines indischen Kochs.“

Sie machte eine Sprechpause. Betretenes Schweigen trat ein.

Das kalte, weiße Röhrenlicht unterstrich die Schlachthofatmosphäre, die hier herrschte. Sprachlos blickten die Ermittler auf die tote Person, bei der es sich nun ganz offenkundig um eine Frau handelte.

Frau Dr. Faya Dewi – wie es auf ihrem Namensschild stand – klärte die Ermittler weiter auf.

„Also, vermutlich haben wir es mit einer Person mit Migrationshintergrund zu tun. Möglicherweise kam sie aus dem Nahen Osten, aus Pakistan oder aus Afghanistan.“

Was weiß ich schon von dieser islamischen Welt?, dachte Leo bei sich und stellte ernüchtert fest: Nichts!

Die Medizinerin legte die Abdeckung beiseite. Zu sehen war die Tote auf dem Rücken liegend, unten links klaffte eine offene Wunde. Leo beugte sich nach vorn, trotz Mund-Nasen-Verdeckung hielt er sich die Nase zu.

Frau Dr. Faya Dewi räusperte sich. „Diese Frau hat ihre Niere verkauft, aber anscheinend war das nicht genug. Sie musste auch noch Kurier spielen. Von anderen Dienstleistungen sexueller Art wollen wir jetzt gar nicht reden.“ Sie holte tief Luft. „Ich mach’s kurz. Nun, diese Frau hatte acht kleine Tütchen in einer kleinen Kapsel anstatt einer zweiten Niere. Ob sie das letztendlich getötet hat, wissen wir noch nicht.“ Sie schluckte.

Theo brummte eine Zwischenfrage: „Was wissen Sie über den Todeszeitpunkt?“

„Irgendwann in der Nacht zwischen Pfingstmontag und Pfingstdienstag.“ Dann nahm sie vom Seziertisch ein Spucknapf, in dem sich Pillen befanden, reichte ihn den Kommissaren zur Ansicht und erläuterte: „In jenen acht Tütchen waren Amphetamine!“

Schweigend blickte sie die Kommissare an und ihre Pupillen rollten von einem zum anderen. Anscheinend war ihr bewusst, dass diese Fakten erst mal sacken mussten.

„Nun, die Tatsachen sprechen für sich selbst. Vermutlich Doping? Und wenn sie sie nicht selbst geschluckt hat, dann hat sie sie geschmuggelt. Verrückte Welt, nicht wahr?“ Sie machte wieder eine Sprechpause und blickte die Herren an, dabei blieb sie sachlich abgeklärt.

Kommissar Theo verlor kein Wort. Er drehte sich einfach um und ging hinaus. Kurz bevor er die Türschwelle erreicht hatte, kam sie noch mal auf seine Frage von vorhin zurück.

„Ach ja, der Todeszeitpunkt war irgendwann in den frühen Morgenstunden zwischen acht und zehn Uhr.“

Der erste Gedanke, der ihm durch den Kopf schoss, war, dass die Person dann wohl noch gelebt haben musste, als man sie das erste Mal kopfüber an der Brücke hängen sah. Noch während er seine Schutzkleidung auszog, drehte er sich um.

„Danke für die Aufklärung, Frau Doktor.“

Sie nickte lächelnd zurück. „Keine Ursache.“

Leo hatte sie die ganze Zeit wie gebannt angesehen. Von seinem charmanten Lächeln mit den hervortretenden Grübchen, das er gelegentlich bewusst einsetzte, sah er diesmal ab. Er wirkte nachdenklich, wie seine Augen unschwer erkennen ließen. Was jedoch in seinem Kopf vorging, blieb ein Geheimnis. Er zögerte.

Schluckte. Kurz überlegte er, ob er etwas sagen sollte.

Aber was? Er ließ es bleiben und ging ebenfalls.

## Kapitel 10
## Das Hütchen-Spiel

Die Ermittler Kommissar Theo und Kommissar Leo saßen im Auto auf der Fahrt zurück. Theo überlegte laut.

„Man hätte die Tote auf der Grenzbrücke eventuell retten können, wenn Pilger früher auf sie aufmerksam geworden wären. Und deine Tante Grete, wieso streunt die eigentlich nachts in der Dunkelheit durch diese Gegend?"

Leo antwortete zunächst nicht. Nicht, weil er es nicht wollte, sondern ihn überkam oft so ein Kloß-im-Hals-Gefühl, wenn Autoritätspersonen ihn direkt ansprachen. Da schnürte es ihm dann erst mal die Kehle zu und er konnte nicht so schnell reagieren. Manchmal riss er vor Schreck die Augen weit auf und verfiel für einige Sekunden in eine Schockstarre. Ein andermal stieß er ein Lachen aus, um seine Irritation zu kaschieren, und dann dauerte es eine Weile, bis er sich wieder gefangen hatte. Hinzu kam bei dem jungen Kommissar jetzt auch noch dessen persönliche Betroffenheit. Puh!

Er ärgerte sich wirklich sehr, denn manchmal konnte seine Tante echt nerven. Leo dachte bei sich: Warum kann meine Tante nicht – wie andere Leute in ihrem Alter auch – einfach ganz normal stricken, häkeln, Kaffeekränzchen halten oder Kreuzworträtsel machen? Warum muss sie laut über die Straße schreien und bei jeder Gelegenheit ihren Senf dazugeben? Überhaupt, dieses Einmischen in polizeiliche Ermittlungen, das geht gar nicht!

Leo kochte innerlich vor Wut und ließ ihr jetzt freien Lauf.

„Meine Tante ist nicht mehr ganz dicht. Sie war schon immer irgendwie seltsam, eigenartig und starrsinnig." Kaum hatte er diese Worte ausgesprochen, hatte er das Gefühl, als hätte er ein Familienmitglied verraten. Nervös kratzte er sich am Ohr. Nach einer Weile fügte er kleinlaut hinzu: „Sie trägt Zeitungen aus und, soviel ich weiß, kommt sie um circa sechs Uhr morgens durch das Dorf. Sie hatte mir berichtet, dass sie zum Telefonieren zu einer Freundin müsse, zu et Änni, die wohnt um die Ecke in einem alten Posthäuschen, drum nennen sie sie alle: et Änni von der Post. Meine Tante selbst hat kein Telefon, keinen Fernseher, und schon gar keinen Computer. Ich weiß gar nicht, ob sie einen Kühlschrank besitzt. – ‚Alles Teufelszeug, da get man betrogen und der Feind hört mit', sagt sie immer."

Sein Vorgesetzter, der Georg Theo, der mit Blick auf die Straße weiter Richtung Eifelburg fuhr, setzte ein wissendes Lächeln auf, sagte aber nichts zu alledem.

Aus Verlegenheit stieß Leo ein unkontrolliertes Lachen aus. Und schon wieder empfand er dieses flaue Gefühl in der Magengegend, dieses Gefühl des Verrats. Warum eigentlich? Und warum hatte er all das seinem Vorgesetzten gesagt? Das würde ihn in ein schlechtes Licht rücken, so dachte Leo hinterher, und das gefiel ihm gar nicht. Es war nicht gut, bei der Polizei Gefühle zu zeigen. Das kam nie gut an. Das war völlig uncool. Da beide im Fahrzeug schwiegen, checkte Leo die Angaben und das Protokoll des Tablets.

„Der Anruf ging um 6.13 Uhr in der Notrufzentrale ein."

Sachliches Denken festigte Leo; es half ihm stets, wenn er innerlich aufgewühlt war. Sein wiedergewonnenes Selbstbewusstsein war an seiner tiefen, klaren Baritonstimme hörbar. Seine Schläfen und Wangenknochen zuckten ein winziges bisschen und das deutete darauf hin, dass er überlegte. Er schlussfolgerte: „Also, zu dieser Zeit lebte die Person noch. Man hätte sie retten können, wenn Rettungskräfte früher zu ihr durchgekommen wären."

Dem Theo verschlug es die Sprache. Er rekonstruierte die Situation im Geiste und stellte fest, dass er selbst ja auch nicht ans Handy gegangen war, damals! Im fahrenden Auto wurde es still. Ein Gefühl der Beklemmung machte sich breit. Für einen kurzen Augenblick dachte Theo: Vielleicht hätte ich schneller ans Handy gehen sollen? Vielleicht hätte ich auf meine Töchter hören sollen?

Dann wandte er sein Gesicht in Leos Richtung, als er gütig anfügte: „Wir Polizisten sind auch nur Menschen und keine ferngesteuerten Staatszombies, die emotionslos wie Roboter funktionieren. Wir haben Gefühle. Und diese Gefühle verdeutlichen uns, wie bedeutsam ein Menschenleben ist. Okay? – Und noch was: Jammern und Grübeln und ‚wäre', ‚hätte', ‚würde' und so weiter führen zu nichts! Lass uns weiter an dem Fall arbeiten mit dem, was wir in der Hand haben! Und lass uns den Täter oder die Verantwortlichen finden!"

Die Kommissare blickten sich einvernehmlich an. „Also: Was wissen wir von der Vermissten, außer dass sie ein grünblaues Kleid mit Pailletten getragen hat?", fasste Theo zusammen.

Leo überkam wieder ein seltsames Gefühl, als Theo so über die Lynn sprach. Doch es waren nicht die krampfartigen Gefühle von vorhin, sondern diesmal waren es fürsorgliche Gefühle. Sein Beschützerinstinkt meldete sich. Doch Leo mahnte sich zur Selbstdisziplin: Keine Gefühlsduseleien mehr! Es wird Zeit, wieder mal klettern zu gehen, um den Kopf frei zu bekommen, dachte er.

Leo räusperte sich und konzentrierte sich auf die Ermittlungen, so wie es ihm sein Chef nahegelegt hatte. Er wischte über sein Tablet und scrollte nach Personenbeschreibungen und sachdienlichen Hinweisen, die von Zeugenaussagen stammten.

„Vielleicht gibt es einen Zusammenhang zwischen den beiden Fällen oder auch anderen?", überlegte er laut und kombinierte, „Bei den Entführten und Getöteten handelt es sich stets um Frauen und mit Ausnahme von Lynn stammten sie nicht von hier. Irgendjemand hat es also auf Frauen abgesehen. Prostitution? Menschenhandel?"

Als er an Lynn dachte, überkam ihn ein mulmiges Gefühl. Er sorgte sich um sie. Er blickte aus dem Fenster. Frisches Grün, so weit das Auge reichte, nur unterbrochen von einem Bach, der vor sich hin plätscherte. Er entdeckte einen weißen Schwan auf dem Fluss, erhaben drehte er seine Runden.Theo riss ihn aus seinen Gedanken.

„Auch die Tote im Kunstarchiv des Klosters von Echterville war eine Frau." Verwirrt blickte Leo seinen Vorgesetzten an.

„Ich begreife es nicht! Warum und wieso …?! Und die Krönung dieses rätselhaften Puzzles stellen schließlich diese Gangsterbanden dar, die, sagen wir mal, einen ‚Hehlerwaren-Handel' betreiben, bei dem Drogen und Amphetamine in, lebende Lieferboten' versteckt und über die Grenzen geschmuggelt werden!"

Theo erwiderte philosophisch-weise: „Zwischen Krieg und Frieden liegt ein schmaler Grat. Und der Krieg kennt Tausende Formen von Grausamkeit.“ Leo blies staunend die Backen auf.

„Krass, Mann!“

„Hier ist vermutlich eine ganze Mafia zugange, die unter anderem Taschendiebe ausgebildet hat, und manche von ihnen wurden wohl für größere Plünderungen zweckentfremdet.“, fugt Theo fort.

„Nicht zu vergessen die illegalen Treibjagdspiele!“, fügte Leo hinzu. Theo betätigte einen Blinker und meinte mit Blick auf die Straße: „Wir müssen Interpol einschalten und bilaterale Informationen beschaffen. Gehen wir unsere Verdächtigen durch: Jacco-Mad-Face, Rasko und so weiter. Was für Motive haben die Täter? Wer profitiert von den Verbrechen? Dort liegen wahrscheinlich auch die Antworten.“

Im Tal Vallée de la Sûre und dem gleichnamigen Grenzfluss Sûre – zu Deutsch: Sauer – befanden sich immer noch viele Pilgergruppen. Viele Campingurlauber, aber auch Tagestouristen aus Gutland, radelten auf Park-De-Lux-Seite, dort verlief eine gute, ausgebaute Fahrradstrecke und viele ließen sich von der Pfingstwochensonne ihre Nase kitzeln. Andere saßen auf Campingstühlen, warfen eine Angelleine ins Wasser, sonnten sich, grillten und so manche Sonnenanbeterin im Bikini lag auf einer Picknickdecke und las ein Buch.

In der Nähe von Bollenpiont steuerte Theo die Tankstelle an, wo das Reh entdeckt worden war. Hier genehmigten sie sich ein Eis und Theo fragte: Kann eine solche Idylle so viele Verbrechen erzeugen? Und, wenn ja, warum und – was noch viel wichtiger ist – von wem?

Auf einmal tauchte etwas Schwarzes auf. Es schwebte über ihre Köpfe hinweg, hatte rotierende Flügel – davon vier – und summte wie ein übergroße Biene. Leo musste schmunzeln.

„Guck mal, ein ferngesteuertes Spielzeug. Womöglich ist es von einem der Kinder, die dort unten am Ufer campieren?“

Das Flugobjekt kam ziemlich dicht an die Kommissare heran, blitzte einige Male und machte sich dann mit geräuschvollem Motorsummen davon. Dem älteren Kommissar kam etwas in den Sinn. Er runzelte die Stirn.

„Drohnen sind ferngesteuerte Journalisten, die wie Paparazzi immer auf der Jagd nach einer Schlagzeile sind."

Über den Köpfen der Rosenkranz betenden Pilger hinweg sauste dieser übergroße „Paparazzi-Flieger" über die frisch gemähten Grummet-Wiesen mit seinen krummen Apfelbäumen, dann stieg er über einen Bergkamm. Durch die Sonne waren die Kommissare geblendet, nur durch Hören ahnten sie, in welche Richtung er fliegen könnte. Sie schauten sich an, dann nahmen sie die Verfolgung auf.

Zuletzt wurde er in Richtung Echterville gesichtet. Leo entdeckte ihn wieder auf halber Höhe in der Nähe eines Waldes. Plötzlich bremste er stark ab, blieb in der Luft, summte ohrenbetäubend laut, machte einige Umdrehungen, als hätte er es auf jemand Bestimmten abgesehen. Leo machte schnell einige Handy-Fotoaufnahmen. Doch dann verschwand der Flieger im Dickicht des Waldes. In der Nähe eines Hotels, unweit einer Tempelanlage, wurde er wieder gesichtet.

„Fahren Sie rechts rein.", sagte Leo zu Theo.

Theo warf ihm das Diensthandy zu. „Hier, diesmal wollen wir den Dienstweg einhalten. Gib dem Chef Bescheid, dann ruf den Inspektor Monsieur Le Filou an, du kannst diesen Landesdialekt besser als ich, so versteht wenigstens einer was, und …"

Theo verstummte plötzlich, beide schauten aus dem Auto und waren überrascht: Die Polizei aus Park-De-Lux war vor Ort.

In der Nähe des Grand-Duke-Hotels befand sich eine kleine Tempelanlage. Für Theo war unklar, ob diese Anlage historische Bedeutung hatte oder ob es eine Attraktion des Hotelbetreibers war, jedenfalls hatte man von hier nicht nur einen grandiosen Überblick über ein idyllisches Tal, sondern, wie Theo auf den Stufen bemerkte, von hier aus konnte man auch gut Geschehnisse beobachten, die im angrenzenden Gutland passierten. Man sah nicht nur, was auf dem Campingplatz geschah, man hatte auch Einblick in jene Tankstelle von vorhin, und Theo fragte sich, ob man von hier aus auch ein Reh erschießen oder, wie in diesem Fall, es mit einem Betäubungspfeil treffen könnte. Dann kam ihm etwas in den Sinn. Sogleich teilte er diesen Gedanken seinem Kollegen mit.

„Vielleicht wollte man kein Reh treffen, sondern einen Menschen?"

Vor dem Hotel standen ein Sportwagen und ein Oldtimer.

„Wow, was haben wir denn hier? Einen Achtzylinder!“, rief Theo enthusiastisch aus. Oldschool-Oldtimer-Fahrzeuge ließen Theos Herz höherschlagen.

„Junge, schau dir das mal an!“ Er strich mit dem Finger über die grün glänzende Motorhaube. Sein Gesicht zeigte Verwunderung. „Der Motor ist noch warm. Das bedeutet, es wurde vor Kurzem damit gefahren.“

„Pscht!“, machte Leo und legte einen Finger auf seine Lippen, während er nach seiner Revolver-Dienstwaffe griff.

Theo verstand sofort. Da war etwas im Busch. Im Schatten der Sonne sah man Zigarettenrauch aufsteigen, vermutlich stand jemand hinter dem Baum. Die Kriminalbeamten überkam ein seltsames Gefühl. Ein Instinkt, den man bekommt, wenn der Verdacht naheliegt, dass jetzt gleich etwas passiert, was nicht passieren sollte. Oder wie wenn ein Verbrechen geschehen wird oder vielleicht schon geschehen ist? Irgendwas liegt in der Luft, dachte Theo. Aber auch Leo besaß diesen Polizisten-Instinkt, der sich im Laufe der Dienstjahre einstellt, und so war beiden Kommissaren der Ernst der Lage klar. Doch was ging hier vor? Das wusste keiner der beiden. In diesen Augenblicken lief nur reflexartig das ab, was die beiden in der Polizeischule gelernt hatten.

Leo, den Baum im Rücken, drehte sich um und deutete mit seiner Waffe in die Richtung, von der die Rauchringe herkamen. Da war aber niemand. Jetzt schlichen sich die beiden näher an die Tempelanlage heran. Theo blieb hinter der Hecke stehen und beobachtete, wie eine Frau im beigen Trenchcoat und mit großer Sonnenbrille und Kopftuch die Treppen hinauf auf die Hotelanlage über die Terrasse ging und sich durch die großen Terrassentüren Zutritt verschaffte. Sie war nun in dem Hotelgebäude und Theo bemerkte für sich, dass ihm ihre Gangart bekannt vorkam. Wenige Zeit später kam diese „Gangart“ wieder heraus, jedoch als Pilgerin in eine blau-rote Softshelljacke gekleidet. Theo überlegte.

„Ich habe diese Frau schon irgendwo gesehen. Aber wo?“

Leo und Theo nahmen weiter die Verfolgung auf. Einige Pilger hatten Kerzen des heiligen Willibrord angezündet und hier stehen lassen, fiel Leo auf und begann sie zu zählen, während er die Stufen zur Tempelanlage hochschritt; aber als es immer mehr wurden, hörte er mit Zählen auf. Und als sie oben auf der Tempelanlage angelangt waren, da waren es unzählige Kerzen, die hier zu Ehren der Gottesmutter angezündet worden waren. Ein riesiges Meer aus weißem Wachs und Lichtern.

Auf dem Weg zur Tempelanlage lag die zertrümmerte schwarze Drohne. Beim näheren Betrachten entdeckte Leo eine Kamera. Theo übergab den Fund dem Kriminaltechnischen Dienst. Sie gingen weiter und entdeckten immer mehr Kerzen.

„Wir befinden uns auf Park-De-Lux-Gebiet und Gebetskerzen sind in diesen Prozessionstagen nichts Außergewöhnliches.“, meinte Leo.

Doch das hier übertraf das gewöhnliche Maß, wie sich bei zunehmender Dunkelheit immer mehr herausstellte; es wirkte geradezu Furcht einflößend.

Die beiden Ermittler folgten die Stufen hinauf, die jeweils mit einer Kerze ausgeleuchtet waren, und gelangten so auf eine mittlere Hochebene. Dort befand sich der Eingang der Tempelanlage. Es handelte sich nicht wirklich um ein geschlossenes Gebäude, sondern vielmehr um einen überdachten Säulengang, in dessen Mitte einige Hundert Kerzen brannten. Die Kommissare staunten. Dann verschlug es Leo die Sprache.

„Das ist ja unglaublich! Voll krass!“

Manche Kerzen trugen die Aufschrift des heiligen Willibrords, aber die meisten Kerzen waren einfach nur weiß und um einen Tisch platziert, der wie ein Altar wirkte.

„Was ist daran auszusetzen?“, fragte Theo seinen Kollegen und sah ihn stutzig an.

Es waren nicht die Kerzen und auch nicht der Altar, die merkwürdig waren, sondern das, was obendrauf zu sehen war. Der Park-De-Lux-Kollege deutete mit dem Kinn in Richtung Tempelanlage.

Gespannt folgte Kommissar Theo seinem Kollegen die Stufen hinauf zu dem Tempel. Auf dem „Altar“ lag eine weiße Tischdecke. Und auf der Tischdecke lagen weiße Kissen und auf den Kissen lag ein schlafendes Kind. Nun, es war eigenartig. Es hatte die Hände wie zum Gebet gefaltet. Seine Haare waren blond, wie die eines Engels, fein aufgebürstet. Zarte Locken umschmeichelten sein Gesicht mit den geschlossenen Augen. Theo erschrak. So etwas hatte er noch nie gesehen. Das Kind war vollkommen mit einer weißen, makellosen Wachsschicht überzogen. Es lag da, als wäre es geopfert worden. Wie Schneewittchen, schoss es Leo durch den Kopf. Die Ermittler nickten sich schweigend zu. Zum ersten Mal fühlten diese beiden so gegensätzlichen Männer das Gleiche. So eine Tat konnte man nur verabscheuen. Beide Kommissare nahmen ihre Hüte ab und verstummten für einen Moment.

„Da muss sich einer schämen. Habt ihr Kanner?“ [„Haben Sie Kinder?“], fragte Monsieur Le Filou den Herrn Kommissar Theo.

Dieser nickte nur kurz.

„Schnell, Leo! Abschirmen und Spurensicherung! Klar?“, raunte Theo seinem Assistenten zu.

Und dann geschah erneut etwas Seltsames: Aus einem alten Transistorradio mit Kassetten aus den 1980er-Jahren ertönte ein seltsames Knistern, gefolgt von einem Rauschen.

In abgehackter Sprechweise posaunte eine Stimme vom Band: „Haltet euch an die Gebote. … Explosion! … sonst … weitere Tote!“

Das Knistern verstummte. Man hörte jetzt nur noch die leisen Winde, die durch die Wälder rauschten.

„Was war das hier?“, fragte Theo in die Runde.

„Ein Faschist? Ein Irrer?“, fragte Leo sich laut, „Was und vor allem wer tut so was?! Und warum?“

In dem Augenblick vernahm Theo laute Geräusche.

„Manchmal ist es gesund, gar überlebenswichtig, wenn ohrenbetäubende Propeller eines landenden Hubschraubers dich daran hindern, zu viel über den Grund eines Mordverbrechens nachzudenken.“, meinte Theo zu seinem Kollegen.

Und während die Park-De-Lux-Kollegen alles großräumig abriegelten, sprangen die mittlerweile bekannten Burschen und Damen vom Kriminaltechnischen Dienst sowie die Leute von der Gerichtsmedizin, die aus Mainz angefordert worden waren, aus dem Hubschrauber. Der konnte nicht wirklich landen und hob gleich wieder ab.

Sofort nahmen die Kriminalbeamten ihre Arbeit auf, protokolierten, dokumentierten und verscheuchten Gaffer. Und wieder kam die Dame mit den Antilopenaugen und die Kavaliere freuten sich.

Die Dame ging direkt auf den reiferen Kommissar zu, um festzustellen: „Schon das zweite Mal im Gutland. Meine Herren, das nächste Mal gebe ich einen aus!"

Inspekteur Le Filou und Kommissar Theo stießen ineinander. Irgendwie waren beide von Dr. Dalwis Ausstrahlung angetan.

„Hier in der Nähe gibt es viele Gelegenheiten, um ein exzellentes, frisch gezapftes, kühles Eifel-Pils zu genießen.", erwiderte Theo.

„Ich muss doch sehr bitten! Zum einen gibt es in Park-De-Lux auch Bier, doch hier in der Nähe der Weingüter würde ich einen ausgezeichneten Rotwein empfehlen.", widersprach Monsieur Le Filou.

Die Dame fühlte sich geschmeichelt, wie ihr Lächeln bekundete.

„Ich bin Muslimin, ich trinke gar keinen Alkohol. Ich habe aber gehört, dass es hier auch nette Shishabars geben soll ... Das wäre jetzt sicherlich sehr verlockend, aber zuerst müssen wir die Welt retten!" , stellte sie klar und grinste doppeldeutig.

Der Gesichtsausdruck des Park-De-Lux-Inspekteurs war eine Mischung aus Oberlehrer und Verehrer, als er geschwollen formulierte: „Madam, ich muss Sie korrigieren!"

Er hob einen Zeigefinger, um ihn gleich wieder sinken zu lassen. Sie hob ihre Antilopenlider und musterte den übergroßen Inspektor mit halb geöffneten Kirschmundlippen.

Dieser konnte nicht länger an sich halten und schwärmte.

„Ihr seid so feminin, einfach genial; ech det euch gern ausführen, doch ich muss korrigieren, denn ihr seid net im Gutland, sondern in Park-De-Lux."

Und als er ihr fragendes Gesicht sah, rülpste er mit vorgehaltener Hand und wiederholte auf Hochdeutsch: „Gnädige Frau, Sie sind so reizend; ich würde Sie gerne ausführen, doch ich muss Sie aufklären. Sie befinden sich nicht im Gutland, sondern in Park-De-Lux! Wir arbeiten bilateral. Nun ja ... aber mein Gutland-Kollege hier hat recht: Zuerst brauchen wir Ihre Expertise, eine Obduktion der Leiche."

Leo schaute sportlich drein und grinste mit wiedergewonnenem Selbstbewusstsein sein Spitzbubenlächeln, wobei seine Grübchen sichtbar wurden. Die große, schlanke Dame, die heute rote Pumps und wie beim letzten Mal ein weißes Kopftuch trug, zwinkerte ihm zu und dachte: Wat is' 'n das für 'n Spinner?

Sie behielt diesen Gedanken jedoch für sich. Sie bewahrte stets Haltung und schien solche kleinen „Eskapaden" kühl-charmant beiseitezulächeln.

Und während der KTD-Truppe aus Mainz sich an die Arbeit machte, kommandierte Inspekteur Monsieur Le Filou seine Leute. Und um die Ernsthaftigkeit seiner Kommandos zu untermauern, stampfte er mit seinen Stiefeln. Seine Untergebenen taten es ihm nach, sie salutierten und marschierten, scherten geordnet aus und legten Absperrbanner aus.

Dann richtete Monsieur Le Filou das Wort an seine Mannschaft, während er – wie immer in brenzligen Situationen – an seinem Bart zwirbelte.

„Wir müssen diese Gegend weiträumig absperren."

Lebhaft mit den Armen schwenkend, ordnete er an: „Alle Pilger umleiten auf die andere Seite, auf Gutland-Gebiet."

Eine Straße führte die per pedes Betenden zu einer Brücke und diese führt sie direkt ins Echterviller Kloster. So wurde die teils französische Herkunft des Monsieur Le Filou, der temperamentvoll gestikulierte, offenkundig.

Sein Gutland-Kollege Theo hielt jedoch dagegen: „Wir wissen doch gar nicht, wo die sogenannte ‚Explosion' stattfinden soll! Vielleicht ist ja das Kloster sein Ziel?"

Der Monsieur wurde jetzt immer hektischer und nervöser. Er zündete sich eine Zigarette an und kombinierte.

„Stellen Sie sich das nur einmal vor. Wir müssten alle Pilger nach Hause schicken. Nein! Impossible! Unmöglich!", wiederholte er. „Und wat machen wir dann mit den kirchlichen Hochwürden und den Mitgliedern der großherzoglichen Familie, die immer bei solchen Traditionen anwesend sind, zumindest einer von ihnen?"

„Warum muss mir dat passiere?", fluchte der Inspekteur.

Le Filou kratzte sich am Kopf, marschierte auf und ab. Dann blieb er plötzlich gedankenversunken stehen, faselte etwas vor sich hin, kam aber zu dem Schluss, dass es womöglich doch keine so gute Idee war. Der hochgewachsene Polizist aus Park-De-Lux lief auf und ab, immerzu sein Diensthandy am Ohr, während sein Blick wachsam über das Tal Vallée de la Sûre schweifte, um pflichtbewusst für Sicherheit zu sorgen. Dann wiederum wirkte der Inspektor erstarrt.

Theo, der einige Meter unterhalb die Lage im Auge behielt, rief zu ihm hinauf: „Kühlen Kopf bewahren!"

Und zum Kollegen gewandt murmelte er mussmutig: „Gar nicht so einfach, erst recht nicht mit so einem hypernervösen Spargeltarzan, der jeden Moment wie ein Champagnerkorken in die Luft gehen könnte!"

„Sie haben die Ankündigungen selbst gehört. Sollen wir die Drohungen ignorieren?", wiederholte er.

Dem Amtskollegen kam eine Idee, wie man Zeit gewinnen könnte.

„Unsere Techniker sollen unauffällig das ganze Areal nach Sprengstoffspuren überprüfen. Ordere die Hundestaffel."

„Und ihr überprüft die Aufnahmen auf Echtheit, dann entscheiden wir neu. A Kompromiss à la Diplomatie.", schrie er zu Theo hinunter.

„Sie haben wohl Schiss vor den Kirchenvertretern? Wenn durch diese Verzögerung auch nur ein weiterer Mensch zu Schaden kommt, dann sind wir beide unseren Job los, das wissen Sie doch, oder etwa nicht?", antwortete Theo zornig.

„Ja, darum beeilen wir uns!"

„Ade und tschüss!" Er eilte davon.

Theo hatte noch die Teile der Drohne in der Hand sowie die Kamera. Er lief auf den Hubschrauber zu, der bereits leicht abhob, und warf durch die noch nicht geschlossene Schiebetür eine Beweismittel-Mappe.

Kommissar Leo entdeckte gerade in einer Mülltonne hinter der Tempelanlage Spritzen und Katheter und rief ebenfalls: „Halt!"

Hastig nahm er einen Beutel und stopfte die Fundstücke hinein, rannte zum Hubschrauber und warf sie der hübschen Ärztin zu. Die verstand und nickte mit einem „Daumen hoch".

Theo, dem so manches durch den Kopf ging, seufzte.

„Hier liegt also der Zusammenhang!" Theo bat um Eile bezüglich der Kamera sowie um die Tonaufnahmen.

„Hier ist Gefahr im Verzug!“

„Geht klar“, rief ein Mitarbeiter aus dem Laderaum.

Theo seufzte und Leo winkte mit einem Augenzwinkern der Dame in dem abhebenden Hubschrauber, bis Theo meinte: „Komm, lass gut sein, die sehen wir ja wieder. – Momentan können wir nichts weiter tun.“

Theo saß in seinem Audi, als zwei Stunden später der Anruf kam, die Bombendrohung könnten Fake News sein.

Es hieß, die Auswertung der Sprachnachricht habe ergeben, dass es sich um eine Kindersprache handele und dass bis jetzt kein Zusammenhang mit dem Leichenfund bestehe. Auch seine Amtskollegen in Park-De-Lux hatten bisher keinen Sprengstoff oder Ähnliches in der Nähe des Klosters gefunden. Den Pilgern gewährte man wieder freien Zutritt. Man versicherte sich gegenseitig höchste Alarmbereitschaft. Theo seufzte müde, fuhr sich mit beiden Händen übers Gesicht und meinte. „Was für eine Scheiße!“

„Der Fall ist noch lange nicht abgeschlossen“, stellte er fest.

Sein Bauchgefühl und seine langjährige Erfahrung ließen die Alarmglocken schrillen. An Schlaf war nicht zu denken. Er schrieb seinem Kollegen Leo eine Textnachricht. Vielleicht ist es jetzt an der Zeit, das beste Bier der Welt zu kosten?, dachte er bei sich. Am besten ein Pils, das hier in der Region gebraut wurde. In Gedanken spürte er bereits die Perlen auf seiner Zunge.

„Komm, Leo. Lass uns noch mal diesen Brexit-Ecki-Pub inspizieren, von dem die Leute hier sagen, er sei ein heimlicher Puff und Handelsdrehkreuz für so allerlei illegale Geschäfte.“

Und als sein junger sportlicher Kollege mit Kopflicht auf seinem Rad im Nachtdunkel ankam, freute Theo sich. Er klopfte dem Jüngeren freundschaftlich auf den Rücken und kam ihm mit der Binsenweisheit: „Weißt du eigentlich, dass ein Kommissar nie Feierabend hat?“

Der Leo schnaufte, er trug eine mit gelben Leuchtstreifen versehene Radlerhose und -jacke. Ihm lief der Schweiß an den Schläfen herunter, als er kess sein charmantes Wangenknochen-Lächeln zeigte, was aber ironisch gemeint war. Theo erinnerte es an eine seiner Lieblingsfernsehserien mit Thomas Magnum, dem Privatdetektiv auf Hawaii.

Was wir hier in dieser kultigen Pub-Kneipe wohl Aufschlussreiches finden sollen?, dachte Leo.

Die Kommissare betraten in Zivil die Kneipe an der Ecke bei Bollenpiont. Dem ehemaligen Zollhäuschen auf Gutland-Seite am Ende der Brücke war ein zweites Leben eingehaucht worden; dieser Brexit-Ecki-Pub war anscheinend angesagt, denn viele Einheimische rollten mit ihren verschiedensten Bikes an. Es gab Motoradfreaks und E-Bike-Fahrer, andere besaßen einen Roller und wiederum andere vier Beine. Allen gemein war, sie kamen, um sich mit ein paar Kumpels ein britisches Pint zu gönnen oder ein frisch gezapftes, regional gebrautes Pils zu genießen.

„Jeder so, wie er mag!“, rief der Gastwirt.

Leo erkannte sogar manche aus der Schulzeit und grüßte mit Handzeichen. Es herrschte eine Geräuschkulisse wie in einem Bienenstock. Gemischtes Publikum. Pilger. Dorfbewohner. Fremde. Ungewohnt, aber durchaus interessant waren diese leicht bekleideten, in silbrig glitzernde Shorts gekleideten brasilianischen Tänzerinnen mit ihren hübschen langen Beinen, die gleichzeitig als Bedienung fungierten. Auf Rollschuhen kam eine der schimmernden Damen auf die beiden Herren zugerollt und wollte die Bestellung aufnehmen. Theo traute kaum seinen Augen. Da stand doch tatsächlich dieselbe Dame vor ihm, die ihm in der Pension morgens den Kaffee serviert hatte. Aber er ließ sich nichts anmerken. Ein drittes Mal sollte sie ihm nicht davonlaufen.

Weitere Damen scharwenzelten um die Herren herum. Manche zeigten nicht nur nackte grazile Beine oder einen prachtvollen Busen mit nur ein bisschen Stoff dazwischen, sondern besaßen dazu auch noch eine begnadete Stimme. Im Hintergrund spielte eine Band rasante Rhythmen zu südländischen Klängen. Kubanische Tuba mit Copacabanamusik und hellen Jamaika-Blechtönen. Manche schwenkten kess mit ihren Hüften und schufen somit eine erotische Stimmung, sodass ein Hauch der Karibik herüberwehte. Die Damen tanzten und bewegten ihre Pobacken passend zu den Sambarhythmen und das heizte das Publikum immer mehr auf. Ein großes Gegröle ging durch die Reihen. Manche Männer klatschten heftig Beifall und steckten Geldscheine in die Bikinislips. Erotik lag in der Luft. Theo spürte seine Hoden und fühlte sich so gesund wie schon lange nicht mehr. Die Männer grinsten sich an. Und als eine Lambadamelodie erklang, fühlte sich der Theo, als sei er tatsächlich in der Karibik. Mit einer dieser Anemonen im Arm hüpfte er einige Schritte, doch dann besann er sich und brach dankend mit einem Lächeln ab.

„Stopp, halt“, sagte er mehr zu sich selbst. „Gucken ja, beißen nein!“

Er eilte zum Tresen, er benötigte dringend etwas Kühles zum Trinken. So bestellte er sich ein Pils und ein Wasser für seinen Kollegen. Und während er wartete, hörte er, wie im Hinterzimmer etwas geflüstert wurde.

„Ladung frischer Ware von Jacco … Samstag … nach Hip-Hop-Gebet … kapesch?“

Weiteres ging im Stimmengewirr unter, welches daher rührte, dass man eine unbegabte Sängerin mit Buhrufen hinauswerfen wollte. Sie ließ sich nicht zweimal auffordern, das Mädel flüchtete geradezu nach draußen. Theo und Leo stutzten, doch dann wurde ihre Aufmerksamkeit auf die ungeduldige Bardame gelenkt, die mit einem Glas Wasser vor ihnen stand. Theo zeigte mit dem Daumen auf Leo, weil er das Wasser bekommen sollte, und setzte danach seine beste Waffe ein: sein charmantes Lächeln, während er korrigierte: „Für mich ein Eifel-Pils! Alkoholfrei, bitte!“

Die Laune der Barkeeperin hob sich prompt und ein Lächeln breitete sich auf ihrem Gesicht aus.

Mit zwei Gläsern in der Hand steuerte Theo auf einen Tisch zu. Als er aufschaute, blickte er in das verdutzte Gesicht von Inspekteur Monsieur Le Filou, der in seiner Dienstkleidung – dem graublauen Jackett – nun wie ein Spielverderber wirkte. Reflexartig zog Theo sein Jackett aus und schwenkte es sportlich hinter seinen Rücken, hielt es mit einer Hand fest und bestellte sich ein Pint. Unwirsch bemerkte er zum Kollegen Leo: „Zu spät! Die Gauner wissen jetzt erst recht Bescheid, wer wir sind.“

Und in der Tat, es dauerte nicht lange, da stand wieder der King-Kong-Schläger hinter dem Riesen, dem Monsieur Le Filou. Mit wütendem Gesichtsausdruck gab er von sich: „Ech Flicken [abwertender Ausdruck für Polizisten hierzulande] wollen wir net! Kapiert? Trinkt aus und geht! Verstanden?"

Der große Lange sah sich um: „Wie hast du mich genannt?"

Der Inspekteur überragte diesen schwarz Gekleideten mit Baseballschläger um fast zwei Köpfe. Doch er hielt die Füße still. Schweigsam tranken sie aus und gingen hinaus.

Draußen war klare Sternennacht. Etwas frisch und windig. Der ansonsten so Respekt einflößende Inspekteur murmelte vor sich hin: „Na warte, eines Tages kriegen wir euch!"

Sie gingen weiter zu einem Pavillon, der unten am Fluss eine weitere Sitzgelegenheit bot.

„Was wissen Sie über die Tote im Kunstschatzsafe?", fragte Theo.

Sein Amtskollege zuckte mit den Schultern: „Nichts!"

„Wie, nichts?!"

Monsieur Le Filou kraulte seinen Bart: „Ech habe gesagt, he am Ländchen ist alles ganz anders. Die Kirche hat ihr eigenes Ermittlerteam. Mehr weiß ech nett!"

Im Hintergrund wehte die blau-rot-weiße Flagge von Park-De-Lux sowie die von der europäischen Union. Auch die amerikanische Flagge war hier angebracht worden. Warum, das wusste man nicht mehr. Zu tief vergraben lagen der Zweite Weltkrieg und General Patton in der „Geschichte-Kiste".

Nun, Theo und Leo saßen unweit des Pubs draußen auf den Bänken eines Pavillons. Nach ihrer Schicht gesellten sich weitere Polizisten in Zivil zu ihnen. Sie hielten ein Stubbi in der Hand und wirkten irgendwie frustriert.

Bis auf einmal der Park-De-Lux-Inspekteur mit seinem unverwechselbaren Bartgesicht aufschaute und meinte: „Wir schieben einen Chicago-Clou! Ich will diesen Schurken ein für alle Mal das Handwerk legen! Zumindest sollen diese aufgeblasenen kriminellen Barone wissen, auf wessen Seite sie stehen!"

Er blickte erwartungsvoll in die Runde und erntete fragende Blicke.

„Ich will diese Jaguar-Gang, konkret den Anführer Jacco, auch Mad-Face genannt, hinter Schloss und Riegel sehen!“

Kommissar Theo, der sich für einen Moment zurückgelehnt hatte, um sich genüsslich einen Schluck von dem gut gezapften, gekühlten Eifel-Pils zu genehmigen, hielt inne, richtete sich auf und spuckte das Gebraute wieder aus. Er stieß einen schwachen Seufzer aus und sagte resigniert: „Ich will euch nicht den Spaß verderben, doch wir versuchen im Norden seit Jahren, bekannte Familienclans dingfest zu machen. Wir können nicht mal eben so einen dieser Gauner verhaften.“

Jetzt kam er richtig in Fahrt, aufgebracht gestikulierte er mit seinen Händen und in seiner Stimme lagen Empörung und Groll, als er sagte: „Denn wenn wir einen der Strippenzieher tatsächlich erwischen, operiert morgen sein Nachfolger. Einige stehen bereits in den Startlöchern und sind ganz heiß darauf, den Chefposten einzunehmen, wie beispielsweise der mit Namen Rasko. – Offiziell sind es Kaufleute, die im Import- und Exporthandel tätig sind. Inoffiziell flechten sie ein breites globales Netzwerk. Eine ihre Betrugsmasche besteht darin, frisch rekrutierte junge Männer aus der ganzen Welt damit zu beauftragen, Frauen, die gutgläubig nach Europa gekommen sind, zu schwängern. Diese Frauen erhalten in einigen europäischen Staaten aufgrund ihrer Schwangerschaft schneller ein Bleiberecht. Sie werden dann mit ihren Babys zum Sozialamt geschickt, und wenn sie die finanzielle Unterstützung erhalten, kassieren diese Herren mit! Das funktioniert ähnlich wie im Zuhältergeschäft, nur lukrativer. Das Geld geben diese Schleuser an sogenannte ‚Dortmunder Streetworker‘ ab. Es ist ein Geflecht aus Vorgesetzten und Untergebenen, aus Vätern und Söhnen, manchmal auch aus Müttern und Töchtern, weil die Kinder, aus denen dann irgendwann mal Erwachsene werden, neue ‚Filialen‘ auf der ganzen Welt eröffnen. Sie rekrutieren jeden. Besonders anfällig sind identitätslose, heimatlose Flüchtlinge sowie naive Jungen und Mädchen. – Die Gangs operieren gerne in regionalen Randzonen, juristischen Grauzonen, wo sie schnell über die Grenze flüchten können. Dort mieten sie kleinere Bauernhäuser. In den Verträgen geben sie sich als Eigentümer aus. Manche sind auch Eigentümer, wohlgemerkt. In jedem Winkel des Hauses – selbst wenn es früher einmal ein Hühnerstall gewesen ist – wird ein Zimmer hergerichtet, in dem eine Frau lebt. Dieses ‚Zimmer' besitzt eine Kochnische und ein WC, es wird als ‚Studio', also als Wohnung angegeben, um so vom Staat Wohngeld zu erhalten. – Ich kannte eine, die hatte drei Kinder in drei Wohnungen. Mit Sozialhilfe für sich, Kindergeld und Wohngeld kam die schon auf einen Betrag von fast tausend Euro im Monat. Manchmal kassieren diese Frauen zusätzlich Unterhaltvorauszahlungen vom Staat, weil sich die Väter offiziell verdrücken."

Leo schüttelte ungläubig den Kopf. Er kannte ja so einige Scheingeschäfte, doch hier im Tal Vallée de la Sûre, in dem es so verwunschen grünte und blühte und wo jede Pfingstrose Güte und Liebe versprühte?! Wo alle katholisch fromm waren und es so schien, als könne keiner einem anderen Menschenkind etwas zu leide tun?

„Ich kann es nicht glauben, ich will es auch gar nicht. Ich bin hier aufgewachsen. Ich glaube nicht an solche Machenschaften", rang der Kommissar mit sich selbst.

Sein Vorgesetzter Theo bestätigte jedoch diese Methoden, sie hätten solche Fälle schon mal im Norden von Gutland erlebt

„Diese sozialen Hilfsgelder werden in verschiedenen Städten und in unterschiedlichen Ländern beantragt. Das funktioniert deshalb so gut, weil sich die Kommunen nicht darüber austauschen. Grund ist der Datenschutz, der an sich eine gute und richtige Sache ist, in dem Fall jedoch verheerend. So wird ermöglicht, dass sich eine Person drei verschiedene Namen ausdenkt und mehrere Identitäten annimmt." Er grinste und rollte mit seinen Augen. „Ein sicheres Geschäft! Und mit jedem Kind gibt es eine Gehaltserhöhung."

Inspekteur Monsieur Le Filou saß grübelnd da. Seine tief liegenden, dunklen Augen ließen erkennen, dass er nachdachte, abwägte. Nachdenklich schüttelte er seinen Kopf. Dann leuchteten seine dunklen, braungrünen Pupillen plötzlich siegessicher auf.

„Ich will nicht mehr tatenlos zusehen!", sagte er entschlossen. Er ging nervös auf und ab.

„Wir müssen ihnen das Handwerk legen. Sie irgendwie auf frischer Tat ertappen."

Er fasste sich an seinen unrasierten Stoppelbart. Dann erhob er sich. Er wirkte jetzt gefasst. Mit stahlhartem Blick versprühte er Funken, so wie jemand, der etwas gefunden hat, für das es sich zu kämpfen lohnt.

„Wir mögen aus dem hinteren Hinterland stammen, aber wir ermitteln aufrichtig und zielstrebig gegen Unrecht! Damit zeigen wir nicht nur den Übeltätern, wo Grenzen überschritten wurden! Wir stellen so auch klar, auf welcher Seite wir stehen!“

Da es draußen immer kühler wurde, gingen alle zurück zum Pub. Es war soweit. Sie wollten einen Plan schmieden.

Leo saß an einem der Bistrotische, die hastig zusammengeschoben worden waren, andere zerrten Stühle herbei, und so mancher Zuhörer spitzte seine Ohren. Schmunzelnd nahm Leo zur Kenntnis, dass Monsieur noch in seiner Park-De-Lux-Uniform gekleidet war. Leo blieb still, so wie es für den typischen Gut-Länder üblich ist. Gelegentlich wirkte er nachdenklich. Schwer zu sagen, was in seinem Kopf vor sich ging. Die Gut-Länder sind sehr gut darin, nach außen hin kaum ihre Gefühle zu zeigen, ähnlich wie bei den Ostfriesen.

Kommissar Theo mit seinen italienisch-türkischen Wurzeln hingegen gab gelegentlich mit gestikulierenden Händen einen Kommentar ab, so wie es die temperamentvollen Südländer tun. In seinem Wesen lag etwas Spielerisches, ja, gar etwas Lebensfrohes, was den Oldschool-Kommissar Georg Theo überaus sympathisch machte.

„Wenn wir echten Respekt wollen, dann müssen wir uns schon etwas Geniales einfallen lassen.“, bemerkte er beiläufig.

Monsieur Le Filou zwirbelte an seinem Bart. „Also, was ich jetzt zu sagen habe, das geht nur uns was an, klar?“, verkündete er mit einem gestikulierendem Zeigefinger.

Seine Augen blitzten auf und inspizierten jeden einzelnen Teilnehmer in der Runde.

„Seid ihr dabei?“, fragt er mit einem ernsten Gesichtsausdruck.

Leo, dessen kantiges Gesicht sonst eher blass und dessen Blick normalerweise verschlossen war, saß nun mit geröteten Wangen da. Er wirkte regelrecht aufgeweckt, so als ahnte und hoffte er, Teil von etwas Sinnhaftem zu werden.

Kommissar Theo blieb in Nähe des Tresens stehen und steckte lässig eine Hand in seine Hosentasche. Er nahm ein original englisches „Lagerbier" entgegen, in der üblichen britischen Maßeinheit, dem Pint, zahlte, nickte und winkte, um zu signalisieren, dass das Wechselgeld Trinkgeld sei; dann wandte er sich sportlich um und bat seinen Amtskollegen.

„Vielleicht sollten wir das Gespräch besser woanders fortsetzen." Und mit Blick in die Runde fügte er erklärend hinzu: „Wir haben es hier mit Schwerkriminellen zu tun, die sollten wir nicht unterschätzen. Lasst uns also wo hingehen, wo uns keiner abhören kann."

Er deutete auf die holzvertäfelte Wand, wo ein Spiegelfenster angebracht war und wo erfahrungsgemäß „Augen und Ohren" lauerten.

Der hochgewachsene Park-De-Lux-Kollege musste sich stets zu seinen Gesprächspartnern herabbeugen. Als er in die Runde blickte, schien es so, als bekäme seine ansonsten so stolze Haltung einen Buckel, aber das Gegenteil war der Fall. Er strotzte nur so vor Selbstvertrauen. Seine Augen funkelten strebsam.

Obwohl es draußen relativ frisch ist, setzten sich die Inspektoren und Kommissare wieder in den Pavillon. Hier waren sie sich sicher, dass niemand sie belauschen würde.

Frau Grete, es war schon weit nach Mitternacht, stand angelehnt mit Zeitungen unterm Arm im Bereich des Eingangs und beobachtete das Geschehen.

„Moin, Mirtisch-Grickt!" [Mirtisch = Mertes; alter umgangssprachlicher Dorf-Hausname für die rüstige Frau Grete Hurkes]

Ein Bauernbursche aus der Nachbarschaft mit breitem Kreuz und noch breiterem Lächeln grüßte mit erhobenem Humpen die dorfbekannte Zeitungsträgerin und verpasste ihr im Vorbeigehen ein Klaps auf den Rücken. Angetrunken flachste er sie an: „Moin, kommst du gucke, wat d' groß Kanner maachen?" [Regionaler Dialekt für: „Hallo, kommst du gucken, was die großen Kinder so machen?"] Er hielt ihr die Tür auf.

Grete verspürte Lust auf ein frisch gezapftes Pils. Also bedankte sie sich und ging hinein. Sie legte eine druckfrische Tageszeitung auf den Tresen. Von deutlich jüngeren Gästen wurde sie belächelt. Der Barkeeper und Eigentümer „Ecki“ schien heute jedoch spendabel zu sein, er grinste und stellte ihr ein frisch gezapftes Eifel-Pils auf den Tresen.

„Aaah, Grickt, dat geht aufs Haus.“

Grete nahm es entgegen, nippte daran, stellte sich mit dem Rücken zum Tresen hin und begutachtete die Gästeschar. Ihrem lächelnden Gesicht konnte man schon etwas Sympathisches abgewinnen. Man kannte sich. Man grüßte sich durch Gestik. Wenn nicht die Kinder, die jetzt junge Erwachsene waren, so kannte sie doch deren Eltern, und Grete fragte sich, ob vielleicht einer von ihnen eventuell einem „dunklen Hobby“ nachging.

Sie entdeckte ihren Neffen Leo, der mit Kollegen draußen auf einer ufernahen Terrasse mit Pavillon saß. Als sich ihre Augen kreuzten, drehte er sich schnell weg.

Sie trug einen dunkelblauen Mantel, der um ihre breiten Hüften herum von einem Herrengürtel zusammengehalten wurde. In ihren dunkelbraunen Haaren zeigte sich kein einziges graues Haar; fast kräuselten sie sich ein bisschen frech um ihr herzförmiges Gesicht; ihre blauen Augen hingegen strahlten klaren Verstand aus.

Und als sie den Monsieur Le Filou erkannte, wie er so im Anzug dastand, beeindruckte sie das. Der Kommissar mit den italienischen Lederschuhen und den modischen Jeans, die Hände lässig in den Hosentaschen, das hatte was.

„Beide Kommissare haben Stil und Geschmack und strahlen reife Männlichkeit aus. Das gefällt mir!“, dachte sie laut. „Wie gern würd’ ich mal mit denen ’nen Walzer tanzen und mich noch mal siebzehn fühlen anstatt siebzig.“ Grete verzog ihr Gesicht zu einer Grimasse.

Sie atmete tief durch und seufzte. Ihr war bewusst, sie war eher Miss Mülltonne als Miss Marilyn Monroe. Also schwieg sie. Also nahm sie noch einen Schluck. Der Alkohol wirkte, er betäubte ihre Sinne, er milderte ihr Verlangen. Und aus diesem und anderen Gründen mehr betrank sie sich gelegentlich. Sie schmunzelte verträumt. Sie begann zu summen. Sie summte ein Kinderlied aus alten Kindertagen in der Ein-Klassenzimmer-Schule.

Das Lied handelte vom Rhein und vom Main, von der Mosel und der Elbe bis hin zur Maas; und von der Größe eines Landes, das sie Heimat nannte. Das Lied, die Melodie, es war Volksgut, es war wie eine Schlagerschaukel, wie eine Ballade – was auch immer, diese Töne versöhnten sie mit ihrem Schicksal.

Irgendwann nahm sie einen Besen in die Hand und tanzte damit vor dem Brexit-Ecki-Pub, wo alle es sehen konnten. Viele anwesende Dorfleute kannte diese schrullige alte Frau. Sie lachten und klatschten. Dass sie sich zum Gespött machte, das bedauerte nur einer, und zwar ihr Neffe Leo. Er saß still da und hielt sich leise stöhnend die Hand vors Gesicht.

Und auch wenn sie nicht alles mitbekam, was die Kriminalbeamten in geheimer Runde, wie so 'n katholischer Pfadfinderbund, da draußen auf den Terrassenstühlen um eine Tafelrunde sitzend besprachen, die Köpfe dicht beieinander, so rief sie aus der Ferne laut: „Ich bin dabei!"

Man hörte es bis weit hinaus auf die Hauptstraße. So manch Fremder klopfte der alten Tanne-Grete auf den Rücken.

Leo griff sich beschämt an den Kopf.

„Okay! Treffen in Eifelburg."

So besiegelte die Ermittler-Runde in jener Brexit-Ecki-Pub ihre Kampfansage, was fast wie eine Thekenrevolte klang, mit einem echten, hundertprozentigen Nottingheimer Eifel-Schnaps. So als müssten die Bewohner ihre Heimat gegen solchen Halunken verteidigen. Im gedämpften Licht wirkte der Eifel-Edelbrand wie flüssiger Bernstein. Sentimental meinte Monsieur Le Filou: „Ja, wenn Gut-Ländler und Park-De-Luxler zusammenarbeiten, dann ist das so wertvoll wie Gold!"

Eifelburg – dort, wo sich die Freiwilligen treffen wollten – war einst eine Garnisonstadt, so waren viele dieser Militärgebäude mittlerweile verfallen und aus dem Dach des ehemaligen amerikanischen Kindergartens wuchsen Bäume.

Inspekteur Le Filou ging in einen aus Backstein gebauten Lagerschuppen hinein, dort, wo das Treffen heimlich stattfinden sollte. Er war Erster und allein. Das Dach war inzwischen eingebrochen. Monsieur Le Filou betrat einen dunklen Raum mit kahlen Mauerwänden. Er hatten diesen Ort gewählt, weil es dort garantiert abhörsicher war. Hier gab es nämlich keinerlei Elektrizität mehr. Und bekanntlich funktionieren ohne Strom auch kein PC und ähnliche Medien. Man musste Petroleumleuchten aufstellen, um etwas zu sehen; und um zu sitzen, verwendete man Europaletten oder stehen gelassene Getränkekisten. Anscheinend war diese Stätte hier zwischenzeitlich ein Lager für das bekannte Bier gewesen, das hier gebraut und weltweit verkauft wurde.

Auf einmal fühlte Le Filou ein Gefühl des Unbehagens in seiner Magengegend, als er nach Jahren der Abwesenheit diesen Ort wieder betrat. Eigentlich wollte er es nicht, doch irgendwas zog ihn hierher.

„Hier werden wir ungestört einen Plan schmieden, wie wir die Halunken ein für alle Male überführen können", so der auswärtige Inspektor.

Dieses Eifelburg mit seiner grandiosen Aussicht und seinen eigentümlichen Menschen war schon immer eine entzückende Kleinstadt gewesen, und das Besondere daran: Man suchte vergeblich eine Burg. Hier auf den Eifelhöhen fand man zwar ein entzückendes kleines Schlösschen, das der Kinderförderung gewidmet war, auch eine alte römische Mauer, doch keine Burg. Auf dieser Römermauer hatte man einst – im 14. Jahrhundert – eine List gegen die Nordmannen angewendet. Man hatte diese Stadt damals aushungern wollen, doch man zog Kindern ein Schafsfell über, um die Belagerer zu täuschen, so blieb die Stadt im südwestlichen Rand von Gutland verschont. Schon die Römer hatten hier ein Kastell gebaut, sie schätzten die strategische Lage der Stadt. So auch später die preußischen Herrscher aus dem fernen Berlin. Nach dem Zweiten Weltkrieg kamen die französischen und amerikanischen Alliierten. Schon viele Garnisonen waren übers Gutland und seine Bewohner gefegt. Geblieben sind deren Glaube und deren Zähigkeit, jeglichen Turbulenzen zu trotzen.

Nun sollte wieder eine List angewandt werden, und darum, so dachte Monsieur Le Filou, sei dieser Ort hervorragend, um geheime Pläne zu schmieden. Er ging in dem schäbigen Lagerschuppen auf und ab, die Hände am Rücken überkreuzt. Als Theo eintraf, wirkte der hochgewachsene Mann ungewohnt in sich gekehrt.

„Warum treffen wir uns an einem Ort mit so schrecklichen Erinnerungen?", fragte Theo vorwurfsvoll. „Zwei Weltkriege und das Naziregime!"

„Hier wurden Juden festgehalten und abtransportiert, und meine Vorfahren gehörten dazu.", erklärte der hochgewachsene Lange mit einem nachdenklichen Blick.

Monsieur Le Filou richtete sich auf, er verbarg seine Gefühle lieber vor anderen. Demonstrativ straffte er seine Schultern und nahm einen tiefen Atemzug. Seine Körpersprache verriet seinen inneren Kodex: Keine Schwäche zeigen in der Öffentlichkeit!

Erst später bei einem Stubbi-Bier fühlte sich Le Filou in der Lage, sich zu erklären, was Theos Nerven erheblich strapazierte; dennoch hörte er wie alle anderen Anwesenden aufmerksam zu.

„Mein Vater, eigentlich aus Frankreich stammend, absolvierte hier seinen Militärdienst, ohne von den damaligen SS-Machenschaften gewusst zu haben. Er kannte seine Vorfahren genauso wenig wie ich. Es sollen geflohene Juden gewesen sein, die im Dorf in einer Strohscheune versteckt und dann doch verraten wurden. Mein Vater starb, bevor er Nachforschungen anstellen konnte. – Diese jahrhundertealten gelben Sandsteinmauern, vom deutschen Kaiser errichtet im Ersten Weltkrieg, wurden von Hitler im Zweiten Weltkrieg benutzt, dann von den Franzosen in Beschlag genommen, zwischenzeitlich übernahmen es die amerikanischen Streitkräfte, und so könnte jede Ritze dieses Mauerwerks Schicksalhaftes aufzählen, welche die Grausamkeiten zwischen Krieg und Frieden bezeugen. Ganz zu schweigen von den Abertausenden vergessenen Soldaten, die seit der Römerbesatzung hier auf den Feldern rundherum um die Eifelburg ihr Blut vergossen haben und womöglich Ursache dafür sind, warum der sandige Lehmboden hier unter euren Füßen rot geworden ist."

Der nachdenklich gewordene Inspekteur nahm noch einen Schluck und fuhr fort. „Aber dann kam die Liebe ins Spiel. Mein Vater lernte meine amerikanische Mutter kennen. Sie war als US-Krankenschwester gleich nebenan stationiert – im US Air Force Base HOSPITAL Eifelburg. Sie verliebte sich in den Franzosen, meinen Vater. Betörend war wohl der Ruf von Paris: die Stadt der Liebe! Dann wurde sie schwanger und weil das nicht in ihre Karriere passte, gab sie mich zur Adoption frei. Mein Vater wurde Militärarzt und kam mit der Fremdenlegion nach Afghanistan. Er traf Scholl-Latour, einen bedeutenden Orientexperten, doch das nützte ihm nichts. Er kam dort ums Leben. So wuchs ich bei der Großmutter in Park-De-Lux auf, sie erzählte mir von meinen ‚Wurzeln'."

Zum Leo, der gerade sein Fahrrad an einer Straßenlaterne befestigt hatte, seine Kletterseile und Karabinerhaken in seinen Rucksack verstaute und durch das Tor des mittlerweile stillgelegten und umfunktionierten Militärgeländes eintraf, meinte Monsieur Le Filou unvermittelt: „Bursche, du weißt nie, wohin du gehörst, dein Leben lang, wenn du nicht die Heimat deiner Eltern kennst. Und dann musst du dir eine eigene ‚Heimat' stricken, verstehst du?"

Leo verneinte durch Kopfschütteln und zeigte sein charmantes Lächeln.

Monsieur Le Filou erkannte, dass der junge Kommissar vermutlich nie seine Heimat verloren hatte und deshalb auch nicht nachvollziehen konnte, wie sich das anfühlte. So senkte er den Kopf, lächelte versöhnlich und wechselte das Thema.

Mit frischem Eifer klopfte er seinem Dienstkollegen Kommissar Theo auf den Rücken. „Ich habe eine Idee, wie wir die Kriminellen schnappen könnten."

Shalom und Cashmere kamen auf ihrem bunten Retro-Motorroller angesaust. Kommissar Theo staunte, war aber nicht erfreut. Entgeistert schaute er seine Töchter an.

„Dies ist ein gefährlicher Einsatz!"

„Ach Papa, deinen Cockerspaniel-Blick kann man wirklich nicht ernst nehmen. Das ist wahrscheinlich auch der Grund, warum du in den Ermittlungen so erfolglos bist." Mit erhobenem Kopf stolzierten sie an ihm vorbei.

„Wir wollen der Lynn helfen.", erklärten sie.

Ein weiteres Motorengeräusch näherte sich der Baracke. Es war Grete. Sie war in einen Blaumann gekleidet und hatte sich zum Schutz vor dem Regen ein übergroßes Stück Silagefolie übergeworfen. Sie kam auf einem völlig verdreckten Quad daher. Auf dem Fahrzeug hing zu einer Seite eine Kurbel, die mit Stacheldraht aufgewickelt war, und rechter Hand baumelte ein Hammer hin und her. Hinten war ein Behälter befestigt. Er war rot und füllte die Spannweite zwischen den Rädern aus. Von dem Quad ging ein blökendes Geräusch aus.

Cashmere und Shalom wurden neugierig. Sie rannten hinaus und betrachteten das schlafende Tier.

„Oh, wie entzückend!"

Vor ihnen, im Stroh, lag ein neugeborenes Kalb. Es war noch mit einer weißlichen schleimigen Schmiere bedeckt. Seine Gliedmaßen waren fest mit einem Seil verschnürt. Über seinem Bauch herum hatte man eine Bandage gewickelt. Das Tier schlief. Es roch nach Schnaps. Ist die Frau betrunken?, ging es den beiden durch den Kopf.

„Das Tier ist gerade mal eine Woche alt, bei der Geburt wird seine Nabelschnur in hochprozentigen Alkohol getunkt. Das ist eine Desinfektionsmethode. Selbstverständlich habe ich auch davon getrunken. Eine natürlichere Medizin gibt es nicht, meine Damen.", meinte Grete.

Die Zwillinge schauten auf. Sie verkniffen sich einen Kommentar. Stattdessen wandten sie sich dem Kalb zu, streichelten dessen Ohren und begannen wieder mit ihrem: „Oh, wie süß!"„Oh, wie knuddelig!"

Grete biss herzhaft in einen Apfel und baute sich mit glänzenden Augen vor ihnen auf. Mit vollem Mund murrte sie: „Däst ass net léif! Däst ass keng Popp fir mat ze spillen! Dat ass en Deíer! An et schiet iwwer mech wéi et gebuer gov. Et ässt a brällt de ganzen Dag. Dat as ´n Stierkälbchen. Dat bringt Geld für mich." [Eifeler Gutland-Dialekt für: „Das ist nicht süß! Das ist keine Puppe zum Spielen! Das ist ein Tier! Und es hat mich vollgeschissen bei der Geburt. Es frisst und brüllt den ganzen Tag. Von irgendwas muss der Mensch leben. Es ist ein Stierkälbchen und es bringt mir Geld, wenn ich es dort drüben beim Viehhändler verkaufe.“]

Sie stieg ab und dabei wurden ihre Gummistiefel sichtbar. Diese waren nicht nur voller Blutspritzer und mit Kuhmist verdreckt; sie waren auch jeweils im Bereich des großen Zehs aufgeschnitten.

Die Mädels glotzten.

Leo schämte sich in Grund und Boden.

„Wat glotzt ihr so? Die sind vom Sperrmüll. Zu schad für op de Müll! Und so han mei Hühneraugen Platz.“, erklärte Grete ungeniert.

Die Gesichter der Mädchen sprachen Bände.

Schulterzuckend und mit einer Hand in der Hüfte bemerkte Grete kühl: „Mädels, habt ihr denn schon eure Fingernägel geschnitten? Dieses Undercoverprojekt ist nix für Stöckelschuh-Girlies wie ihr!“

Ein altes Golf-Modell aus den 1980ern tuckerte herbei. Es hörte sich an, als würde das Auto jeden Moment stehen bleiben, weil das Benzin aufgebraucht war. Die Fahrerin trug zentimeterdicke Brillengläser und mühte sich sichtlich beim Einparken. Als sie es endlich schaffte, quietschte es dermaßen abartig, dass alle sich die Ohren zuhielten, weil sie so kräftig die Handbremse anzog.

Es war eines dieser Fahrzeuge, die oft über Monate unter einer Plane in einer alten Scheune zubrachten. Einmal in der Woche, zum Kirchgang oder zum Einkaufen, wurde das „gute Stück“ hervorgeholt und damit fuhren die Landsleute dann in die Stadt.

„Wat will die denn hier?“, bemerkte Grete beiläufig.

Das rostfreie Auto war so alt, es besaß noch das frühere Kennzeichen ohne dieses blaue EU-Zeichen und es gab noch eine Kurbel auf jeder Seite zum Öffnen der Fenster.

Aus einem der hinteren Fenster blickte ein zotteliger Hund. Der schien größer als die zierliche Frau zu sein, die gerade leicht gebeugt ausstieg. Der Vierbeiner legte sich brav hinten auf die dafür vorgesehene, ausgebreitete Strickdecke und wartete, nachdem er auf einer handtuchgroßen Grünfläche nebenan sein Geschäft erledigt hatte. Hinten auf der Hutablage lag ein selbst gehäkelter Toilettenrollenüberzug. Alles, was et Änni anhatte, war selbstverständlich selbst gestrickt oder selbst gehäkelt. Mit einer großen Tasche unter den Arm geklemmt und mit noch größeren, erwartungsvollen Froschaugen hinter dicken Brillengläsern tappte sie zum Treffpunkt.

„Wat hast du vor? He gibt es nix vom Büfett!“, schnauzte Grete sie von der Seite an.

Sofort wandelte sich Ännis vorfreudiger Blick in einen Lass-mich-trotzdem-Gesichtsausdruck und sie ging, die kalte Schulter zeigend, hinein. Als sie die Kiste mit den Eifeler Stubbi-Bierflaschen sichtete, erhellte sich ihr Gesichtsausdruck wieder.

Die beiden Frauen setzten sich auf Gemüsekisten zwischen die jungen Leute, die ihnen alle unbekannt waren. Ein kräftiger junger Mann schälte Pistaziennüsse und während die Schalen zu Boden rieselten, kaute er die Frucht. Weil et Änni schlecht hörte und in dem Moment auch ihre Brille nicht aufhatte, glaubte sie, sie sei von dem Mann angesprochen worden.

„Warum treffen wir uns eigentlich in dieser schäbigen Hütte?“, beschwerte sie sich laut, während sie sich an den anderen Gästen vorbeizwängte. Keiner verstand, was die gute Frau meinte, aber sie rückten zur Seite.

„Hier, Frau … äh … Hier können Sie sich setzen!“, meinte er, während er ihr einen Stuhl hinschob.

„Sehr aufmerksam, junger Mann“, krächzte et Änni in leicht gebeugter Haltung.

Und während sie sich mit ihrem Gehstock hindurchmanövrierte, erwiderte einer von den Zwillingen: „Ich bin eine Frau.“

Et Änni lächelte diese Irritation einfach beiseite und konnte plötzlich sehr gut erkennen, wo es wat umsonst gab. Nur, sie war kein Bierfreund.

„Aber wat soll’s.“

Ein wenig widerwillig beugte sie sich hinab und nahm zwei Flaschen. Eine davon bot sie dem jungen Unbekannten an, der neben ihr saß.

„Willst du auch?“

„Klar, aber immer!“, freute sich der junge Mann. Er schaute sich suchend um: „Flaschenöffner?“

Die zierliche alte Dame entriss ihm die Bierflasche.

„Kommen Sie her, Sie junges Stadtgemüse“, brummte sie mit einer plötzlich aufkeimenden Energie. Sie blühte auf einmal regelrecht auf. Mit einem verzückt-verlegenen Lächeln meinte sie: „Damals im Kindesalter war es uns Mädchen nicht erlaubt, Bier zu trinken, geschweige denn, eine Bierflasche in der Hand zu halten“, schwelgte sie in Erinnerungen. „Nicht wie heut mit denen jungen Mädercher!“, fügte sie noch mit Nachdruck hinzu.

Der Junge und die Zwillinge schauten zu ihr herüber. Sie fuhr fort.

„Ich fühle mich auf einmal in meine Jugend zurückversetzt, zwischen Ackerfeldern, Hühnerstall, Bohnenstangen und Kuhmelkschemel, als man nach dem Angelusläuten mit ein paar Leuten dicht beisammen auf 'n Trecker hockte, am Lenker saß der große Bruder Martin. Das mit dem Autofahren war net. Dat kam später. Und mit uns jungen Mädercher mit geflochtenen Zöpfen, mit den Schwestern und Cousinen im Gepäck, sind wir auf die Kirmes im Nachbardorf gefahren. Manche wollten saufen, andere fuhren hin, um andere Mädels kennenzulernen. Damals zog es die jungen Leut zueinander wie das Licht die Motten. Man nannte es ‚freien‘. Nun, die Mädels mochten immer schon tanzen; die Jungs, wie immer, nicht. Doch für eine Kiste Stubbis sind die Jungs dann doch mitgegangen.“

Ja, so war das damals, dachte Änni verträumt.

„Und als auf der Bühne eine mehrköpfige Band eigenhändig die beliebtesten Schlagerhits nachspielte, da gab es für uns Mädels kein Halten mehr. Natürlich mochten wir auch die Beatles und Co., aber auf ein Konzert zu gehen, das konnten wir uns nicht leisten. Et Mirtisch Grete und ech, wir waren damals hübsche Teenagermädels. Mit den anderen Mädels hauten wir selbst die schrägsten Typen vom Barhocker, um sie auf die Tanzfläche zu zerren und sie zu Gute-Laune-Klingeltönen, schwungvollen Movie-Star-Schlagerballaden und leichtfüßigen Foxtrottschritten zu nötigen.“ Sie grinste wie ein Honigkuchenpferd.

„Eine unbeschwerte Zeit war das damals, und das alles ohne Flaschenöffner!“ Sie grinste abermals in die Runde.

Mit diesem Gute-Laune-Erinnerungsgesicht führte die alte Dame geschickt beide Flaschen kopfüber gegeneinander, sodass sich ein Bierverschluss unter dem anderen einhakte, dann – sie biss leicht auf ihre Zunge, hielt sie gerollt im Mund, als sie die zwei Flaschen jeweils umgriff – zack – es war ähnlich wie beim Daumenschnippen – flog einer der goldschimmernden Kronkorken in hohem Bogen durch die Halle. Der andere plumpste auf ihre Füße. Sie lachte den jungen Mann an. Mit dem Wissen, dass nichts und niemand einem schönen Kindheitserinnerungen nehmen kann, sagte sie: „He up dem Land muss man sich zu helfen wissen."

Für den jungen Mann war es nur das Flaschenöffnen, für die Änni aber war es viel mehr.

Der Gehilfe des Le Filou gesellte sich hinzu und das Milchbubengesicht, gekleidet in eine undefinierbare Schaffner-Garde-Uniform mit Lederkreuz und glitzernder Kordelverzierung, ähnlich denen der Herzog-Gendarmen, stellte sich als Stefan vor. Grete meinte zu ihrer Bekannten: „Wo ist denn der Zinnsoldat auferstanden?" Die Damen kicherten vergnügt.

Monsieur Le Filou meldete sich kommandierend zu Wort. „Also, Männer! Die letzten Jahre waren hart für uns alle. Wir Gendarmen [zu Deutsch: Polizei] wollen uns einen gewissen Respekt zurückverdienen! Weisen wir eine Ganovengang in die Schranken!"

„Klingt aufregend, aber wie?", fragte Theo nach.

Monsieur Le Filou lachte. „Durch einen Clou der besonderen Art. Doch zunächst müssen wir wissen, mit wem wir es zu tun haben."

Sein Assistent räusperte sich, dann zählte er in einer monotonen Amtsstubensprache auf: „Da ist einmal der Bau- und Subunternehmer Relléu aus der Mosel, der ebenso in diverse Import- und Exportgeschäfte verwickelt sein soll. Zuletzt investierte er in irgend so einen Satelliten-Asteroiden-Schürfrechten-Handel. Klingt zukunftsweisend, doch er ist auch in der rechten Szene bekannt und handelt mit Waffen, insofern hat dieser Halunke einen bitteren Beigeschmack. – Dann wäre da der Tankstellen-Gangsterboss Jacco, auch unter dem Namen Mad-Face bekannt. Unter anderem unterhält er ein breites Netzwerk an Taschendieb-Banden, die in Ballungsgebiete oder Urlaubsregionen reisen, um dort Beute machen. Hier im Eifeler Gutland zieht er sich zurück. Auf einem sogenannten Kogge-Mühlenhof unterhält er zur Tarnung ein Kinderheim."

„So mancher Kirchendiener recycelt dort sein schlechtes Gewissen.“, warf Monsieur Le Filou missmutig ein. Dann hob er seinen Kopf und blickte in die Runde.

„Na, ihr wisst schon! Aber was noch schlimmer ist: Der hat meinen kleinen Halbbruder Ben auf dem Gewissen.“

Sein Assistent fuhr unbeirrt fort, wischte mal hin, dann wieder her, um schließlich den anderen vorzulesen, was er auf seiner Verdächtigenkartei in seinem Tablet gefunden hatte: „Ein weiterer Mann, dessen genaue Aufgabe und Identität wir bisher nicht ermitteln konnten, scheint nach etwas Ausschau zu halten. Er wurde im Bankenviertel der Stadt gesichtet, aber auch im Rotlichtmilieu. Er könnte auch ein Kirchenmann sein.“

Der Assistent mit den roten Haaren und korrekter Fliege blickte in die Runde. Mit den Sommersprossen auf seiner Nase wirkte er regelrecht verschmitzt. Als ein kollektives Lachen ausbrach, wirkte er jedoch verlegen.

Verstört schaute er auf, fuhr jedoch mit seinen Ausführungen fort.

„Das Gleiche gilt bei einem anderen, von dem wir annehmen, dass er über einen Langstreckenflug aus den Vereinigten Staaten eingereist ist. Wir wissen von Jagdausflügen mit Staatsgästen und wir wissen von … nun, sagen wir mal, gewissen Spieltrophäen!“

Eine Protokollantin unterbrach ihn mit dem Einwand, dass sie nicht verstand. Etwas ungehalten fiel er ihr nervös ins Wort und klopfte sich dabei auf die Oberschenkel, als er erklärend hinzufügte: „Ihr habt ja die Damen im Bananencontainer kennengelernt.“

Die Beteiligten nickten zustimmend.

„Es gibt außerdem noch eine Frau, die wir in der Nähe der Konsulate aufgespürt haben. Sie macht Fotos, aber von was und von wem, das wissen wir nicht. Ebenso wenig, ob sie was mit den soeben erwähnten Gangs zu tun hat. Oder ob sie auf eigene Faust recherchiert. All das bleibt weiterhin unklar!“Er blickte abwartend in die Runde.

„Als Nächstes ist zu betonen, sie sind gut organisiert. Teils streng hierarchisch, teils lose. Und manchmal heuern sie ‚freiberufliche Mitarbeiter‘ an. Mit anderen Worten: Killer! Die – und das ist zu beachten –

sind alle bewaffnet und sie scheuen nicht davor zurück, ihre Waffen auch einzusetzen."

Monsieur Le Filou richtete sich auf und forderte mit knappen Worten: „Konzentrieren wir uns auf einen Clanchef, dem würde ich gerne das Handwerk legen! Also: Wer dabei ist, hebe die Hand. Wem das zu riskant ist, dem danke ich für sein diskretes Schweigen hierüber, bitte ihn jedoch, jetzt zu gehen."

Grete zog ihre Augenbrauen zusammen und drückte somit ihre Skepsis aus. Et-Ännis Wangen röteten sich. Beide überlegten insgeheim, ob das Ganze nicht zu gefährlich sei. Andererseits wollten sie mit von der Partie sein und so stimmten alle diesem Unterfangen mit einem Kopfnicken zu.

Leo saß lässig, mit umgedrehter Rückenlehne, auf einem Stuhl, gegenüber den beiden älteren Damen. Auf einem Zahnstocher kauend, stellte er nun die Gretchenfrage: „Und wie wollen wir nun vorgehen?"

Le Filou tippte in sein Tablet. In wenigen Sekunden leuchteten auf einem schwarzen Display-Hintergrund in Blau der architektonische Grundriss eines Gebäudekomplexes auf. Er bat alle, sich dichter beisammenzustellen.

Leo rückte näher, kapierte als Erster.

Er schaute auf, blickte dann zu Shalom hinüber, die hinter vorgehaltener Hand leicht zu schmunzeln begann. Leo griff beherzt ein, schwieg aber, während er das Tablet drehte.

Der Inspektor und der junge Kommissar Leo schauten sich an. Ersterer zeigte einen leicht wütenden Gesichtsausdruck, vermutlich, weil er sich von einem Jüngeren wieder mal in Sachen Technik vorgeführt fühlte. Bei Letzterem formten sich spitzbübische Lachfältchen um die Augen, weil er erkannte, dass jene Grundrisszeichnung auf dem Kopf stand.

Im Hintergrund blökte es. Da das Rolltor offen stand, konnten sie alle beobachten, wie das Kalb aufzustehen versuchte, während es nach seiner Mutter rief und mit dem Schwänzchen wackelte. Die auswärtigen Leute schmunzelten.

Grete hingegen schnaubte wütend, stand auf und nahm eine Thermoskanne aus einem Blechkasten. Beherzt griff sie mit einer Hand die Schnauze des Kalbs, wobei sie zwei Finger in seine Nasenlöcher steckte. Sobald das Kalb sein Maul einen Spalt öffnete, schob ihm die resolute Bauersfrau mit der anderen Hand die Milchflasche ins Maul. Fest im Klammergriff, stieß das Neugeborene mit seinen bereits vollständig funktionsfähigen Beinchen wild umher und kam dabei auch gegen die Wandflächen, dann fasste es das Saugventil und nuckelte gierig. Während das Neugeborene strampelte und sich unbeholfen setzte, spritzten überall Milchtropfen. Grete wischte sich mit einer Armbewegung übers Gesicht und hinterließ ein dunkles Popel-Geschmiere. Das Tier beruhigte sich wieder und kauerte sich zum Schlaf hin.

Als Grete zurückkam und einen Blick auf das Tablet warf, fragte sie: „Interessantes Muster. Wozu ist das? Zum Nähen oder zum Stricken?"

Monsieur Le Filou schnaubte und rümpfte die Nase. Er empfand Genugtuung, weil er nicht der Einzige war, der sich tollpatschig anstellte. Besserwisserisch klärte er sie auf: „Madam, das ist der Grundriss eines Châteaus."

„Klar doch! Sie halten mich wohl für blöd, Inspektor, aber es war mein Neffe, der Ihnen gerade gezeigt hat, wie der Grundriss von Schloss Weiß zu Trevis zu deuten sei, oder?"

Kommissar Theo, der etwas abseits stand, hörte sich die ganze Angelegenheit zwar an, doch seine Körpersprache (sein Zeigefinger strich über seine Nase) zeigte, dass er dem Vorhaben eher kritisch gegenüberstand. Doch dann kam ihm anscheinend ein Geistesblitz, denn Hahnenfußfalten bildeten sich um seine Augen, als er freudig anregte: „Wir müssen sie in ein Scheingeschäft locken."

Grete wandte ein: „Also, jetzt dreht ihr ja vollkommen durch. Das klappt nie im Leben! Ich mache da nicht mit. Komm, Änni! Se Gendarmen sen well völlig übergeschnappt."

Et Änni folgte ihr mit ihrer Tasche unterm Arm, die auf einmal schwer und vollbeladen war. Es klirrte, als wären einige Flaschen darin. Grete musterte sie streng. Et Änni gab sich unschuldig und meinte: „Ech han jo nur eine kleine Rente, da muss ich gucken, wo ech wat hinzuverdienen kann."

Monsieur Le Filou war jetzt ganz in seinem Element. Freudig klopfte er seinem Amtskollegen auf den Rücken.

„Wir verstehen uns."

Dann reihte er der Reihe nach Schnapsgläschen auf, in der Anzahl der Gäste, und füllte sie mit einem guten Mosel-Park-De-Lux-Weinbrand.

Theo stand schweigend da. Den Schnaps lehnte er ab. Stattdessen bat er den Kollegen Inspekteur Monsieur Le Filou, seine zwei Töchter von dem Fall abzuziehen. Sie hätten keinerlei Erfahrung in polizeilichen Ermittlungen und es könnte zu gewaltsamen Auseinandersetzungen kommen.

„Ich bin für jede Art von Unterstützung dankbar. Ihr junger Kollege Leo wird sicherlich gern eine Blitzeinweisung machen. Nicht wahr?", sagte er, dem Leo auf die Schulter klopfend. „Ich bin mir sicher, der wird das schon managen!"

Leo fühlte sich überrumpelt, doch er war nicht abgeneigt. So begann er, mit den Zwillingen das Anschleichen zu üben, und gab ihnen den Rat: „Nie ohne Rückendeckung! Verstanden? Immer im Doppelpack handeln. So schützt ihr euch gegenseitig beim Einsatz."

Leo stellte außerhalb unter eine Laterne einige Halbmeterstücke Holz auf den Boden. So könnte er hier in dieser Baracke auch Schussübungen durchführen. Er stellte einige Blechdosen auf. Dann ging er zu Cashmere und zeigte ihr, wie man eine Pistole verwendete. Shalom wurde eifersüchtig: „He, schöner Mann, was ist mit mir? Was mache ich, wenn einer mit einem Stock kommt? Oder einer Mistgabel?"

Leo schmunzelte. Auf der Stirn seines markanten Gesichts zeigte sich ein Runzeln. „Die beste Verteidigung ist nicht der Angriff. Es sei denn, ihr meint, ein freundliches Lächeln sei eine Waffe.", betonte er. Alle lachten.

„Die beste Verteidigung sind Deeskalation, Empathie und Freundschaft. Aber es gibt Situationen, da muss sich der Mensch selbst schützen und sich unerschrocken zur Wehr setzen."

Leo machte eine kurze Verschnaufpause. Dann wurden die Damen im Schnelldurchgang mit einigen polizeilichen Ermittlungsstrategien vertraut gemacht sowie mit dem Vorgehen bei einer Festnahme. Dann zeigte Leo ihnen noch das sichere Halten und Tragen einer Feuerwaffe. Dazu eignete sich ideal der ehemalige Exerzitienplatz des französischen Militärs in Eifelstadt.

Le Filou reckte sich. Er besprach noch einige Details mit seinem Ermittlerteam. Er zeigte sich professionell und klärte auch bilateral Dinge mit den Gutland-Kommissaren. Es dauerte eine Weile, bis Theo dem Ganzen zustimmte. Immerhin würde dies die Chance erhöhen, zumindest einen der Gauner zur Strecke zu bringen. Er öffnete eine Weinflasche. Leo öffnete Bierflaschen. Sie stießen alle miteinander an, mit Baguette und Camembert und prosteten einander auf Französisch zu: „Très bien, très bien, et félicitations!"

Ein weiterer Assistent reichte nicht nur einen Eifeler Schnaps in die Runde, sondern auch einen vorzüglichen Moselwein. Er hielt sein Glas in die Höhe und gemeinsam stießen sie an. „Prost! Abgemacht, Männer und Mesdemoiselles! Auf ein gutes Gelingen!"

Kaum waren die Teilnehmer dieser Mission verschwunden, da perlte sich eine ungewöhnlich dicke Figur aus dem Hinterhalt und wurde im Lichteinfall des Vollmonds erkennbar. Zwischen dem Laubwerk eines knorrigen Baumes erschien ihr Gesicht unter der Haube, die sie trug, wie das eines Sensenmannes.

Sie faselte etwas auf Latein. „Memento mori." [Sinngemäße Übersetzung: „Bedenke, dass du vergänglich bist."]

„Carpe diem!" [„Nutze den Tag!"], hauchte sie im nächsten Moment. Ohne Pause fuhr sie mit ihrem E-Bike bis zur nächsten Bahnhaltestelle, um mit öffentlichen Fahrzeugen bis zum Sitz des Bischofs zu gelangen. Das elektrobetriebene Fahrrad nahm sie mit in den Bus. Schließlich, zwischen Laudesgebet und Konventglocke, parkte sie ihr E-Bike am großen Stein vor dem Dom zu Trevis. Schnaufend zwängte sie sich durch die Drehtür in den monumentalen Bau aus der Römerzeit. Hier war die Stadt, die als erste christliche Diözese des Abendlandes nördlich der Alpen galt. Sie eilte über die von Abertausenden Pilgerströmen flach geschliffenen Marmorböden, wo die heilige Reliquie, das Gewand Jesu, aufbewahrt wurde. Dort, im Dom zu Trevis, fand sie ihren Bruder, den Priester Gular, der, wie durch einen Nebengang zu sehen war, sich im angrenzenden, von Efeu überwachsenen Kreuzgang befand und anscheinend in ein Gespräch mit dem Bischof vertieft war.

Folglich hatte er ihr Kommen nicht bemerkt. Er begab sich einige Stufen hinauf in das kuppelartige Gewölbe im Westchor, das plastisch mit weißen Stuckarbeiten versehen war, die in einem beeindruckenden Blau die Verkündigung Marias durch einen hinabsteigenden Engel darstellten. Er verbarg sein Gesicht hinter gefalteten Händen und sie ahnte, was ihn bedrückte.

Sie ging zu ihm hin und flüsterte ihm leise ins Ohr: „Du gehörst nach Rom! Doch vorerst sehen wir zu, dass du Bischof wirst. Denk an die Ehre und an die Tradition unserer Familie."

Sie beugte sich zu ihm hinunter und fügte nun streng und mit mahnender Miene an: „Wenn dir deine Karriere wichtig ist, dann halte dich von deinem ‚Hobby' fern!"

Er blickte sie schockiert an. Sein Gesicht war kreidebleich. Nicht nur weil der Bischof gerade hereinkam, sondern weil er in diesem Augenblick nicht mit der Nonne, seiner Schwester, gerechnet hatte.

Er zwitscherte was von „Falle" und dass seine Liebe Lynn darin verwickelt sei.

„Es wäre besser für den Ruf unserer Familie, wenn du gewissen Leuten fernbleiben würdest! Verstanden?", wiederholte sie mit Nachdruck. Sie schob ihm eine kleine Schachtel zu. „Um Nachschub brauchst du dich nicht zu kümmern."

Ohne zu antworten, stand er auf und ging weg.

Sie stand ebenfalls auf und ging durch den Kreuzgang, um hinüber zur Liebfrauenkirche zu gelangen, dem Bereich, der für die Frauen gedacht war. Im kahlen Arkadengang stieß sie unweigerlich – oder vielleicht doch beabsichtigt? – mit dem in ein purpurrotes Gewand gekleideten und im Gebet versunkenen Alterzbischof zusammen. Er hatte sie kommen sehen und wollte sie ignorieren, doch sie zupfte an seinen Gewändern und flüsterte ihm ins Ohr: „Ich könnte Ihnen einen hochwertigen Schatz anbieten. Einen mit Gold und Edelsteinen. Damit wären Sie alle Ihre finanziellen Sorgen los."

Sein Blick war hocherfreut. Aber als sie ihre Forderungen stellte, blieb er mit ausdrucksloser Miene stehen. „Sorgen Sie dafür, dass mein Bruder Gular zum Bischof geweiht wird.", forderte sie.

Der Erzbischof nickte lediglich und ging weiter.

Grete und et Änni hatten die dicke Nonne erkannt und verfolgten sie bis in den Trevis-Dom. Nun erhoben sie sich von der Kirchenbank. Grete, rigoros, verlor keine Zeit. Sie eilte zur Nonne und schlug ihr mit dem Gebetbuch auf den Kopf. Die Nonne fiel hin und Grete bekreuzigte sich.

„So, du olles Schwarzbrot. Dat hast de davon, wenn du dein Nas in Dinge steckst, die nicht ehrlich sind."

Sie hakte sich bei ihrer Freundin Änni von der Post unter, die sprachlos und mit offenem Mund grinste, und zog sie mit sich hinaus.

„Und jetzt nehmen wir uns die Madam vor!"

## Kapitel 11
## Metamorphose

Im Wonnemonat Mai kann es schon mal Bodenfrost geben, das ist jedem Gärtner bekannt. Hierzulande bezeichnen die Bewohner solche Tage als „Eisheilige“. In dieser Vollmondnacht aber geschah etwas Ungewöhnliches. Eine dunkle Gestalt lag auf der Lauer. Per Sprechfunk war sie mit den anderen in Verbindung.

Sie schaute auf die Uhr. Es tat sich nichts. Sie wurde ungeduldig.

„Warum habe ich mich hierzu breitschlagen lassen? Hoffentlich weiß die Lynn das zu schätzen. Wir bibbern hier in der Kälte!“

Am anderen Ende der Leitung kam ein warnendes „Pscht!“.

Ohne Vorwarnung setzte plötzlich Regen ein.

„Von hier oben habe ich eine gute Sicht“, wisperte es in Cashmeres schnurlosen Ohrhörern.

„Diese Autobahn verbindet nicht nur die zwei Länder Gutland und Park-de-Lux miteinander, sondern bei gutem Wetter siehst du links in südlicher Richtung die dampfenden Atomkraftwerke von Cattenom in Frankreich. Jetzt, wo es dunkel ist, sind sie nicht zu sehen. Und es regnet. Aber wenn man diese Route weiter nördlich fahren würde, kommt das Land von Asterix und Obelix und den Schlümpfen: Belgien. Dort gibt es die köstlichsten Waffeln mit Schoko-Zimt-Sahne, einfach lecker! Und weiter nördlich ist schon Holland mit seiner Nordseeküste. So, und warum bin ich mitten in der Nacht aufgestanden und habe diese schweren Schneedinger hinaufbugsiert? Um hier in der Kälte zu stehen und zu warten?!“

Shalom bibberte und rieb sich die Hände, um sich irgendwie warm zu halten. Dann hüpfte sie auf und ab.

Die andere flüsterte zurück: „Oh, Schwesterchen, du kannst aber auch nerven. Gerade jetzt, wo du erwischt werden könntest, solltest du nicht so viel quatschen, Schwesterherz! … Also, zum hundertsten Mal, meine liebe Schwester: Hier verläuft seit einigen Jahrhunderten – auch heute noch – eine gute Transitstrecke für jeglichen Handel aller Art. Unsere

Aufgabe ist es, zu beobachten und Beweise zu sammeln, dann sollen wir Meldung geben! Verstanden? … Im Laufe der Nacht werden einige Lkw-Ladungen kommen, die illegale Produkte enthalten, und weil das Ermittlerteam vermutet, hier eine Lieferkette von Jaccos Clanbande zu finden, sollst du die Verfolgung aufnehmen und herausfinden, wo sich das Lager oder der Treffpunkt befindet. Klar? Hast du die Kamera? Wir brauchen Beweisfotos …"

„Aye, aye, Chef! Habe verstanden! Bin auf Position! Over!"

Ein zweites „Over!" ging durch ein lautes Quietschen unter. Shalom ging näher zur Anhöhe und nahm ihr Fernglas in die Hand. Es folgte ein Aufprall mit noch mehr Gequietsche, bei dem noch mehr Glas scheppernd zu Bruch ging. Wegen überfrierender Nässe hatten viele Autos eine Rutschpartie hingelegt. Weitere Autos schlidderten, Busse schunkelten und so mancher, der mit einem Wohnanhänger unterwegs war, musste auf dem Rastplatz eine Pause einlegen.

Dass dieses Phänomen durch den Einsatz gleich mehrerer Schneekanonen künstlich erzeugt wurde, ahnte niemand. Geschickt von der Dunkelheit abgeschirmt, waren die klobigen Geräte per Handkarre hinaufgeschafft und in einer Reihe auf einem Bergkamm platziert worden. Es dauerte nicht lange, da kam es zu weiteren Unfällen.

Auf der Autobahn, kurz nach Mitternacht, krachten gleich zwei Fahrzeuge ineinander. Eines überschlug sich und landete im Graben. Eine Karawane von Vierzigtonnern fuhr ebenfalls auf dieser Autobahn und auf die waren sie aus. Denn sie sollten „Nachschub" liefern.

„Zielobjekt gesichtet! Schwarze Lkws, drei Stück steuern Lux-City an", kam es von Cashmere und Shalom antwortete: „Habe verstanden! Mein Einsatz! Ende!"

Einer der Lastkraftwagenfahrer sichtete diese Situation von Weitem, und das veranlasste ihn, mächtig in die Bremspedale zu treten. Es quietschte und rasselte. Und da ein Lkw über drei Bremsmethoden verfügt – die klassische Bremsscheibenbremse, eine Luft-Hydraulik-Bremse sowie ein Auflaufbremssystem, sowohl für die Zugmaschine als auch für den

Anhänger –, setzte sein gewiefter Fahrer alle diese Möglichkeiten ein, um in allerletzter Sekunde hinter seinem Vordermann zum Stehen zu kommen. Mit hauchdünnem Abstand, gerade mal einen Fingerbreit, blieb der dicke Brummi vor dem Unfallgeschehen stehen. Doch aus einem inszenierten Grund fing der Unfallwagen Feuer und drohte zu explodieren.

Sich ihrer Bürgerpflicht bewusst, setzte Shalom einen Notruf ab. Doch dann kletterte sie den Hang hinab und tat so, als ob sie Hilfe bräuchte.

„Hilfe! Hilfe!"

Der Fahrer eines Lkws stieg aus und mithilfe seiner Taschenlampe machte er sich auf, um nachzusehen.

Shalom spielte ihre Rolle perfekt. In hohen Pumps und wie eine Diva kokett mit den Hüften wackelnd stolzierte sie dem Fahrer entgegen.

„Schnell, schnell!", rief sie. „Haben Sie einen Feuerlöscher? Da ist nicht nur eine Person drin, sondern auch wichtige Dokumente in einem Koffer."

„Jo, moin?!", stammelte der kräftige Muskelprotz mit winzig blauen Knopfaugen, die aus seinem fleischigen Gesicht hervorlugten. Er näherte sich dem brennenden Fahrzeug und beugte sich vor, um ins Innere zu sehen.

In dem Moment schlug Shalom den Mann mit einem gerollten Modemagazin von hinten k. o.

Sie entriss ihm die Schlüssel und schlich sich im Dunkeln zur Lkw-Beifahrertür. Flink und leise wie eine schwarze Schlange schlängelte sie sich auf den Fahrersitz. „Bin drin!"

„Sieh zu, dass du in die Gänge kommst, Schwesterchen!"

„Jo, sobald ich das mit der Technik kapiert habe." Sie hatte ihren Satz kaum zu Ende gesprochen, da setzte sich das Fahrzeug in Bewegung. Es juckelte und hoppelte, aber dann ging es mit Vollgas ab, zumal Streufahrzeuge im Einsatz waren. Shalom grinste stolz über beide Ohren. Und der schwarze Lkw verschwand in der Dunkelheit der Nacht Richtung Lux-City.

Oben angekommen, wurde viel aufgetürmtes Heu, auch Heuschober genannt, als Futter für das Vieh bereitgestellt, was die Herkunft der Bezeichnung „Schober-Messe" erklären dürfte. Die Tiere und seine Züchter versammelten sich. Manche Tiere wurden an den Hörnern gepackt und auf eine aus Holz gezimmerte Bühne gezerrt. Die überdachte Bühne war rustikal mit Ähren geschmückt und mit Stroh ausgelegt.

Nach und nach trafen die Teilnehmer eines Wettbewerbs ein. Einer zeigte beim Einzug seine Muskeln. Dieser durchtrainierte Mann hieß Thomas. Er trug viel Gold am Ohr und einen Wikingerbart, der bis zum Bauchnabel reichte. Ein anderer brüllte und schnaufte wie ein Stier und wütete mit roten Augen. Er trug ausgestopfte Hörner auf dem Kopf. Der Dritte wirkte wie ein Dreikampfathlet. Dieser zurrte am Lederriemen und stellte seinen nackten Oberkörper mit tätowierten „Medaillen" zur Schau. Allen gemein war der Wille zum Sieg. Ein Geist aus Wut und Kampf pochte in den Gliedern.

Dann ging es zur Sache. Unter lautem Anfeuern der Zuschauer schoren die Jungs ein Schaf nach dem anderen. So mancher Fuß war alsbald von Tierwolle bedeckt. Im Nullkommanix war ein Tier vollkommen nackt geschoren. Aus dieser Wolle wurde ein Garn gesponnen und daraus wurden – und werden immer noch – Stoffe gewebt.

Neben dem freien Handel mit Vieh und Wolle wurde so allerlei angeboten. So kamen auch die schwarzen Lkws durch die Stadt und brachten Haschisch und Zigaretten unter die Leute, wie Shalom feststellte, als sie sich hinter einem Auto einreihte, um kurz darauf auf einen Hof in der Nähe einer aufgegebenen Porzellanfabrik zu gelangen. Shalom funkte diese Information an die Ermittler und knipste ein paar Fotos, dann mischte sie sich unter das Volksfest. Dabei machte sie diverse Beobachtungen. So fanden sich neben den Händlern auch Unterhaltungskünstler ein. Diese feilschten um Drogen oder Amphetamine, von Jacco persönlich. Bingo! Shalom hatte etwas! Schnell Fotos machen, denn hier ging es zu wie im Taubenschlag, und das gleich kistenweise.

Einige Abnehmer kamen aus jener „Special Steam Society", einer Gesellschaft, die sich eigentlich industriellen Gründungen widmete, die von Wasserdampf angetrieben wurden und altes Handwerk nachstellten, um es den Gästen und Kindern zu demonstrieren. Drum war auch Tante Grete mit ihrem Hula-Hoop-Reifen-Kleid und ihrem selbst gemachten Stand vertreten. Kerzen, Pralinen, Liköre und noch mehr – alles Eigenproduktion. Shalom befürchtete, Grete könnte auch ein Junkie sein.

„Nein, so eine alte Frau bringt man nicht mit Drogen in Verbindung. Oder wäre das nicht die beste Tarnung?"

„Tsch! Tsch!", meldeten die Ohrhörer.

„Und diese Freundin Änni, diese Stricktante, die ist auch da!" Shalom staunte. „Wie niedlich! Sie hat sich die Verkaufsbude mit regenbogenfarbenen Kuchenfenstern gestrickt und sie mit Häkeldeckchen, Teekanne, English Tea und selbst gestrickten Cones und Butterbiskuits bestückt."

„Sei endlich still, du Quasseltante!", wurde sie von ihrer Schwester ermahnt, die am anderen Ende mithörte. Eine dampfende Lokomotive fuhr durch die Straßen der City und nahm Kinder auf eine besondere „Zeitreise" mit.

Mit Pauken und Trompeten flog Leo gleich in der ersten Runde raus. Eines dieser Schafe gab ihm einen heftigen Hörnerstoß, der ihn von der Bühne katapultierte, und so kullerte er unter Beifall klatschenden und lachenden Zuschauern in einen der baumhohen Heuschober. Aber dieser amüsante Rauswurf war gewollt. So traf er auf einen dieser Neukriminellen, diesen polizeilich bekannten Junggangster, der des Weges kam und den er trotz Kostümverkleidung sofort erkannte: Raufbold Rasko!

„Sein Führungszeugnis dürfte eine Länge bis nach Peru haben", kommentierte Shalom.

Auch Theo war vor Ort, beobachtete das Geschehen mit Fernglas und sah, wie dieser hagere, hochgewachsene Mann im langen, schwarzen Ledermantel mit seinem Gefolge an Leo, dem Hammelwollscherer, vorbeizog.

„Immer noch die gleiche selbstgefällige Fratze, dasselbe weiße T-Shirt darunter, das Goldkettchen mit Kreuzanhänger wie damals, als er mit einer Jugendbande in Dortmund Geldautomaten in die Luft gesprengt hat“, flüsterte Theo ins Headset, wo am anderen Ende der Inspekteur Le Filou mithörte.

„Hier in Park-de-Lux“, so der Inspekteur, „war dieser Halunke bislang noch nicht aufgetaucht.“

„Der ist ein cleverer Bursche. Er hat es immer geschafft, Dumme für sich zu gewinnen, die für ihn die Drecksarbeit gemacht haben. So konnte ihm nie was nachgewiesen werden.“

Sie mussten das Gespräch abrupt beenden, da der Observierte ihm zu nahe kam. Theo konnte sein Aftershave riechen, als dieser an ihm vorbeistolzierte, teils als englischer Lord mit Zylinderhut der 1920er-Jahre, teils als lässiger Pirat-Ritter in Schwarz und Jeans.

Der mysteriöse Typ blieb mit einem platinfarben schimmernden Handy am Ohr bei jener Hammel'schen Präsentation stehen und quatschte auffallend lässig laut. Doch dann verstummte er, packte das Ding weg, und wenn man ihn nicht kennen würde, hielte man ihn für einen Gentlemen, weil er mit einer für ihn ungewohnten Art und Weise dem hinausgepolterten Leo aufhelfen wollte.

„Hoppla, wen haben wir denn da?“

Zwei Augenpaare trafen sich. Bei diesem Blick war jedem klar: Hier trafen zwei Persönlichkeiten aufeinander.

Und zwischen ihnen: das Gesetz.

Wut und Lust auf einen Zweikampf kam auf. Leo erkannte den Motorradgang-Leader Rasko sofort, obwohl sie sich noch nie persönlich begegnet waren.

Rasko erkannte Leo aus den gleichen Gründen. In diesem nur wenige Minuten andauernden Augenduell ging es gar nicht um Drogen oder andere kriminelle Machenschaften. Es ging um die Frau, die den Gauner begleitete. Sie war in ein samtblaues Kleid des kolonialen Imperialismus gekleidet, die Haare den damaligen Hochsteckfrisuren angepasst. Ganz gemäß dem Stil hatte sie elegant eine Hand in Raskos Armbeuge gelegt. Die Besucher waren allesamt verkleidet, und die drei spielten ihre Rollen besonders hervorragend.

Doch beim Leo zuckte was im Inneren. Aber auch sein Gegner war im Bilde. Leo sorgte sich um Lynn, die auf ihn unnahbar wirkte. Ihre Augen zuckten ein wenig, als würde sie in Leo den Feldburschen von damals erkennen, der sie auf dem Trecker zum Kirschenessen mitgenommen hatte. Vielleicht irrte er sich aber auch? Er war sich nicht sicher. Unwillkürlich zuckten seine Augenlider. Sein Herz pochte. Sein Hals wurde trocken. Was sollte er tun, um sie aus diesen Machenschaften zu befreien?

Sie blieb seltsam stumm. Sie verhielt sich eher abweisend, und dennoch, im Ausdruck ihrer Augen lag eine Bitte, die sich bald in ein Flehen wandelte.

Leo schaute ihr direkt in die Augen, als wolle er ihr versichern, sie könne ihm vertrauen, sie könne sich auf ihn verlassen. Wie damals. Aber er sagte nichts. Leo war nicht fähig, auch nur einen Ton herauszubekommen. Denn vielleicht hatte er sie in der Hand? Erpressung war in diesen Kreisen eine bekannte Foltermethode. Er blickte sie an, genau wie damals. Er schaute wieder weg. Er fühlte sich schrecklich feige.

Er schaute sie wieder direkt an, mit einem Blick, der sagte: „Ich meine auch das, was ich sage."

Rasko lachte laut auf, siegessicher. Seine langen Wimpern flackerten und an seinem Hals zeichneten sich die Sehnen ab. Zwei Männer mit markanten Wangen inmitten ihrer männlichen Blüte standen sich gegenüber, willensstark, bereit für den Wettkampf, bereit für ein Duell. All dies zeigte sich unverhohlen in ihrem Gesichtsausdruck.

Der junge Kommissar hätte dem Gauner am liebsten eins aufs Maul gehauen, sich die Lynn geschnappt, um mit ihr abzuhauen. Doch das war jetzt zu früh. Er könnte seine Kollegen in Hörweite alarmieren, doch weswegen? Also musste er vorerst die Füße still halten. Während Leo sich wieder aufrichtete, zwinkerte er Lynn ein „Okay, vertrau mir" zu, wischte sich ein paar Strohhalme von der Brust und nutzte den lauten, tosenden Zuschauerjubel, um unterzutauchen.

Das Geschrei und die Aufmerksamkeit galten nun dem „Hammel'schen Ereignis", denn in diesem Augenblick kam der Wettbewerb in die entscheidende Phase. Es waren nur noch zwei Schafscherer übrig und einer von ihnen war Thomas.

„Was für ein Bursche!", schwärmten die Zuschauer. Die jubelnde Menschenmenge feuerte ihren Favoriten an.

Der Kommissar Theo observierte das Geschehen aus dem Hintergrund, seine Hände gewohnheitsliebend nach einer Zigarette suchend, doch dann besann er sich und fuhr sich nachdenklich übers Gesicht.

Leo machte sich bereit für seine nächste Mission: Der Kommissar, der nun einen rostfarbenen Nadelstreifenanzug trug, mischte sich unter das Volk. Sein weißes Hemd mit gestärktem Stehkragen kratzte, darum reckte er seinen Hals. Seine in Karo-Tweed gefertigte Baskenmütze war zu groß, sie fiel ihm ständig ins Gesicht. Mit diesem altmodischen Anzug wirkte er einerseits lässig-charmant auf Frauen; bei anderen rief er mit dieser Erscheinung hingegen ein flaches Grinsen hervor. Leos Haare waren jetzt gerstenblond, kurz geschnitten und streng nach hinten gekämmt. Mit dem Rücken an eine Mauer gelehnt, seine Mütze tief ins Gesicht gezogen, beobachtete er das Treiben auf dem Jahrmarkt.

Ziel war es, Kontakt zu einem geheimnisvollen, delikaten Kartenklub herzustellen, zu der auch Jacco gehören sollte und wo es um hohe Geldsummen ging. So ging er auf die gegenüberliegende Straßenseite und bog links ab. Dort sollte er einen Five-Point-Club ausfindig machen, von dem Insider schwärmten und zu dem nur geladene Gäste Zutritt hatten, so lautete seine Info von Inspekteur Monsieur Le Filou. Die Zigaretten rauchende Dame unter der Laterne, die ihre Haut zimtfarben schimmern ließ, war seine Eintrittskarte. Sie war bekannt als „Schleuse“. Sie, so der Park-De-Lux-Kollege, stehe vor einem Partyzelt, aus dem laute Popmusik dröhnte. Er fing an, mit ihr zu flirten. Dann ging Leo hinein, setzte sich an einen Tisch mit edlem Tischtuch und wartete.

„Trage eine Rolex-Uhr und setze große Summen!“, meinte sein Kollege.

Also bestellte Leo in lässig-cooler Manier beim Kellner einen Scotch Martini und gab ihm ein Zeichen, er solle den „Damen“, darunter auch die „Schleuse“, ein Getränk ihrer Wahl bringen. Als die Getränke kamen, zahlte er auffällig mit großen Scheinen und stellte die Frage, die als Geheimcode verstanden werden sollte.

„Wann kommt die ‚Lieferung‘ für den Roten Verein?“

Die zimtfarbene „Schleuse“ stand direkt hinter dem Kellner. Sie nickte einem pockennarbigen Mann zu. Und in der Tat: Der Plan schien zu funktionieren. Sie stolzierte geradewegs auf ihn zu, ihre Hand an der Hüfte und mit verlockendem Dekolleté. Sich ihrer Reize bewusst, führte sie einen mit künstlichen Wimpern verlängerten Augenaufschlag aus, der ihm unter anderen Umständen den Atem geraubt hätte. Leo erkannte und fand schon immer Gefallen an Frauen mit Stil, nur war die außerhalb seiner Liga. Dennoch folgte er ihr.

Sie gingen in ein dunkles Lokal, in dem es eng war und das muffig roch. Ein Aufzug brachte sie in einen tiefen Keller. Die beiden folgten einem schwach beleuchteten Tunnelgang aus gelbem Sandstein. Leo wurde wieder einmal bewusst, dass Lux-City unter anderem aus einem unterirdischen Labyrinth bestand, dessen vielerlei Türme wie die herausragenden Edelsteine einer riesigen Krone glitzerten.

Wieder draußen, stolzierte sie geradewegs auf einen halb offenen Pavillon aus Glas zu und setzte sich an die Bar. Ein reiferer Herr alter Schule im Jackett mit Melone und Halbglatze mit goldener Taschenuhr war angetan von der Dame, die immerzu wusste, wie sie sich und ihre Attribute einem potenziellen Kunden darzubieten hatte. Nun, dieser ältere Herr, er war ein wenig gesetzt und unbeholfen, doch er schien kultiviert, besaß Manieren, denn bevor er sich setzte, fragte er, ob der Hocker neben ihr noch frei wäre.

Weitere Herren mit Rolex-Uhren gesellten sich dazu. Hinzu kamen jetzt auch noch Damen mit Afrofrisuren. Eine dieser Damen verlangte nach Feuer, um sich eine Zigarre anzuzünden, obwohl Rauchverbot bestand, als das Gemurmel plötzlich verstummte.

„Jacco alias Mad-Face, der Clanchef höchstpersönlich", flüsterte Leo in sein kleines Mikro mit Kamera, das an seinem Revers befestigt war.

Wohl in Vorfreude eines gewinnträchtigen Abends grinste der Clanchef süffisant und gesellte sich zu einem der Stehtische, wo ihm sogleich ein beflissener Kellner sein Getränk servierte.

Leo rückte näher heran, da wurde er von einer Dame angerempelt. Sie trug einen figurbetonten, samtartigen Mantel in einem dunklen Blau, der etwa auf Brusthöhe mit knallbunten Stickereien verziert war. Unterhalb einem wuchtigen Hut, auch in einem tiefen Blau, lugten einzelne Strähnen von goldrotem Haar hervor. Niemand nahm an, von solch einer reizenden Schönheit ausgeraubt zu werden, doch ehe der reife Mann sichs versah, hatte sie seine Brieftasche entwendet.

Als Polizist kannte Leo diese Tricks, aber er wägte ab. Er könnte sie jetzt festnehmen, doch hier stand mehr auf dem Spiel! Er fühlte sich auf Mission, so wendete er sich blitzschnell, als sich ihre flinken Finger an seinem Jackett zu schaffen machten.

„Mist, so was ist mir noch nie passiert!“, fluchte und schimpfte sie. Als er die Stimme erkannte, zuckte es wieder in seinem Inneren.

Lynn? Es ist tatsächlich Lynn?! Mist! So war das nicht geplant gewesen, dachte er. Schon wieder musste er improvisieren. Ob sie ihn auch erkannt hatte, wusste er nicht. Schnell verdeckte er sein Gesicht mit seiner Hand. Kühl wandte sie sich ab und ging weiter.

Er folgte ihr und kombinierte: Rasko und der Jacco kannten sich und machten gemeinsame Sache … oder machte sie das im Alleingang? Wütend ballte er die Faust. „Freundchen, eines Tages kriege ich das raus!“

Einerseits wollte er sie zur Rede stellen; andererseits hätte er ihr gerne gesagt, wie toll sie aussah. Sodann würde aber auch seine Tarnung auffliegen – und dann? Als er sich umsah, war sie im Dunkel verschwunden.

Er setzte sich, nahm einen Karamellbonbon aus seiner Tasche, pulte das Papier ab und steckte den Bonbon in seinen Mund, während er mit wachsamen Augen die Umgebung inspizierte.

Vor dem gläsernen Pavillon lag ein roter Teppich. Zwei dekorative Feuerfackeln, die von zwei Bediensteten bewacht wurden, boten Extravaganz. Im Salon befand sich eine Bar und davor standen fest montierte Hochstühle mit Rückenlehnen in Weiß und Messinggold. Etwa in der Mitte des Salons stand ein wuchtiger Tisch, an dem die Männer, die er eben beobachtet hatte, nun ihre Plätze einnahmen. Sie begannen ihr Startkapital gegen Chips zu tauschen, wobei der Oberkellner dankend ablehnte mit den Worten: „Das ist ein Gentleman-Game. Hier wird auf Vertrauensbasis gespielt. Die Bank streckt vor.“

Das entlockte den Teilnehmern ein entspanntes Lächeln und sie rückten ihre Stühle zurecht.

Der Raum war etwa bis auf Kniehöhe mit Mahagoniholz vertäfelt. Diverse Palmenarten verschiedener Größe vermittelten ein südländisches Ambiente und eine wuchtige, tief herabragende Tiffanylampe leuchtete die Mitte aus. Ein Hauch von Empire wehte durch Raum und Zeit und Zigarettenrauch folgte den floralen, geschwungenen Linien. Bis sich auf einmal zwei gläserne Türen schlossen und dieser „Wintergarten“ sich in Bewegung setzte.

Sie befanden sich nämlich in einem Zugwaggon. Diese Trambahn war erst kürzlich fertiggestellt und eröffnet worden. Das viele Glas und Chrom glänzten und Straßenlichter reflektierten das Messing.Eine der Damen servierte feierlich Sekt zum Empfang. Die vorderen Waggons waren von Passagieren auf Jungfernfahrt besetzt.

Während Leos rechtes Auge vor Nervosität zu zucken begann, fand er sich plötzlich in einer äußerst delikaten Runde wieder.

Mit von der Partie waren Herr Relléu und zwei weitere Herren, deren Identität er nicht kannte, doch dieser Geschäftsmann, der auch ein Messe-Weinhändler war, handelte mit allem, was so handelbar war. Die Herren blitzten geradezu mit ihren teuren Rolex-Uhren und Manschettenknöpfen. Man servierte Datteln und Tee, woraus Leo schloss, dass diese Fremden womöglich aus Arabien stammten. Aber Pokern? Leo hatte noch nie beim Pokern gewonnen. Genauer gesagt, er hatte es noch nie gespielt. Seine Knie zitterten und er dachte bei sich: „Was man nicht alles für die Gerechtigkeit tut!“

Dann rief er laut: „Salute!“, und trank seinen Scotch, der herumgereicht wurde. Nein, er trank ihn nicht wirklich. Er wollte solch ein Vorhaben nicht durch Trunkenheit gefährden. Aber um den Schein zu wahren, stieß er an, setzte das Glas zum Trinken an, und als niemand hinsah, goss er die alkoholische Flüssigkeit zu der künstlichen Stechpalme, die neben ihm stand.

Sein Auftrag war es auch, den Clanchef irgendwie nach Trevis auf Schloss Weiß zu locken. Dort sollte in Kürze ein Casinospiel mit Börsenwetten eröffnen. So fasste er sein gezinktes Pokerdeck und steckte sich einige vorbereitete Kartenstraßen in eine seitlich präparierte Westentasche unter seinem Jackett. Er ließ seinen Hut absichtlich ins Gesicht fallen und dachte an diverse Kartentricks, die er mal als Jugendlicher in einer Zauberschule gelernt hatte, damals beim Herrn Winkelhau im Haus der Jugend in Eifelburg. Leo lächelte in sich hinein, bestellte sich einen Kurzen und rief „Brust"; als die Kellnerin einen anderen, verblüfft dreinschauenden Herrn ebenfalls bedachte, rief Leo abermals: „Brust! Zum Wohl!", und alle Herren kippten sich Feuerwasser in den Rachen. Leo fühlte sich immer selbstsicherer und setzte sein Spitzbuben-Charme-Lächeln auf. Er holte tief Luft, schloss die Augen und sagte im Stillen zu sich: Ich werde das schaffen! Dieser Untercovereinsatz ist so auregend, dachte er und grinste in die Runde, man fühlt sich nie lebendiger als in dem Moment, in dem man glaubt, es womöglich bald nicht mehr zu sein. Und obwohl er sich selbstsicher gab, war er innerlich mächtig aufgeregt. In dieser skrupellosen Runde, in der jeder einen Schallschutzrevolver bei sich trug, da durfte nichts schiefgehen.

Ein Herr mit einer Krawatte, die mit einer silbern glänzenden Nadel geschmückt war, die sicherlich mehr gekostet hatte als sein gesamtes Jahresgehalt, saß da, seine ineinander verschränkten Finger bildeten einen Pfeil, der wie ein Keil zwischen ihm und Leo stand und Ablehnung signalisierte. So wurde Leo wieder einmal bewusst, was er in der Polizeiausbildung gelernt hatte, nämlich die Deutung von Körpersprache. Trotz dieses Wissens beruhigten sich seine Nerven kaum. Er rülpste, rieb sich mit den Fingern die Nase, als eine Glocke ertönte und alle verstummten. Das muss jetzt funktionieren!, sagte Leo sich, als plötzlich ein pitbullähnlicher Typ erschien. Der wechselte ein paar Worte mit dem Gangsterboss und setzte sich dann dicht hinter Leo, sodass er ihm in die Karten schauen konnte.

Jacco alias Mad-Face setzte sich an den Spieltisch, ihm gegenüber. Seine Extravaganz hatte übermäßig viel Männerparfüm aufgetragen, blumig mit einem Hauch Honig. Dieser süßliche Duft wurde mit etwas Herbem ergänzt, das dominant roch. Vielleicht ist das beabsichtigt?, dachte Leo.

Jacco trug ein Oberteil im Leopardenlook, passend zu seinem auffallenden Jaguar-Tattoo, das unter dem Neonlicht besonders hervorstach. Oder war es eher das gefärbte blonde Haar und sein exakt gepflegter Backenbart? Etwa in der Mitte unter dem Kinn besaß er ein Ziegenbärtchen und zusammen mit den nach oben geschwungenen Augenbrauen verlieh er ihm etwas Teuflisches.

Leo gab sich große Mühe, seine Aufregung zu unterdrücken. Sein normalerweise jugendlich aussehendes Gesicht zuckte und bekam granatapfelrote Flecken, als der Gangsterboss auf einem der in Samtrot bezogenen Stühle Platz nahm. Er bekam einen Schweißausbruch. Bewusst atmete er tief ein und ganz langsam wieder aus, bis er sich wieder unter Kontrolle hatte.

Das Neonlicht wurde zu einer dezenten punktierten Deckenbeleuchtung heruntergedimmt. Leo fühlte sich wie in einem Gruselkabinett. Einer schüttete etwas auf einen Glastisch. Ein weiterer Gast, der ganz in Schwarz gekleidet war, trug eine dunkle Venedig-Maske. Er zog sich gerade das Kokain durch die Nase, als sich ein Bote näherte. Dieser flüsterte Mad-Face etwas ins Ohr, woraufhin dieser äußerst verärgert aufbrummte. Dann flüsterte der Jacco seinem Boten etwas zu, Leo konnte nur Wortfetzen vernehmen wie: „… gestohlener Lkw …", „… den Kerl finden …", und dann fragte er laut: „Können Sie mir folgen?"

Ohne Widerworte, doch mit einem salutierenden Gruß zog sich der Bote leicht gebeugt zurück. Jacco gab brummend einige Urlaute von sich, um sich Aufmerksamkeit zu verschaffen.

„Mindesteinsatz: Tausend Euro, gerne Dollar! Regeln: Keine außer meine! Entendeu?" [Portugiesisch für: „Kapiert?"]

Leo schluckte. Er besaß eintausend Euro für den ganzen Abend, und er würde diese Summe einsetzen. Er wollte diesen „Hai" beeindrucken. Er zog seine Baskenmütze tief ins Gesicht, dann nahm er sie wieder ab. Sein Gesicht wurde ernst, seine Wangenknochen sichtbar. Sein Blick hoch konzentriert, teilweise wütend. Jetzt gab es kein Kneifen! Um zu überleben, bedurfte es schon auch mal der Kunst des Bluffens.

Die Karten wurden verteilt. Stille kehrte ein.

Der Pitbull-Typ beobachtete Leo bei jeder einzelnen Karte, die er in die Hand nahm. Es sah nicht gut aus. Instinktiv hielt Leo seine Karten ganz dicht an seinen Körper. Derjenige, der offenkundig auf ihn angesetzt worden war, um ihn zu bespitzeln, rückte ebenfalls immer näher. Leo spürte dessen Atem in seinem Nacken. Irritiert blickte er zurück, lächelte. Der andere, bei dem jetzt eine hässliche Narbe im Gesicht zu sehen war, lächelte niederträchtig zurück.

Es wurden Getränke serviert. Die recht korpulente Servicekraft zwängte sich zwischen die beiden. Prima! So nutzte Leo seine Chance, eine Karte auszutauschen. Einerseits passte die Dame perfekt in das Ambiente hier, bestehend aus Chicago-Gangster-Feeling und Great-Depression-Dealer der 1930er, passend dazu der Zigarrenqualm, der in der Luft hing. Andererseits wirkte sie kokett wie die Bonnie des berühmten US-Gaunerpaars aus Texas in Louisiana, nur dass sie alt war und ihr Partner Clyde fehlte.

Jacco signalisierte murrend mit Gebärden, dass die Bedienung sich beeilen und abmachen solle. Die rüstige Kellnerin blieb unbekümmert und verteilte in aller Ruhe die Getränke. Sie war schwarzhaarig und trug eine strenge, glatte Bobfrisur. Um ihren Hals schmiegte sich schwarze Spitze und eine mit Perlschmuck versehene Schnur. Sie war in eine ärmellose Tunika mit Flatterquasten gekleidet. Ihre Smokey Eyes und der knallrote Mund waren wiederum dem hippen Look der 1930er verpflichtet. Doch was Leo stutzig machte, das waren diese vertrauten Gesichtszüge mit dem tanzenden kleinen Muttermal am Kinn … Er blickte sie eindringlich an und dachte: Das kann doch nur sie sein, oder? Er grübelte. Einerseits irgendwie unmöglich … und doch … Er runzelte die Stirn. Ja, es war tatsächlich seine Tante!

Blind vor Wut platzte es aus ihm im Flüsterton heraus: „Es ist nicht zu fassen! Tanne-Grete! Wat machst du hier?!“

Seine Augen ruhten zunächst auf ihrem Gesicht, dann ließ er seinen Blick an ihr hinuntergleiten und begutachtete ihr Outfit. Augenblicklich wurde seine Miene ernst und er bedeutete ihr, dass sie hier nicht erwünscht war.

Sie schaute ihn unverfroren an. Im Hintergrund strich ein Geigenspieler seinen Bogen leidenschaftlich über die Saiten seiner Violine, sodass stürmische Klänge zu ihnen herüberdrangen. Zwischendurch brummte ein Kontrabassspieler schräg dazwischen. Das gab so in etwa die Stimmung wieder, die hier im Raum herrschte, wobei die anderen Gäste gerade mit etwas anderem beschäftigt zu sein schienen.

Und die Grete wäre nicht die Grete, wenn sie nicht augenblicklich wieder die Oberhand gewonnen hätte. Stolz streckte sie ihre Brust raus und erwiderte im Flüsterton, jedoch energisch: „Na, was wohl? Ich bin dein Back-up!"

Selbstbewusst und um ihre Rolle zu untermauern, fügte sie noch mit aufgeplusterten Backen flüsternd hinzu: „He guck es, ech han och a Schießeisen, a richtig Revolver!"

Sie lüftete ein wenig ihr Jackett und darin war ein kleiner, schwarz-silbern glänzender Revolver zu sehen.

Leo legte eine Hand auf seinen Bauch, um sein aufkommendes Lachen zu unterdrücken. „Grete, was willst du mat a Spiel-Pistole?"

„Das ist ein Revolver, eine britische Wendly von meinem Opa, aus dem Zweiten Weltkrieg, den hat der stibitzt, aber darauf kannst du dich verlassen. Sie ist echt! Und sie ist sogar geladen! Also pass auf!"

„Du wolltest doch nicht etwa mitmachen?!", flüsterte Leo wütend.

Sie schaute ihn ernst an. Ihr Blick ließ keinen Zweifel zu.

Er staunte. Er hatte seine Tante bislang falsch eingeschätzt. Außerdem trug sie einen ledernen Rock auf Kniehöhe, hohe schwarze Pumps und zusammen mit der nietenverzierten schwarzen Lederjacke wirkte seine alte Tante tatsächlich schon fast wie Undercover-Miss-Marple.

Das empfand Leo beeindruckend. Noch genialer wurde ihre Tarnung, als sie absichtlich ein Glas Sekt umstieß und der Inhalt sich über den Tisch ergoss. Und während Helfer mit Reinigen beschäftigt waren, schob die rüstige Dame ihm ein Kuvert zu und flüsterte: „Dir hutt nach e puer Spill Suen hei, awer mee sécherstellen dir gewénnt, däst ass meng Pensioun Keesseberäich." [Aus dem Eifeler Dialekt bzw. dem Moselfränkischen: „Hier hast du noch etwas Spielgeld, aber sieh zu, dass du gewinnst, das ist meine Rentenkasse."]

Er staunte, sagte jedoch im ärgerlichen Flüsterton: „Vielen Dank, Agentin Grete. Sie dürfen sich jetzt zurückziehen. Sonst fliegen wir noch auf!"

Als Leo die hier anwesenden Personen beobachtete, fiel ihm ein Mann mittleren Alters mit blassem Gesicht auf. Er vermutete, dieser Herr sei ein Bodyguard oder so was wie ein persönlicher Sekretär. Nun, dieser Mann sah irgendwie nervös aus, wie seiner Pflicht verfallen. Zudem wirkte er unausgeschlafen, angespannt, aber auch düster. Mit seinen knöchrigen Fingern und sichtbaren Schlagadern im Hals-Ohren-Bereich stand er gediegen, bescheiden und aufrecht mit überkreuzten Händen im Eingangsbereich, so als ob er auf Anweisungen warten würde.

Dieser fremde Herr mit sauber geschnittenem Haarschnitt –an den Ohren und im Nackenbereich frei –, mit einem Zuviel an herbem Aftershave-Geruch, dafür umso mehr Berufsehre, stand da mit perfekt sitzendem Frack und einer dazugehörigen schwarzen Fliege auf weiß gestärktem Hemd, dessen Kragen in die Höhe ragte – dies alles verlieh demjenigen ein Business-Gentleman-Aussehen. Er war eine von diesen Millionen Servicekräften, die aus Millionen Hinterlandprovinzen einwanderten, ausgehungert, naiv und allein. Sie alle hofften auf ein besseres Leben. Diese Menschen, stets den Verlockungen der westlichen Welt erlegen, stets auf Abruf, richteten ihre ganze Aufmerksamkeit auf eine einzige Chance, ähnlich wie ein Reisender, der auf den Zug wartet, aber nicht weiß, wohin er will.

Emotionslos registrierte dieser Mann ohne Namen die augenzuckenden Blicke seines Chefs, der gelegentlich eine Zigarette im Aschenbecher ausdrückte. Erneut drangen lang gezogene Geigentöne zu ihnen herein, eine gewisse Melancholie verströmend. Auf des Clanchefs kurzes Nicken hin dimmte dieser Mann das Licht und so wurde die Aufmerksamkeit auf einen grünen runden Tisch gelenkt, auf dem ein frisches Kartendeck lag. Der Croupier begann geschickt zu mischen. Die schwarzen Pik-Karten, die roten Karoblätter, sämtliche Zahlen, Asse und Könige wirbelten nur so durch die Luft, und weil es ein internationales Kartendeck war, gab es anstelle der deutschen Buben oder Prinzen einige Jack-Karten; sie alle fielen nun ineinander. Nun, dieser Klubmitarbeiter ließ seine Augen kreisen, gleichzeitig hob er ein halbes Kartendeck, wirbelte die Karten geschickt zwischen seinen Fingern und führte zwei Hälften wieder zusammen. Anschließend ging es ans Verteilen und alsbald bat er um Einsätze.

Jeder Spieler nahm sofort seine Karten entgegen und begutachtete sie. Es wurde still. Dann fragte der Verteiler in die Runde, ob jemand eine weitere Karte benötige.

Leo hob seine Hand. Sachte nahm er die neue Karte und stöhnte bei deren Betrachtung, weil sein Blatt mit dieser Karte noch schlechter wurde. Keine passende dabei. Die anderen Mitspieler waren in der Auswertung vertieft, da erhöhte Mad-Face plötzlich auf fünftausend Euro. Leo zitterte, während sie in der gläsernen Trambahn saßen, die an zahlreichen Bankentürmen vorbeizog. Schweiß bildete sich auf seiner Stirn, als er den ganzen Inhalt seines zweiten Kuverts einsetzte. Es waren fünftausend Euro. Das Spiel wurde aufgedeckt. Er kramte in seiner Weste und brachte sein Assblatt zum Vorschein.

„Gewonnen!"

Das ließen die anderen nicht auf sich sitzen. Sie forderten eine weitere Runde. Diesmal wurden gleich fünftausend Euro zu Beginn gefordert. Jeder legte seinen Einsatz und das Spiel zog sich so lange, wie sich die Bahn in die Kurven legte, also lohnte sich eine weitere Partie.

Ein anderer Spieler mit hohen, glatten Wangen forderte neue Karten. Leo zeigte souverän zwei Finger, er wollte ebenfalls zwei neue Karten ausgehändigt bekommen. Jetzt sah sein Blatt schon vielversprechender aus. Doch mit einer kleinen Straße würde er wieder den Kürzeren ziehen. So saß er nur da und beobachtete die anderen. Herr Relléu aus dem Moselland forderte eine weitere Karte, legte weitere tausend Euro auf den Tisch und bat: „Will sehen!"

Leo schob drei Asse in sein Blatt und damit hatte er gewonnen. Er grinste sein charmantestes Lächeln in die Runde.

Jacco stöhnte wie ein Stier, machte allerlei Körpergebärden und forderte ein neues Spiel. Seine Augen glühten rot vor Wut. Es ruckelte und quietschte leise, die Tram war am Ziel und blieb stehen. Der Gang-Boss forderte eine Revanche, doch einige andere kassierten oder bezahlten ihre Verluste und verschwanden.

Leo bot im Gegenzug an: „Kommen Sie mit Ihrer Gattin auf Schloss Weiß im Gutland in der Nähe der Stadt Trevis, da wird in Kürze ein neues Casino eröffnet. Dort gibt es eine Revanche und Investmentgeschäfte, wie beispielsweise ein De-Lux-Special-Space-Investment für Schürfrechte.“

Hier wurde der Herr Relléu hellhörig und bestätigte, dass es solch zukunftweisende Geschäfte tatsächlich gebe. Leo ergänzte: „Es wird ebenso ein Wettbüro für Sportwetten eingerichtet sein, für Pferderennen zum Beispiel.“ Der Jacco blickte interessiert und zugleich skeptisch.

„Woher wissen Sie das alles? Warum höre ich zum ersten Mal davon? Normalerweise kenne ich alle Spielotheken und Spielhallen, auch die, welche neu aufgemacht werden!“

Leo steckte sich eine Zigarette in den Mund, um von seiner aufsteigenden Nervosität abzulenken, zündete sie jedoch nicht an. Der weiße Glimmstängel hing aus seinem Mund, als er so cool wie möglich behauptete: „Aus dem Ruhrpott, aus dem Norden, kommt neues Insiderwissen.“

Die Tram zog ihre Bahnen durch die Stadtlichter. Bei Nacht spiegelten sich die historischen Fassaden in ihrem Glasdach und die Zunge herausstreckende Fahrgäste spiegelten sich in den Glasfronten der Bankentürme, es waren Kinder. So manch zurechtweisender Dame stand die Zornesröte im Gesicht, als noch zu später Stunde Teenager einstiegen und stürmisch mit den Schuhen über die Sitze sprangen. Niemand bemerkte, wie so ganz nebenbei die eine oder andere Halskette oder Brieftasche entwendet wurde. Außer einer. Jacco.

Der Clanchef schielte hinüber und lächelte verschmitzt. Zufrieden zwirbelte er sein kleines Ziegenbärtchen an seinem vernarbten Mad-Gesicht. Wenngleich er ein wenig abwesend wirkte, sollte man solch einen Ganoven jedoch niemals unterschätzen. Stets wachsam, grübelte er nach. Alles, was Geld brachte, war ihm recht. Auch Pferdewetten waren seine Leidenschaft.

„Alter, wat laberst du? Sag mir, wo und wann!“ Sein Bodyguard machte Notizen.

„Kommenden Samstag. Einsatz: zehntausend Euro auf den Sieg der Stute William. Wir haben Informanten vor Ort, die uns ihre Infos früher übermitteln als andere. So, wat sagen Sie? Sind Sie dabei? Ansonsten gehen wir zu Relléu. Der Weinhändler und Moselaner investiert gerne in gewisse Geschäfte mit Schürfrechten und Waffen."

Da blitzten Jaccos Augen auf. Er runzelte die Stirn, als wollte er sagen: „Wat willst de von der Luftpumpe?"

Doch als der nächste Halt angesteuert wurde und die Glastür sich öffnete, hechtete Leo mit einem gewagten Sprung hinaus ins Freie mit den Worten: „Ein Special Event! Kommenden Samstag!"

Hinter ihm schlossen sich die Türen und der Zug fuhr weiter. Er rannte und verschwand so schnell er konnte in die Dunkelheit der Südstadt. Doch er wurde von einem Mann verfolgt – oder war es eine Frau? Jedenfalls jemand in dunkler Verkleidung.

Aus einem Busunterstellplatz trat plötzlich jemand hervor. Er gab ihm einen Seitenhieb, sodass Leo zu Boden fiel. Der Unbekannte beugte sich zu ihm hinab und hielt ihm eine Knarre an die Schläfe.

„Komm uns nicht in die Quere! Verstanden?"

Die Banditen ließen von ihm ab. Leo blutete an der Stirn, kam aber wenig später wieder vollständig zur Besinnung und rief: „Wartet! Ich habe ein Geschäft vorzuschlagen. Für euch springen ein paar Tausender heraus, wenn Sie auf Schloss Weiß zu Trevis kommen. Was halten Sie davon?" Leo checkte mit einem Rundumblick die Lage. Dann wiederholte er sein Angebot und fügte hinzu, wann und wo.

Die Herren zuckten, richteten sich auf, streiften ihre Anzüge wieder glatt, als einer meinte: „Du spinnst, so was gibt es nicht!" Sein Kollege googelte auf seinem Smartphone.

„He, der Bruder hat recht! Guck! Ganze Staaten investieren in Aktien. Es gibt auch Satellitenprojekte."

Dann zündete er sich eine Zigarette an und kam dem Leo sehr nahe.

„Warum sollen wir wetten? Das sind seriöse Geschäfte." Leo blickte in ihre fragenden Gesichter. Unbeeindruckt sagte er sein auswendig Gelerntes auf. Aber vorher wischte er sich noch einmal das Blut aus dem Gesicht.

„Ein Großinvestor … ein Privatier investiert Millionen, ach was, Milliarden, in dieses amerikanische Space-Shuttle-Geschäft, um verwöhnten Millionärssöhnen das ‚Flug-Kick-Erlebnis' ins All zu ermöglichen.

Wenn aber kommenden Samstag das Raumschiff auf dem Kennedy Space Center aus irgendeinem Grund nicht starten kann, wird nichts aus den Schürfgeschäften. Von absichtlicher Sabotage ist hier die Rede."

Die mürrischen Raufbolde wurden aufmerksam.

Ein gewisses Interesse war geweckt. Leo setzte noch einen drauf und meinte, das sei leicht verdientes Geld.

„Da stecken garantiert Gewinne drin. Und ich spreche von Gewinnen im Tausenderbereich. Ach was, es sind Gewinne in millionenfacher Höhe. Garantiert! Darauf wird gewettet. Jemand plant Sabotage." Verlegen wischte sich Leo mit der Hand übers Gesicht. Er hatte ein bisschen dick aufgetragen.

„Und dann richten Sie Ihrem Chef Jacco aus, ich hätte den Code zum Safe des Vatikans."

Seine Finger waren blutverschmiert. Er schnappte nach Luft, während er sich langsam aufrichtete und erläuterte: „Ich hacke mich in deren Computersystem und …" Er hielt inne, denn das Gesicht seines Gegenübers zeigte Interesse.

Leo lächelte mit einem weißen Zahnlächeln zurück, in der Hoffnung, sie würden den Köder schlucken. Vielleicht dachten beide gerade das Gleiche? Vielleicht aber auch nicht?

„Wenn Sie sich eine goldene Nase verdienen wollen, dann kommen Sie auf Schloss Weiß nach Trevis, im Gutland.", drängte Leo ihn.

Die Männer wandten sich ab und verschwanden. Scheinwerfer blendeten ihn. Leo vernahm einige Blitze, die von einem Fotoapparat stammen könnten. Dann hörte er, wie jemand eiligst in Stöckelschuhen verschwand.

Er drückte seine Brust heraus beim Stillstehen und Maßnehmen, als er sich beim Herrenausstatter einen Anzug anfertigen ließ. Eine Modespezialität der Stadt Trevis im Gutland. Er legte Wert auf Maßgeschneidertes, auf Hemd mit Krawatte und Manschettenknöpfen. Damit – und mit der Gewissheit, dass die Menschen einem elegant angezogenen Menschen alles glauben – ging er zum Besitzer, um kurzerhand das ganze Schloss mit der Parkanlage für eine Weile zu pachten.

Heute stand der seriöse Geschäftsmann mit erhobenem Haupt und korrekt gepflegtem Bart da, in einem blau-weißen, fein gestreiften Hemd unter einem dunkelgrauen Jackett. Passend dazu trug er einen Seidenschlips, darüber einen beigefarbenen Trenchcoat, den er – noch während seine Augen wachsam die Lage überblickten – wegen des sprunghaften frühlingshaften Wetters doch wieder auszog und sich gekonnt um den linken Arm warf. In der rechten Hand hielt er einen Spazierstock mit Messinggriff, der mit einer Sprechfunktion ausgestattet war, durch die er Kontakt zum Team hielt und den er, falls nötig, als Langarmschusswaffe einsetzen konnte. Er ließ sich seinen Bart von dem bekanntesten Barbier in Eifelburg stutzen, dem Syrer Sasso. Auch die Augenbrauen wurden mit flinker Hand und scharfer Klinge zurechtgeschnitten. Selbstgespräche führend, wie: „Elegant angezogenen Menschen glauben die Menschen alles", stolzierte er umher. Froh gelaunt ging er ans Werk.

Die grandiose Aussicht auf ein entzückendes Städtchen im Tal beeindruckte ihn. Zielstrebig übergab Monsieur Le Filou dem Pächter die geforderten fünftausend Euro, mit denen dieser bereitwillig für eine Weile verschwand.

Kurz darauf – auf sein Handzeichen hin – strömte eine ganze Garnison an Handwerkern herbei. Innerhalb kürzester Zeit legten sie Teppiche aus, stellten palmgroße Grünpflanzen auf, hängten Bilder mit Pferdemotiven auf und hievten Samttapet und einige Roulette-Tische hinein. Nachdem die Kronleuchter funkelten, das Messing glänzte und der Boden gewachst war, wo die Damen grazil die Stufen der bernsteinfarbenen Treppe herunterkommen würden, da schwebte etwas Erhabenes in der Luft.

Der Pianist spielte „Golden Eye" von Tina Turner aus einem der James-Bond-Filme und der Monsieur Le Filou zwinkerte den Schönheiten zuversichtlich zu. Der Barkeeper mixte und steuerte zugleich die Beschallungsinstrumente sowie die digitalen Werbebanner.

An den Wänden und von Strahlern angeleuchtet, hingen Fotos von zukunftsweisenden Weltraumexpeditionen, wie Satellitentransporte per

Rakete, dem unbemannten Mars-Forschungsmobil. Im großen Saal waren Bilder ausgestellt von Sportwettkämpfen, wie Fußball, Profiradrennen, Boxweltmeisterschaften sowie Pferderennen – das alles sollte die Gäste beeindrucken, sie zu Investitionen anlocken. Und als schließlich angekündigt wurde, der Gang-Boss – Jacco – sei die Auffahrt aufgefahren, wurde es mucksmäuschenstill im Saal.

Dass das ausnahmslos gefakte Geschäfte waren, wussten alle, außer Jacco. Dieser inspizierte skeptisch die Lage. Er war nicht dumm. So ließ Le Filou weitere Schauspieler auftreten. Die in weiße Gewänder gekleideten Araber nahmen Platz. Andere spielten chinesische Geschäftsleute, die ein demütiges, aber aufmerksames Lächeln aufsetzten und sich geheimnistuerisch mit schwarzen Geldkoffern im Hintergrund hielten. Theos blaue Augen blickten eiskalt, so wie es sich für einen russischen Oligarchen gehörte. Eine Hand hielt er am Ohr, wegen des Sprechfunkapparats.

Et Madam Änni war in ein arabisches Gewand mit durchgehend weißer Kopfbedeckung gekleidet und trug einen goldenen Dolch. Mit dem schwarzen Ring, einem aufgeklebten Bart und dem geschäftig finsteren Blick wirkte sie fast wie Scheich Khalifa bin Zayed al-Nahyan von Dubai persönlich.

Im Eingangsbereich zeigte eine rundherum laufende, etwa fünfzig Zentimeter breite digitale Bordüre, die oberhalb ungefähr auf Türhöhe angebracht war, in blauen Lettern auf schwarzem Hintergrund die aktuellsten Aktienkurse sowie die aktuellsten Wettkampf-News diverser Sportarten an. Von dort ging es in einen offenen Raum, in dem – nischenartig durch Farnpflanzen abgetrennt – kleinere Sitzgruppen die nötige Intimsphäre boten, um die Details illegaler Wettgeschäfte zu regeln.

In einer Lounge verfolgten einige Gäste von schwarzen Ledersessels aus ein Pferderennen, das auf einer riesigen Leinwand ausgestrahlt wurde. Laptops und sämtliche Monitore im Raum waren vom Barkeeper per Alexa-Kombination mit Smart-Home-Provider gleichgeschaltet worden. Dass dieses Aachener Derby längst stattgefunden hatte und dass jetzt dafür Wetteinsätze kassiert wurden, um den Boss wegen illegaler, überhöhter Geschäfte überführen zu können, wussten alle, nur er nicht. Aber dann ereignete sich etwas. Weitere Gäste trafen ein.

Zwei Damen, die genau gleich aussahen, geleiteten die eintreffenden Gäste zu ihren Ledersitzplätzen in einer anderen Sitzecke. Die Gäste erhielten Getränke, kleine Snacks und – schnell eingestellt vom Barkeeper – ein vorprogrammiertes iPad. Herrlich war diese eindrucksvolle, grandiose Aussicht auf das Tal, das von der Sonne in ein goldenes Licht getaucht wurde.

Inspekteur Monsieur Le Filou hatte zuvor allen klargemacht, dies sei ein Sondereinsatz, der nicht genehmigt, also gefährlich war!

„Wenn das schiefgeht“, schärfte er den anderen ein, „dann sind wir alle unsere Jobs los! Also Leute, strengt euch an!“

Unterdessen verfolgten „der Scheich“ und sein Adjutant die Pferderennen.

Und so funkelten neben messinggoldenen Quastenhaltern weißer Brokatgardinen wuchtige Kronleuchter von oben und auch der nach Bohnerwachs riechende Fußboden glänzte und blitzte, was das Zeug hielt.

Die etwas korpulente – oder sollte man sagen, die nicht mehr ganz schlanke – Grete schlenderte umher, am Arm ihre alte Schulfreundin Änni festhaltend. Ihre Aufgabe war es, für einen Hauch von Glamour zu sorgen. So sollten sie mit erhobenem Haupt eitel ihren mit Diamanten besetzten Schmuck zur Schau stellen. Wenn es auch ein wenig ulkig wirkte, die beiden spielten diese Komödie hervorragend. Le Filou zwinkerte ihnen zu und et Änni fuhr sich geschmeichelt durchs Haar. Grete stieß sie an und stellte schroff klar, dieser schneidige Filou gehöre ihr. Leise Loungemusik von der Playlist verströmte eine elitäre Stimmung. Und so schlenderten die zwei Damen in ihren langen edlen Satinkleidern und mit ihren hochtoupierten Föhnfrisuren umher. Ein Hauch von barocker Modern Art kam auf.

Kommissar Theo trug einen graublauen Anzug mit dezent wirkender Weste und goldenen Manschettenknöpfen, der von einem italienischen Schneider maßgeschneidert worden war und hervorragend zu seinen blauen Augen passte.

Grete zwinkerte ihm zu.

„Der Kommissar ist auch nicht schlecht!“, flüsterte sie ihrer Freundin mit den Augen rollend zu. Die Freundin hielt mit je einem Ring am Finger die Hand vors Gesicht, während sie spürte, wie ihr Gesicht rot wurde. Sie kicherte und meinte: „Du solltest dich aber mal entscheiden!“

Daraufhin Grete ungeniert: „Oh, muss ich das? Das wäre ja so, wie wenn man sich zwischen Mango- und Schokoladeneis entscheiden müsste. Ich will beides …“ Sie lachte vergnügt. „Vielleicht nicht beide auf einmal, aber …“

Sie hielt inne, als sie bemerkte, dass ihre Freundin sie staunend ansah: „Du alberne Pute! Die Vorstellung allein ist wie ein Vorspiel.“

Sie verstummte, denn just in diesem Augenblick schlenderte jener Kommissar, der sich als schwerreicher Russe ausgab, augenzwinkernd an ihnen vorüber. Eben noch selbstbewusst und geschwätzig, wurde Grete plötzlich knallrot im Gesicht. Beschämt schlug sie sich die Hand vor den Mund. Die Damen wandten sich schnell um. Grete fragte betreten im Flüsterton: „Ob er unser Gespräch mitgehört hat?“

Im Spiegel beobachtete sie jedoch, wie sein gesetzter Körper in die entgegengesetzte Richtung verschwand. Mit der platten Putin-Frisur und seinem ovalen Gesicht spielte er seine Rolle als Investmentbanker hervorragend. Er begab sich in die Fußball-Lounge, wo er mit Scheich Cartare eine Unterredung unter vier Augen führen konnte.

Kommissar Theo spielte nur widerwillig mit, das sah man ihm an. Er ging hinüber zur Bar. Grete folgte ihm, sie wollte ihm einen Cognac spendieren. Sie hatte das Gefühl, ihn aufheitern zu müssen. Der Kommissar bedankte sich, goss das alkoholische Getränk jedoch zu einer Stechpalmenpflanze.

Dann drehte er sich auf seinem Barhocker um und blickte zum Tresen, wo auf einer Reihe gläserner Regale eine große Auswahl an Trinkgläsern jeglicher Art standen. Gleich nebenan, etwa auf Kopfhöhe, präsentierte sich ein delikates Brandweinsortiment. Sich die Jacke zuknöpfend, meinte er: „Nichts für ungut, Frau Grete, aber wir sind im Dienst und im Dienst trinke ich nicht!“

Dann drehte er sich wieder zum Barkeeper und sagte: „Außerdienstliche, ungewöhnliche Ermittlungen erfordern außergewöhnlich gute Unterstützung; also mach mir bitte was mit deutschem Reinheitsgebot: ein Bitburger Pils, bitte!“

Plötzlich hörte man das aufbrausende Geräusch eines Ford-Oldtimers – ein V8-Zylinder – und alles andere war für den Moment vergessen. Monsieur Le Filou, elegant in Frack und Fliege, hob seinen vergoldeten Spazierstock und meinte: „Alle auf Position, meine Damen und Herren! Spot-on!“

Sofort, wie im Filmset, verschwanden alle mit ernsten und konzentrierten Gesichtern hinter ihrer Maske. Der Scheich, der mit Motorradeskorte in einem weißen Ford herrschaftlich angefahren kam, setzte einen Blick voller Kalkül auf. Und wenn er etwas Geschäftliches zu erledigen hatte, schickte er seinen Adjutanten mit dem schwarzen Koffer in eines der kleineren Wettbüros im Obergeschoss.

Schloss Weiß war – wie sein Name – weiß, innen wie außen. Dieses Schmuckstück thronte hoch oben auf roten Sandsteinfelsen. Ein Gebäude im neoklassizistischen Stil, im 19. Jahrhundert erbaut und unweit einer Hochschulfakultät, bot es mit seinem angrenzenden weitläufigen Park viel Raum für einen Spaziergang. Daneben lud dieser Park zu einem Besuch im Tierpark oder zum Verweilen auf einer Picknickdecke unter Napoleons Eiche ein.

„Der Innenraum mit hohen Stuckdecken bietet ein vorzügliches Ambiente für Feste und Gäste aller Art“, so der Graf Relléu, der gerade eingetroffen war und sich hocherfreut einen Überblick verschaffte. Gegenüber seiner Begleitung – ein paar Geschäftsleute aus der Weinbranche – prahlte er: „Sehen Sie nur diese Aussicht mit den Weinbergen im Hintergrund! Dies hier ist geradezu hervorragend geeignet für Weinproben mit der Krönung unserer zukünftigen Weinkönigin.“

Anscheinend hatte sich das Gerücht über die Neueröffnung schneller herumgesprochen als erwartet. Denn sie kamen alle. Der Herr Relléu setzte ebenfalls auf Pferderennen und nahm auch gleich an einem der Pokertische Platz. Jacco kam mit seiner Elenora.

Diese zeigte sich im Retrostil der 1930er, sie trug ein rückenfreies, silbern schimmerndes Abendkleid und eine Frisur, bei der Grete zweimal hinschaute. Sie seufzte tief. Im Nackenbereich war eine Rolle, die nicht nach außen, sondern zum Nacken hin angebracht worden war. Mit ihrer noblen Stirn und den konturstarken roten Lippen strahlte sie eine auserlesene Feminität aus. Mit einem betörenden Augenaufschlag verlangte sie nach Feuer für ihre Zigarette, während sie ihrem Gegenüber dessen Brieftasche entwendete. Ganz klar eine unkontrollierbare Angewohnheit von ihr. Grete ging hin, stieß sie an und spielte betrunken. „Hallo, lange nicht mehr gesehen!"

Dabei langte sie nach dem Portemonnaie und steckte es dem Herrn wieder zurück in die Brieftasche. Genussfreudig stieß sie mit Elenora an: „Auf alte Zeiten!" Die lächelte tapfer mit, erkannte allerdings die Grete nicht.

Ein Jaguar-Fahrzeug knirschte sich die Kieselauffahrt hinauf. Ein junger Mann stieg aus. Er trug einen langen schwarzen Ledermantel mit Pelzaufsatz. An seinen Händen funkelten Klunker, mehr Gold als Stein. Nicht nur das, er kam in Begleitung. Seine Dame besaß eine makellose, fast schon elfenbeinfarbige Haut. Mit graziler Figur stolzierte sie hoch erhobenen Hauptes am Arm des jungen Mannes und blieb doch kühl distanziert. Ja, sie schien sogar die Elenora anzufauchen, wie eine Wildkatze. Sind die vielleicht Konkurrentinnen?, fragte sich Theo im Stillen.

Ihre rotbraunen Locken, leicht eingeflochten, fielen zu einer Seite über ihre freie Schulter. Eine blaue, samtige Hutkappe verdeckte teils ihr Gesicht, sodass sie – die Augen halb verschlossen – unerkannt blieb. Dem Leo verschlug es die Sprache.

Aber nicht nur wegen der unbekannten hübschen Dame, sondern auch wegen der Eminenz, die nun eintrat. Als der Bischof den Raum betrat, versteckten sich Leo und Theo unverzüglich hinter dem Tresenfenster. Von dort wollten sie durch das gläserne Regal blicken. Theo erkannte den Schwarzgekleideten. Er wurde sichtlich nervös und blickte den Leo an, gestikulierend. So war das nicht geplant!

Leo antwortete mit einem Schulterzucken und wunderte sich ebenfalls. „Was will denn der Priester Gular hier?!"

Eine Durchsage verkündete den Start des nächsten Pferderennens und dass jetzt Gebote gemacht werden konnten. Zunächst bot Jacco fünftausend Euro auf den Sieg des Pferdes mit dem Namen: „Little-Winnetou", der sollte ein Geheimtipp sein, so ein Flüsterer (und da kam Leo ins Spiel). Und in der Tat, die Stimme verkündete seinen Sieg; nur, dass nicht viele auf dieses Pferd gesetzt hatten und der Gewinn somit geringer ausfiel als erwartet. Doch das schreckte den Gauner nicht. Er – und das war der Sinn von Wettspielen – wollte weiterspielen.

„Ich wünsche den Boss zu sprechen.", flüsterte Jacob zu einem Assistenten, der die Pokerkarten verteilte.

Ein anderer Gehilfe führte den Herrn Mad-Face in ein Vorzimmer. Der zweite Zwilling – Cashmere – fungierte nun in kurzem Kostümrock als Escortdame. Dass diese eine zimtfarbene Haut zeigte, war gewollt, und mit den gestickten Brustwesten im Folklorestil wirkten die Zwillinge äußerst attraktiv, was dem Clanchef Jacco nicht entging. Er grinste sie vielversprechend an und streichelte ihnen über den Arm.

Der Hochgewachsene, der sich jetzt Mr. Wight nannte, traf ein und fragte: „Sie wünschen?"

Jacco kam ohne Umschweife direkt zur Sache.

„Ich biete eine Million auf Sieg, auf das Gelingen des All-Projekts."

Und er legte einen Koffer auf den Tisch, schnallte die Verschlussteile auf und zeigte seinen Einsatz in bar. Cashmere stockte der Atem. Ihre Augen weiteten sich vor Staunen. Da klopfte es an der Tür und der Bischof mit seiner Begleitung betrat den Raum. Sie boten zehn Millionen für das Gelingen des Satellitengeschäfts sowie für Anteile an Schürfrechten.

Jetzt befanden sich Kommissar Theo und sein Team sowie auch Inspekteur Monsieur Le Filou und seine Leute in einer Zwickmühle. Der Inspekteur staunte. Schnappte nach Luft. Dann verließ er den Raum und suchte den Oligarchen.

„Wie konnte das passieren? Jetzt han ech den Pfaffen do sitzen und sie wollen zehn Millionen in Aktien ...", schimpfte er flüsternd. Der Inspekteur, der als eleganter und respektvoller Geschäftsmann gelten wollte, grübelte, und während er den Gang auf und ab marschierte, schimpfte er immerzu.

„Grand Milieu de Kack!!" – im Gegensatz zu Theo, der ganz ruhig stehen geblieben war und nachdachte.

„Nun, bleib doch stehen, du eitler Gockel! Bei deinem Gezappel kann sich keiner konzentrieren!", schimpte Theo.

Monsieur vernahm nichts, marschierte im Raum weiter auf und ab, sodass es nur so durch die Diele schallte.

„Grand Milieu de Kack!", brüllte er immer wieder, mal laut, mal leise.

Dann, plötzlich, machte er eine Umdrehung und klappte mit Schwung seine Stiefel beisammen, als er, nun wieder beflügelt, in Anlehnung an eines dieser französischen Musketiere verkündete: „Einer für alle, alle für einen! Wo sind die Servierdamen?"

„Okay. Nerven bewahren!", sprach er sich selbst zu. „Bitte servieren Sie den Kirchenmännern Kaffee auf der Außenterrasse. Ich ziehe mich schnell um.", wandte er sich an Cashmere.

In nur wenigen Minuten verwandelten ein paar Kleidungsstücke einen Geschäftsmann wieder zurück in einen soliden Inspekteur von Park-De-Lux.

„Da haben wir es wieder: Kleidung machen Leute!", sagte er freudig zu sich selbst mit einem Blick in den Spiegel.

Theo kam mit weniger Aufwand aus. Im Nu war er wieder der Kommissar von Gutland. Souverän und wie ein eingeschworenes Team gingen die beiden freudestrahlend auf die Kirchenmänner zu, die sich gerade an dem faszinierenden Blick auf die Mosel und die Stadt ergötzten.

„Meine Herren, vielleicht haben Sie es nicht bemerkt, aber wir befinden uns in außergewöhnlichen Ermittlungen.", meinte Theo.

Doch da bemerkte Gular die Lynn, die am Arm des Rasko posierte, und war hingerissen von ihrer makellosen Schönheit. Sogleich drehte er sich um. Niemand sollte ihm anmerken, was sich gerade in seinem Inneren abspielte. Seine Gedanken und Gefühle überschlugen sich. Wenn er sie doch nur ansehen dürfte! Gular empfand Liebe und gleichzeitig so etwas wie Eifersucht. Er hatte sich wohl in ihr getäuscht. War sie etwa doch dem Gauner verfallen? Falls ja, wollte er keinen Gedanken mehr an sie verschwenden.

„Kommen Sie, Exzellenz, wir sind hier falsch.“, meinte er zum Bischof. Er blickte auf, sah sie an.

Sie schien ihn erkannt zu haben, wie ihr augenblickliches Zucken verriet. Doch sie vermied einen direkten Blickkontakt.

Gular und Rasko duellierten sich mit den Augen.

Gular kapitulierte als Erster. Erneut bat er den Bischof, gemeinsam den Raum zu verlassen, und zwar augenblicklich.

Sie gingen. Rasko, siegessicher lächelnd, geleitete seine Dame weiter durch den Raum, wo er andere Geschäftsleute laut begrüßte. Lynns Lächeln erstarb.

Der hochgewachsene Inspekteur bat die Kirchenmänner um Verständnis; sie sollten bitte beide gehen, damit man nicht falsche Schlüsse ziehen würde.

„Wir ermitteln hier in einer internationalen Angelegenheit und …“ In diesem Augenblick wurde ihm erst die Möglichkeit bewusst, dass sie sehr wohl an solchen Scheingeschäften interessiert sein könnten. Doch ihm ging es in erster Linie um diesen Menschenhändler Jacco, und so ließ er die Kirchenmänner zunächst ziehen. Cashmere aber zückte ihr Handy und schoss schnell ein paar Fotos.

Jacco alias Mad-Face telefonierte per Handy, als Monsieur Le Filou – nun wieder als Monsieur Wight verkleidet – mit Nickelbrille und im graublauen Nadelstreifenanzug einen Raum auf Schloss Weiß betrat, der sein Büro darstellte.

Jacco klappte sein Handy zusammen und ließ es – wie früher die Brieftasche – in eine Innentasche seines Anzugs gleiten. Der Halunke fragte gereizt.

„Was wird hier gespielt? Meine Männer im Ruhrgebiet wissen nix von einem, sagen wir mal, ‚speziellen Pferderennen‘!“

Le Filou fasste sich an sein Kinn und rieb über seinen Bartstreifen, um Zeit zu schinden. Er musste überlegen, wie man den Clanchef jetzt überzeugen könnte.

„Monsieur Jacco“, sagte Le Filou kurz darauf, „genehmigen Sie sich einen Drink an der Bar, das geht aufs Haus. Wir werden Sie alsbald überzeugen.“

Per Durchsage bat er nun um Leo. Und Leo, jetzt Herr Hooker, erschien im Nebenzimmer. Le Filou ließ Jacco warten und betrat das Nebenzimmer. „Leo, sag Theo, er soll schnellstens einen seiner Leute im Norden benachrichtigen.“

Theo fand jemanden und bat das Hubschrauberteam, vielmehr die Gerichtsmedizinerin, sie solle nochmals ins Gutland kommen. Er hätte eine außergewöhnliche Entdeckung gemacht, behauptete er. Er schmunzelte. Zugegeben, nicht ganz uneigennützig. Im Geheimen freute er sich nämlich auf die toughe Frau Medizinerin. Ihm gefiel die Vorstellung, sie zum Essen einzuladen. Es raschelte am anderen Ende der Leitung. Stille.

Einige Zeit später kam tatsächlich der Hubschrauber aus Mainz. Sogleich war Theo zur Stelle. Er weihte die „Kollegen“ in den Plan ein, die Übeltäter mit einem gewagten „Schauspiel“ auf frischer Tat zu ertappen, um sie so zur Strecke zu bringen.

Nun, die Frau Dr. Faya Dalwi war nicht erfreut: Zeitaufwand und Steuergelder für ein „Scheinspiel“, und was wäre, wenn ein echtes Verbrechen ihre Hilfe benötigte?

„Nun“, wandte Theo schnuteziehend ein, „sie haben vollkommen recht. Das hier ist ein gewagtes Spiel. Dennoch, sollten wir Erfolg haben, verhindern wir womöglich weitere Straftaten, die dem Staat weitaus mehr Kosten verursachen als das hier!“

Der Kommissar, noch immer als Scheich verkleidet, nahm sie elegant bei der Hand und fragte, ob sie nicht schon immer mal gern wagemutig sein wollte, ein echtes Abenteuer erleben wollte.

„Madam?“ Theo hielt ihr den Arm hin. „Madam, darf ich zu einem Tanz-Flug bitten?“

Er grinste sie liebenswürdig mit seinem treuen Cockerspaniel-Blick an. Da konnte die Frau Doktor nicht widerstehen. Sie fühlte sich geschmeichelt. Sie lächelte verzückt. „Sie sind mir ein Schlawiner, so sagt man doch bei euch, nicht wahr?“

Mit diesen Worten legte sie ihre Hand auf seinen Arm und bestieg den bereitstehenden Hubschrauber.

„Wenn schon, dann Casanova, Mademoiselle! Und zwar einer aus meiner Heimat Italien; aber einer der galanten, meine Dame!“, korrigierte er sie als er im Inneren Platz nahm.

Sie lachte auf und rollte mit den Augen, spielte aber dennoch mit.

„Der Scheich muss in ein Spezialkrankenhaus, nach Aachen.“, teilte sie dem Piloten mit.

Grete verwendete instinktiv fast die gleichen Worte, als sie und die Elenora an der Bar sitzend zum Fenster hinausblickten und beobachteten, wie die Notärztin Faya und der Scheich in den Hubschrauber stiegen. Womöglich eifersüchtig, rümpfte Elenora die Nase, reckte den Hals und wunderte sich, warum ein Polizeihubschrauber landete und kurz darauf wieder abhob.

„Nur eine Übung! Kein Grund zur Aufregung!“ lautete eine Durchsage.

Stattdessen servierte man den Gästen Champagner und das Roulette wurde eröffnet. Man bat um Einsätze. Jacco und seine Frau Elenora stolzierten elegant zum Spieltisch. So mancher rollte besorgt und dann wieder erleichtert die Augen. Andere Insider schmunzelten bei diesem „abenteuerlichen Vorhaben“ mit den Worten: „Na, wenn dieses Unterfangen schiefgeht, dann sind wir alle unsere Jobs los!“

Theo grinste, fühlte sich jung und dynamisch, wie ein „Raufbold“, und das gefiel ihm. Und in nur wenigen Minuten waren einige vom Ermittlerteam in das entfernte Aachen, unweit eines Pferdegehöfts, geflogen worden. Dort wechselte Theo seine Kleidung. Die Frau Faya trug jetzt eine blaue Jeans. Sie nahm ihr Kopftuch ab und beim Heraushüpfen aus dem Helikopter fielen ihr locker-flauschig braune Locken über die Schultern. Theo staunte.

Sie sieht toll aus!, dachte er perplex. Er lächelte sie an. Seine Augen flackerten. Eigenartigerweise ließ ihn etwas zögern. Ein Gefühl des Ehrerbietung überkam ihn.

Einige hoch zu Ross sitzende Teenager ritten in einem schnellen Galopp an ihnen vorbei. Theo war jetzt voller Tatendrang. Er krempelte die

Ärmel hoch und begann, Klappstühle in einen Pavillon zu stellen, der von Helfern hastig aufgestellt worden war. Dieser befand sich hinter Gebüsch, Pappelbäumen und einem Gebäudekomplex.

Sie platzierten sich vor die Tore mitten zwischen anderen Gemüseverkäufern. Nun wetterte er wie ein holländischer Marktschreier und bot Wettzertifikate an. Gleich drei eilig angebrachte Monitore zeigten Bilder von Pferderennen. Kinder kamen herbei und kauften losähnliche Zettel für einen Euro. Andere wollten mehr. Ein Fremder wettete für tausend Euro. Durch einige Verzögerungen bei der Übertragung manipulierte Theo den Wetteinsatz, sodass dieser Mann gewann. Er freute sich riesig und setzte gleich erneut seinen ganzen Gewinn von dreitausend Euro.

Theo nahm dankend an mit der Bemerkung, dass Glücksspiele süchtig machen und Einsätze auch verloren werden könnten! Doch dessen Lust und Gier nach Mehr schien zu überwiegen. Und so manipulierte Theo das Ende zu seinen eigenen Gunsten.

„Wie gewonnen, so zerronnen!“, rief Theo, als er anfing seine Backen aufzublasen.

Der Fremde mit Tweedjacke und Tweedmütze haute enttäuscht auf den Tisch, sodass dieser fast in zwei Teile zerbrach.

„He, he, he, junger Mann … Man sollte sein Glück nicht allzu sehr herausfordern! … Hier hast de die tausend zurück, aber du musst wat für mich machen, klar?“, rief Theo.

Und Theo gab ihm die versprochenen tausend Euro zurück, unter der Bedingung, dass er weiterhin so tat, als ob hier große Pferderennen stattfinden würden und als könne man darauf wetten.

„Verstanden?“

Und als sein „Bote“ ging, war er sicher, er würde diesen Quatsch weitererzählen. Ob er tatsächlich zurückkommen und „mitspielen“ würde, war allerdings fraglich. Wie auch immer, sein platzierter und speziell auf Datenklau programmierter Computer würde für ihn die Datenarbeit erledigen.

Sehr spät an Abend brachte der Hubschrauber ihn wieder zurück.

„Du schuldest mir mindestens ein Date, wenn das Ganze überstanden ist! Verstanden?“, meinte die Faya, die jetzt wieder ihr weißes Kopftuch trug.Sie blickte ernst und klopfte an die Rückscheibe, die das Cockpit vom Laderaum trennte. Der Pilot nickte und hob ab.

Und während sie zu einem anderen Einsatz geflogen wurde, blieb Theo erst mal sprachlos zurück. Freude durchflutete sein Herz. Aber ihm blieb keine Zeit zum Schwärmen, er musste schleunigst wieder zurück und die Computerdaten manipulieren. Er hoffte inbrünstig, der Jacco-Clanchef würde in die „Mäusefalle“ tappen!

Theo war nun zurück in der Altstadt Trevis im Gutland, auf Schloss Weiß. Als er das Fake-Wettspiel-Casino betrat, saß Jacco am Tresen. Weitere Investoren kamen. Das „Fake-Spiel“ konnte beginnen. Der als Scheich Verkleidete und der als Mr. Wight Fungierende nickten sich mit einem Augenzwinkern zu.

„Es kann losgehen“, sagte Monsieur.

„Ich nehme eure Einsätze.“

Der Nervenkitzel der Spieler wurde befriedigt. Sie setzten immer höhere Summen.So mancher verlor das ganze Geld aber auch wieder. Ganz so, wie es der „Hausherr“ Mr. Wight, alias Inspekteur Le Filou, wollte.

„So weit, so gut“, flüsterte er in Theos Richtung. Die Undercoverermittler schauten sich an. „Nun muss ein gewiefter Gauner wie Jacco erst mal überzeugt werden.“, fuhr Le Filou fort.

Hinter dem Tresen Bier zapfend, schüttelte der Hochgewachsene den Kopf. „Das wird nicht leicht“, meinte er.

Zum Erstaunen aller bedurfte es keiner weiteren Überzeugungen; der Jacco kam höchstpersönlich und setzte eine Million auf Sieg! Monsieur Le Filou sorgte dafür, dass es wie ein Gewinn aussah. Zwei Millionen sollten in Kürze ausgezahlt werden.

Die getürkten Börsen und Pferderennen-Daten drehten ihre digitalen Runden. Die Damen nippten an der Bar an ihren Cocktails, die man ihnen serviert hatte. Ein Klavierspieler spielte ein simples Solostück und sang dabei in den allerschlechtesten Schieftönen. Die Damen saßen trotzdem mit geschwellter Brust da.

Die Herren waren indes anderweitig beschäftigt. Sie tauschten die Koffer und der Inspekteur alarmierte die Grenzpolizei. Denn sobald der Gauner mit dem Koffer die Grenze passieren würde, würden sie ihn festnehmen. Die Scheine waren allesamt markiert. Jetzt müssten sie nur noch dafür sorgen, dass er auch wirklich über die Grenze fuhr.

„Die Chancen stehen gut, denn zwei Millionen kann man nicht so ohne Weiteres unters Kopfkissen legen“, bemerkte Le Filou belustigt zur Grete, welcher die Zweifel im Gesicht geschrieben standen.

Inzwischen hatte sich Rasko den anderen Koffer geschnappt. Er freute sich, so schnell eine Million verdient zu haben, obwohl er sich über einige Dinge wunderte. Egal, er wollte so schnell wie möglich weg.

Er zog Lynn in sein Auto und zeigte ihr grinsend den Koffer.

„Lynn, du kannst doch die Zahlenkombinationen knacken. Also, mach auf!“, wies er sie barsch an.

Sie war neugierig und ängstlich zugleich. Mit ihren geschickten Fingern machte sie sich ans Werk. In wenigen Minuten war der Koffer geöffnet. Beide grinsten sich an.

Genugtuung machte sich breit. Und die Freude war groß, endlich so viel Geld zu besitzen, um hier wegzukommen.

So dachte und sagte es Rasko, als er die vielen Scheine in Reih und Glied dort liegen sah. Doch bei genauerem Hingucken waren es nur wenige Scheine und viel Papier. Rasko wurde nervös.

„Was soll das?“, schrie Jako und durchwühlte den gesamten Koffer.

Er nahm einen Geldschein und begutachtete ihn. Es waren Fälschungen.

„Also, der Jacco, der ist ein ganz gewiefter Schurke!“ Rasko überlegte. Nun, er könnte vor Jacco die Schätze aus dem Vatikansafe holen! Und er hatte ein Ass im Ärmel: Lynn, die ihm jegliche Codes knacken konnte! Rasko durchwühlte das Papier, in der Hoffnung, es wären weitere Scheine darin versteckt.

„Kein echtes Geld! Ich werde es in Spielhallen reinwaschen müssen, so habe ich wenigstens eine Aufwandsentschädigung.“, schimpfte er erneut.

Lynn lachte. Doch dann schaute sie genauer hin.

„Es sind Pläne, Rasko", stellte sie fest. „Pläne vom unterirdischen Tunnelgang bis nach Lux-City. Da bin ich schon einmal gewesen, damals mit den Kids vom Kogge-Mühlenhof!"

In ihrem kühlen Blick lag Zuversicht. Rasko schöpfte neuen Mut und sann über eine Idee nach, die ihm gerade gekommen war. Er nahm die Pläne an sich.

„Auf nach Lux-City, dort gibt es eine Menge Banken und Handelsvertretungen, die man unterirdisch anzapfen kann. Du, die Jungs und ich, wir sind doch ein geniales Team! – Los, schnall dich an! Wir fahren los!", wandte er sich an Lynn.

Mit einem schwachen Lächeln kletterte sie zu ihm auf den Beifahrersitz, und als sie während der Fahrt ihr Kleid gegen einen hautengen, kobaltblauen Einteiler tauschte, überkam ihn die Lust.

„Hey Lynn, wie wäre es mit Sex zwischen Goldbarren in einem Banksafe?", sagte er zu ihr, als er sich wollüstig mit der Zunge über die Lippen leckte.

Jacco war inzwischen in seinen Ford-Oldtimer eingestiegen, in dem seine Elenora bereits saß, und fuhr zügig über die Autobahn in Richtung Park-De-Lux, während Madam sich in aller Seelenruhe die Lippen nachzog. Es war für sie ein gelungener Besuch gewesen.

Ein Mitarbeiter namens Stefan nahm auf Monsieurs Zeichen hin in einem Smart-Elektrowagen die Verfolgung auf.

Cashmere sah zu. Ihr Gesichtsausdruck spiegelte ihre Zweifel wider. Kurzerhand borgte sie sich das Motorrad eines Streifenpolizisten. Sie setzte sich einen Helm auf und sprang schwungvoll auf die Maschine. Sie startete und fuhr los, hinter dem Oldtimer her, der zunächst die Serpentinenlandstraße unterhalb der Autobahn nahm. Ihr Pferdeschwanz baumelte während der Fahrt lustig hin und her. Im sicheren Abstand folgte sie dem Oldtimer entlang des Moselflusses, auf dem gerade mehrere Schiffe unterwegs waren, und genoss nebenher das schöne Panorama, das sich ihr darbot. Sie fuhr auf und ab, über Hügel und durch Täler hindurch, und wenn die Straße eine Kurve nahm, legte sie sich in die

Kurve. Allein die Fahrt war ein einzigartiges Naturerlebnis, nahezu eine Meditation. Aber sie durfte sich nicht darin verlieren, wollte sie dem Gauner auf der Spur bleiben. Nun, bald hätte sie die Grenze erreicht.

Cashmere nahm die Autobahnauffahrt bei Wasserbillig und folgte dem Gauner unauffällig. Es war halb drei Uhr nachts. Dann beobachtete sie, wie jener fremde Mitarbeiter in dem kleinen Elektroauto auf die Überholspur wechselte und an dem Ford-Oldtimer mit seinem Achtzylinder-Sound vorbeifuhr, was selbst für einen batteriegeschwächten, elektrobetriebenen Smart kein Problem darstellte. Doch dieser verlangsamte seine Geschwindigkeit und fuhr parallel neben ihm her. Der Fahrer ließ es sich nicht nehmen, hinüberzuschielen. Zwischen dem vielem Dunkelblaumetallic, den chromblitzenden Fensterrahmen und den unübersehbaren, filigranen Spiralen des Ersatzreifens, der seitwärts montiert war, wirkte Jacco mit seinem imperialen, napoleonischen Gesichtsausdruck fast wie ein Kanzler oder wie der Onkel Dagobert aus Entenhausen – oder wie der böse, geizige, alte Mr. Scrooge aus Charles Dickens' berühmter Weihnachtsgeschichte, der siegessicher glaubt, den Fang seines Lebens gemacht zu haben und den Koffer mit dem Zweimillionengewinn mit verkrampften Fingern und hervortretenden Adern auf seinem Schoß festhielt. Er hatte sich selbst mit Handschellen an den Koffer gefesselt. Es bedurfte keiner Worte, um zu wissen: Dieser Halunke wollte mit niemandem den Gewinn teilen, vielleicht noch nicht mal mit seiner Frau Elenora, die neben ihm saß.

Jacco, im Eifer des Gefechts, drückte ordentlich aufs Gaspedal. Er wollte dem Überholenden entkommen, als auf einmal uniformierte Polizisten aufkreuzten und ihn mit einer Kelle aufforderten, zwecks Fahrzeugkontrolle anzuhalten. Die Nähte der blauen Uniformen reflektierten das grelle Scheinwerferlicht und ein Beamter schirmte mit einer Hand seine Augen ab.

Der Clanchef verringerte absichtlich seine Geschwindigkeit, um kein Aufsehen zu erregen, wobei dies bei einem Oldtimer dieser Klasse so war, wie wenn eine Weinbergschnecke die Handbremse zieht. „Scheiße! Wat mache ich denn jetzt?“, brüllte Jacob aufgebracht.

Cashmere hielt sich unterdessen im Hinterhalt. Sie beobachtete, wie der Polizist zu dem Oldtimer ging und sich etwa auf Fensterhöhe hinabbeugte. Sie berichtete den Kommissaren.

Das Elektromobil hielt ebenfalls an. Der Fahrer stieg aus und ging, die Dienstjacke zuknöpfend, auf die echten Zollbeamten zu. Er zückte einen Ausweis und wechselte einige Worte mit den Beamten, woraufhin sie den Gauner Mad-Face passieren ließen.

„Nun sieh dir das an! So war das aber nicht abgemacht!“, schrie Cashmere entsetzt ins Sprechmikrofon.

Shalom, der andere Zwilling, saß noch in Lux-City fest und beobachtete die Crew der Speditionsfirma, wie sie nach und nach Ladungen in Empfang nahmen; diese wurden in kleinen Mengen auf Fahrradkuriere verteilt und …

Die Verbindung wurde abgebrochen.

Cashmere fragte sich, ob der Staat eigentlich eine Mehrwertsteuer für Drogengeschäfte einkassierte, wie bei Alkohol und Zigaretten. In dem Falle läge ihm wohl kaum etwas an einer Aufklärung. Wie auch immer, da kassierte gerade jemand in die eigene Tasche!

Die Fahrzeuge setzten sich in Bewegung. Cashmere telefonierte mit ihrem Vater, über die Sprechanlage hörte sie heftiges Fluchen von Monsieur Le Filou.

„Grand Milieu de Kack!! Da hat uns jemand verraten. Jemand, der genauso gierig war!“ Le Filou kriegte sich gar nicht mehr ein, so empört war er.

„Und nun? Wo ist das Geld? Was machen wir jetzt? Nichts wie hinterher!“, schrie Shalom ins Headset.

Irgendwann waren sie in der Stadt Lux-City angelangt. Theo fuhr auf ein stillgelegtes Fabrikgelände. Dort stand der schwarze Lkw. Cashmere und Shalom, die endlich nachgerückt ist, nahmen Kontakt mit ihrem Vater auf. „Überprüfe bitte dieses Kennzeichen!“

Eine Weile tat sich nichts, dann hörte man ein Rauschen und eine Stimme meldete sich per Handy.

„Okay, wir überprüfen das. Und noch etwas: Bisher habt ihr toll mitgespielt! Doch jetzt müsst ihr euch zurückziehen, das wird jetzt zu gefährlich!“

Knatsch … knatsch … Kein Empfang …

„Tut uns leid, Papa!“

Dann war Funkstille.

Wenig später klingelte das Handy erneut. „Leo hier!“

Cashmere hielt die Hand vors Handy und meinte augenzwinkernd zu Shalom: „Es ist der Schnuckelige!“ Sie räusperte sich und machte ein sachlich konzentriertes Gesicht.

„Okay, ich höre.“

„Das Kennzeichen sei auf den Namen „Nocal-Logistigs“ gemeldet.

Kurzes Stöhnen.

„Das bringt uns nicht viel weiter“, stellte Shalom fest. „Aber danke. Over!“

„Halt!“, rief Leo schnell. „Doch, meine Damen, das tut es. Diese Firma läuft als Tochtergesellschaft auf einen Herrn Relléu, und ratet mal, was die miteinander verbindet! Herr Relléu betreibt neben Gemischtwarenhandel auch eine Baugesellschaft. Diese hat dem Jacco-Clan ein Netz aus Tankstellen und Lagerhäusern gebaut und so kommen die Lkws mit Gütern aller Art, vermutlich auch Menschen, über die Grenzen.“

„Okay, danke!“

Die Zwillinge schlichen sich vor zum Lkw, und siehe da, dort befand sich der sogenannte „Helfer“.

„Sieh mal einer an! Anstatt den Gangsterboss zu schnappen, scheint er mit dem Clan unter einer Decke zu stecken.“

Eine raue Stimme schrie aus der am Handgelenk befestigten Sprechfunkanlage: „Still, Mädels! Sonst fliegt ihr auf!“

Augenblicklich stellten sie das Gespräch ein, verkniffen sich ein Lachen, als Cashmere an das Handgelenk ihrer Schwester fasste.

„Klar, Boss!“

Doch dann verging ihnen das Lachen. Jemand kam auf sie zu. Ging aber doch nur zu einem anderen Helfer. Sie bekamen einen Schreck.

Jacco übergab jemandem flachsend ein kleines Päckchen und ein Bündel Geld. Shalom knipste rasch ein paar Fotos. Die Herren trennten sich. Shalom fingerte in einem der Seitentaschen des Motorrads.

„Das hier ist doch Leos Dienstmotorrad, mal sehen, was der als Polizist so in seinen Seitentaschen hat.“, flüsterte sie ihrer Schwester zu.

Außer eines Verbandskasten und einer Taschenlampe fanden sie nichts darin. Doch halt, was war das? Shalom fischte ein Teleskop heraus.

„Wozu braucht man das denn?!“

Cashmere riss es ihrer Schwester aus der Hand, trippelte hinter den parkenden Autos am Seitenrand hinüber zu den Speditionsfahrzeugen und legte es auf die Hartschalenwand eines der schwarzen Lkws. Dabei hörten sie aus dem Inneren der Ladung Stimmen.

„Schwester, hör dir das an! … Oh mein Gott! Ist es das, was ich befürchte?“, flüsterte sie in ihr Handgelenk.

Sie blickten sich über die Straße hinweg an, ihre Gesichter geschockt, deutlich sichtbar durch die Straßenbeleuchtung.

„Mayday! Mayday!“, schrie Cashmere ins Handfunkgerät. „Leo! Paps! Hört uns einer? Wir brauchen dringend Verstärkung! Und Rettungseinheiten! Hier sind Menschen im Laderaum!“

Rasko befand sich während des Tages ganz in ihrer Nähe, er parkte seinen schwarzen Land Rover unterhalb der goldenen Statue im Zentrum der Stadt. Hier hackte er sich per Tablet in das städtische Versorgungsnetz. Über das City-Abwassersystem gelang es ihm, in sämtliche computergesteuerte Sicherheitssysteme einzudringen.

Rasko befahl „seinem Mädchen“ Lynn, sie solle augenblicklich in die „Unterwelt“ einsteigen.

„Jetzt ist genau der richtige Zeitpunkt“, triumphierte er. „Sei spontan. Tue das Unmögliche am helllichten Tag!“

„Mit uns rechnet hier keiner. Per Minisender und Armbandsprechfunk bleiben wir in Verbindung. Sämtliche Stromverbindungen, Wasserleitungen und Straßenbahnverbindungen, sprich, die ganze digitale Infrastruktur der Stadt ist auf meinem Monitor abgebildet. So lotse ich dich durch das unterirdische Kanalsystem.“, sagte er zu Lynn gewandt.

Die begehbaren Abflussrohre waren eklig, überall roch es nach Fäkalien. Ratten flitzten umher und manchmal tropfte es aus einer undichten Stelle. An anderer Stelle roch es nach alkoholbasierten Desinfektionsmitteln. Vielleicht lag ein Krankenhaus über ihr?

Dann stieg ein seltsamer Magnoliengeruch in ihre Nase. Das erschien ihr sehr ungewöhnlich bei so vielen Haushalten; vielleicht war es ja das Abwasser eines Friseurs? Zudem war es kalt und laut. Lynn vernahm das Geräusch von Autos, die vermutlich von einer Unterführung nebenan stammten.

Gemäß den Stadtplänen sollte sich nach einigen Abzweigungen die Filiale einer chinesischen Bank befinden. Rasko rieb sich vor Vorfreude die Hände und mahnte Lynn, nicht zu trödeln, sondern rechts abzubiegen. Dort würde eine Treppe hinaufführen und dann würde sie sich in einem Gebäude befinden, das eine Schule sei. Durch dessen Keller solle sie sich in ein Gebäude nebenan begeben. Dort befinde sich eine Tür, die in einem unbewachten Winkel für den Einstieg in die Bank günstig sei.

Es war aber nicht die chinesische Bank.

Lynn berichtete, während sie sich vorsichtig vortastete.

„In diesem Gebäude hier befindet sich aber auch ein Tresor."

Sie vernahm Raskos Worte nur bruchstückhaft und es knisterte in der Leitung, so als ob die Verbindung jeden Moment abbrechen könnte. Dabei schwang in seiner dunklen, männlichen Stimme immerzu etwas Hinterhältiges mit, was sie einschüchterte. Sie fühlte sich immer mehr wie in einer „Zwangsjacke", mental wie physisch, und dieses Gefühl gefiel ihr gar nicht …

Ihr wurde immer klarer: So will ich nicht länger behandelt werden! Unterdessen kommandierte Rasko sie weiter.

„Geh … Du befindest … hm … unterhalb einer … äh … auf dem Monitor wird ein Gebäudekomplex angezeigt … vielleicht eine Bibliothek oder eine Fakultät? …" Seine Stimme wurde immer wütender.

„Wat weiß ich? Geh weiter! Laut Plan müsste innerhalb weniger Meter, hinter einer Tür, ein Tresorraum liegen."

Lynn zog ihren Kopf ein und berichtete, was sie mit ihrer Taschenlampe ausleuchtete.

„Vor mir ist eine Einstiegsluke neben einer Heizungsanlage, aber diese ist mit einem Metallgitter verriegelt."

Von außerhalb drangen Geräusche zu ihr herein, vermutlich von einer Belüftungsanlage. Dann vernahm sie die dumpfen Klänge einer Orgel.

„Hörst du die Klänge?", fragte Lynn erschrocken.

„Nein!", erwiderte Rasko.

„Gibt es eine Kirche hier irgendwo?"

„Auf dem Plan sind hier zwar eine ganze Reihe große und kleine Kirchen aufgeführt, aber Friedhöfe? Hm, ist wohl schon lange her. Keine Ahnung! In jüngster Zeit ist viel umgebaut und modernisiert worden. Viele Glasbauten. Lux-City punktet – im Vergleich zu Megacitys wie Paris und London – mit Charme. Diese Stadt, aber auch das Land bietet seinen Bürgern was."

„Haben Kirchen auch Banken? Oder was machen sie sonst mit unseren Kirchensteuern?", bohrte Lynn weiter.

„Red keinen Unsinn! Öffne die Luke!", entgegnete Rasko ihr mit ungehaltener Stimme.

Sie klopfte mit einem kleinen Beil, in dem Versuch, die Kette zu sprengen. Dabei musste sie sehr behutsam vorgehen, denn das Klopfen erzeugte einen Widerhall. Mit viel Kraftanstrengung war der Weg beim dritten Versuch endlich frei.

„Okay!", keuchte sie, während sie den Unrat mit einem Fuß beiseiteschob und sich den Staub aus dem Gesicht wischte. Dann öffnete sie die Luke und trat ein.

„Bin drin!", japste sie durch das Mikrofon. „Aber ich sehe keine Geldtruhe oder Ähnliches …"

„Hier! Ich sehe eine Metalltür!", rief sie plötzlich.

„Bravo, Mädchen! … Bald sind wir reich!", lachte Rasko laut auf, sodass es im Ohr wehtat.

Sie nahm für einen Moment den Ohrhörer aus ihrer Ohrmuschel. Er schien es bemerkt zu haben, denn sogleich raschelte es – diesmal leise – aus dem kleinen schwarzen Ding

„Was ist?" Seine ungeduldige Stimme wechselte in einen sanften, fast schon vertraulichen, jedoch für sie ungewöhnlichen Ton.

„Lynn!“, rief Rasko über die Sprechverbindung. „Lynn, ich danke dir. Du bist ein tapferes Mädchen! Du wusstest doch, dass ich dir nie was antue würde, nicht wahr? Schon damals in der Mühle und im Krankenhaus. Weißt du noch? Ich fand dich schon immer toll. Wir sind doch eine Familie. Ich brauche dich. Wir gehören zusammen. Und wenn das alles überstanden ist, gehen wir beide weg von hier!“

Lynn erwiderte nichts, ihr fehlten die Worte.

Im Inneren wütete sie jedoch. Nein, Rasko! Dann spürte sie auf einmal eine innere Stärke in sich aufsteigen.

„Ohne mich kommst du nicht an den Safe! Ich helfe dir noch dieses eine Mal, aber dann gehen wir getrennte Wege! Verstanden?“

„Und mir steht ein Anteil zu! Damit kaufe ich mir meine Freiheit – die Freiheit, die selbstbestimmte Person zu sein, die ich sein möchte!“, fügte sie mit selbstbewusster Stimme hinzu.

Sie packte einen Akkuschrauber aus, mit dem sie die Scharniere der Tür löste, wodurch sich die Tür öffnete.

„Vorsicht! Alarmanlage mit unsichtbaren Lichtbarrieren!“ Sarkastisch fügte er hinzu: „Ich könnte dich jetzt auffliegen lassen; wenn ich es mir so recht überlege, würde mir das sogar ziemlichen Spaß machen. Wie findest du das?“, schrie Rasko.

Sie schnaubte, knipste ihre Stirnleuchte an und betrat einen dunklen, fensterlosen Raum. Sie runzelte die Stirn, während ihre Augen versuchten, sich an die Dunkelheit zu gewöhnen. Sie wirkte hoch konzentriert. Und während sie sich an blauen Lichtschranken entlang durch ein kreuz und quer verlaufendes Labyrinth manövrierte, konterte Lynn: „Ohne mich würdest du aber keine Beute machen können. Dann müsstest du selbst in die Löcher kriechen und selbst die Codes knacken.“ Plötzlich stieß sie sich den Kopf. „Aua!“, schrie sie in das Mikro hinein.

„Ich sehe nichts! Hier ist es komplett dunkel.“Sie hatte überhaupt keine Ahnung, wo und in welchem Gebäude sie sich befand.

„Ich habe einen Behälter gefunden“, rief sie. „Hier ist es sehr dunkel, und um die Sicherheitsschranken zu überwinden, benötige ich … Doch, hier, hinter einer Raumteilung, da steht ein Tresor! Hier gibt es auf einmal keine Lichtschranken mehr. Warte! Ich taste mich langsam vor …“

Sie leuchtete mit ihrer Taschenlampe den Raum aus. Zufrieden lächelte sie und sagte: „Da ist er!"

Doch dieser Safe war eine Sonderanfertigung. Er war mit einem Temperaturregler ausgestattet. Sie tastete den Kasten ab, auf der Suche nach dem Schloss. Es hatte einen Drehverschluss und es dauerte eine Weile. Rasko wurde ungeduldig.

„Komm, mach schon!"

Lynn blieb ganz cool. Sie drehte, lauschte und schrieb eine Zahl nach der anderen mit einem Whiteboard-Marker auf das Metall. Es war stets das gleiche Prozedere. Ruhig konzentriert weiterdrehen. Sie musste genau hinhören. Da war ein leichtes Knacken, das ihr den Hinweis gab, hier könnte eine Verrieglung sein … Dann wischte sie eine Zahl weg, erneuerte sie durch eine andere und nach nur fünf Minuten hatte sie den Code geknackt.

Sie öffnete die Tür. Dann staunte sie erst mal.

„Komm schon, sag, wie viel? Eine oder zwei Millionen? Die Hälfte geht an die Klosterfrau und dann …", drängelte Rasko.

Lynn hörte nicht zu. Sie hatte schon lange verstanden, dass sie die Drecksarbeit machen sollte, um am Ende leer auszugehen. Und sie hatte sich schon lange vorgenommen, es anders zu machen. Diesmal?

„Es sind aber keine Münzen drin", antwortete Lynn.

„Egal, nimm, was du kannst!"

„Da ist nichts! … Kein Geld, keine Goldbarren!"

Sie stöberte und wischte sich Staubfäden aus dem Gesicht. Sie staunte abermals. „Nur staubverschmierte alte Bücher drin", flüsterte sie.

Nun, bei näherem Hinsehen waren es sehr alte Kladden mit Schraubverschlüssen. Es waren Kirchenbücher, so viel wusste Lynn noch aus ihrem Lateinunterricht und dem Skriptorium von Echterville damals. Und während sie mit den Fingern die kostbaren Intarsien mit Elfenbeinminiaturen betastete, wanderten ihre Gedanken zurück an die kleine erotische Episode mit der Museumsführerin. Sie musste schmunzeln. Lynn vernahm ein ungeduldiges Rauschen über ihre kabellosen Ohrhörer.

„Lynn, Mädchen, was is'? Wat hast de gefunden? Nur Bücher? Guck noch mal! Willst du mich verarschen, du Schlampe?"

Lynn war verblüfft, aber sie lächelte, als sie wiederholte: „Nein, es sind wirklich nur Bücher, aber sehr wertvolle."

„Scheiße, Mann! Wie können alte Kirchenwälzer von Wert sein?", fluchte Rasko.Just in dem Moment fuhr eine Polizeistreife an seinem Fahrzeug vorbei. Rasko hielt inne, regte sich nicht.

Sie fuhren weiter. Er grinste schelmisch.

„Lynn, hörst du? … Lynn, bring alles mit, was du von Wert finden kannst, und beeil dich! Komm zurück! Die Polente ist aufgetaucht. Weiß der Geier, was oder wen die suchen!"

Lynn verzog das Gesicht. Sie konnte die Holzkladden kaum heben, so schwer waren diese. Schließlich packte sie die Kladden in eine Tasche und hievte sie über ihren Rücken.

Lynn zwängte sich durch das Labyrinth zurück. Sie kam ein bisschen später als geplant oben an und benötigte etwas Zeit, bis sich ihre Augen wieder an das Tageslicht gewöhnt hatten. Unbemerkt schlich sie sich rasch durch die meist menschenleeren, engen Gassen, denn sie wusste, die Normalos gingen durch die Haupteinkaufspassagen. Und sie wollte nicht erwischt werden. Also nahm sie einen Seitenweg und entwischte über die Feuerwehrleiter, hüpfte über die Zinnen eines niedrigen Nebengebäudes und nahm Anlauf, um über eine Wertstoffsortieranlage zu springen. Zwischen der Restaurantküche, die zu einem Hinterhof zeigte, und einem Pfarrheim verlief ein schmaler Asphaltweg, der sie auf den Place de la Constitution in Lux-City führte, in der Nähe der Stelle, wo Rasko im Auto saß und auf sie wartete.

Am Ziel angekommen, sah sie sich noch einmal um, bevor sie die Beifahrertür des Land Rovers öffnete und sich mit Schwung hineinsetzte, während sie gleichzeitig den Sack nach hinten auf den Rücksitz hievte. Sie hechelte und schnappte nach Luft. Erst langsam legte sich ihre Aufregung. Gut, dass die Scheiben getönt waren.

Rasko blickte sie wütend an. Lynn packte drei alte Antiquitäten, eingebunden in Leder, aus. Er machte keinen Hehl aus seiner Enttäuschung.

„Wozu bist du Fotze denn gut?" Ohne ein weiteres Wort startete er den Wagen und nahm die Route de National Richtung Gutland.

Sie aber blieb vollkommen ruhig, während sie souverän eine dieser kastenförmigen Schriftensammlungen öffnete. Dabei offenbarten sich vergilbte Pergamentblätter, einige von ihnen glänzten im Licht. Die Schriftzeichen und die Buchstaben dieser Evangelien bestanden aus Gold. Und zwei weitere dieser Art waren nun in ihrem Besitz.

Lynn erkannte eines dieser Werke und war überzeugt, es musste das Original sein. Sie hielt inne. Ein Gefühl der Ehrfurcht überkam sie. Sie traute kaum ihren Augen. Vorsichtig pustete sie den Staub weg. Sachte glitten ihre Finger über das Deckblatt mit der Jesusfigur am Kreuz, dann über die kunstvoll gemalten, teils erhabenen Buchstaben, die sich fast wie Blindenschrift anfühlten.

Lynn war mächtig beeindruckt. Diese Bücher waren über tausend Jahre alt. Es handelte sich um „Das goldene Buch von Echterville" (Codex aureus Epternacensis oder auch Codex Gothanus genannt, ein Werk der ottonischen Buchmalerei, entstanden zwischen 1030 und 1050 in der Benediktinerabtei von Echternach, das heute im Germanischen Nationalmuseum aufbewahrt wird). Sie waren von Hand geschrieben. Die Ikonen, also die Bilder, waren ebenfalls von Hand gemalt.

„Ach ja, falls es dich interessiert, Rasko: Die Tinte besteht aus echtem Gold! Und die anderen Bücher sind ebenfalls alles Originale, die eigentlich bald zum Jubiläum ausgestellt werden sollten."

Rasko bremste scharf und brachte den Wagen abrupt zum Stehen. Seine Augen funkelten. Lynn hielt eines der Werke aufgeschlagen auf ihrem Schoß.

„Echtes Gold, sagst du?" Raskos Augen flackerten gierig, als er sich hektisch zu ihr umwandte. „Dann schmelzen wir die Dinger ein und nehmen uns das Gold!"

„Das können wir nicht machen, Rasko! Lass uns eine andere Bank ausrauben. Ich helfe dir dabei. Aber diese Bücher hier sind von universalem Wert. Wenn schon nicht für die Religion, dann für die Wissenschaft.", entgegnete Lynn ihm.

Kaum hatte sie ihren Satz zu Ende gesprochen, waren sie auch schon auf dem dunklen Parkdeck einer Tiefgarage angelangt. Rasko war nämlich in der Zwischenzeit wieder weitergefahren. Er machte das Licht aus und forderte sie auf, ihm die Bücher auszuhändigen.

„Gib mir die Bücher, Lynn!"

Aber plötzlich stand die Nonne vor ihnen, ihr finsteres Gesicht vom Fackelfeuer erleuchtet.

„Kind", sagte sie erzürnt, „du vermasselst mir alles!"

Ihre bernsteinfarbenen Augen starrten Lynn wütend an. Doch sie streichelte ihr Gesicht. „Du schönes Kind mit deinen ebenmäßigen Gesichtszügen", sagte sie in fast weinerlichem Ton, „Ich war auch mal so schön wie du. Hatte Pläne, Träume …"

Dann wurde ihre Stimme wieder energisch. „Ach, vergiss es!"

Sie holte aus und verpasste Lynn mit einem Messer einen Ritz am Kinn. Ihre Wange blutete.

„Jetzt wird dir deine Schönheit auch nicht mehr helfen. Und du wirst das tun, was ich sage. Verstanden? Du folgst den Katakombentunnel bis zur Adolphe-Brücke. Parallel zu dem Fahrradweg am Abhang klettert ihr über den Abwasserkanal. Dort gelangt ihr in die Banque centrale, die Zentralbank. Hier sind die Schlüssel für den Tresorraum.", sie holte einmal tief Luft und fuhr fort, „In einem der Safes befinden sich weitere Schätze! Goldschätze! Ich will sie alle! Kapiert?"

„Solltet ihr nicht in drei Stunden erfolgreich sein, werdet ihr verraten!", setzte sie noch nach. Ihre halb gesenkten Augenlider und ihr Blick ließen ihre scheinbare Überlegenheit erkennen und wie sie diese offensichtlich auskostete.

„Seid ihr erfolgreich und händigt alles an einem bestimmten Ort aus, dann seid ihr frei!", flüsterte sie.

## Kapitel 12
## Licht am Ende des Tunnels?

Kommissar Theo hörte eine Sprachnachricht auf seinem Smartphone ab, während er, zusammen mit Leo und Inspekteur Le Filou, bereits unterwegs war.

In Windeseile war Schloss Weiß mit seiner parkähnlichen Anlage in seine eigentliche Funktion zurückverwandelt worden: ein Ausflugslokal mit einem herrlichen Ausguck über das Moseltal mit seinen weit ausgedehnten hügeligen Weinanbaugebieten und der über zweitausend Jahre alten Stadt: Trevis.

Cashmere und Shalom hielten sich in der Nähe der Lkws versteckt. Das Licht der Straßenlaterne spiegelte ihre von Anspannung gezeichneten Gesichter auf dem schwarzen Lack eines Containers wider. Da hörten sie plötzlich etwas. Der Parkplatz war mit Flutlicht beleuchtet und so konnten sie einen Mann mit pockennarbigem Gesicht erkennen. Er sprach mit jemandem, der zweimal so dick war wie er selbst. Die Zwillinge hörten Wortfetzen wie „Kirche“ und „weiße Ware“. Der Dicke näherte sich ihnen. Er hielt einen Baseballschläger in der einen Hand und schien sehr wütend zu sein.

Sie hofften inbrünstig, man würde sie nicht entdecken. Da tippte sie plötzlich jemand von hinten an. Shalom wollte schon vor Schreck aufschreien, doch derjenige hielt ihr den Mund zu. Cashmere griff nach dem erstbesten Schlagobjekt. Sie tastete nach einem Stein oder Stock, doch sie konnte nichts Derartiges finden. Ihre Nervosität schnürte ihr die Luft ab, sie fühlte sich wie gelähmt vor Angst. Sie konnte keinen klaren Gedanken fassen, da zischte jemand von hinten und forderte sie sanft auf, Ruhe zu bewahren. Es war der Inspekteur, der geduckt in Zivil hinter ihnen angeschlichen gekommen war. Mit dem Zeigefinger auf den Lippen flüsterte er: „Das sind die Security-Leute, die Jacco gekauft hat. Kommt mit mir!“

Als sie außer Hörweite waren, sprach er in sein Diensthandy.

„Zugriff!“

Im Nu waren mehrere Männer mit dem herzoglichen Polizeidienstwappen auf den Uniformen mit Fuhrwerk und Handschellen zur Stelle.

„Ein Teil wäre geschafft! Ich gratuliere den beiden Lady-Detektivinnen! Wir haben die Logistik gefunden, dank der Ortung eurer Handys. Es ist eine Schande, dass mitten in einem Wohlstandsland solch dubiosen Geschäfte gemacht werden, ohne dass wir etwas davon bemerkt hatten.“

Shalom merkte an, dass es noch nicht vorbei sei. „Da sind immer noch Menschen in diesen Lastern und noch irgendwas. Sie haben irgendwas von ‚Kirche‘ und ‚weißer Ware‘ erwähnt, was auch immer das zu bedeuten hat. Ach, und es gibt immer noch keine Spur von Lynn? Also, ich kann noch nicht ruhigen Gewissens nach Hause gehen!“

Ein neuer Tag brach an. Nach und nach erhoben sich die ersten Sonnenstrahlen über die Türme der Stadt und breiteten sich zunehmend am Himmel aus. Sie steuerten die Talsohle von Lux-City an.

„Ein Mini-Grand-Canyon mitten in der City“, bemerkte Cashmere, während die Morgensonne zwischen den Felsenmauern glitzerte. Ein warmes Orangegold erhob sich am Horizont und tauchte den Himmel in ein edles Royalblau. Jeden Morgen aufs Neue strahlte die Sonne, egal, was die Nacht zuvor vorgefallen war. Dabei ließ sie nichts aus, vom klitzekleinsten Winkel bis hin zu dem majestätischen Stadtschloss. Und noch immer rollten Ambulanzen mit Blaulicht heran, um die Eingesperrten aus den Containern herauszuholen und ihnen Licht und Leben wiederzugeben.

Als es immer heller wurde, kurvte Cashmere durch Lux-City bis hin zur Talsohle. Shalom entdeckte eine schwarze Zugmaschine, versteckt hinter einem schäbigen Holzverschlag.

„Cashmere, schau! Gleich neben der Kapelle dort drüben!“, sagte sie in die Sprechfunkanlage.

Ihre Schwester, die gerade nach einer Wendemöglichkeit suchte, musste auf den Verkehr achten; im Bereich einer alten Benediktinerabtei stand das Flusswasser sehr hoch und so war manche Durchfahrt gesperrt. Sie wollte gerade wenden, da schrie ihre Schwester erneut: „Halt! Stopp! Guck, hinter der alten Scheune, da, guck doch!"

„Das ist ja wie verhext, da steht noch so ein schwarzer Lkw. Schau dir das mal an!", wiederholte Schalom.

Und weil ihre Schwester zu langsam reagierte, forderte sie sie erneut auf, dort hinzuschauen. Doch Cashmere versuchte gerade ein paar ungewöhnlich gekleideten Personen auszuweichen. Manche kamen in Folkloretrachten mit weiß aufgeplusterten Blusen. Andere wiederum trugen schwarze Mieder, deren goldene Stickereien in der Sonne funkelten. Und zwischendrin die Zwillingsschwestern Shalom und Cashmere, die ganz im schwarzen Leder eher wie Fremdkörper wirkten. Nun, sie waren ja auch Fremde. Das hinderte sie jedoch nicht daran, sich an den vielen Wohnwagen und Veranstaltungszelten vorbeizuschlängeln, in der Hoffnung, einen Hinweis auf Lynn zu finden.

Vor den noch geschlossenen Kirmesbuden befand sich eine Tanzfläche, auf der bereits ein Mann in Lederhose und eine Frau im Dirndl tanzten; er flachste grinsend und sie wirbelte charmant mit ihren Röcken. Die Akkordeonmusiker spielten fröhlich-lustige Polkalieder. Man fühlte sich so früh am Morgen nach Böhmen versetzt, ins historische Prag mit seinem Met und Bier.

Ein Musiker rückte sich seine Geige zurecht und der Klamauk und die Ausgelassenheit der Tänzer wandelten sich in melancholische, wehleidige Fadotöne, und obwohl es nur zur Übung war, wurde das Tal für einen winzigen Augenblick von einer Aura durchflutet, welche die vielen Gastarbeiter auf den Baustellen – die Portugiesen, die Slaven und die Litauer, so fern der Heimat – allesamt gleich empfanden. Selbst Shalom und Cashmere konnten ihnen nachempfinden. Doch der Moment verflog wieder und sie waren nun im Bereich eines brückenähnlichen, steinernen Wenzel-Weges angekommen.

Dort befand sich neben einem historischen Wäscherinnenplatz eine künstliche Surfwelle, heute ein Treffpunkt für junge Leute. Schon in den frühen Morgenstunden balancierten junge Männer hier ihre Surfbretter oberkörperfrei. Andere klickten ihre Karabinerhaken und kletterten den Tuffstein hinauf, bis zu den in die Felsen hineingehauenen Katakombentunneln. Und wenn man sie ließe, dann würden sie auch die Kirchtürme bezwingen. Der Kardinal würde im Dreieck springen.

Gegenüber stieg der Wasserpegel, bald würde er bis an das ehemalige Klostergelände heranreichen, sodass neben den Türmen der Kathedrale ein Hauch von Venedig herüberwehte, der Piazza San Marco. Shalom dachte: Wenn wir nicht einer Gaunerbande hinterher wären, könnte man bei den vielen diplomatischen Vertretungen hier die alte Kaufmannsidee wiederaufleben lassen, ähnlich wie Venedig damals, so etwas wie einen Europa-Salon. Cashmere indes machte große Augen, als sie Lynn an der Felswand entdeckte. Durch die Öffnungen glaubte sie den Rasko erkannt zu haben, der sich innerhalb der Katakomben bewegte und einen großen, breiten Sack überm Buckel trug.

Auf einmal stand der Leo da.

„Gib Lynn frei!"

„Trau dich, wenn du kannst. Sie will dich gar nicht!"

Mit den nachgewachsenen Rasterlocken, seinen markanten Wangenknochen und den blauen Augen wirkte Leo wie ein kampflustiger Naturbursche, der das, was er sagte, auch meinte. Mit stolzgeschwellter Brust krempelte er sich die Ärmel hoch und fuhr mit seiner schwarzen Enduro-Maschine die Serpentinenstraße hinauf.

Rasko näherte sich mit einer Pistole bewaffnet und schoss in Richtung Leo. „Lasst mich gehen, dann geschieht ihr nichts!"

Ein angstvolles Raunen ging durch die Reihen. Manchen Schaulustigen wurde es zu heikel, besonders denen mit Kindern. Sie suchten das Weite. Andere waren von dieser „Show" begeistert. Sie setzten Kopfgelder. So mancher wettete darum, wer wohl am Ende das Mädchen bekommen würde.

Leo schenkte dem allen keine Beachtung. Er fasste den Lenker seines schwarzen Motorrads und konzentrierte sich. Er fühlte sich wie früher, als er stundenlang mit dem BMX-Rad die Eifelburg rauf- und runterjuckelte. Jetzt befand er sich auf einem schmalen Rundweg, der teils in den Felsen hineingehauen, teils stufenweise gemauert war. Er wollte die fast senkrechten Stufen des sogenannten Wenzel-Weges bezwingen.

Beinahe mühelos überwand er Stufe für Stufe. Er hielt sich aufrecht und waagerecht. Mal gab er Gas, mal drosselte er sein Tempo. Geschick war definitiv auch notwendig, um sein Ziel zu erreichen. Und sein Ziel war, Lynn zu retten.

Zuschauer versammelten sich, während Leo weiter mit dem Zweirad die Felsen hinaufkletterte. Dies erforderte enorme Muskelkraft, dem war Leo gewachsen. Wie ein Akrobat hievte er sich und das Rad auf Höhe des Katakombeneingangs. Dann erreichte er die Felsenöffnungen, um mit einem Hieb dem Dieb, Rasko, den übergroßen Beutel zu entwenden.

Die Zuschauerschaft staunte. Manche klatschten. Manche dachten, dies gehöre zum Stadtmarketingkonzept mit Sommermärchen-Theater. Die Spannung stieg. Es fehlte nur noch Popcorn. Der irische Pub-Betreiber war auf Zack. Er servierte Stühle und Getränke. Auch Popcorn, wer mochte.

„Lynn!", rief Leo in die Felsenöffnungen hinein.

Keine Reaktion.

Ein schwarzhaariger Mann mit blassem, markantem, aber entschlossenem Gesicht lugte aus einem der schmalen, fensterlosen Löcher.

„Wenn du so scharf darauf bist, dann komm sie dir doch holen!", fauchte er zurück.

Rasko zückte eine Waffe und schoss wieder in Richtung Leo. Die Kugel ging haarscharf an dessen Bein vorbei.

Auf einmal stand die Klosterschwester Hildegard da. Sie hielt eine Peitsche in der Hand und warf diese jetzt wie eine Angel, in dem Versuch, den Sack aus der Öffnung zu ziehen. Es gelang ihr nicht. Sie wiederholte es mehrmals. Entweder war es zu schwer oder ihr Wurf ging daneben.

„Lauf weg, Rasko, mein Sohn!"

Der Rasko glotzte die dicke Nonne einen Moment lang an und konnte nicht glauben, was sie da gerade gesagt hatte.

„Deine Muttergefühle kommen zu spät, lass den Quatsch!" Rasko nahm den Sack und Lynn und stieß sie tiefer in eine Höhle hinein.

Bei immer heller werdendem Tag bemerkte die Nonne außerdem, wie aus dem schwarzen Lkw, der noch immer hinter einem Verschlag stand, heimlich Menschen aus dem Anhänger geklettert kamen. Die dicke Schwarze brüllte dem hinzueilenden Inspekteur Monsieur Le Filou zu, er solle mal dort drüben nachsehen. Schnell flüchtete die Nonne in die Felsenkirche.

Von dort aus hörte man etwas poltern. Das Geräusch kam aus der kleinen Kirche nebenan, die halb in den Felsen gemeißelt war, halb gemauert und ovale, barocke Fenster am Giebel besaß. Das Poltern wandelte sich und hörte sich nun an wie Schreie. Einige liefen dorthin.

Dort fanden die zwei Schwestern ihren Lateinlehrer Pfarrer Gular. Er kniete vor dem Altar und war an Händen und Füßen gefesselt. Er war nackt und ein anderer Mönch war im Begriff, ihn mit einer Riemenpeitsche mit Widerhaken zu schlagen.

„Du sollst büßen für das, was du getan hast!“, so der alte Mönch. Gulars Rücken blutete bereits. Die dicke Nonne ging dazwischen.

„Lass meinen Bruder gehen, du Lump!“, und sie schubste ihn beiseite. Ihre bernsteinfarbenen Augen funkelten wütend wie die einer schwarzen Katze.

Aus einer Nebentür-Öffnung kam plötzlich Lynn heraus und befreite Gular. Sie legte ihm ihren Mantel um und schnitt ihm die Fessel mit einem Taschenmesser durch. Gular erhob sich, wandte sich um, zog den Mantel enger zusammen und rannte in die Sakristei. Einige Männer eilten hinterher, doch von dem Priester war nichts mehr zu sehen.

Kommissar Theo traf ein. Er war sprachlos. Monsieur Le Filou musste seinen Kopf einziehen, um durch die Tür zu kommen. Kommissar Theo, Le Filou und weitere Ermittler umstellten die Ausgänge. Aber zu spät.

Der alte Mönch schlabberte und faselte was von Gottes Gericht.

„Helfer in der Not! Letztes Sakrament!“, schrie er.

Keiner verstand so recht, was er meinte, und keiner traute sich, ihn zu maßregeln. Niemand wagte es, sich ihm zu widersetzen. Und doch versuchten die Ermittler durch Heranschleichen, ihn zu fassen. Der Greis torkelte, als wäre er betrunken. Er schwankte umher, als wäre er blind. Er schien sich vorzutasten und schlug dann wild um sich, als sei er von einem Wahn besessen. Da er sich so gebärdete, vermutete niemand seine

Scharfsinnigkeit. Denn auf einmal hielt er eine Knarre in der Hand; zwar ein Vorkriegsmodell, aber durchaus funktionstüchtig. Erschrocken wichen alle einen Schritt zurück.

Plötzlich packte er die Lynn, zog sie mit sich und verschwand mit ihr durch die Sakristei.

Einige Polizisten folgten und durchsuchten die Sakristei. Nichts. Außer einem Transistorradio und ein paar alten Musikkassetten fanden sie nichts. Sie tasteten die Wände nach versteckten Türen ab. Fehlanzeige. Nicht einmal eine Falltür fanden sie. Alle Suchtrupps gaben auf. Doch Theo hatte einen Einfall. Da er ein altes Auto besaß, einen Audi Kadett, war er in der glücklichen Lage, ein Abspielgerät zu haben. Die heutigen Automodelle hatten nur noch CD-Player. So rannten Theo und Leo los, der Inspekteur luftschnappend hinterher.

„Mariengrotte … Opfer bringen, sonst knallt's! – So oder so ähnlich lautete die Drohung vor der Tempelanlage“, meinte Leo.

„Die Stimme gleicht der des alten Mönches. Jetzt können wir sie zuordnen.“

„Was machen wir denn jetzt? Wo ist Lynn? Und was meint er mit Grotte?“, fragten Schalom und Cashmere aufgeregt. Sie wurden zunehmend nervös.Da bekam Grete plötzlich einen Einfall.

„Es gibt einen Fischweiher im Gutland, nicht weit von hier im Wald. Zwar keine Kirche, aber eine Mariengrotte. Das war mal ein Schulprojekt von einem Pater, der sich Hieronymus nannte. Man wollte dort Fische züchten und Feste feiern.“

Leos Tante machte ein angestrengtes Gesicht. Mit Daumen und Zeigefinger fasste sie sich ans Gesicht und dann fiel es ihr wieder ein.

„In den Fünfziger- und Sechzigerjahren veranstaltete man dort Feste. Und auf den Festen wurde viel Blödsinn getrieben …“ Sie brach ab.

Theo legte besorgt eine Hand auf ihre Schulter.

„Schnell, lass uns dorthin fahren!“, meinte der Gutland-Kommissar.

Beide nahmen Grete im Wagen mit und außerhalb der Stadt schleuste sie die Ermittler über die Landstraße bis nach Echterville, wo die Grenze zwischen Gutland und Park-De-Lux verlief. Sie zeigte den Kommissaren den Weg, den sie immer als Kind genommen hatte, wenn sie up de Mart ein Vieh verkaufte. Damals trotteten das liebe Vieh und sie allein durch dieses labyrinthartige, urige Waldgebiet. Vielleicht wirkte es jetzt so gespenstig, weil es dunkel wurde. Vorbei am Hof „Hubertus" kamen sie vom geteerten Weg ab und bogen in einen Schotterweg ein. Dieser führte an großen Feldern vorbei. Oben auf dem Plateau befand sich ein Segelflugplatz. Hier ging es links hinunter zu den Felsenschluchten, „Teufelsschlucht" genannt, und rechts, etwas hangabwärts, in ein weiteres Waldgebiet.

Plötzlich wechselte Tante Grete von einer lebhaften zu einer stillen, nachdenklichen Person und über ihrem Gesicht breitete sich Trauer aus, als sie mit etwas bedrückter Stimme erzählte.

„Wisst ihr, manche Kinder he in der Gegend, sie wurden ‚Beisatz'. Man hat sie einer anderen Familie oder Institution, wie der Kirche oder dem Heim, ‚beigesetzt', weil die eigenen Eltern das Kind nicht wollten oder aus irgendeinem Grund nicht konnten. Mech hat man uch beijesaaaat", ergänzte sie, während plötzlich Tränen über ihre Wangen liefen.

„Ech gove bei de Tant gefuhr. Die hatten keen Kinder. Dat war net schön, wenn die eigenen Eltern wegfuhren und nix gesagt wird. Kein Wort. Keine Erklärung. Warum? Sie hatten mich einfach dagelassen." Grete schnäuzte sich die Nase. Stille kehrte ein. Sie weinte.

Dem Leo war dies genauso peinlich wie ihr auffälliges Benehmen, aber er blieb still. Jetzt verstand er einiges. Grete fasste sich und stellte fest: „Jo, ihr müsst entschuldigen, manchmal kriege ich die Moralischen, und dat, wat meine Eltern mir anjetan han, dat kann ich net verzeihen. Dat verfolgt dich dein Lebe' lang. Und dann ist man anfällig für die ‚Fallen' im Leben."

Theo und Leo schauten gleichzeitig fragend in den Rückspiegel. Sie schwiegen. Es war Kommissar Theo, der Verständnis zeigte.

„Madam, einen kühlen Kopf bewahren hilft. Helfen Sie uns, den Übeltäter zu finden, damit wir die Mädchen retten können." Er schaute sie durch den Rückspiegel an. „Ja?"

Grete wischte sich die Tränen weg, schnäuzte und lächelte wieder.

„Jo, meinetwegen."

Sie befanden sich auf einer Schotterpiste irgendwo in der Eifeler Wildnis zwischen Park-De-Lux und Gutland. Theo hatte ein wenig die Orientierung verloren. Konzentriert lenkte er sein Fahrzeug über schwindelerregende Höhen. Gelegentlich ging es steil bergab. Das Lenkrad schwenkend, bog er scharf links und dann wieder rechts herum ab, sodass alle Insassen immer wieder dicht an die Außenwand gedrängt wurden. Er war heilfroh, dass nichts passierte.

Zwischen den Dörfern kamen sie an einer Sportanlage vorbei und dort, etwa zwei Fußballfelder weiter, wurden ruinenhafte Gesteinsbrocken sichtbar. In einem Felsentrichter hatte man vor rund hundert Jahren nach der Idee eines Priesters hier einen Weiher angelegt, um darin Fische zu züchten. Vor ihnen breitete sich ein verwunschenes, fast schon gespenstisch wirkendes Refugium aus. Ein begehbarer Steg, bewachsen von rankendem Efeu, bildete einen arkardenartigen Rundgang. Gespeist wurde der Weiher durch ein noch immer funktionierendes Stoßpumpkraftwerk. Das schwarze Eisenschlaghammerwerk aus dem letzten Jahrhundert gab im Pendelrhythmus ein hämmerndes Geräusch von sich. Sein Becken wurde aus dem Bach mit frischem Wasser gefüllt. Oberhalb, in einer Felsenhöhle, entdeckten die Ermittler eine Mariengrotte. Die Grotte war durch ein schmiedeeisernes Tor verschlossen. In diesem verschlossenen Bereich stand eine Madonnafigur. Sie trug ein weißes Gewand mit blauer Borte. Ihre Hände waren wie zum Gebet gefaltet. Im goldenen Haar trug sie ein goldenes Diadem.

Theo musste zweimal hingucken. Irgendetwas war mit den Augen. Er blickte seinen Kollegen fragend an. Dieser zuckte mit den Schultern, ahnte jedoch, was Theo stutzig machte.

„Es ist keine Statue, es war ein echtes Mädchen. … Nicht schon wieder!", stöhnte er. Er rief per Handy die Einsatztruppe. Da bemerkte er, wie jemand aus dem Wald in die Büsche lief.

Leo hinterher. Ein schmaler Pfad führte über eine Kapelle am Waldrand vorbei und über Höhen bis hinauf zum Gutshof „Zur Linde". Theo sah unterhalb einen blauen Sportwagen. Er nahm sein Fernglas. In dem

Wagen saß Frau Stocks. Sie war kaum wiederzuerkennen. Sie trug ein rotes Kostümkleid und schwarze Pumps.

Der junge Kommissar sah unterdessen den dunkel gekleideten Flüchtigen über ein Kornfeld laufen. Leo lief über eine frisch gemähte Wiese und schnitt ihm den Weg ab. Mit einem Hechtsprung überwältigte er den Geflohenen von hinten.

So marschierten sie nun beide zum Gutshof „Zur Linde“.

„Wieso sind Sie weggelaufen? Was haben Sie mit den getöteten Mädchen zu tun?“

Der Befragte zitterte. Sprach kein Wort. Der Bauer Stocks kam zur Tür herein und wunderte sich. Der Gauner zitterte wie Espenlaub, so nahm der Bauer eine Schachtel Zigaretten aus seinem Medikamentenfach und gab ihm eine.

„Danke!“, sagte der Fremde.

„Was wissen Sie über Lynn?“, fragte Leo ihn.

Jetzt war auch der Bauer ganz Ohr. Sie hielten den Geflohenen jeder an einer Seite an den Armen fest und Leo zog ihm die Kapuze vom Kopf. Es war Rasko, der die beiden mit einem süffisanten Blick angrinste, als er schulterzuckend antwortete: „Was? Lynn? Keine Ahnung, Mann! Ich weiß nicht, wovon Sie reden!“

Dieser junge Schnösel mochte mit seinem Cappuccino-Blick viele Frauen beeindrucken, aber nicht Leo. Der war stocksauer. Der Rasko schnaufte noch ein wenig von seiner Flucht, aber er tat so, als wollte er einlenken, bat um eine Zigarette, oder besser wäre was zu trinken. Als der Bauer ihm eine Zigarette gab, zündete er sie schnell an und zog mehrmals hintereinander daran.Leo langte über den Tisch, riss ihm den Glimmstängel aus dem Mund und knallte ihm eine.

„Wissen Sie eigentlich, dass Sie unter Mordverdacht stehen? Zwei Mädchen sind tot aufgefunden worden!“, sagte er außer sich vor Wut. Rasko spielte den Ahnungslosen.

„Damit habe ich nix zu tun.“

Er kratzte sich am Kinn, nahm in cooler Manier noch ein paar Zigarettenzüge und schnippte die Kippe weg. „Das war der Alte, Mann!“

Bauer Stocks rückte näher, nahm eine Mistgabel und steckte sie mit Wucht in die Holzwand. So gelangte Raskos Kopf genau zwischen die Zinken der Forke. Bauer Stocks und Leo schauten den Verdächtigen wütend an. In dem Moment kam Theo und ging dazwischen.

„Was ist denn hier los?“, wollte er wissen.

„Er soll sagen, wo sich meine Tochter befindet!“, erwiderte Bauer Stocks aufgebracht.

„Die Lynn ist verschwunden?“, fragte der junge Mann um Luft ringend, weil die Zinken der Forke seine Kehle verengten. Theo nickte.

“Wenn du nicht als zweifacher Mörder verklagt werden willst, dann rede und sage uns zumindest, wo sich die junge Frau Stocks befindet.“

Daraufhin zuckte er.

Bauer Stocks verschärfte den Druck mit der Mistgabel.

„Okay, okay! Aber nehmen Sie dieses Ding weg! Das mit den Bankraubzügen gebe ich zu, aber ich würde der Lynn nie was antun, das können Sie mir glauben! Ja, wir haben ein paar Dinger gedreht. Durch ein Tunnelwerk unter dem Müllertal kamen wir überall hinein. In Banken, in Kirchen und schließlich an die Tresore. Lynn ist talentiert, sie kann Zahlenschlösser knacken, und das in Sekundenschnelle. Und wir haben Aufträge abgearbeitet. … Fragen Sie lieber Ihre Frau, Herr Stocks … Und den feinen Herrn Kirchenmann, diesen Priester Gular.“

Rasko entfuhr ein Lachen. „Der hat es vielleicht getrieben, Mann. Die Kirchenmänner kriegen nie genug Weiber. Gleich zwei ‚Reh-Importe‘ hatte er bei den Jagdpartys bestellt.“

Bauer Stocks, wutentbrannt, wollte ihm eine knallen. Theo hielt ihn zurück.

„Was soll das heißen?“, fragte Kommissar Theo.

Und da kamen dem Leo wieder seine Beobachtungen von vorhin und der blaue Sportwagen in den Sinn. Aber aus Rücksicht gegenüber Bauer Stocks sagte er erst mal nichts.

Bauer Stocks – sicher, dass das alles ein Missverständnis war – meinte, seine Frau würde heute pilgern.

„Sie sind heute früh um fünf aufgebrochen.“

„Geben Sie die Info weiter an Monsieur Le Filou., sagte Theo zu Leo.

Und an den Gauner richtete er eine weitere Verhörfrage: „Und Sie haben auch nicht die Tonaufnahmen gemacht?"

„Welche Tonaufnahmen?!"

„Klar haben Sie die gemacht!", entgegnete Bauer Stocks wutentbrannt.

„Aber ich weiß nicht, wo sie sich befinden und ob die noch funktionstüchtig sind. … Heutzutage streamen die Leute." Und sein „Streamen" hörte sich an wie schlechte Katzenmusik, nur auf Englisch.

„Na, dann fangen Sie am besten gleich an zu suchen!", sagte Theo sehr kurzangebunden.

Nach kurzer Zeit kam er wieder und stellte einen klobigen, viereckigen Kasten auf den Tisch. Theo zückte eine alte Kassette aus seiner Tasche und legte sie in das Fach, das sich per Knopfdruck langsam öffnete. Dann drückte er die Abspieltaste und nach einem minutenlangen undefinierbaren Rauschen verkündete eine verzerrte Stimme in Telegrammart die Ermordung von vier Mädchen – als Opfergabe für die vier Evangelien, die geklaut wurden. Leo stupste Theo von der Seite an und flüsterte:

„Der Rasko ist wahrlich zu jung für Kassettenaufnahmen."

„Pscht!"

Das schwarze Karbonband knirschte und kräuselte sich zu einem Bandsalat. Bauer Stocks nahm es heraus und steckte einen Finger in eines der zwei Rädchen. Damit spulte er das Band zurück. Offenbar nützte es wenig, denn es folgten nur Fetzen einer männlichen Stimme, die da lauteten:

„… Forderung! … Code … Buch … Zurück! … sonst weitere Todesopfer! … bei Pilger … Echterville … Park-De-Lux! … Alle Sünder! …"

„Ich will meinen Anwalt sprechen!", forderte Rasko.

„Das können Sie!", antwortete Theo. „Aber auf der Wache."

Und zu den eintreffenden uniformierten Kollegen meinte er genervt: „Bitte abführen."

Theo und sein Kollege Leo beschlossen, nach Park-De-Lux zu fahren, nach Echterville, um nach Frau Stocks Ausschau zu halten.

„Es gibt da ein paar ungeklärte Fragen an sie, aber viel mehr noch an Gular“, so der Kommissar zu seinem Kollegen. Doch aufgrund der großen Menschenmassen und dem hochrangigen Besuch war die Stadt fast vollkommen abgeriegelt worden. Sie mussten zu Fuß weiter. Nach einigen Metern gelangten sie auf den Vorplatz des Benediktinerordens. Hoch oben auf der Tribüne stand unter anderen auch Pastor Gular.

„Na, sieh mal einer an! Wie konnte der denn so schnell wieder einsatzbereit sein?!“, meinte Leo.

Scheinbar unbekümmert in neuer violetter Garderobe und mit stolz geschwellter Brust neben der Eminenz Kardinal Bischof von und zu Trevis, stand der Gular da, kämmte sich mit der Hand durchs Haar. War das jetzt Lässigkeit oder Nervosität? Der Mann wusste definitiv mehr, als er vorgab! Neben einem Bischof stand der Großherzog von Park-De-Lux, und so warteten sie zunächst unter Tausenden Menschen, die hintereinander Viererketten bildeten, bis das Zeremoniell vorbei war. Ein jeder in ein weißes Tuch gehüllt, vollzogen sie parallel nach einem speziellen Polka-Rhythmus diese besondere Schrittfolge: zwei Schritte zur einen Seite, zwei Schritte zur anderen Seite, einen zurück und dann wieder einen nach vorn – dann wurde das Ganze wiederholt. Es sah aus wie ein „tanzendes Beten“. – Ein immaterielles Weltkulturerbe!

Theo bat seinen Kollegen Le Filou um Unterstützung und so gingen sie gemeinsam zu Pastor Gular.

„Herr Gular, ich nehme Sie vorläufig fest.“

Inzwischen hatte Bauer Stocks seine Frau unter den Pilgern ausgemacht. Neben ihm im Auto saß seine Mutter, die Oma Stocks, die dem Pastor Gular stolz die fertig gestickte Pfarreifahne überreichte. Der Bischof persönlich nahm sie mit dankenden Worten entgegen.

Bauer Stocks nahm seine Frau am Arm und führte sie weg von der Pilgerschar hin zu den Ermittlern. Theo wandte sich an Familie Stocks.

„Wir vermuten, dass Pastor Gular etwas mit der Entführung Ihrer Tochter zu tun hat.“

Frau Stocks löste sich von ihrem Mann, rannte hinüber zur Ehrentribüne . „Du Schuft! Du konntest nie genug kriegen.“, schrie sie Gular an.

Im Nu stand die Leibwache da. Sie griffen nach der Frau und wollten sie wegzerren. Inspekteur Le Filou ging dazwischen, zog seine Dienstmarke und bat darum, die Kirchenvertreter befragen zu dürfen.

„Wir benötigen eine Zeugenaussage in Sachen Vermisstenmeldung."

Die in Anzug gekleideten Bodyguards ließen es nicht zu. Sie klärten darüber auf, dass sie sich auf Kirchengrund befinden würden und dass polizeiliche Ermittlungen nur mit Genehmigung des Generalvikars durchgeführt werden könnten. Dann entsicherte einer von ihnen sein Gewehr und richtete es auf das Ermittlerteam.

„Bitte verlassen Sie Kirchenterritorium!"

Die Frau Stocks ließ jedoch nicht locker. Sie lief auf die Tribüne zu und schrie in Richtung Gular: „Die Lynn ist deine Tochter!"

Theo und Leo schauten sich fragend an. Es dauerte eine ganze Weile, doch dann zückten Kommissar Theo und Inspekteur Le Filou von der luxemburgischen Polizei ihre Dienstausweise und klärten die Bodyguards auf: „Mord verjährt nicht. Bei dringendem Verdacht dürfen wir überall ermitteln!"

Gular stand sprachlos da. „Was? Wie? Mord?! Damit habe ich nichts zu tun!" Und er wandte sich ab.

Bauer Stocks stand ebenfalls sprachlos da und fragte, während er seine Frau anschaute. „Wie? Was?"

Der Priester in seinem Gewand kam von der Tribüne herunter, und ehe er etwas sagen konnte, trommelte die Frau Stocks mit den Fäusten gegen seine Brust. Andere Frauen kamen auch. Sie benutzen ihre Handtaschen als Waffe und sie alle schlugen auf den Priester ein.

„Du Schuft, wie kannst du nur?! … Weißt du denn nicht, dass die Lynn deine Tochter ist?"

„Was sagst du da, Trude?", erwiderte Gular. Der Priester hielt sich die Hände vors Gesicht und wiederholte: „Was sagst du da?"

Frau Stocks streifte die Softshelljacke ab und zog die Perücke vom Kopf. Eine schlanke, stolze Frau mit fuchsrotem Haar kam zum Vorschein.

„Genau wie Lynn!“, erschrak Grete. Sie verstand die Welt nicht mehr. Die tüchtige, beinahe nonnenhafte Frau Stocks eine Ehebrecherin? Unglaublich!

Regen setzte ein und Frau Stocks stand wie ein begossener Pudel da – im doppelten Sinne des Wortes.

Gular – im edlen, purpurnen Priestergewand mit angehender Bischofshaube und goldenem Stab – stand da, schaute, weil er einen Kopf größer war, von oben auf sie und musterte sie. Seine ansonsten disziplinierten Gesichtszüge weichten auf. Feine Rinnsale vom Regen kullerten seine winzigen Lachfältchen entlang und ein markantes, reizendes Grübchen trat hervor.

Alle Pilger waren stehen geblieben. Die Musikanten hatten aufgehört zu spielen. Ihre Notenblätter wirbelten durch den Rosenpark. Viele Pilger wurden jetzt neugierige Zuschauer. Alle Augen waren auf das ungleiche Paar gerichtet, als Frau Trudel Stocks erklärte.

„Ja, damals in Oxford, wir studierten beide Jura. Keiner wollte dieses Leben. Wir hatten Pläne. Träume. Wir hatten in Oxford bereits ein Apartment und eine Kanzlei. Doch dann wolltest du, dass ich abtreibe. Du hattest die Idee mit dem Händlerring. Für Geld, für unsere Sucht. Ich habe erst nach Jahren des Entzugs herausgefunden, wo mein Kind lebte, und bin hierhergezogen, um in seiner Nähe zu sein …“

Frau Stocks begann zu zittern und zu weinen.

„Ich wollte auch in deiner Nähe bleiben, selbst als du dieses Scheißzölibat auf dich genommen hattest. … Was ist nur aus uns Rebellen geworden? … Wir wollten damals eine bessere Welt schaffen. Aber jetzt …“ Sie hielt inne. Dann schrie sie hysterisch: „Aber sag uns bitte: Wo ist Lynn? Wenn du ihr was getan hast, dann gnade dir Gott. Ich werd dich hier vor allen Leuten niederschießen, und glaube mir, da, wo ich herkomme, haben auch die Mädchen gelernt zu schießen.“

„Lynn ist meine Tochter?!“, erwiderte Gular perplex. Er lächelte, während mehrere Frauen mit ihren Handtaschen auf ihn eindroschen.

Da kamen ein paar portugiesische Arbeiter und schlugen ebenfalls auf den Priester ein. Andere warfen mit Steinen. Der Priester wehrte sich nicht und schaute sie nur fragend an. Trude Stocks schüttelte ihn.

„Jetzt sag uns, wo sie ist, verdammt! Oder hast du wieder Drogen genommen?“

Das Gesicht des Priesters Gular, eben noch ohne Anteilnahme, wandelte sich in das eines Bittstellers. Eben noch souverän und erhaben, jetzt in sich gekehrt, niedergedrückt. Schützend hielt er sich die Hände vor das Gesicht, begann zu weinen und zu flehen. Dann überkam ihn ein Krampf und er fiel er zu Boden.

„Ich habe ihr nichts getan!“, faselte er.

Der pragmatische Bauer Stocks nahm seine Mistgabel und wandte sich an seine Frau.„Trude, wir klären das später, aber jetzt geht es erst mal um Lynn.“

Dann knallte er dem Priester eine. Er packte ihn am Kragen und warf ihn zu Boden, sodass sein Gewand in den Schmutz fiel. Mit seinen Fäusten bearbeitete er ihn einmal links und einmal rechts und dann noch einmal. „Sag uns, wo Lynn ist!“

Der Gular duckte sich wie ein kleiner Junge und hielt die Hände schützend vor sich.

„Bitte nicht mehr schlagen! Bitte nicht mehr schlagen! … Pater Hieronymus hält sie im Turm.“

Niemand bemerkte, wie auf einmal Oma Stocks sich an das Steuer des Autos setzte und losbrauste.

„D-die P-Pater sind es gewesen. Sie ha-haben uns getreten und wir traten dann die Nächsten. Sie haben uns misshandelt und wir misshandelten dann andere ebenso. Und wenn ihr denkt, es wäre vorbei, nur weil man in den Medien davon spricht, dann irrt ihr euch gewaltig!“, stammelte Gular. Er weinte, kniete sich vor Frau Stocks hin und bat sie um Verzeihung. Seine Augen waren seltsam rot und hatten einen undefinierbaren Ausdruck.

Bauer Stocks schüttelte verständnislos den Kopf.

Frau Stocks schwieg. Und weinte auch.

„Einst fühlte ich mich berufen! Ja, Trude, so etwas gibt es, nicht jeder kann das begreifen, aber der, der es kann, der …“ Gular weinte immer stärker und wiederholte abermals: „Ich habe ihr nichts getan. Das musst du mir glauben! Ich habe ihr nix getan.“

„Dann sag uns, wo sie ist! In welchem Turm genau?", forderte Bauer Stocks barsch

Und während er von zwei Polizisten abgeführt wurde, sagte er mit heiserer Stimme: „Schloss Beaufort!"

Frau Stocks blickte ihren Ehemann an. „Wo ist dieses verdammte Schloss?"

Inspekteur Monsieur Le Filou nahm sie am Arm. „Kommt mat mir, ech kennen de Weg!" Und Bauer Stocks stieg mit ins Polizeiauto.

Sämtliche Polizeieinheiten fuhren zum Schloss Beaufort. Während der Kommissar Theo fragend dreinschaute, sahen sich der Inspekteur Le Filou und Leo wissend an. Sie wussten nicht nur, wo das Schloss war; sie wussten auch, dass es dort schon einmal zu einem Verbrechen gekommen war. Sie verloren jedoch wohlweislich kein Wort darüber und baten alle, ins Polizeiauto einzusteigen. Und diesmal nahm Leo seine Kletterausrüstung mit.

Zunächst führte der Weg durch das Müllertal, ein sehr verwinkeltes, felsiges Gebirge. Schmale, alte gemauerte Gassen führten hinunter zu einem kleinen Tal, und dieses Tal war umrundet von einem Wassergraben, und inmitten dieses Grabens erhob sich eine massive Burgruine. Dahinter befand sich das Schloss.

Schwer zu sagen, wo genau der Eingang war. Es gab einen Touristenzugang und mehrere Seiteneingänge, die meist verschlossen waren. Zunächst musste man über eine mittelalterliche Tragebrücke, dann durch das Tor. Daraufhin gelangte man in einen offenen Innenbereich, in dem es eine Brunnenanlage gab. Mehrere Stufen führten zu einem Burgfried. Andere Stufen führten hinunter. Aus den unteren Kellerräumen hörte man Schreie.

„Hier gab es eine mittelalterliche Folterkammer", unterrichtete Leo Theo und die Familie Stocks.Theo winkte seinem Kollegen, gab ihm ein Zeichen.

„Versucht ihr es auf der anderen Seite des Burgfrieds, wir lenken nach Möglichkeit ab. Verstanden?"

Alle nickten. Bauer Stocks lief die Stufen hinunter. Leo nahm seine Kletterausrüstung, bestehend aus Widerhaken, Karabiner und Seilen, und begann den Burgfried hinaufzuklettern.

Unten angekommen, war Frau Stocks (die nicht von hier stammte) geschockt. Noch nie hatte sie solche Eisenfallen und Streckbretter in echt gesehen. In Filmen, ja, aber noch nie in echt. Sie begann zu zittern. Als sie Stimmen hörte, schrie sie entsetzt auf. War das etwa Lynn gewesen? Wo war sie? Was war mit ihr? Die Mutter wirkte völlig verzweifelt. Panisch. Dann brach sie zusammen und schluchzte hemmungslos. Bauer Stocks hielt seine Frau fest und beruhigte sie. „Komm, wir finden sie!"

Leo, der im Nu die Höhe des Turmes erreicht hatte, kletterte durch eine Öffnung, die früher möglicherweise ein Fenster gewesen war. Dann warf er einen kleinen Stein in Richtung Theo. Leo gestikulierte per Zeichensprache, dass sich hinter der Mauer ein Podest befand, dort sollte Theo hin.

Als Theo um die Mauer herum einige Stufen erklomm, sah er einen alten, ergrauten Mönch, der einer jungen Frau einen Strick um den Hals legen wollte, es aber aus Gründen eines Schwächeanfalls nicht – oder noch nicht – vollendet hatte. Dann gelang es ihm doch. Als Frau Stocks und Bauer Stocks hinzukamen, bot sich ihnen ein schreckliches Szenario. Ihre eigene Tochter am Galgen.

„Warum?", fragte Frau Stocks.

„Frauen sind Teufelswerk. Sie verführen. Sie betrügen. Sie lachen dich aus. Sie sind schwach. Und wenn etwas nicht missioniert werden kann, dann muss es getötet werden", so der alte Greis.

Dann kam die dicke Klosterschwester und schwang die Peitsche, die so lang war, dass sie über aller Anwesenden Köpfe wedelte.

Der Mönch brach ein.

In der anderen Hand hielt die Nonne ein weißes Tuch mit den Initialen A. S.

„Diese Inschrift steht für ‚Anna Stocks' nicht wahr?", sagte sie. „Nach dem Motto: ‚Wenn ich sie nicht haben kann, dann soll sie keiner haben.'"

Da bäumte der alte Mönch sich noch einmal auf.

„Aber Annchen, meine Schwester, die Eltern sind schuld. Die haben uns mit fünf ins Kloster geschickt. Wir kennen nichts anderes als Gewalt und Gehorsam. Und als Reichsbürger bin ich nur dem Papst verpflichtet, und der hat mir aufgetragen sie zu hüten!"

Er griff nach der Peitsche, riss sie schnell an sich und schlug die dicke Nonne damit so lange, bis sich das Seil immer enger um ihren Hals wickelte. Der Pater zog die Frau immer näher zu sich und würgte sie mit den Worten: „Auch du sollst geopfert werden, meine Teuerste!"

Inzwischen befand sich Leo über dem Henker. Per Lassowurf wollte er den Alten dingfest machen, bevor noch ein Unglück passierte. Doch auf einmal stand da eine alte Dame in Schwarz gekleidet. Sie stieß dem Mönch irgendetwas in die Rippen, sodass er vornüberkippte. Ihr weißgraues Haar wehte im Wind. Es war Oma Anna Stocks. Die zierliche Frau stand da und zog ein riesiges Schwert. Beinahe wäre sie umgekippt, so gigantisch und so schwer war die Waffe. Doch sie hielt sich wacker. Ihr Gesichtsausdruck ließ einen gewissen Zorn erkennen, und vermutlich war dieser Zorn genau das, was ihr die Triebkraft gab, die sie jetzt brauchte. Dann schrie sie mit klarer und deutlicher Stimme.

„Du warst einst der Stolz unserer Familie! Du warst mein Bruder! Mein Held! … Beim ersten Mal habe ich geschwiegen. Ich dachte, es würde vorbeigehen. Das war der größte Fehler meines Lebens! – Im Namen aller Frauen, im Namen unserer Mutter und im Namen meiner Schwester und meiner Tochter!" Dann holte sie aus und mit einem Zug köpfte sie den alten Mönch.

Dabei fiel sie vom Podest. Alle rannten zu ihr hin. Bauer Stocks hob ihren Kopf auf seinen Schoß. Sie lebte noch. Oma Stocks winkte Trude zu sich.

„Trude, entschuldige", sagte sie, „du warst nicht die Einzige, die in einem falschen Glauben lebte. Gott ist nicht böse. Mein Bruder war der Täter. Böses schafft Böses und die Liebe schafft Liebe."

Lynn, die zwar gefangen, aber noch frei denken konnte, fiel auf, dass sich dieser Voodoo-Fluch von den Frauentransprt Jagdspielen erfüllt hatte. Sie gewann die Erkenntnis, dass Flüche auch Wünsche sind.

„Ich sollte genau auf den „Wort"-laut meiner Wünsche achten", dachte sie sich.

So starb Oma Stocks in den Armen ihres Sohnes, der sie aufgefangen hatte.Die Mutter rannte auf Lynn zu und befreite sie erst einmal vom Galgen.

„Es ist wahr, Gular hat mir nichts getan. Eigentlich hat niemand mir was getan. Im Heim hat man mir beigebracht, wie man Tresore knackt und wie man Schmuck, Gold und Kunstgegenstände klaut.", sagte Lynn.

Gular kam angerannt und weinte. Sie fielen sich in die Arme. „Santa Familia!"

Gular küsste seine Tochter auf die Stirn und bat um Verzeihung! Lynn umarmte ihn. Trude umarmte ihn auch, ging dann aber gleich wieder zu Bauer Stocks.

Leo sprang vom Gemäuer hinab, lief auf Lynn zu, küsste sie und umarmte sie. „Erkennst du mich nicht mehr wieder? Ich habe dir das Traktorfahren beigebracht.", fragte er sie schließlich.

„Ich habe dich längst erkannt. Traktor fahren kann ich ja jetzt schon. Aber wie man so richtig gut klettert, das kannst du mir gern beibringen", lächelte sie verschmitzt.

| | |
|---|---|
| Lynn | Adoptivtochter von Frau und Herrn Stocks; ist auf dem Kogge-Mühlen-Hof aufgewachsen |
| Trude Stocks | Adoptivmutter von Lynn, verheiratet mit Herrn Stocks |
| Herr Stocks | Adoptivvater von Lynn, Bauer |
| Anna Stocks | Großmutter von Lynn und Oberhaupt der Familie |
| Alt Mönch Heronimus | Bruder von Anna Stocks |
| Schwester Hildegard | Nonne; Schwester von Gular |
| Gular | Priester |
| Jacco und Eleonore | Liebespaar und Betreiber des Kinderheims auf dem Kogge-Mühlen-Hof; betreiben auch sonst andere dubiose Geschäfte |
| Weinhändler Rellué | liebt sowohl Wein als auch den Nervenkitzel |
| Rasko | gut aussehender Gauner |
| Monsieur Le Filou | Inspektor aus Park de Lux |
| Tanne-Grete und et-Post-Änni | stammen beide aus dem Dorf Bollenpoint an der Grenze; langjährige Freundinnen |
| Leo | deckt mit Kommissar Theo Verbrechen auf, Neffe von Tanne-Grete |
| Georg Theo | Kommissar; Vater der Zwillingen Cashmere und Shalom |
| Cashmere und Shalom | Freundinnen von Lynn |
| Faya Dewi | Gerichtsmedizinerin |

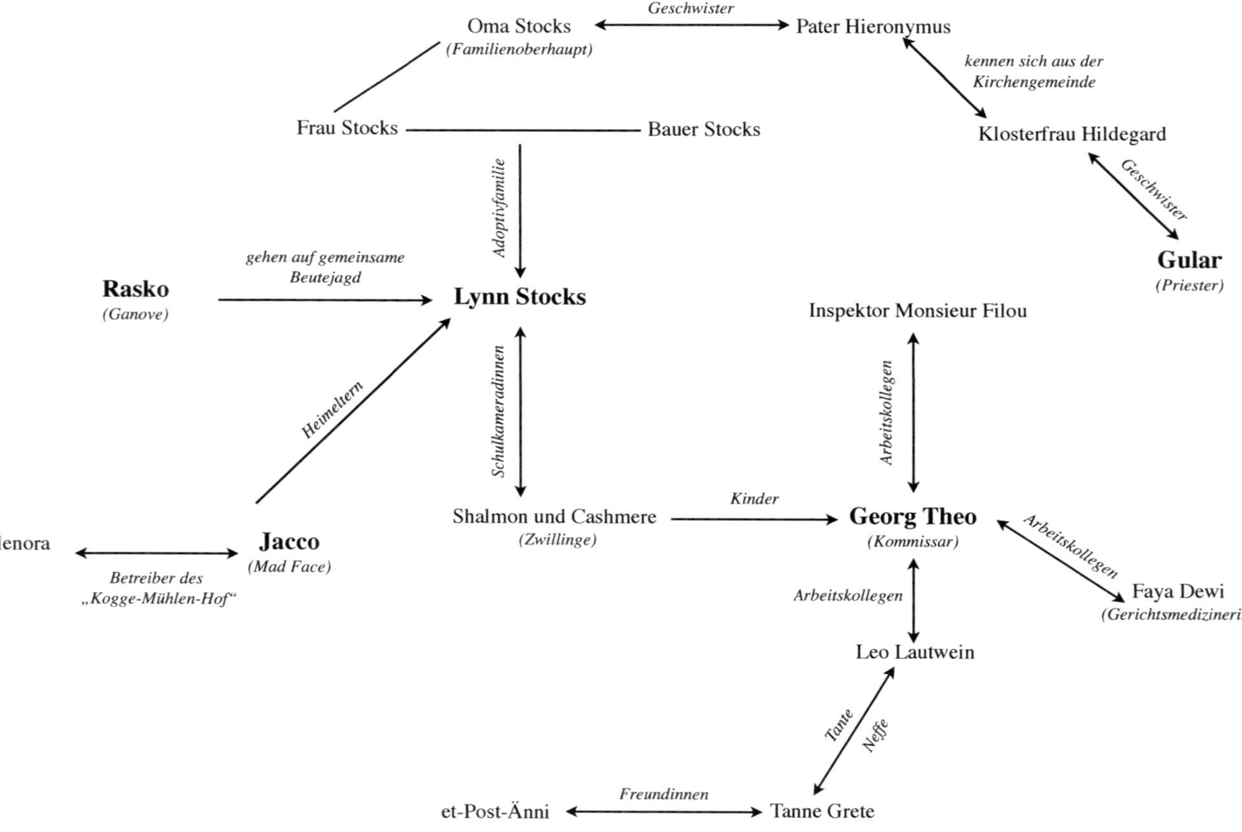

Oma Stocks
(Familienoberhaupt)
Geschwister
Pater Hieronymus
kennen sich aus der Kirchengemeinde
Frau Stocks
Bauer Stocks
Klosterfrau Hildegard
Geschwister
Gular
(Priester)
Adoptivfamilie
Rasko
(Ganove)
gehen auf gemeinsame Beutejagd
Lynn Stocks
Inspektor Monsieur Filou
Heimeltern
Schulkameradinnen
Arbeitskollegen
Shalmon und Cashmere
(Zwillinge)
Kinder
Georg Theo
(Kommissar)
Arbeitskollegen
Faya Dewi
(Gerichtsmedizinerin)
Elenora
Jacco
(Mad Face)
Betreiber des „Kogge-Mühlen-Hof"
Arbeitskollegen
Leo Lautwein
Tante
Neffe
et-Post-Änni
Freundinnen
Tanne Grete

Cornelia Fontane wurde in Lakenheath, England, geboren. In Grand-Forks Air Force Base, North Dakota, USA, ging sie zur Schule.

Bis 1988 war ihr Leben vom Beruf des Vaters geprägt, der als US-Air-Force-Berufssoldat in viele Länder der Welt entsendet wurde, wohin seine Familie ihm stets folgte. Kam es zu Kriegseinsätzen, blieb die Familie allein zurück. Durch ihre Mutter, welche Lehrerin und gebürtige Deutsche ist, wurde die Familie nach und nach in der ländlich geprägten Eifel in Deutschland sesshaft. Neben dem Erlernen der deutschen Sprache absolvierte die Autorin eine Ausbildung zur Einzelhandelskauffrau in einer Buchhandlung. Danach wurde sie Erzieherin und arbeitete im DRK-Berufsbildungswerk. Berufsbegleitend studierte sie in Köln Sozialwesen. Über viele Jahre war sie beim Deutschen Roten Kreuz als Diplom-Sozialarbeiterin tätig.

Mit anderen Zugezogenen gründete sie den Frauenverein WEiF e.V (Wir Eifel internationale Frauen). Einige Jahre war sie Mitglied des Beirats für Migration und Integration im Eifelkreis.

Hochkulturen und Zerfall. Vergangenheit und Gegenwart. Vieles wiederholt sich. Mittendrin der Mensch mit seinen Wünschen und Grauzonen. – Das ist ihr Thema.

Nebenbei phantasierte sie schon als Kind eigene Geschichten. Für Freunde und Kinder schrieb sie kleinere und größere Ahnen-Geschichts-Bildbände. Während des ersten Covid-19-Lockdowns beschulte sie ihre Kinder selbst und nutzte ein Online-Literatur-Studium in Hamburg, um das „Handwerk" des Schreibens zu lernen.

Nun erscheint ihr Debütroman: Glaube, Gier und Gold.
Viel Lesevergnügen!